关桥近照

关桥北京汇文中学毕业（1952年）

关桥留学苏联（1956年）

关桥参加工作（1959年）

关桥毕业回国前夕与陈丽芳在莫斯科合影（1959年2月）

父亲关慰祖、母亲赵云章合影（1961年）

全家福父亲关慰祖，母亲赵云章，关美第（后右一），关桥（后中），关堰（后左二），关敦（后右二），关烨第（后左一），关柱（前中）

母亲赵云章1954年当选北京市东单区人大代表

关桥与妻子陈丽芳和儿子关大立周岁时合影（1969年）

莫斯科包曼高等工学院焊接专业中国留学生关桥（中），吴祖乾（右），林瑞麟（左）（1958年）

关在校园中的包曼塑像前（1958年）

中国留学生在莫斯科虹场历史博物馆前（1958年）（由左向右：刘泉清、吕文涛、关桥、陈丽芳、林瑞麟、吴祖乾）

关桥、陈丽芳在校牌前（莫斯科包曼高等工学院，1958年）

关桥的姐弟妹六家人合影（1999年春节）

关桥一家人：妻子陈丽芳（左二）、儿子关大立（右一）、
儿媳王燕（右二）、孙子关彦松（中）

1989年7月,时任国务委员、国家科委主任的宋健校友与关桥等人在政美同学会大院会见莫斯科包曼高等工学院原院长格·阿·尼古拉耶夫院士(关桥的研究生导师)

关桥与夫人陈丽芳在镜泊湖(2003年8月)

1991年，关桥荣获"航空金奖"

1989年，关桥荣获
"全国先进工作者"称号

1999年，关桥荣获国际焊接学会
（ⅡW）终身成就奖——Y.ARATA奖

2010年，关桥荣获乌克兰
三级功勋勋章

1996年1月29日，人民大会堂，全国科学技术奖励颁奖大会，关桥（左五）和他的科研团队荣获国家发明奖二等奖。获奖项目：薄壳结构低应力无变形焊接方法及其装置

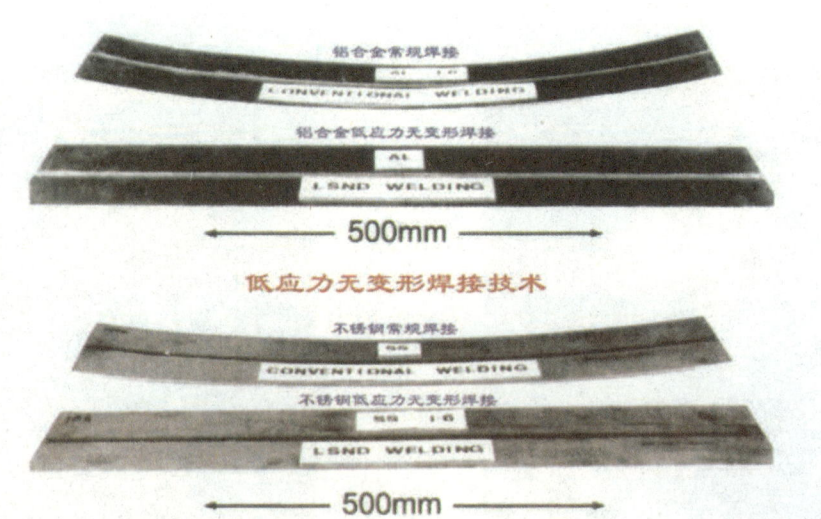

采用低应力无变形焊接技术效果对比：
　　上面：铝合金1.6mm薄板试件，常规焊后失稳翘曲变形严重，
　　　　　采用低应力无变形焊接方法，焊后无变形，平整如初
　　下面：不锈钢1.6mm薄板试件，常规焊后失稳翘曲变形严重，
　　　　　采用低应力无变形焊接方法，焊后无变形，平整如初

1984年，关桥（中）和研究生郭德伦（左）、曹阳（右）讨论焊接热应变云纹剂试技术试验方案

1996年，关桥（前）和研究生张崇显（后）讨论采用"热源—热沉"局域热拉伸效应实现低应力无变形焊接

200年4月20日，中国工程院名誉院长宋健（左二）、院长徐匡迪（右二）、王淀佐副院长等一行视察北京航空制造工程研究所（625所），观看搅拌摩擦焊接试验，郭恩明所长（右一）介绍试验情况

1997年7月30日，中国科学院院长路甬祥（左一）与科学技术部副部长马颂德（右一）视察625所"高能束流加工技术"国防科技重点实验室，关桥（右二）介绍电子束焊接喷气发动机压气机转子部件

1995年11月16日，国防科工委朱光亚主任（前右四）在中国航空工业总公司张彦仲总工程师（前右五）陪同下，视察625所"高能束流加工技术"国防科技重点实验室

2010年6月2日，在中国工程院机械与运载工程学部常委扩大会上，自左向右：周济院长、张彦仲学部主任、王采志（第三届学部主任）、关桥（第二届学部主任）

2010年9月28日，关桥在中国工程院前庭

2007年3月3日，中国人民政治协商会议第十届全国委员会第五次会议开幕，关桥为科技界委员

1994年9月4日，国际焊接学会（ⅡW）第47届年会在北京开幕，邹家华副总理出席并致辞，会前关桥向邹豪华介绍贵宾

1995年6月11日，关桥作为国际焊接学会（ⅡW）副主席出席在瑞典斯德哥尔摩召开的ⅡW全体会员国理事会，在主席台上与ⅡW主席Timerman(左二)和ⅡW秘书长J.Hicks(左一)等合影

2000年7月9日，意大利佛罗伦萨，在国际焊接学会（ⅡW）第53届年会开幕式上，ⅡW秘书长Bramat先生（中）介绍了关桥的成就与贡献，ⅡW主席Braithwaite先生（左）授予关桥ⅡW终身成就奖(Y.ARATA奖)，随后关桥发表即席感言

2005年6月22日，在剑桥安宾屯举行的英国焊接研究所（TWⅠ）年会上，TwⅠ理事会主席曼彻斯特大学Burdekin教授授予关桥TwⅠ最高奖——布鲁克奖章

1987年5月31日，英国焊接研究所所长A.A.Wells博士邀请关桥去WoolsthorpeMason牛顿出生地参观，在牛顿故居前合影

2010年11月10日，乌克兰驻华大使尤里·科斯坚科代表总统授予关桥院士乌克兰功勋勋章。仪式结束后合影留念，出席仪式的有：中国航空工业集团公司高建设副总经理（右八）、中国工程院机械与运载工程学部主任李培根教授（左五）、基础技术研究院院长车晓红教授（左四）、中国机械工程学会常务副理事长宋天虎教授（右六）、625所所长张军教授（右七）、625所党委书记王小平教授（左三）等

1998年11月27日，在乌克兰基辅巴顿焊接研究所，在庆祝鲍里斯巴顿80寿辰召开的"21世纪的焊接与相关技术"国际学术套议后，鲍里斯巴顿所长（乌克兰国家科学院院长）接见关桥，商讨进一步发展乌中双边科技合作关系

"高能束流加工技术"国防科技重点实验室学术委员会每年召开一次年会,关桥(前左四)为学术委员会主任,副主任有徐滨士院士(前右四),吴承康院士(前左三)和冯诚研究员(后右四)

2010年4月6日,张军所长(右五)向德国阿亨大学Ulrich Dilthey教授(中)颁发聘书,受聘为北京航空制造工程研究所荣誉顾问教授。出席仪式的有Dilthey夫人(左五),关桥(左四)等

生命之光

——记国际著名焊接专家、中国工程院院士关桥

姚 远 刘凡君 著

航空工业出版社

北 京

内容提要

本书以半个世纪以来中国波澜壮阔的历史为背景,以国际著名焊接专家、中国工程院院士关桥的人生经历、科研发明为主线,记录了关桥院士从一名莘莘学子成长为一名工程师、科学家的事迹,凸显了关桥院士个人命运与时代的紧密联系,讴歌了关桥院士将自己的光和热融入到祖国的建设之中,为中国航空工业特种焊接技术走向世界付出毕生精力的奉献精神。

本书以饱含深情的笔墨,细致入微地刻画了关桥院士严谨、执著的人物形象。用写实与写意的手法,对关桥院士航空报国的伟大情怀做了最真实、最生动的文学表达。对于我们今天从事和关注中国航空工业发展的人们来说,无疑具有深刻的启迪意义。

图书在版编目(CIP)数据

生命之光:记国际著名焊接专家、中国工程院院士关桥/姚远,刘凡君著. ——北京:航空工业出版社,2011.4(2019.1重印)

(中国航空工业院士丛书)

ISBN 978-7-80243-731-9

Ⅰ.①生… Ⅱ.①姚… ②刘… Ⅲ.①关桥—生平事迹 Ⅳ.①K826.16

中国版本图书馆 CIP 数据核字(2011)第 047092 号

生命之光
——记国际著名焊接专家、中国工程院院士关桥
Shengming Zhi Guang
——Ji Guoji Zhuming Hanjie Zhuanjia、Zhongguo Gongchengyuan Yuanshi Guan Qiao

航空工业出版社出版发行
(北京市朝阳区北苑2号院 100012)
发行部电话:010-84936597 010-84936343

三河市金轩印务有限公司印刷　　全国各地新华书店经售
2011年4月第1版　　　　　　　　2019年1月第2次印刷
开本:710×1000　1/16　印张:26.75　插页16　字数:421千字
印数:4001—4500　　　　　　　　定价:98.00元

·中国航空院士丛书·

丛 书 序

中国科学院院士和中国工程院院士,是国家设立的科学技术和工程科学技术方面的最高学术称号,为终身荣誉。中航工业的院士群体是航空技术领域的学术权威和资深专家,他们为中国航空工业的振兴和发展建立了卓越功勋,做出了巨大贡献,是中国航空工业的宝贵财富。

探寻院士们的成长足迹,给人以启迪和震撼。他们有的少年立志,投身航空,报效祖国;有的家境贫寒,顽强拼搏,奋斗一生;有的屡遭挫折,百折不挠,矢志不渝……他们身上闪耀着坚持真理、不懈追求的科学精神,凝聚着自强不息、孜孜不倦的奋斗精神,展现了淡泊名利、爱党报国的民族精神,他们以实际行动践行了"航空报国,强军富民"和"敬业诚信,创新超越"的集团宗旨和理念,十分值得我们学习。

在中航工业加快改革步伐、全面实施"两融、三新、五化、万亿"发展战略的关键时刻,我们推出《中国航空院士丛书》,就是要从院士们身上汲取智慧与力量,弘扬精神,放飞思想,激情进取,创新图强,为把中航工业早日建设成为具有国际影响力的世界级大企业集团、把我国建设成为航空工业强国而努力奋斗!

中国航空工业集团公司党组书记、总经理

2010年1月

坦荡而睿智的世界

——《生命之光》序

能够与关桥院士成为同事和朋友,是我们一生的荣幸。

当我们先后走进中航工业北京航空制造工程研究所,走进关桥院士精神与物质的世界,就注定了要与关桥院士结下不解之缘。

在我们眼里,关桥院士是一个平常而又不平凡的人。

关桥院士的平常,在于他是一个普普通通的科学工作者。他有过颠沛流离的求学经历,有一代青年人参军的梦想;有异国他乡的感怀,有科学报国的激情;有科研发明过程的忧虑,有事业成功的喜悦;有工作中遇到的烦恼,有相濡以沫的温馨亲情……

关桥院士的平常,在于他忠于职守,脚踏实地地把自己的生命融进了祖国的航空事业,把自己的情怀融进了北京航空制造工程研究所艰苦创业、持续发展的努力之中。

在北京航空制造工程研究所这个大花园里,关桥院士是一个默默耕耘的园丁,是一个把志趣、激情、创新融为一体的实现科学报国的梦想者、追求者……

关桥院士的不平凡,在于他在中国航空工业乃至中国焊接界、世界焊接领域所取得的辉煌成就,对特种焊接、对推动焊接学科的发展、丰富学科的内涵,做出了巨大贡献。

关桥院士的不平凡,在于他长期从事航空特种焊接技术科学研究和开发工作,在焊接力学及其工程应用领域,揭示了在焊接过程中防止薄件失稳变形的机理,发明了薄壁构件的低应力无变形焊接法。他还相继指导开发了真空电弧焊、固相焊接(扩散焊、摩擦焊、超塑成形/扩散连接)、高能束流(电子束、

生命之光——记国际著名焊接专家、中国工程院院士关桥

激光束、等离子）焊接/加工等技术……为构筑航空特种焊接/连接技术体系而不懈努力。

在北京航空制造工程研究所这个大花园里，一项项科研成果，犹如一个个丰润的果实，缀满了枝头，满树是如雪的花蕾，如春的绿叶……

关桥院士对北京航空制造工程研究所的贡献，已经铭记在我们广大从业人员的心里，铭刻在了北京航空制造工程研究所的发展史册之上。

在春暖花开的日子里，为纪念中国航空工业诞辰60周年，弘扬中国工程院院士热爱祖国，热爱航空，刻苦钻研，严谨治学的精神，作者姚远、刘凡君共同创作了反映国际著名焊接专家、中国工程院院士关桥事迹的长篇报告文学《生命之光》。

无疑，这是对一个德高望重的人历史的记录，是对一个平常而不平凡的人的尊敬与礼赞！

关桥院士当之无愧！

在我们心里，关桥院士是永远的师长。每次与关桥院士交谈，都是一次心灵的沟通与交融，是一次智慧的享受与畅饮。

在我们心里，关桥院士是永远的智者。他对北京航空制造工程研究所的每一条建议、每一个想法，都洋溢着一种关切，一种责任，一种不断创新的激情！

在我们心里，关桥院士是一位和蔼而慈祥的长者。饱经风霜的岁月于他而言，是一道道向上的阶梯，是不断前行的源泉。因为，在他的思想里，志趣、激情、创新，永远是一片坦荡而睿智的世界。

我们时时在感动，时时受到鞭策与鼓励。我们深感责任重大，使命光荣，并愿以此为动力，传承航空报国的精神，走进战略发展的新时空，用我们饱满的热情，冲天的干劲和百折不挠的精神，勾画北京航空制造工程研究所新的发展蓝图，把光荣与梦想续写在北京航空制造工程研究所科学发展的旗帜上。

是以为序。

张 军　王小平

2011年3月5日

目　　录

第一章　童年往事 …………………………………………… 1
　关氏世家 ………………………………………………… 1
　寄人篱下 ………………………………………………… 4
　逃难求学 ………………………………………………… 8
　辗转中原 ………………………………………………… 14
　全家团聚 ………………………………………………… 19

第二章　迁徙北京 …………………………………………… 25
　放飞梦想 ………………………………………………… 25
　柳暗花明 ………………………………………………… 33
　进入俄专 ………………………………………………… 41

第三章　留学苏联 …………………………………………… 50
　初出国门 ………………………………………………… 50
　又红又专 ………………………………………………… 58
　聆听教诲 ………………………………………………… 65
　包曼之恋 ………………………………………………… 72
　二度赴苏 ………………………………………………… 81

第四章　峥嵘岁月 …………………………………………… 90
　初试锋芒 ………………………………………………… 90
　国际会议 ………………………………………………… 97
　滞留荷兰 ………………………………………………… 103
　心系祖国 ………………………………………………… 109
　逆水行舟 ………………………………………………… 117

第五章　科学春天 … 129
- 轻装上阵 … 129
- 主动请缨 … 143
- 出访英伦 … 152
- 两地家书 … 163

第六章　激情飞扬 … 179
- 一棵大树 … 179
- 一波三折 … 190
- 东京会议 … 203
- 天坛大佛 … 216
- 航空金奖 … 224

第七章　放眼世界 … 232
- 国际舞台 … 232
- 广交朋友 … 246
- 北京年会 … 263
- 赢在细节 … 272
- 迈向强国 … 278

第八章　社会责任 … 287
- 淡泊名利 … 287
- 历史使命 … 295
- 履行天职 … 307

第九章　桃李芬芳 … 319
- 传道授业 … 319
- 送书寄语 … 329
- 言传身教 … 339

第十章　相濡以沫 … 349
- 天伦之乐 … 349

相依为命 …………………………………………………………… 356
　　花好月圆 …………………………………………………………… 365
　　温馨家庭 …………………………………………………………… 373
附录1　关桥与低应力无变形焊接法 …………………………………… 381
附录2　航空特种焊接/连接技术体系组织机构的沿革 ……………… 390
附录3　航空特种焊接/连接技术体系的发展与构成概述 …………… 393
后记 ………………………………………………………………………… 413

第一章　童年往事

关氏世家

　　1935年7月2日，这是一个十分平常的日子。一个婴儿在啼哭声中来到了人间。迎接他的没有艳丽的鲜花和灿烂的阳光，而是黑沉沉的夜……

　　那一晚，位于山西太原西北角城隍庙内的钟声，清脆如歌，由远而近，划破了沉闷、燥热的夜空，久久地在孩子母亲的心中回荡……

　　关慰祖给孩子取了一个寓意深长的名字——桥。

　　关慰祖，字安黎，1903年2月出生在山西汾城县西汾阳村（现为襄汾县赵康镇西汾阳村）。家有三兄弟，关慰祖排行老二。

　　关慰祖14岁以前，家里有祖母、父亲、母亲、婶母、长兄关应祖、长嫂、三弟关愈祖。有旱田约一百亩，牛马三四头，还有祖上在新绛县城里遗留下来的一个中药铺。在那战乱饥馑的年月，日子算得上小康水平了。

　　关慰祖曾和长兄一起读过几年书。14岁考入县立高等小学，三年毕业。长兄大关慰祖五岁，早关慰祖两年考入太原第一中学。

　　关慰祖小学毕业后，也想进中学读书。但父母感觉经济压力大，不想让其继续读书。关慰祖就与父母闹别扭。父母拗不过，最终还是让关慰祖考入太原一中。

　　关慰祖的长兄毕业后回家，一边帮父亲管理家务，一边在赵康镇小学教书。

　　中学毕业后，关慰祖于1924年以优异的成绩考入天津国立北洋大学。就在这一年的冬天，关慰祖的父亲因病逝世。

此后，家里的事情全由长兄管理。

关慰祖上大学时，省教育厅每年发给津贴50元，县里津贴大约给20元。大学有贷书制度，学生使用的书籍、仪器等，都是从学校借用，用完后退还，如需购买仅收半价。这样又省了不少钱。

关慰祖读书刻苦，把大部分时间用在了学习上，仅在放假时回家一两次。在关慰祖看来，少回家可以省路费，不回家还可以多念书。

预科两年毕业后升入土木工程本科。按学校要求，在本科四年毕业的前一年要撰写实习论文。关慰祖就在天津公路局参加了实习工作，设计公路上需要修建的桥梁、涵洞等，一方面为论文准备资料，另一方面每月还可以得到10多块钱的补助。

1930年，关慰祖毕业后，由学校分配到平汉铁路工务处工作，先当实习生，后当工务员。

小时候，关慰祖常听父亲讲关家的家世，说关姓在百家姓中虽不是大姓，但也有些来头，传说关姓起源于颛顼帝的后裔关龙氏。

颛顼帝是黄帝的孙子，有圣德，为五帝之一。帝舜时，颛顼的后裔董父为舜养龙，被赐为豢龙氏。上古时，豢与关二字互相通用，所以豢龙氏又写做关龙氏；尊大夫关龙逢为关姓的始祖，后人把姓简化为关氏，据说，关氏的始祖便是当时的安邑人（安邑亦即现今山西省夏县）。换言之，关氏家族的发源地也许就在这里。

年少时，关慰祖常和同伴们去城隍庙、文庙、社稷庙、洪济桥、关帝庙等地游玩。

有一天，关慰祖在城隍庙大门正对着一座彩壁前，站立了半晌，对彩壁前一幅耐人寻味的对联百思不得其解，上面写道：

人化物物化人人物无穷

生了死死了生生死不息

打这以后，关慰祖每次到城隍庙，都要在这幅对联面前凝思一番。渐渐地，关慰祖对这幅对联的思想内涵有了自己一些独特的理解和认识。

许多年以后，关慰祖在与孩子们交流时，就把这幅对联的含义解读一番，告诉孩子们对人与自然、人与社会的沧桑感悟，而正是由于这生生死死的人与物的变幻莫测，构成了艰难坎坷的壮丽人生，形成了波澜壮阔的历史长河！

他告诫孩子们要明白人活着的意义，知道人生与死的真谛，了悟人生的至高境界，淡泊名利，上善若水。

关慰祖、赵云章都是汾城同乡人。媒妁之约，一见钟情结下百年连理之缘。

汾城，是一座有悠久历史文化传统的古城，位于晋东南。

所谓汾城，顾名思义，就是汾河岸边的城邑。绕汾城而过的有一条河，终年静静地悄无声息地流淌，这便是三晋儿女的母亲河——汾河。

千百年来，源远流长的汾河水润泽了山西，滋养着古老而丰美的三晋大地。美丽而沧桑的汾城，在历史的风雨中曾经摇曳出一个个凄美、婉转的动人传说，在断壁残垣的城墙上也曾经敲响了那恪守千年的晋风古韵……

1927年，关慰祖与赵云章结为夫妻。

那时，赵云章年仅18岁，关慰祖也正在天津北洋大学土木工程系读书，此后，生育有二女四男。

1936年，关慰祖任正太铁路工务处工程司兼工务段长。1938年到黄河水利委员会任视察工程师。1940年调派滇缅铁路升为正工程司。1942年缅甸沦陷，滇缅铁路停工，又转至重庆在行政院水利委员会做技正，至日寇投降后任平绥铁路工务组长。1947年被派往平津铁路局任正工程司兼包宁铁路筹备处副处长。

关慰祖是一个有理想、有抱负的人。

他给儿子们分别起名为：桥、堰、敦、柱，缘起他由衷地热爱水利、土木工程事业。正如关慰祖在1964年诗词中诠释他为儿子们起名之寓意，显示了他作为父亲的博大胸怀。

桥："……方便让给过往人，重担肩负一生中。"

堰："……只要巩固若盘石，哪怕汹涌浪不平。"

敦："落成即履若干年，昼夜四季抗巨澜；……"

柱："树木十年人百秋，科学钻研无尽头；……"

他期望儿子们成长为社会的栋梁之才。

关慰祖给两个女儿的取名沿用以"第"字的家庭排行，大女儿取名为美第，小女儿取名为烨第，以期望她们能为关氏门庭带来荣耀。

赵云章是出身于书香门第的闺秀，无论在战火纷飞的年代还是在困苦生活中，她都想方设法，让一个个孩子能学知识受教育。

父亲性情耿直、急躁、阅历颇丰，具远见卓识。母亲性格坚韧又能忍耐宽容。夫妻间互尊互谅而从不争执，彼此间虽坦言心声不多，但却能相互默契，相互搀扶。他们在当时的社会时代背景下，互换角色，分主家内家外而相得益彰，他们不愧是一对经受住风风雨雨考验的恩爱夫妻。

寄人篱下

1937 年 7 月 7 日，日本侵略者制造了"卢沟桥事变"，悍然发动了全面侵华战争。

此时，关慰祖先后供职于同蒲、正太铁路和重庆水利委员会，工作地多在太原、榆次等地。

所谓同蒲铁路，是指贯穿山西省中部的南北铁路干线。自山西大同经太原、侯马至蒲州镇以南的风陵渡。全长 865 千米，以太原为界，分为北同蒲和南同蒲。

所谓正太铁路，就是现在的石太铁路，石家庄到太原。1897 年 4 月，津海关道兼督办铁路大臣盛宣怀，受清廷委派兴建卢（沟桥）汉（口）铁路。同时，山西巡抚胡聘之筹划修建正太铁路。几经勘测，权衡利弊，决定将两条铁路交汇点选定在正定府南滹沱河南岸的柳林铺。因此，山西人将正太铁路称为"柳太铁路"。

山西沦陷在即，当时的中央政府转移内迁，关慰祖作为国民政府行政院水利委员会的公务员，撤到重庆工作。母亲带着美第、关桥、关堰，拖着怀孕的身子，回到老家投靠长兄关应祖，孩子们都称呼他为大爸。

父亲的三弟关愈祖早逝，留下弟媳一家三口，弟媳和女儿光第、儿子端明。这样，三家人同住在山西汾城县西汾阳村的一个大宅院。

在关桥的记忆中，这是一座一户三进的大宅院，青砖高墙灰瓦顶戴大屋脊。

前院是大爸家住。

大爸掌管祖业，也还常在外县经营号铺。儿子叫清明，是叔伯长兄，比关桥大许多。

母亲带着关桥和他的姐弟们住在后院的西厢房。

大宅院隔条土路相对的是座场院，住雇工、养骡马、停马车、放农具、堆草料，有打麦场，还有口水井。井水甘凉，夏日里，往刚提上来的井水里加点醋，去暑清热，甚是爽口，只有在这时候，关桥才能感受到汾河给一家人带来的甘甜与滋润。

院子的后侧长着一棵老槐树，不远的地方是一个不算太大的池塘，水虽不清，但夏天孩子们还可以戏水玩耍。那里便成了关桥小时候的乐园。

大爸对关桥一家的到来显得十分的冷淡。在大爸的意识里，关桥一家似乎是吃白饭的。

盛夏里，大爸自家地里产的西瓜，又大又圆，皮还薄、脆甜、瓤粉红，孩子们想吃，围着西瓜转圈，心里痒痒的，可是没有大爸的同意，就别想吃上一口。

关桥一家的经济来源主要依靠父亲每月的薪水接济，但父亲的工资是通过托亲靠友，几经辗转才能递交到母亲手中，转递不到的事也是时有发生。母亲难以为继时，只得典当随身物品。也就是从那时起，关桥认识了典当行。

后来，弟弟敦和妹妹烨第相继出生，使本来就拮据的日子变得更加举步维艰。

母亲心疼孩子，但她更深明当时的处境，她不想让孩子们知道她的难处。只是在背着孩子们时，或者在夜里挑起油灯为孩子们缝补衣裳时，才会暗自伤心抹泪。

这样的境况，使关桥稚嫩的心灵受到极大的伤害。

寄人篱下，遭人白眼，生活困苦，但更可怕的还有天灾和人祸。

一年，家乡闹蝗灾，眼看着天上一片黑压压乌云似的蝗虫飞过来，落在庄稼地里，不断听见喊喊嚓嚓的响声。不一会儿，地里的庄稼就只剩下些茬口了！

远处，孩子们看着这骇人的场面，惊呆了！

1937年，日寇占领太原后，烧、杀、抢、掠，肆虐汾城。

日本鬼子的队伍一来，汉奸二鬼子就穷凶极恶地进村搜刮民脂民膏，吼叫着要村民交粮交钱。

一天，关桥看见几个汉奸把两个交不出粮食的村民拉到村公所的大庙里，吊在房梁上，用皮鞭抽打。然后，把那两人的双手绑到马尾巴上，活活让马给拖死！

每当日本鬼子、汉奸狗腿子进村，母亲便拉扯着孩子们东藏西躲，有时不得不逃到庄稼地里藏匿，不让哭，怕暴露……

一次，得知日本军队要开过来了，村里要大家赶快离开家到村外躲避。大人拖拉着小孩拼命地跑出村口。但秋后的田野一片荒凉，根本没有藏身之地，于是母亲只好带着孩子们往坟堆后面躲藏。

这时，一队日本大兵已经从黄土沟壑走出，走到地面的路上时，看见百姓在奔跑，就开枪扫射，子弹嗖嗖嗖从头顶上飞过。幸好，日本兵没有朝坟堆搜捕过来，关桥一家侥幸地躲过了这一劫。

从那时起，日本鬼子、汉奸张牙舞爪的形象，在关桥幼小的心灵中挥之不去！仇恨的种子深深地埋藏在了关桥童年的记忆里。同时，母亲那时勇敢、坚强的行为，令关桥十分敬佩！

在关桥眼里，母亲就是在这样艰难困苦的情况下，以柔弱的双臂和博大的胸怀保护着孩子们免遭伤害，想尽一切办法为孩子们营造一个安稳的环境。

至今，谈起那段日子，关桥仍然还满怀深情地说道：当时母亲是那么的艰难而勇敢！伟大的母爱就像张开翅膀的母鸡，保护着一群雏仔，免遭秃鹰的袭击，精心哺育着子女们成长！

过年时节，母亲总是要给孩子们营造欢乐，让大家高兴一番。

临近年关时，母亲要给每个孩子洗澡、换新衣，穿上她亲手缝制的新布鞋。关堰穿着新鞋怎么也不愿踩踏在地上，生怕弄脏了鞋底，就在小板凳上踩来踩去，最后踮着脚尖进屋上炕。

母亲在一旁笑了，关桥也笑了，一大家子人都笑了。

关桥听母亲讲，农历腊月二十三叫过小年，主要习俗是扫年和祭灶。

母亲说："扫年，就是打扫清洁卫生。这一天，家家户户从早上起，开始扫房、擦窗、清洗衣物、刷洗锅瓢。"

"为什么要扫呢？"关堰问。

"打扫房屋，是不让灶王爷把家里的土带走啊！"母亲笑着说。

"什么叫灶王爷？"美第问。

母亲想了想，说："据民间传说，灶王爷本是天上的一颗星宿，因为犯了过错，被玉皇大帝贬谪到了人间，当上了'东厨司命'。他坐在各家各户的厨灶中间，记录人们怎样生活，如何做事，每年腊月二十三，灶王爷都要上天向玉皇大帝禀报这家人的善恶，让玉皇大帝赏罚。"

"那让灶王爷都说些好话，不行吗？"关桥问。

"行啊！"母亲把关桥拉到怀里，说，"人们希望灶王爷在玉皇大帝面前多美言，免受人间灾难。于是，每家每户在灶王像前的桌案上，供放糖果、清水、料豆、秣草。祭灶时，还要把关东糖用火融化，粘住灶王爷的嘴，让灶王的嘴甜，要他在玉皇大帝那里光说好话，不讲坏话。然后，将灶王爷像焚烧，这叫'升天'。边烧边磕头祷告：'上天言好事，下界保平安'。于是，烧假马、放鞭炮，送灶王爷骑马上天，那时，只要你待在家的屋角，闭上眼，就能听见马铃声，随风升空……"

关桥被母亲讲的传说故事吸引了，他沉浸在漫天星空的世界里，去感受浩翰的夜空那一份神秘，那一份幽静……

关桥不喜欢灶王爷，但他喜欢清脆的马铃声……

夜晚，关桥与美第、关堰、关敦、烨第照着母亲讲的民俗，围爬在屋角，都争着想听到灶王爷上天的铃铛声，互相嚷着、闹着、喊着："听到了！听到了！"看着天真烂漫的儿女们，母亲欣慰地笑了起来！

此时，孩子们听到了母亲发自内心的笑声，更加兴奋、欢乐。此刻，母子们其乐融融的欢乐声、笑声涤荡了往日的忧愁，笑声给寒冷的冬天带来了一缕阳光，笑声也给这个苦难的家庭带来了短暂的温馨与幸福……

逃难求学

母亲出生在山西汾城东汾阳村，依靠其父赵甲荣的工资读完了小学。1925年考入太原第一女子师范附属中学，1931年于山西太原进山中学高中毕业。

一心想考入大学的母亲由于出嫁又遭到其父的强烈反对，他认为，男尊女卑，天经地义，女孩子上学是非分之想，读书的梦想终究破灭，这成为她一辈子心里解不开的疙瘩。于是，读书梦，强烈地刺激着她的痛，使她执著地、义无反顾地要让自己的儿女受到良好的教育。

1943年，日寇、汉奸疯狂掠夺。白天，日寇烧杀、抢夺；夜间，阎锡山军队催逼军粮，关桥一家就连在乡下也无处藏身了。

即便是在这样恶劣的环境下，母亲从不忘记对孩子们的教育。读书，是母亲一直的梦想与追求……

眼看着美第和关桥已到了上学的年龄，母亲痛下决心要逃离日寇铁蹄践踏的故乡。

那是一个深秋的夜晚，村子里夜深人静，月亮已经高高挂在当空。

借着清冷的月光，母亲在村道口把几个孩子和简单的随身衣物分别装进毛驴驮筐里，避开汉奸、日寇的搜捕，准备跨过黄河，逃往陕西宜川。

途中，在下一陡坡时，母亲骑坐的驴绊腿倒地，把母亲摔了下来，一只胳膊肘受伤。因匆匆赶路，未及时医治。从此，母亲的肘上就落下了这个永久的"筋疙瘩"。

每当关桥看见母亲肘上的"筋疙瘩"时，就想起逃难的日子，想起母亲不畏艰难携子女度过的动乱岁月，它见证了母亲的勇气和毅力，展示出母亲在平凡中的伟大与坚强！

那时，日寇几乎占领了山西全境，阎锡山的政府机构大多也越过黄河迁往陕西。关桥的外祖父是一个实业家，他经营的制墨厂就在与陕西宜川跨黄河相望的吕梁山区的山西吉县，一个长满荆棘杂草的黄土高原的山沟里。母亲带孩子们途经外祖父家暂住。

经人介绍和联系，得知在陕西宜川秋林镇的虎啸沟那里有所学校，叫"山西省第一儿童教养院"，是专门为收容阎锡山流亡军政机关人员的散失子女的。

关桥他们虽不属这类情况，但是因为有介绍人的关系，学校教师中又有位母亲的同学叫晋芬，校方也希望母亲能去任教。总之，孩子既有学可上，母亲还能教书谋生，这机会促使母亲下决心奔"一教院"而去。

于是，母亲又带领孩子们继续开始马驮逃难，向宜川秋林虎啸沟进发。

行前，为减少拖累，母亲忍痛割爱，把心爱的刚刚懂事的烨第先留在姥爷家。这样的分别，对母女来说是多么的痛心呀！

经历了陡峭崎岖山路的跋涉，终于到达山西省第一儿童教养院。妈妈在儿童教养院任教，几个子女也得以入学，开始了在山沟里以窑洞为栖居、为课堂的求学生活。

虎啸沟地处群山之中，曲折、绵延不断，沟底常年有溪水，清澈。每当雨季，水势暴涨，河面变得很宽，上游漂浮下来的有树枝、杂草，间或还有一些朽木之类的东西。

关桥常与小伙伴在山沟里玩耍。

每当山洪暴发过后，关桥经常沿河沟捡拾朽木。他发现，在这些被山洪冲下来的朽木上，有些奇特的荧光，疑似萤火虫在闪亮。黑夜来临，关桥拿起一段朽木，举过头顶，眯着眼，看见朽木上的萤光一闪一闪的。那萤光仿佛点燃了关桥读书的梦想……

萤光息了，满天的星星亮了！

刹时，关桥看到遥远的天边有一颗流星，拖着长长的尾巴，仿佛带着他童年对星空的渴望与希冀，慢慢消失在幽静而深邃的夜空里……

那时，关桥第一次对亮光有了认识。

沟上段的半山坡上，远远望去能看见许多窑洞，据说是阎锡山省府机关的营房。一教院的校址就设在沟下段的山脚下，每孔窑洞都深且大，有土炕，是宿舍也兼做教室。

在窑洞里学习没有教材，内容都是老师自己编的。那时，关桥不知怎么就对素描画画比较感兴趣，比如，怎么画圆形、菱形，怎么样透视起来更有立体感，至今印象深刻，难以忘怀。

在山西省第一儿童教养院里，教师们拿着微薄的薪水，学生们则享受着贫困的包干"供给制"待遇。大食堂提供的伙食只是让人不饿肚子的野菜、杂粮，更多的是窝头和莜面。学生们经常上山打柴禾、拢干草，用来烧火做饭、取暖。

关桥有时到厨房帮厨，跟厨师学做莜面卷。手一撮，再卷到食指上，呈长条筒状，竖着一个挨着一个地排进笼屉蒸。蒸好后，放在碗里，再舀一碗菜汤，每个孩子一碗，吃得香喷喷的。那是关桥最开心的时刻。

学生们按年级编住。师生的衣食实行包干供给制，衣被都是军便装。小学生们穿着极不合身的衣裳，没有内衣，冬棉衣直接裹身。没条件洗换，所以衣被缝里藏跳蚤、生虱子、长虮子是常事。太阳一出来，逼着学生们晒太阳、捉虱子、挤虮子。

有一次，美第头发里发现有虱子，母亲不知从那里找来一些水银，用手在头发上搓揉，杀死虱卵。关桥现在想来都有些后怕，那时，怎么就连水银有毒都不顾及！

炕上、席子缝里的臭虫在夜间出没，无法入睡，母亲经常端着油灯抓臭虫；虱子在衣服缝里繁衍，其卵虫、蚬子很难捕捉，母亲就用油灯火苗烧烤。

冬天，脸、耳、手、脚生冻疮长裂口是常事。

记得关堰有一次发高烧好多天不退，说胡话。母亲得知后，赶到关堰住的窑洞，喂了几天草根汤药和小米粥后，关堰才得救。后来才知道关堰患的竟是伤寒症，差点丢了命。

母亲在教学、批改学生作业、查阅卷子之外，还要照料孩子们的生活，常常是熬更守夜，很少休息。

这一切，牢牢记在了关桥的心里。他知道，只有好好念书才有出路，像父亲一样，改变自己的命运。因此，他唯一报答父母的方式，就是好好学习，将来做一个对社会有用的人才！

关桥也有开心的时刻。

秋林镇是陕西省宜川县的一个乡。赶集的日子，封闭在虎啸沟里的小学生们，三三两两邀约一起，去镇上看那些艺人们描字画、吹糖人，在赶场的人流中感受学习生活中没有的新鲜，用童稚的目光去打量这个未知的世界。

过年前，在山沟的进口处，关桥和同学们一道用翠绿的柏树枝搭起一个拱门，学校从镇上请来了摄影师，那时用的是木箱式照相机，对好焦后，照相师高举起闪光灯招呼大家看着镜头，手一捏皮囊，吱一声就拍好了。

关桥觉得挺新鲜。

除集体照相外，在绿色拱门边，母亲特意请摄影师为美第和关桥拍一张合影。这时，年幼的敦弟哭着跑来也要照相。于是，美第、关桥、关敦三姐弟的合照，就成了关桥一直珍藏至今的家宝。

夜深宁静，关桥开始想念烨第。她在哪里呢？

很久以后，关桥才依稀知道把烨第留在外祖父家的一些情况。

那时，刚刚四岁的烨第被妈妈用一个煮熟了的鸡蛋所诱惑，留在了那长满蒿子杂草不长庄稼的黄土山沟里，这对于一个乱世中逃生的孩子和母亲而言，无疑是一件十分不幸和悲哀的事情。

生命之光——记国际著名焊接专家、中国工程院院士关桥

1945年6月，关桥在陕西省宜川县秋林镇虎啸沟"山西省第一儿童教养院"与姐姐关美第（后右）、弟弟关敦（前）合影

每天，烨第跟着山沟里的孩子们在黄土地上滚爬撒欢儿，享受着无拘无束的快乐，但也受尽了没有母亲呵护的苦恼。姥爷家的继外祖母支使还没有桌子高的烨第每天倒尿盆，端洗脚水，上山沟搂草、拾柴。看到继外祖母嘴不停地吃零食，烨第在一边傻傻地望着，心里想吃极了。

有一天，烨第看准了继外祖母放零食的地方，悄悄地站在凳子上，踮着脚，伸长胳膊偷糖吃。刚要够着时，突然听到继外祖母大喝一声："干什么！"烨第

心里一慌，头朝下摔下板凳，疼得大哭起来。

这件事，成了烨第心中永远的痛！

孤苦的烨第时常站在村边一棵大树下，望着远山，大声哭喊："妈妈……姐姐……哥哥……你们在哪？"

1945年，抗战胜利后，外祖父因病搬回太原，烨第也跟随到了太原。

1946年底，美第和关桥到了上中学的年龄，母亲决定从已迁到陕西韩城的儿童教养院将他们送到山西临汾上中学，托付给在临汾师范附中当会计的叔伯长兄关清明。

母亲深知孩子们的学业是不能耽误的，关堰、关敦小学的学业还得继续，母亲又再下决心，把关堰、关敦托付给晋姓同事后，拉扯着美第和关桥从风陵渡乘羊皮筏子，漂过黄河重回山西。

羊皮筏子是一种古老的水上运载工具，当地人叫它"排子"，划"排子"的人叫"排子匠"。

所谓排子，就是由十多个羊皮"浑脱"并排绷在木架杆上制作而成的气囊"船"。浑脱的制法是将羊杀死以后从屁股上开口，掏出内脏，然后从开口处按自后而前直到头部，像脱衣裳一样，把囫囵羊皮剥下来，割去头蹄，扎好开口，灌入盐水和香油，待熟制、发酵并有油浸出时再加以鞣制，注入新的油液，扎口充气，就成了浑圆气鼓的浑脱。

一般的排子由13个浑脱分3排组成，上下各5个，中间3个，上下错开陈放。浑脱与架杆用绳索相绷连接，捆上取下十分方便。皮筏很轻，湿水以后不过100多斤重，浮力极好，排子匠只用一只小小的木桨就能拨得它在水里转动，顺水而下，如在箭上。

刚启程，就遭遇惊险一幕。

站在岸边，关桥看见在水里晃动的羊皮筏子心里就发虚。他憋足劲儿，猛地跨出右脚，哪知，右脚跨进了羊皮筏子，左脚却掉在了羊皮筏子外面，羊皮筏子一晃荡，关桥的身子向后倾，眼看就要落水了，刹时，母亲眼疾手快，一把抓住关桥的衣袖，使劲儿往上拉，好不容易才拉上羊皮筏子里。受到惊吓的关桥顿时嚎啕大哭，一下扑在母亲的怀抱里，紧紧抱住母亲不放……

关桥一辈子都记得，是母亲救了他一命！

母亲在临汾托关清明安排美第和关桥进入临汾师范附属中学。校院内有一座佛塔，底层有一尊诺大的铜铸佛头。关桥心想，能读上书，这也算是佛光普照给我们姐弟俩就学的福气吧！

但，佛光在哪里呢？关桥把佛塔上下打量了一番，也没看见佛光。

关桥和美第同在一个班级读书。关桥遵循母亲的吩咐，老老实实听从着姐姐无微不至的管教和关爱。

美第生性活泼，她还参加过演唱"小白菜"剧，是年级里的一名活动积极分子。

内战时期，中学生也参加军训，关桥还真枪实弹打过靶。当子弹打出去那一瞬间，关桥的双手不禁在发抖，心里蹦蹦地跳个不停。

那是他第一次对兵器有了初浅的认识。

辗转中原

1945年8月，抗战胜利了。

教养院迁往韩城，落驻在一个离县城不算太远的村落里。

这是一家很大的地主庄园，有围墙，但未曾见到大地主。大庄子有上千户人家，从民宅看，也是老村庄，建造年代似乎很久远。

学校选在一座庄园式大宅院，大门高大得很，进大门便是一条深巷子，左侧又是三座套院式大宅，右侧是大场院，学生们除男女生分院住外，还有一座院子是给校卫队的学生专用的，这些学生都是高年级学生，他们配有长枪，还要作操练。

起先，母亲带着几个孩子住在安排女生住宿的一座大四合院的厢房里，堂屋里还住着一家老乡；女生中还有光第、李秋眉等。后来，因为母亲要送美第和关桥以及关桥的堂姐弟光第、端明到临汾上学，把关堰和关敦托给同在这座大院里住的晋芬照管；这样，晋芬带着四个男孩同住在院子里的一间小屋，占半间屋子大小的火炕上挤睡着五个人。

几个孩子课余时间经常在院子里舞棍弄棒，边玩边比画着，吟诵着唐诗，兴许是无意中的动作强化了记忆，像七言律诗中的《送大将军南征》和《收日光送月光》，至今关堰仍能背诵下来。

那时，学校还有例行的日程活动，升旗仪式、训话、比赛等。一次运动会上，关堰在速算赛跑中获得了第一，算术老师对关堰倍加赞赏。

儿童教养院迁到韩城后，学习的环境有了很大的改观，整个教养院都在那里住宿、生活和学习。学生还编进童子军，发给童子军服。夏收时，孩子们帮老乡拾麦穗后，还可以讨口粥喝。

抗战胜利的喜悦，使大人、小孩压抑的心情得以开怀释放。

记得有一次，学校为教师们带来惊喜，每位教师都能买到一双皮鞋，这在当时简直是一种奢望。关桥为母亲能穿一双皮鞋而高兴不已！

春天的阳光照进大院，母亲让关桥在小院板凳上坐下，教关桥如何带着韵味朗读和背诵唐诗。

"窗前明月光，疑是地上霜，"母亲教一句，关桥学一句，"举头望明月，低头思故乡"。

至今，关桥对这些温馨的场景还历历在目。他说：在小学里，谈不上学习质量如何，我的基础知识从小就没有打好，但对诗词还有点兴趣，这都是母亲的养育之功！

1946年初，那是新年前的一天，妈妈分外高兴，带着关桥他们几个孩子从学校赶往城里，住进了一家简陋的旅馆，在那里，见到了久别的父亲！

那年，关桥刚11岁。

在关桥第一印象里，父亲身材魁梧，形象英俊，神情严肃，不多言。

父亲是从重庆绕道专程来韩城与关桥母子们团聚的。

父亲带着一家人在韩城看新年焰火,这是关桥平生第一次大开眼界。

广场中间,正在表演二龙戏珠。

关桥看见由许多人各举一节木柄,左右挥舞,使龙体在空中悠悠蠕动。龙头似驼,龙眼似虎眼,龙耳似牛耳,龙角似鹿角,龙鳞似鱼鳞,龙身似蛇身。舞龙时,龙体内的蜡烛,忽明忽亮,仿佛像关桥心目中闪亮的萤火虫一般。

表演开始了,舞龙者以跑阵为主,一会儿双龙交错,一会儿呈四边形,一会儿龙头向前、龙体左右对称呈"凤凰展翅",一会儿双龙相对、扭"8"字形呈"长蛇阵"……

两条龙追逐着两颗宝珠,时而昂首如飞于云天之上,时而低回若游于波涛之中……

令关桥赏心悦目的是,龙舞时,还伴有号角声和口吐缕缕烟火,焰火带着响声窜来窜去,目不暇接,很是开心。

这次见面中,最深刻的记忆是父亲带孩子们去壶口观黄河瀑布。

父亲告诉孩子们说:"壶口瀑布是黄河中游流经晋陕大峡谷时形成的一个天然瀑布。是中国仅次于贵州省黄果树瀑布的第二大瀑布。"

父亲侃侃而谈:"滚滚黄河水至此,宽约500米的洪流,突然被两岸所束缚,上宽下窄,在50米的落差中翻腾倾涌,河水像从巨大无比的壶中倒出,故名'壶口瀑布'。明朝陈维藩有一首诗叫《壶口秋风》,诗中这样写道:'秋风卷起千层浪,晚日迎来万丈红'",这就是'壶口瀑布'的真实写照!"

看着气势磅礴的壶口瀑布,关桥赞叹不已!他被壶口瀑布浓烟腾雾、扑朔迷离的幻境所吸引;被壶口瀑布烟波浩淼,奔腾咆哮的壮观景象所震撼!

那天,父亲请关桥他们母子在一家餐馆吃黄河鲤鱼。都是头一次吃鱼,既高兴又无奈,总是肉刺分不开。不过,父亲讲的"鲤鱼跳龙门"的传说,给关桥留下了深刻的印象。

新年家庭团聚是短暂的,爸爸已奉命调到了绥远。

后来，关堰和关敦随教养院又从韩城迁校转往西安，学生的物品、行李都是靠驴拉木轱辘车，人跟在木轱辘车后面徒步行进。

到了西安，学校条件亦步亦艰，落泊在北门外偏僻的叫"豆芽坑"的地方。说是"坑"，因为此处确是很大的一片低洼区，有不少简陋的厂房和屋子。

那废弃的厂房就是学生的住处。学生们倚围着墙，在黄泥地上铺上麦秆，围上一圈砖作通铺床，关堰和关敦挨着睡在一块，老师在门口拐角处搭起木板、围着帐子。

入冬，西北风裹着雪花，从残壁断墙处刮进，个个都冻得蜷缩成一团儿。为了能暖和点，入睡前，把砖搁在柴火堆旁烤热了，塞进被窝里。

伙食依然很差，没菜、没油。每日里，上、下午各一餐小米粥，有时很稀，照得见人影，学生们常常为此闹事。在那里，所有的学生都要学会快吃，会抢，会捞稠的，否则就饿肚子。

学校的教学处于停顿，面临解散。

关柱即将出生，母亲只好几经周折，克服交通阻断的困难，直接北上太原，在外祖父家待产，烨第也终于有了妈妈的庇护，有机会可以和母亲"腻"在一起了。

12月底的一个深夜，关柱出生了。

1947年，山西太原、临汾等地内战的烽火再起，母亲又托人把美第和关桥从临汾接到太原自己身边。

当时，梦瑞舅在太原大学教书，舅妈杨珺在太原中学教书，先把美第和关桥安插到太原中学进修班上初二，半年后即正式转入太原中学初二下半年就读。

母亲待在太原大约不到一年，一次，烨第发高烧，脖子肿得老粗，得了腮腺炎，母亲硬是用白萝卜和梨煮汤治愈了烨第的病，这让烨第备感母亲的疼爱。

此时，依然留在儿童教养院10岁的关堰和9岁的关敦，随学校迁至西安，无人照顾。

1947年9月的一天，母亲将还不到一岁的关柱托付给在太原的弟媳和已在太原上中学的年仅14岁的美第照看，决定启程去西安接关堰和关敦。就在母亲起身的那个凌晨,天漆黑,烨第似乎觉察到了什么,摸黑起床扑到了正在收拾行装的母亲怀中,连哭带拽,死不放手,硬是要跟母亲一起走。母亲实在不忍心再次丢下烨第,只好带上烨第一块走,从此,烨第终于结束了在姥爷家的历史。

1947年秋于太原(后排关美第、前右关桥、左关烨第、中妈妈与关柱)

母亲带着烨第从太原来到西安,在东门外一家大院里租了一间房子,接关堰和关敦住下。

夜幕下,母亲带着关堰他们逛东门外的夜市。

只见街两边商铺刀旗悬挂,叫卖声、吆喝声、吵闹声不绝于耳。各种小吃琳琅满目,香气四溢。什么桂花元宵、莜面饸饹、葱花烙饼、豌豆糕、黄米油糕、八宝饭、羊肉蒸饺、子推蒸饼等。

母亲给孩子们一人买了一碗热乎乎的醪糟(江米酒),香甜滋口,大饱口福。

"真好吃!"孩子们把碗边都添干净了。

母亲的疼爱给孩子们带来无尽的亲情和温暖。

这时,关桥一家已变成了八口之家的大家庭。现在想来,母亲为了抚育这群子女,真是经历了千辛万苦啊!

全家团聚

从1947年起，父亲供职地域从西南转往西北，遍及当时行政隶属的绥远、甘肃、宁夏三省。开始了他后半生献身铁路的包宁线（包头—宁夏—兰州）和集二线（集宁—二连浩特）的勘测、选线和设计。

为了从长计议安排好孩子们的学业，父亲、母亲决定要把分散漂泊在太原、西安的孩子们聚拢起来。母亲西安之行，就是要带着堰、敦、烨第去父亲的工作地——归绥（今天的呼和浩特）。

但从西安到归绥，谈何容易！

沿途要穿越四省——陕、甘、宁、绥，而这些地区社会动荡不定，除国共两军对峙，还夹杂着地方军控制和土匪的活动。走要道，关卡盘查难过；选偏路，自然条件恶劣，路难行啊！

父亲母亲商量，选择了后者。

做出这一抉择，显示出他们共同的坚定和勇敢。生活所逼，使母亲当时敢于带上三个孩子——11岁的堰、10岁的敦和8岁的烨第闯走这条艰险之路，又一次显示出母亲坚韧勇毅的品格。

为了避免意外，父亲从勘测队借来一辆美式福特卡车，除司机外，还请筹备处一位总务科长张伯伯领路保驾。

从西安启程后，在一个多月行程中，真不出父亲所料：一路险情不断，车行到西安门户咸阳，路口就设置有路障并遭刁难。张伯伯给站岗卫兵出示通行证，但卫兵仍不放行。张伯伯又跟一旁的宪兵交涉，也无果，再找当班值勤官周旋，塞了钱才算了事。

随后，过了兰州，就开始进入人车稀少的六盘山地区。

遭遇大雪，凛凛寒风刺骨，吹打在脸上，就像刀在刮。

六盘山山峦险峭，公路逶迤盘旋在悬崖绝壁间。坡陡路滑，又遇雪天，越往上爬雪越大。司机不得不给车轮带上防滑铁链，颠簸着缓缓爬行。转弯处就临山涧深渊，更是让人心惊胆颤。

母亲带着关敦、烨第坐在司机室，目睹着一幕幕险情，关堰和张伯伯坐在用苫布遮盖的车斗里，冻得人发僵。

几近半山转弯处，也不知怎么回事，关堰不由自主地突然大笑不止。张伯伯认为是不祥之兆，赶紧叫司机停车，抱关堰下来。母亲敞开大衣紧紧搂着关堰，用白酒给关堰擦前胸、手和脸。待逐渐苏缓过来后，让关堰和关敦、烨第一起坐在司机室，她自己则坐到了后车斗里，继续翻越六盘山。

母亲围着她那条深蓝色带白点儿的厚丝围巾，坐在卡车行李上。这条围巾烨第一直珍藏至今，它见证了伟大的母爱！

每当回忆起这些往事，孩子们十分感叹，危急时刻，母亲总是奋不顾身，以她那博大的母爱呵护着孩子们！

途经兰州和宁夏（当时的省府名称，即现银川市），稍作休整，即沿贺兰山脚下河套走廊，经石嘴山、磴口，过包头到达归绥。

经过宁夏青铜峡、石嘴子，越走越阴森可怕。白日里，大人们常讲起狼群的故事。夜间，在旅馆里果然依稀听到狼嚎叫不断……

在银川停留一些天，住在父亲托付的包宁铁路上的一同事家院里。

战乱中的大西北饱经沧桑，贫瘠的黄土坡和荒芜的田野，没有生机与活力。城市中低矮、破烂的民房，窄小、坑洼的街道，充斥着碎石瓦块和垃圾。但孩子们却近距离接触到了大西北文化，包括著名的贺兰山、贺兰石，西北名吃：羊头肉、羊肉泡馍、醪糟等以及当地民风民俗，这些都在孩子们日后的岁月中回味无穷。

父亲供职的是为勘测包宁线成立的筹备处，设在绥远省首府归绥，办公地坐落于归绥火车站北侧官房子街边的一套二进式大院里。临街前院是围建的诸多办公间，绕入后院是家眷的宅院，这个宅院的居中处是一幢高台式带南廊的"别墅"，周围园林空地不少。

整幢宅屋以中通道分为东、西对称的两套，像是供两家用的。穿过通道往北连着一条走廊，就到了厨房，生活设施齐全，这是给筹备处的首长带家眷备用的。在人员上还配置有厨师和勤务员。但是，筹备处处长一直未到位，父亲是副处长，实际主持工作。这样，关桥的家虽住着西边的半幢宅子，却享用着整个院子。

屋前有几棵高大的海棠树，盛春之际，海棠花盛开，满院馨香，沁人心脾。入夏，遮阴蔽凉，憩坐廊下，静谧舒心。

父亲有一部120蔡司可伸缩照相机，常常给孩子们拍拍小照。一次，父亲记录了关柱在树下扫落花的情景，曰"小弟弟扫地地"。

树下有一张小方桌，这也是孩子们做功课的地方。一尊厚实的围棋方木墩摆在廊栏边，父亲在闲暇之余，教几个男孩子下下围棋。围棋墩是他专选木料请人做的。后来还一直随家搬往北京。

房间面积并不算小，由于没有什么摆设，屋里显得空荡，几件家具都是生活中常用的素松木制品。最大的一件是父母用的粗镂花高栏框架拼板双人床，其他的还有：一张同类风格的单人床；一张两边能对坐人的拼装式大书桌及相配的两把木椅；一张方木桌，一个餐具橱柜；一张方圆可变的餐桌和两只高脚凳；孩子们的床都是用简陋的床凳搭板条拼起来的。

关桥听父亲讲过，这些家具都是他为安家精心置备的，选购木料、自己设计，请工务段专做的，经久耐用。可拼装式构思、匠心独具，也适应了此后搬家的需要，足以见父亲的远见和细心。

当时的家具中，仅有一只铁皮镶边樟木箱是父亲在云南工作时一直带在身边的衣箱。他对樟木箱能驱虫防蛀避潮的功能颇有感受。孩子们对樟木、樟脑的知晓始于此。

父亲曾讲述过他在云南勘测时，山林之中常年雾气缭绕、瘴气弥漫，让人透不过气。长年累月地工作在这种环境下，这对父亲的健康也是一种日积月累的损伤！

直到迁入北京东单新开路的住所，除了添置了一张普通双人床和一只木箱外，父母就再未置过家具。这些花费父亲心血的家具，一直伴随着父母到终年，也伴着孩子们长大成人成家立业，它们见证了关桥这一家人从离散漂泊到阖家相聚、安稳有序生活的时代变迁。

1947年冬,母亲历经艰辛,把关堰和关敦及妹妹,从西安带到归绥;之后,美第、关桥、关柱,也从太原来到归绥,全家终于实现了分离11年之久的大团圆。这时,已经8岁的烨第生平第一次见到父亲。父亲高大、魁梧,穿着深蓝色厚呢子大衣迎接了孩子们。没有亲昵,没有拥抱,但是,孩子们的内心都充满了喜悦。

关桥一家在经历了战乱的洗礼之后,终究有了个安宁的归宿。10多年来颠沛流离,母亲饱尝了人间辛酸,在归绥总算如愿以偿,卸下了背上的重担!

父母为孩子们的成长营造出了一个安稳的环境。孩子们的学业也开始步入了正规的学校生活。

美第和关桥转入设在旧城区的国立绥远中学初中三年级就读。关堰和弟、妹都进入车站旁的铁路扶轮小学就读。

1949年,关桥(前左一)就读于绥远省国立绥远中学时与高中一年级第十五班同学合影

车站到新城之间,有很大一片水草丰满的湿地,泉水涌流不息,汇集成一条小河。丛生着一簇簇马兰花、一抱抱蒲棒,五颜六色的水草、蝌蚪小鱼竞相争游,一派生机盎然……

车站附近通往新城的路上,有两排高高的白杨树,直通老城与新城之间的主干道。

夏日里,主干道宛若一条清凉的长廊;秋日里,主干道是沙沙作响的巷隅。附近还有一座基督教堂,也高耸着一排白杨,与一片片草原和常见的各色八瓣菊,构成了特有的塞北风光。

平静的春日里,母亲带领孩子们去过大青山、昭君陵游玩。

那时,家里充满着温馨,有孩子们间的嬉闹,有父母逗孩子的取乐,父母享受着儿女绕膝的喜悦,也常常开怀敞笑。

关桥第一次看见39岁的妈妈靠在爸爸的背上,笑得那么温情,那么甜蜜!

每当忆起此段往事时,这音容笑貌和那其乐融融的天伦情景,自然会浮现在关桥的脑海里!

节假日里,父亲携全家去归绥城里或看电影或看话剧……

1948年,全家在归绥市火车站附近住所院内合影

父亲还带全家一起参加筹备处组织员工的草原旅行,住蒙古包,看喇嘛教过节,听喇嘛们诵经、吹长号,增长了孩子们对蒙古族文化习俗的了解。在那个年代,父亲想利用一切机会扩大孩子们的视野,增长孩子们的见识。

父亲一生经历广、见识多，他以此影响教育子女，对那个年龄段的孩子们来说，即使用当今的教育观念来审视，也是时尚的了。

1947年，母亲去西安时，未满周岁的关柱被母亲寄养在太原，得了肠胃紊乱，天天拉肚子。刚回来时，小脖子都支不住自己的脑袋，瘦得皮包骨头，不肯下地走路。母亲用鹧鸪菜（红藻的一种）坚持给他治疗，想不到竟然很快就恢复了体力，真是很神奇！

那是一段温馨的日子，大孩子们都上学了，母亲在家带着关柱，抽空为孩子们拆洗棉衣裤，一针针为孩子们做衣缝裤。烨第有一件印花旗袍和一件用丝线绣着花的连衣裙，都是母亲亲手制作的，长了这么大，烨第才第一次穿这么漂亮的衣服。

童年生活，在关桥生命的世界里，是一部灾难深重的苦难历史，是一首命运的交响曲，也是一段温情的回忆，是一本值得咀嚼、玩味的教科书……

第二章　迁徙北京

放飞梦想

1949年初，傅作义起义，北平和平解放。接着，9月，镇守绥远的傅作义部下董其武起义，绥远省也和平解放。国立绥远中学改名为绥远省立归绥中学。

1950年7月，父亲奉调到北京铁道部设计局工作。9月，母亲带着烨第和关柱一同迁京，租住在西绒线胡同的一个四合院里。美第、关桥、关敦和关堰仍在归绥读书。

当时，父亲在铁道部设计院负责集（集宁）二（二连浩特）线的勘测设计，担任总体设计负责人。他风餐露宿，奔波于"集白"和"集二"线上，在这两条以及"包宁"等线路上，洒下了父亲辛勤的汗水，倾注了一个工程师的智慧，留下了他跋涉的足迹。

关桥很是羡慕父亲的工作，向往着将来也能当一名像父亲一样的工程师！

可以说，关桥当工程师的梦想是从认识父亲的事业开始的。在关桥心目中，父亲很伟大，父亲的职业很崇高！至今，关桥对"工程师"三个字感到很神圣，充满了一往深情。

那时，父亲总是饶有兴趣地给关桥讲土木工程的科普知识，如什么是"型钢的截面惯性矩……"

尽管关桥听不懂，但他爱听。

1950年的5月22日，在归绥中学，关桥光荣地加入了共产主义青年团。

不久，抗美援朝的声浪席卷全国。

6月25日，朝鲜战争爆发。韩国军队在朝鲜的强大攻势下，节节败退。韩国向美国等盟国求救。美国为了维护其在亚洲的领导地位和利益，立即出兵干涉。

6月28日清晨，关桥刚刚起床，就听见中央人民广播电台在播送毛泽东主席的讲话，他号召"全国和全世界的人民团结起来，进行充分的准备，打败美帝国主义的任何挑衅！"

关桥意识到，一场战争即将开始了。

关桥在学校的组织下，与同学们一道书写"打倒美帝国主义"、"美帝国主义从朝鲜滚出去！"等大幅标语，表达对侵略者的义愤。

不久，以美国为首的"联合国军"越过三八线入侵朝鲜，并向朝中边境推进，轰炸中国丹东地区，严重威胁新中国的安全。

连日来，关桥所在的学校组织了声势浩大的集会，愤怒声讨美帝国主义的滔天罪行，同学们纷纷要求上前线，狠狠打击美帝国主义！

关桥痛恨战争！

他想起当年日寇占领太原后，烧、杀、抢、掠，肆虐汾城的惨烈场面；想起汉奸二鬼子穷凶极恶搜刮民脂民膏，残害百姓的场面；想起母亲拉扯着孩子们惊慌失措，东藏西躲的场面……

关桥想参军保家卫国！

这时，军事干部学校招生，学生踊跃报名，关桥和姐姐义无反顾地报了名。

但父母劝阻了年仅15岁的关桥。

父亲对关桥说："你还小，祖国的建设才刚刚开始，到祖国最需要你的地方去，一样可以大有作为！"

听了父亲的话，关桥仿佛懂得了其中的道理，他点点头，下定决心，好好学习，要把自己激情燃烧的光和热融入到祖国的经济建设之中去，做一个对社会有用的人！

姐姐顺利通过了审查，被录取到长春空军学院，作为新中国第一批女飞行员的预备人才，受到部队的训练和培养。

从此，关桥家变成了光荣的军属之家！

当姐姐胸前戴着大红花,列队告别时,母亲流下了激动和依依不舍的眼泪。在新中国,女孩子也有出头荣耀之日,母亲尤其为之自豪!

入伍启程前,学校举行了隆重的欢送大会,关堰为台上的姐姐高兴,很想上前去祝贺道别,但却终未能鼓起勇气实现心愿,成了一件难忘的憾事。

1953 年,姐姐关美第(右一)由长春十二航校调往山西临汾,途经北京合影留念

1950 年夏末,爸爸为还在归绥读书的关桥、关堰和关敦三兄弟办了一张铁路职工家属的免票乘车证,关桥带着关堰和关敦以及行装回到北京的住所,这是关桥一家在北京的首次团聚,只可惜缺了姐姐。

1952 年,父亲办公地迁到天津,为了便于父亲在京津两地间的往返,父母亲租居到离北京火车站较近的东单新开路 14 号(后改为 27 号)院。没想到在这里一住就是三十载,成了父母安心定居的住所。

27 号院是父亲在归绥工作时期的上司苏纪忍先生的私宅,因为是上下级关系,租金略便宜。院大门是普通的四合院门,但整个院子是因地而建的。通北、通南都各一排平房,它们跟东、西邻院的隔墙,一起围成四合院。

建造者可能是出于给人进院后有种幽深、宁静的感觉,从北房往南通过廊道横亘出大客厅,在客厅的山墙与南房间的夹道端砌起一门垛,这客厅的墙、窗和攀附着的爬山虎与门垛浑然一体，恰似屏风，把院子隔成为二进式的东、西两院。

东院直对大门，铺有砖道直入北房的廊道，并以小松树和灌木丁香花作掩蔽，东院面积较小，仅占全院的1/4，给人一种雅致的感受。

穿过门垛和夹道，开阔透亮的西院就展现在眼前。墙边，一株山桃树的树干有碗口般粗，枝杈繁茂，与其他三面画框式的檐廊相互衬托。廊下，是纳凉和学生做功课的好地方。

关桥也曾在廊下用许许多多的小木条搭出一幢幢高楼大厦，或一座座气势恢宏的大桥。他沉浸在一片童话般的梦境中，他在自由的王国里放飞自己要当一名"工程师"的梦想……

姐姐参军成了现役军人，也给家里带来了光荣。大院门楣上与门牌号并列挂上了一块"光荣军属"的红底黄字的圆牌，很是显眼，惹得邻居羡慕不已。挂牌时，街道组织了腰鼓队，敲锣打鼓送来大红喜报，气氛非常热烈。

姐姐参军，为母亲的生活开启了一扇窗口，开辟出了一条与社会联系、沟通的渠道。

此时，孩子们的学业独立、稳定，母亲已开始摆脱家务缠身、受孩子拖累的处境。

精力充沛的母亲终于有了契机，并以此为起点，迈开了从家庭进入社会的步伐。

她开始参与街道工作，开展宣传、普及抗美援朝的教育，组织居民踊跃参加爱国募捐运动，捐款、捐献慰问袋和慰问品。

她那忘我的精神，很快赢得了公众的认同和各级组织的信任，各种荣誉也接踵而来。

她曾任北京东单区军属缝纫组和北京第27缝纫社主任，并被誉为"爱社如家"的好干部。继而又担任了北京被服厂车间副主任、党总支副书记，北京挑补绣花厂厂长。

她先后被评为"军属模范"、"社会主义建设积极分子"、"市手工业先进工作者"，并于1953—1958年间当选为北京市东单区人民代表、区政协委员、北京市政协委员、北京市中级人民法院陪审员。

母亲的工作得到了社会认可，体现了自身价值。她忙得顾不上家，把整个身心都投入到新中国的建设之中。每天很晚才拖着疲倦的身子回到家里。

至今，关桥还说，那时，是母亲意气风发、展现才华、如日中天的年代！

记得有一次，母亲出差去广东交流经验，回家时带了土特产和访问时的照片。母亲十分兴奋地说，广东、福建一带出口加工形势好、产品设计花样新。还特别关注毛巾、手绢、服饰之类的设计，如何采用不对称的图案等。还说南方的饮食也很讲究，新鲜蔬菜，特别是绿叶菜制作加工不用铁刀，用手掰，以防锈味混杂……

母亲滔滔不绝讲述了许多趣事，神采飞扬，容光焕发。在母亲充满激情的叙述中，关桥梦想的种子在萌芽……

记得母亲当选为东单区人民代表时，儿女们特意陪母亲到东单路口附近的"金山照相馆"留影纪念。

照相时，母亲胸前佩戴着当选代表的绶带和大红花，手持代表证，映衬着充满自信的笑容，很是灿烂光彩！

儿女们也都为母亲感到骄傲，母亲积极投身公众事业奉献社会活动，展示出自己的潜能，发挥了自己的才干。

1956年6月，母亲光荣地参加了中国共产党，受到了当时北京市副市长刘仁的接见。

母亲所取得的成就和获得的荣誉，激励着关桥及全家人奋发向上。

父亲忠于职守，勤奋严谨，成就突出，享受到了国庆观礼、节日游园等特别待遇。关桥想，这也是父母比翼齐飞，别样恩爱的回报吧！

俗话说，父母是孩子的第一任老师。是的，关桥从父母的身上强烈地感受到了一股积极向上的力量，他决心以父母为榜样，发挥光和热为祖国社会主义建设而实现自己的梦想！

过年，是关桥家里最热闹的时候。

生命之光——记国际著名焊接专家、中国工程院院士关桥

1963年1月25日（正月初一），爸爸60岁生日与妈妈
合影于北京东单新开路14号

在那物质极度匮乏的年代，家传的"大铜火锅"为全家享受美味佳肴贡献力量，增添了欢乐气氛。

关桥记得，过年前几天，母亲带着关敦和烨第就忙开了，早早地蒸上几锅白馒头，用红色食用色素在每个馒头上点红点儿，用枣和面团做成3~4层高的枣糕。

心灵手巧的母亲用面团捏成形象逼真的各种动物，煞是好看。面食蒸出来要放在院子里速冻保存，留待过年几天备用。

母亲教烨第用油和鸡蛋和面，做成麻花、排叉，下油锅炸成脆香甜的小吃。

吃火锅，准备过程很复杂。这时家里就成了大作坊。洗摘白菜、土豆、萝卜、山药、海带、豆腐、虾仁、猪肉。把肥瘦猪肉煮熟，其汤做底汤，瘦猪肉则用蛋清裹皮炸成"酥肉"。把山药削皮切成滚刀块后，用油炸成浅黄色，剁碎的山药皮与肉馅混合炸成香酥肉丸子。白菜、萝卜、土豆等切块与虾仁放在火

锅最下层，上面依次是豆腐、山药块，接着铺一层丸子，依次铺一层猪肉片、酥肉，最上层是海带、葱花，然后加入煮肉汤。

待大家到齐，用木炭加热煮沸，炖至 40 分钟至 1 小时，待所有菜肴的美味均融会贯通时，就有一股说不清是哪一种菜香味，扑鼻而来，满院飘香。

"开饭啰！"关桥拿着一大把筷子高声喊道。

"爸，请坐上席！"关敦懂事地给父亲让座。

火锅上桌，热气腾腾，再加上白馒头愈吃愈香，兄弟姐妹与父母团团围坐，人气兴旺。

这菜肴固然是母亲的厨艺给大家的口福，但团圆是关桥父母一生最渴求、最期盼、最欢畅的日子！

寒假过后，关桥和关敦都转学留京，关堰则仍回到归绥原校读书。

父母未干预，给了关堰自主权。关堰之所以做出这样的抉择，一是因关堰初中毕业在即，只留下初三最后一个学期了。二是因为临放寒假前，当时的校长兼书记冀丕扬（他是一位绥远地下工作者，曾入狱受过酷刑）与关堰在校园相遇时，对关堰说，你的家搬走了，你留下来读高中吧，还可以免试直读高中。当时，关堰感到既惊讶又受宠，如此爽直的面谈，使关堰为之动心。

高一寒假，关堰未回京，参加了绥远农村的土改工作队，像工作队其他的干部一样，参加了一期全程的土改工作。工作组和贫农协会给关堰的评语是"人小，心不小。"

母亲对关堰游离在外长时间不照面，自然是倍加牵挂，总是在每月给关堰汇寄生活费时多嘱咐几句。

自从家安到北京后，父亲的生活很有规律，也没有那么忙了。渐渐地，与孩子们交流的时间也多了。

父亲对穿着很有讲究，喜欢一种"毛式"领子的衬衫，他还比照画像上的样子为自己设计，请裁缝加工过一件。

闲暇时，父亲还常看一些小册子，如保健知识、中医药书、诗词格律。父亲喜欢蒲剧、山西梆子、眉户戏。

父亲说，蒲剧即"蒲州梆子"，因兴于山西晋南古蒲州（今永济）一带而得名。它是山西四大梆子中最古老的一种，主要流行于山西及陕西、河南、甘肃、青海、内蒙、河北等省的部分地区。

高兴时，父亲还要哼一哼《窦娥冤》、《赵氏孤儿》的唱段，音调时而高亢激昂，时而婉转悠扬，唱得有板有眼。关桥、关敦、关堰在一旁鼓掌叫好，关堰常常跟着学唱几句。

父亲还常常回忆起云南山水、黄河壶口瀑布、重庆山城等地的美景，最得意的是他的母校。

"天津北洋大学可是全国一流的大学啊！"父亲自豪地说。

烨第在一旁嗔怪地说："是啊，那曾是咱老爸的骄傲！"

"哈哈哈！"父亲大笑起来，然后，以他特有的幽默告诉烨第："想当年，我可是天津北洋大学的美男子呢！"

父亲爱干净。只要他在家，就会把房间里的各个角落打扫得干干净净。

那时，胡同里的路都是土路，凡是从外面进家门，需用布掸子抽打身上尘土。至今孩子们都还记得父亲用掸子抽打时开心的情景。

父亲还会点儿中医的号脉、诊断。

记得在20世纪60年代初，关敦在北京市教育局帮助工作时患感冒，父亲还给关敦开出过草药处方。

父亲喜欢吃牛羊肉，但又怕上火。他常说的"养生理论"，是"喜欢吃什么就是缺什么，就是需要什么"。他喜欢饮茶，除常去茶店购买花茶外，他还喜欢沱茶、砖茶。

父亲热爱土木工程专业，他常跟孩子们说，中国的工业基础薄弱，特别是引擎——汽油的或柴油的发动机都不能自己设计制造，实在是一憾事。

父亲还常谈起铁路上的事，谈"集二"线在二连浩特与蒙古交接连轨问题，谈与苏联专家的争论。他极力主张维护祖国利益和安全，不允许宽轨（苏联的轨距）直通到集宁，坚持只能在边界换成标准轨（国内的轨距）！这就是中国工程师的尊严！

这些都是父亲一直思考的问题,他一辈子最关心的事是祖国的铁路建设。

关桥崇拜父亲。

他时常望着父亲的背影,思考父亲曾经走过的辗转之路,思考父亲曾经遭受过的苦楚与磨难……

关桥敬仰母亲。

他时常看着母亲脸上的笑靥,回想起母亲带领孩子们躲过日本鬼子搜捕时表现出的那份淡定、那份自信、那份坚强!

父亲对事业的执著,极大地影响了关桥一生;而母亲身上焕发出的无私无畏的母爱,对关桥今后刻苦努力学习、正确对待人生也产生了极其深远的影响。

而今目下,关桥无法将现在父母舒心的微笑与过去的怅惘、踌躇的步履相比;无法将一个新时代的现实与满目创伤的历史,像链条般衔接起来……

过去,那段颠沛流离的日子,早已从父母心里淡淡而去;父母心中那段不堪回首的永远的痛,也已经融入在历史的长河之中……但关桥报答父母养育之恩的心愿越加突显,关桥的梦还在,路还很长、很长……

柳暗花明

因父亲工作调动,当全家到了北京后,关桥首先遇到的是转学问题。

汇文中学每年都有插班生考试,关桥记得当时考得也并不好,但还是被学校录取了。关桥明白,自己的基础与同学们相比差距很大。历史课历朝历代的顺序背不下来,地理课只知道一个大概,外语只知道一些单词,发音不准;语文水平不高,音乐乐谱也不识……

1950年秋进入汇文中学,开始了高中二年级下学期的学习。关桥因自己来自山西,多年在绥远就读,说话带着浓重的地方口音,心里产生了强烈的自卑感。关桥总觉得自己是"土包子",甚至在班上经常召开的学习小组讨论会上,他都不敢发言。

关桥在汇文中学是住校，四个学生住一间寝室。同寝室有一个同学叫张友玮，高等代数学得好，竟然把高等代数的范氏大代数演算题目全部演算了一遍。关桥佩服极了。就跟着学，比着学，较着劲学，他在心里把张友玮当做自己刻苦学习的榜样。

"我从小性格就倔强，看到别人比自己学得好，我就有一股不服输的劲头……"关桥说。

很快，关桥的学习成绩突飞猛进。

汇文中学始建于1871年，最初为美国基督教美以美会设立教堂时附设的"蒙学馆"，后更名为"怀里书院"。1888年又增设大学部，名为"汇文书院（PEKING ACADEMY）"。从1902年起，校址设在北京崇文门内船板胡同。1904年改名为"汇文大学堂"，当时设有小学部、中学部和大学部。

汇文校园占地200多亩。校园主要建筑于20世纪初期落成，有教学楼安德堂，学生宿舍德厚斋、德本斋、高林斋，又称东楼、西楼、北楼。这些建筑加上1935年落成的体育馆和祥和图书馆，形成一组具有中西合璧和鲜明风格的建筑群。其格局庄严、肃穆、大气、典雅。

1918年，汇文大学部与华北协和大学及通州协和女子大学合并为燕京大学，迁到今天的北京大学校址，原崇文门内船板胡同的校址转给汇文小学和汇文中学。

自此，"私立北京汇文中学"作为一所独立的教会中学开始了它在近现代中国教育史上的历程，直至1952年被新成立的北京市人民政府接管，更名为北京市立第二十六中学。

虽然汇文中学在崇文门内船板胡同，离关桥家还不算太远，但按校规，所有学生都要住在学校的宿舍，要缴纳集体伙食费、书杂费等，这也是一笔不小的开支。

关桥进汇文读书，是父母"因材施教"的安排。关桥自幼踏实、肯钻研，又有不服输的犟劲。知子莫如父母，父母认定关桥是可培养好的材料，又是家中长子。

当时关桥家的生活来源只靠父亲的薪金维持，几个孩子都分别上小学、初中、高中。为了关桥能进入汇文,父母千方百计克服家境拮据的困难,省吃俭用,节衣缩食,每到交学费时,母亲总是为难地伤心掉泪。后来,还是在汇文中学申请到助学金补助,解决了一部分难题。

关桥第一天走进汇文中学时,就被教学楼安德堂大厅中央"好学近乎智,力行近乎仁,知耻近乎勇"的校训吸引住了。当时,他并不明白其中的含义。

渐渐地,关桥熟悉了汇文中学的历史。

校训是1919年时任北京大学校长的蔡元培先生为汇文中学所题写。简而言之,即"好学"、"力行"、"知耻",简单概括为三个字,即"智、仁、勇"。可以说,这三者是儒家理想人格中对"君子"的最高标准,也是中国传统文化对于"人"的最高的价值追求,更是汇文中学每个学生做人、做事的准则!

汇文中学的前身是汇文书院。当时之所以取"汇文"二字,即有融汇中西文化精华之意。

1926年,高凤山作为汇文第一任中国校长接任后,毅然在学校取消了圣经课,但"融汇中西"的宗旨却得到了更加全面深入的贯彻。当时的汇文主政者深知:文化是一个民族的根,是一个人的立身之本。汇文是一所办在中国土地上的教会学校,她要培养的是能够为20世纪中国社会服务的人才。而这样的人才,首先要热爱自己祖国的文化。

汇文学校受西方现代教育影响,构建了一套严谨、系统的教育理论体系。如何将中国传统文化中的价值追求与现代教育的目标结合起来,成为秉持教育救国信念的知识分子矢志不渝的追求。

"智、仁、勇",关桥牢牢记住了!

校训,成为关桥努力刻苦学习的动力!

关桥对校园门前那口铜钟印象非常深刻。在关桥心目中,这口钟,是汇文中学的一面旗帜,是汇文中学永远的象征!

据考证,校钟铸造于光绪二十三年前,原为美国基督教美以美会教徒赠送北京亚斯里教堂的,后送给汇文中学做校钟,故上面存有英文铭文。

打钟上课,敲梆子吃饭,是汇文中学不成文的规定。

生命之光——记国际著名焊接专家、中国工程院院士关桥

上课敲三下，钟声清脆而急促；下课敲四下，钟声沉闷而悠远。早上起来则打乱钟。所谓"打乱钟"，便是"当！当！当！……"不计次数，打多少下没有规定，全凭敲钟人心情而定。每天早上钟声敲响过后，新的一天就开始了，汇文学校开始沸腾了，开始充满了朝气与活力……

关桥听老师讲，校钟还是汇文爱国传统的见证。

1935年12月10日，汇文中学参加游行的同学们敲响了校园里的大钟，宣布罢课！

从此，每当关桥走进校门，路经校钟面前时，不禁对校钟肃然起敬！

关桥听老师说，翟瑞焘师傅是汇文最后一个敲钟人。他于20世纪40年代早期进入汇文当校工，负责敲钟。

翟瑞焘师傅曾经讲起过汇文校钟的一件趣事：当时同仁堂的一个少爷在汇文念书，有一次，少爷一时兴起，敲了几下校钟，被翟师傅撞见，过去给了两巴掌。喝道：这钟哪能乱敲啊！

从汇文中学毕业后，关桥也曾多次回到过学校，但都没有看见校钟。

后来有人告诉关桥，"文化大革命"时，校钟被红卫兵当成"四旧"扔进了废铜烂铁堆里。汇文体育组的王德重老师发现后，冒死把它藏了起来，直到"文化大革命"结束后，重新还给了汇文。

现在，每当关桥回到汇文中学，看见校钟，就想起过去的校园生活，想起在汇文度过的日日夜夜。汇文钟声已经成为关桥心中的一首奋进之歌，一支吹响自强不息的号角……

校园西北端的学生宿舍，像一弯新月环绕着'安德堂'教学楼。东楼、西楼、北楼组成的宿舍群，像三名坚强的战士，用他们健壮的身躯，阻断了市井的喧闹，呵护着校园的宁静……

位于西操场南面的祥和图书馆，像是孤岛上的一座楼阁。浓浓的绿荫簇拥着它。夕阳西斜，在旁逸斜出的枝蔓映衬下，楼阁呈现出一种虚无缥缈的仙境……

夜幕徐徐降临，校园美丽而幽静。关桥漫步在林荫道上。

1952年夏，北京汇文中学毕业班高三甲团支部摄于校门前（关桥在后排左四）

他喜欢夜幕下校园的意境……

远处，钟声在空荡、宁静的校园里悠悠回响，仿佛轻轻扣在学子的心灵之上，也仿佛像母亲搂着婴儿在朦胧的月色中，唱着歌谣慢慢入睡……

在汇文中学，关桥经常参加学校组织的党团活动和社会实践活动。从此，他的思想发生了变化。

暑假，关桥在老师的带领下，到了北京"金星"钢笔厂搞社会调查。

关桥被工厂一派繁忙的景象吸引了。

关桥走到一个工人师傅面前，看见工人师傅忙碌的样子，良久，关桥怯怯地问："平日你们加班吗？"

"那是经常的事！"工人师傅头也没抬，回答道。

"加班有钱吗？"一个同学问。

工人师傅抬起头，笑着说："钱？哪来的钱？同学，我们干活，不是为了钱？"

"那,那是为了什么?"关桥不解地问。

"为了社会主义建设,为了支援抗美援朝啊!"工人师傅自豪地说。

这次社会实践,关桥学到了书本没有的东西。他从那隆隆的机器声中,发现了工人师傅在平凡中显现出的博大胸怀,发现了工人师傅朴实的语言中流露出的丰富情感……

看见工人师傅忘我的工作,关桥不禁感叹:当祖国百废待兴之时,作为一个热血青年,怎么把自己的光和热融入到祖国的建设中去呢?

从工厂回来,关桥一直在思考这个问题,"发挥光和热"的愿望也越来越强烈……

那段时间,关桥从校园广播里,经常听到关于"抗美援朝"前线的事情,以及国家针对一些奸商控制粮食、偷税漏税,不给上朝鲜战场的战士提供好的粮食等现象,开展的全国性"三反五反"运动等报道,这些思想政治教育,时时刻刻都在感染着关桥,激励着关桥。

这时,关桥才逐渐明白,如果说,过去的学习是为了光宗耀祖,那么,现在学习目的就更加明确了,那就是报效祖国!

"雄赳赳,气昂昂,跨过鸭绿江,保和平,卫祖国,就是保家乡……"

庄严的志愿军进行曲,在关桥的心中永远回荡;那个时代的呼唤,在关桥的思想里烙下了深深的印迹……

"到祖国最需要和最艰苦的岗位上去,焕发青春的光和热。"

这是关桥直面人生的座右铭!

1952年,关桥在汇文中学读完高三之时,正面临全国高校院系调整。

所谓院系调整,是指20世纪50年代初,由于政治气候和实现工业化的压力,也由于苏联教育模式与中国传统教育价值的某种相容性和一致性,新政权通过改造旧教育,重建教育体系,否定欧美教育制度而移植苏联模式,院系调整就是那个时代的产物。

院系调整方针是撤去综合性大学中设立的专门学院,建立独立的专门学院,以适应当时国家经济建设急需专业人才的现实需要。这使原来的综合性大学被拆分，若干重要组成部分或者与其他院校的系科合并成立新的学校，或者调整出省（市）与外省（市）部分学校的系科合并成立新的学校。

在这样的背景下，关桥参加了院系调整后的第一次全国统一招生考试。

考试前，学校专门为毕业生召开了动员大会，共青团要求团员带头，报考建设急需的专业，号召毕业生积极投入到祖国的"第一个五年计划"建设之中去，服务社会，服务人民！

关桥从学校的黑板报上了解到，第一个五年计划的基本任务是，建立社会主义工业化的初步基础，集中力量进行以苏联援建的156个项目为中心，由694个大中型建设项目组成的工业建设，以建立社会主义工业化的基础……

这是一个既宏观而又微观的振奋人心的计划！

关桥就是在这伟大的计划激励下，带着几分虔诚填报了大学志愿，充满了让青春焕发出光和热和一切听从党召唤的豪迈之情；同时，也许是以父亲为榜样，立志做一名出色工程师的心愿驱使着关桥，在所报考的专业志愿书上，他慎重地填上了：地质、水利、航空。

关桥热爱这些专业。

对于考大学，关桥信心百倍。

高考发榜的当天，关桥比平时起得更早，来到学校，等待《光明日报》上面公布的录取名单。

报纸来了，按自己填写的志愿在报上找了半天，始终没有找到"关桥"的名字；顿时，关桥脑海里冒出一个成语：名落孙山！

天哪！关桥从没有想到过落榜！

霎时，先前那一番壮志豪情被现实的结果击得粉碎。关桥像泄了气的皮球一样，耷拉着头，没精打采地走在熟悉而陌生的回家的路上，脑海里不断浮现出许许多多难忘的画面……

关桥想起母亲在儿童教养院，教他如何带着韵味朗读和背诵唐诗……

关桥想起父亲给他起名字的寓意……

关桥想起自己的誓言：要把自己的光和热融入到祖国的经济建设之中去，

生命之光——记国际著名焊接专家、中国工程院院士关桥

决心一生勇挑重担！

关桥想起了教几何学的老师阎述诗，他是著名歌曲《五月鲜花》的曲作者。每当阎老师上课，关桥就觉得是一种享受。只要老师在黑板上画一个空间图形，关桥就知道是怎么回事。

关桥想起了教化学的老师，他被同学们叫做"崔半仙"。他的知识面很广，和同学之间很亲密，给关桥的印象很深。化学反应方程式教得头头是道，他常常用非常风趣的故事来演绎那些枯燥、难懂的方程式，使同学们听得津津有味……老师们的多才多艺影响了关桥。

想到这些，关桥觉得真对不起父母，也对不起老师……

"桥儿，回来了！"

刚回到家，母亲就告诉关桥说收到了要他去"北京俄文专修学校"报到的通知。

"通知？"

关桥心里很纳闷。

"这是一所什么学校？"关桥问。

"不知道。可能是……"其实，母亲也不知道这是一所什么学校，她也无法回答关桥。

关桥问母亲："难道是我没有考好？"

"不会！"母亲安慰关桥说。

很快，关桥从学校老师那里打听到，"俄专"是留学苏联的预备部。

"预备部？"关桥有些诧异。

"就是说，以后可以留学苏联？"母亲高兴地问关桥。

"留学苏联？"

顿时，关桥感觉幸运来得太突然，留学苏联！这意味着有一天，关桥可以去莫斯科，去伏尔加河畔……

曾几何时，关桥就在东单新开路口的一家小书店里借阅过苏联著名作家高尔基《我的大学》。奥斯特洛夫斯基的《钢铁是怎样炼成的》、肖洛霍夫的《静

静的顿河》等作品,也影响着一代中国人;尤其是战争题材的电影,像《列宁在十月》、《列宁在1918》、《斯大林格勒保卫战》等影片,是关桥这一代人那时不可多得的精神食粮,其中许多的经典台词早已烂熟于关桥的心中。

关桥一直神往苏联!

"桥儿,你真行!我为你高兴!"母亲兴奋地说。

接着,《光明日报》单行本上刊载了全国高等学校招生委员会发布的"全国高等学校一九五二年暑期招考新生录取名单",上面这样写道:

"下列诸考生政府分配至北京俄文专修学校二部学习,希于十月三日至六日到北京石驸马大街该校报到。"

关桥在录取名单的第四排,找到了自己的名字!并把那张报纸珍藏了起来。

全家真是喜出望外。

关桥不禁感叹,真是柳暗花明,报国有门啊!

进入俄专

北京俄文专修学校的校址石驸马大街,就在关桥家刚到北京时租房住的西绒线胡同的西边。

北京俄文专修学校(北京俄专)成立于1949年10月1日,也就是毛泽东主席在天安门城楼上宣告中华人民共和国成立的那一天。

北京俄文专修学校成立以来,受到党和国家领导人的关怀和重视。

毛泽东主席亲自为学校题写了校名。

1950年1月,中共中央副主席刘少奇接见北京俄文专修学校科级以上干部,强调国家恢复和建设亟需培养大批俄文翻译干部,指明了俄专的办学方向。

1951年2月,北京俄专成立二部,即留苏预备部。

中央决定,北京俄文专修学校成立留苏预备部,凡国家派往苏联学习、进修的人员先在此集中学习一年俄语。

留苏预备部创办后的第一年即有600多名学员，借用原辅仁大学部分校舍。

10月初，按录取通知要求，关桥来北京俄专报到。阳光照耀在天安门城楼下的金水桥，温暖了北京俄文专修学校的一草一木，也温暖了关桥的心……

进校后不久，关桥才知道，成立留苏预备部的来龙去脉。

建国之初，百废待兴。新中国面临的首要任务，就是恢复千疮百孔的国民经济，迅速建立起自己的工业，尤其是重工业体系。但是，薄弱的工业基础以及匮乏的科学技术人才成了国家经济建设发展道路上的两只"拦路虎"。

1950年，《中苏友好同盟互助条约》签订，国内迅速掀起全面学习苏联的高潮。

"以苏为首、以俄为师"，成为新中国成立之初的奋斗目标。"苏联的今天就是我们的明天"的口号响遍全国。

在此背景下，中国希望借助苏联力量培养出我国自己的科学技术人才。

于是，培养人才作为科学教育发展规划的一个重要部分，中央决定大规模向苏联和东欧各社会主义国家派遣留学生。

1950年9月，中国首先和波兰、匈牙利等东欧五国达成了互换留学生的协议，并向其派遣了35名留学生，为此后大规模派遣留苏学生积累了经验。

1951年，中国派出留学生380名，其中留苏学生375名，留学蒙古学生5名。新中国第一次留学高潮的大幕就此拉开。此后，一批批留苏学生走出了国门。

但要进入留苏的大军，并非易事。跨进这道门槛，有很严格的要求。

关桥与许多学生一样，通过全国统考，又经严格选拔后，并没有直接踏上驶往苏联的火车，而是进了留苏预备班，接受一年的俄语强化培训和政治审查。其中，有不少同学未能通过政治审查而留在国内，继续大学的学业。

原来，1951年的大规模派遣留学活动，虽然拉开了中国留学大潮的序幕，但由于时间仓促、准备不足，中苏两国在留学生的派遣和教育管理上也曾出现过一些问题。

1951年10月，林伯渠作为巡视组成员赴苏联看望首批留苏学生后十分忧虑。他回国后立即给刘少奇和周恩来写信，反映留苏生因语言不通及饮食、气候等原因，情绪波动很大。他建议，以后再派留学生，须在国内进行预备教育6个月或多一些时间，也可以到苏联后，先集中教育一个时期。

周总理随即做出批示，指定钱俊瑞（时任教育部副部长）、安子文（时任中共中央组织部部长）、伍修权（时任外交部副部长）三人负责筹备留苏预备学校，一年办一期。后经慎重研究，决定在北京俄文专修学校内部筹建留苏预备部。

1952年3月，刚刚筹建的留苏预备部开始招收留苏预备生。

关桥正赶上这班车……

进入俄专后不久，就进行了俄语分班考试，按照俄语由低到高的不同水平分成小班教学，每班的学员约有30人左右，关桥被分配在第16班。

除了紧张的语言学习之外，留苏预备生还要进行一定的时事政策学习，接受政治思想教育和政治审查。

在关桥的心目中，留苏预备部是梦想起飞的地方，也是通往苏维埃社会主义共和国的桥梁，他向往能亲身领略像在苏联电影《幸福生活》中看到的情景……

但在留苏预备部学习是很辛苦的。学单词，要记的词汇量太大。学语法，六格的变化太复杂。每天的课程表排得满满的。

学习俄语歌，对于关桥来说，也是一件非常不容易的事，但也就是从那时起，五音不全的关桥开始喜欢俄语歌，喜欢唱，也喜欢听。

关桥很喜欢电影《幸福生活》里边的好几支曲子，很动听。唱起主题歌，给人无限的憧憬与向往！

关桥尤其记得《共青团员之歌》：

听吧，战斗的号角发出警报，穿好军装拿起武器，
共青团员们集合起来踏上征途，万众一心保卫国家。
我们自幼所心爱的一切宁死也不能让给敌人，
共青团们武装起来踏上征途，万众一心保卫国家。
我们再见了，亲爱的妈妈，请你吻别你的儿子吧；

生命之光——记国际著名焊接专家、中国工程院院士关桥

再见吧，妈妈，别难过，莫悲伤，祝福我们一路平安吧！

再见了，亲爱的故乡，胜利的星会照耀着我们！

再见吧，妈妈，别难过，莫悲伤，祝福我们一路平安吧！

唱起这首歌，关桥就沉浸在歌声的意境里，仿佛自己是一名战士，临行前，告别母亲，踏上了保家卫国的征途……

在同班的联欢会上，关桥有意地锻炼自己的勇气，用俄语朗诵《钢铁是怎样炼成的》主人翁保尔·柯察金的名句："……一个人的生命应该这样度过，当他回首往事的时候，不因虚度年华而悔恨，也不因碌碌无为而羞耻……"。

"不仅要学唱歌，还要学会跳交谊舞！"关桥说，"什么华尔兹、三步、四步，怎么听音乐，怎么踩点，很累人！"

根据中央"学习好、纪律好、身体好"的要求，当时留苏预备部的任务主要有三项：业务学习与考核、严格的政治审查以及保证学生的身体健康。

留苏预备生们称之为"过三关"。

首先是学语言。关桥刚到留苏预备部时，俄语基础并不好。虽然在汇文中学高中学习的是俄语，进入俄专，要从第一个字母开始学。

学俄语，由外教老师教口语，中国老师教文法。这些外教老师基本上是苏联派到中国专家的夫人。第16班的苏联老师叫瓦·阿·雅尔科娃，一上课，讲的全是俄语，起初，关桥和同学们怎么也听不懂，但又不允许讲中国话，干着急。

中国助教李侨健老师告诉关桥："你要想在不到一年的时间里，初步掌握俄语语法，在苏联能够应对生活、学习，必须要大量掌握俄语的单词量；同时，还要大胆开口，说俄语，说错了，不怕笑话！"

关桥问："有什么捷径吗？"

"没有！"老师回答说，"除了死记硬背，胆子大，不怕脸红也没有更好的办法了。"

1953年6月，北京俄文专修学校留苏预备部第16班学员在石驸马大街校门前合影（关桥前右一）

关桥若有所思地点点头。

从此，关桥下定决心，一定要过好语言关。他给自己布置了每天背诵几十个单词的任务，在老师的指导下，采用谐音记忆法记单词。

比如，把俄语的"回家"说成"打毛衣"。把俄语的"星期天"说成"袜子搁在鞋里"。"毛巾"被说成"拨拉芹菜"。各种谐音有的形象，有的诙谐，笑闹之间，许多生拗的俄语单词就记住了。

其次是政治审查。

一天，关桥放学回家，刚走到家门口，只见两个干部模样的人从家里出来。旁边一个妇女神色严肃地对一位老大爷耳语："关家出事了！"

老大爷耳背，大声应道："出啥事？"

"干部都来家调查了，听说，听说……"妇女见关桥回来了，赶忙闭嘴，"哟，关桥回来了，你看……你看……"

"妈，干部到咱家干嘛？"关桥紧张地问。

"好事！"母亲从椅子上起来，笑着对关桥说，"政治审查！"

关桥一听，心里就有数了！

关桥知道政审很严，不仅要求被审查对象思想进步、道德品质优秀、政治上可靠，而且其家庭成员和主要的社会关系在政治上也必须清白。因此，学校专门开展了"忠诚老实运动"，关桥毫无保留地向组织说了真心话。

关桥依稀记得曾在临汾读初中一年级时，可能全班集体参加过阎锡山的反动组织"同志会"。那时，关桥才11岁，什么也不懂。参加这样的"同志会"，既不是自愿，更没有履行过什么手续。但关桥还是如实地把想到的这件事向学校作了汇报。他自己认为，必须正视这件事情。关桥对反动派采用这种卑鄙的手法感到愤恨万分，他们竟然会把一些11岁左右的儿童，暗中集体拉入了他们的组织，这充分说明了反动派是如何的无耻虚伪、穷途末路！

后来，学校一方面派人到临汾外调，另一方面找关桥一次又一次地谈话，说，你要对党忠诚老实！

关桥心想，我该说的都说了，怎么还不相信人呢？

外调的人回来说，经过调查了解，关桥并没有参加过什么反动儿童组织，这样，通过政治审查这一关，历史是清楚的，同意派关桥去苏联学习！

学校还要求每个留苏学生必须写一份保证书。

关桥这样写道：

赴苏联学习保证书

当祖国开始了伟大的第一个五年计划的头一年，党和政府派我去苏联学习先进的科学知识及建设社会主义的经验，回来后，建设我们伟大的祖国参加第二个五年计划，我自己深深体会到，党所交给自己的任务是光荣而重大的，同时也是艰巨的。今天，在出国的前夕，我向党提出保证，保证100%地完成党所交给的任务，绝不给毛主席、党和政府丢脸，在国外学习期间做好下列几点：

1. 定期向组织汇报自己的思想、学习生活的情况，密切依靠组织解决自己所发生的任何问题，严格要求自己，克服思想上存在的缺点，一切以党的利益出发，提高思想觉悟，争取入党。

2. 100%完成学习任务，争取达到优秀标准，戒骄戒躁，虚心向苏联朋友学习，顽强克服一切困难，热爱自己所学的专业。

3. 严格遵守苏联国家和学校的规则，与外国同学搞好团结，虚心学习别人的优点，改正自己的缺点。

4. 多参加国外学校的活动，努力锻炼身体，使自己能担当起未来的重任。

我向党保证，一定按照周总理所指示的（身体好、学习好、纪律好）来锻炼自己，正像党、政府和人民所期望的那样要"满载而归"！

关　桥
1953.7.29

第三是体检。

"啥叫体检？"一位同学不解地到办公室去问老师。

老师回答说："到了医院就知道了！"

关桥回忆说："建国初期，许多人真还不知道体检为何物。到了医院，大夫给我们检查内科、外科、五官科；查血等，检查很细。"

"为了保证留学生的身体健康没问题，后来，卫生部还专门发布了《留学生体格检查标准》，详细规定了37个检查项目是否合格的判断标准。"关桥说。

最让关桥开心的是，俄专的伙食好极了。

听老师讲，周恩来总理曾亲自指示："出国留学生不能搞得面黄肌瘦，国家再穷，也要保证他们的健康！"

因为，留学生的身体是国家的。在俄专学生的生活保障实行包干制，每月还发给18元的零花钱。关桥还记得有时晚餐后沿石驸马大街散步到路口，在水果摊买上一个国光苹果，美味可口，第一次感受到包干制生活的无忧无虑。

关桥回忆说："早餐是六必居咸菜、油炸花生米、烧饼、花卷、油条、棒子面粥、小米粥或大米稀饭。午餐和晚餐都有四个菜，至少一个是荤菜，有时还有鱼虾。大桌子上放着一个大蒸笼，里面是热腾腾的大米饭，旁边是刚出笼的热馒头，根据自己饭量大小，随便添，管饱！"

"热腾腾的大白面馒头，就在过道两侧摆着。有时吃完饭，还可以顺手拿一两个，在路上一边走一边吃，又香又甜，后来，再没吃过这么好吃的馒头！"关桥说这话时，脸上露出了甜蜜的微笑，仿佛沉浸在过去的梦幻中。

"留苏预备部不仅伙食好，出国'装备'也及早被准备好了。"关桥回忆道。

一天，老师把同学们集中在一起，说："出国，代表国家的形象，所以，国家给我们每个同学配置了各种穿戴，你们一定要好好珍惜，用优异的成绩回报祖国！"

紧接着，同学们站成两排，服装店的师傅先给男女生量西服、裙子尺寸，然后又量冬大衣、秋大衣的尺寸。帽子店的师傅也来了，给每个人量了单帽和冬天的皮帽子的尺寸。皮鞋厂师傅来了，给每个人量了单鞋和翻毛皮鞋的尺寸。

过了大约一个月，服装陆陆续续地送来了。每个学生领回两只崭新的军绿色帆布衣箱。

关桥发现，学校很细心，衣服和鞋子上都有每个人的姓名。由于是量身定制，穿在身上都合体熨贴。

关桥清理了一下，发的服装有：冬季的皮领丝棉大衣一件；春秋季的薄呢子夹大衣一件；皮鞋五双；西服两套，一套是天冷时穿的呢料，一套是夏天的凡尔丁；中山装两套；衬衣12件；睡衣一套；毛衣、毛裤一套；皮帽子一顶；实习的工作服一套；领带若干条。

"学校想得真周到！"关桥想。

关桥拿出一条深色的领带套在脖子上，系了半天，也没系上。

"我教你！不就是跟打红领巾一样吗？"同寝室的同学自告奋勇地对关桥说。

同学帮关桥系了好一阵，领带都成麻花状了，也没系上，最后不解地说："搞不懂，搞不懂，这是啥玩意！"

关桥明白，国家发的远不止这些，比如，不论男女，每人还发了皮拖鞋、梳子、牙刷、牙膏、香皂；还有一把毛刷，专门用来刷呢料上的灰尘。担心大家冷，给每人还发有一床中等厚度的羊毛毯和一件雨衣，还有一个上课时装书和笔记本用的紫红色手提书箱，就像关桥在电影上经常看见苏联的学生用的那一种，提在手上很带劲。

关桥无限感慨地说："作为一个穷学生，一下子获得足够穿戴五六年的衣物，是做梦也没有想到过。我们既体会到了祖国和人民的关爱之情，也感到了自己肩上沉甸甸的责任！"

1953年7月，关桥毕业于俄专，赴苏联留学前与爸爸妈妈和妹妹关烨第、弟弟关柱合影

"至今，帆布衣箱我还保存在家里！"关桥说。

在俄专学习了一年，中央和有关部委的领导也曾来学校作报告、讲形势，关桥从各方面感受到了中央领导人对这批学子的关怀与寄托，唯独每个人去什么学校，学什么专业却始终是个谜……

第三章　留学苏联

初出国门

1953年8月底，火车的汽笛声响起，在《莫斯科—北京》的乐曲声伴随下，关桥与留苏的同学们一道乘国际专列离开了亲爱的祖国，满怀豪情奔向世界上第一个社会主义国家。

中俄的人民是永远弟兄，

两大民族的友谊团结紧。

纯朴的人民并肩站起来，

纯朴的人民欢唱向前进，

友谊永存在我们心中，我们心中，我们心中！

莫斯科北京！莫斯科北京！人民在前进，前进，前进，

为光辉劳动，为持久和平，在自由旗帜下前进！

为光辉劳动，为持久和平，在自由旗帜下前进！

慷慨激昂的《莫斯科—北京》的旋律，在车厢内回荡，关桥与留苏的同学们唱了一遍又一遍，越唱越有劲，越唱越有精神。他们在歌声中，歌颂中苏人民之间的友谊，在歌声中畅想苏维埃共和国幸福美满的新生活，在歌声中奔向他们心目中的社会主义天堂！

上车后的第三天，跨越了国境线，关桥学什么专业的谜底终于被揭开。指派关桥学习的专业是焊接。很快，关桥被编入了前往莫斯科包曼高等工学院的小分队。

第三章　留学苏联

天啊，焊接！

对于焊接，关桥的印象是：经常在马路边上可以看到的焊洋铁壶、搪瓷盆之类的活计。洋铁壶漏了，用手拉的风箱炉把烙铁烧热，蘸点焊锡补一下，难道这就是焊接？难道这种活计也需要去苏联学习？

记得曾经有一次，关桥随父亲到一建筑工地去，关桥躲在父亲的背后，用一双小眼睛看着一位电焊工拿着一把焊枪，蜻蜓点水般地将一块块钢板切割下来；间或，又见电焊工像裁缝一样将一块块钢板，"缝"制成一个个"箱子"。

那时，关桥喜欢像蓝色精灵的电弧光，一闪一闪的，又像天上的彩虹，跳跃在人间的天桥上。尤其，对焊工手里拿着的护罩很感兴趣。等焊工休息时，关桥悄悄走上前，拿起沉重的护罩，将小小的脸罩住，半晌，才找到魔幻般的镜片，刹时，透过镜片一个艳丽如虹的世界，展现在关桥童年的梦幻里。

隆隆西去的火车轮轨撞击声，使关桥对报考专业志愿的初衷陷入了迷惘和困惑。但能得到的回答只有一个——服从组织安排！

关桥坐在座位上，远望车窗外一望无际的荒野，寻思，焊洋铁壶究竟有什么好学的呀？

列车从北京出发，跨过满洲里边防站，穿过西伯利亚，绕经贝加尔湖，经历了7天6夜的旅程直达莫斯科。

莫斯科是关桥向往的地方。

对莫斯科关桥并不陌生，红场、列宁墓、大剧院等，常常令人神往。不知在梦中想过千百回，但真正一见，与梦中完全是两回事。

莫斯科，是世界第三大城市，有1300多万人口，面积1000平方千米。初建于1147年，最初只是一个木头构成的小城。15世纪，俄罗斯人才建立了自己的国家。15世纪到18世纪莫斯科一直是沙俄首都。1712年，彼得一世迁都圣彼得堡。1812年，拿破仑曾一度占领莫斯科。"十月革命"之后，苏维埃政权于1918年3月又定都莫斯科。

关桥听俄罗斯人自己讲，"莫斯科不是一个城市，莫斯科是一个世界"。

起初，关桥并没有明白这句话的含义。后来，在莫斯科走了一趟，感觉此话不假。

莫斯科的著名胜地举不胜举：

红场、克里姆林宫、普希金广场、莫斯科大学、基督救世主大教堂、特列季亚科夫美术馆……

关桥从教科书上了解到，莫斯科红场的知名度可以与天安门广场媲美，可是来到这里后，却发现它没有想象中那么大，面积大约只有天安门广场的1/5。但红场在关桥的心目中是神圣的。

红场，她曾经是革命的中心，是世界革命者向往的地方。红场的西面是克里姆林宫的红墙及列宁墓，南面是著名的东正教瓦西里教堂，北面是红砖银顶的历史博物馆，东面是"古姆"百货商场。

红场的地面很独特，全部由一块块红色方型小石块铺就，显得古老而神圣，庄重而沉稳。站在红场中央，关桥闭上眼，顿时，耳边传来"十月革命"胜利的"乌拉"声，传来呼啸而过的马蹄声，传来"列宁万岁"的欢呼声！

莫斯科河流经克里姆林宫朱红色外墙，关桥和同学们
经常喜欢沿这条古老的历史名河散步

白桦林也是莫斯科郊外很美的独特景观，沿着莫斯科河畔两岸都有白桦树林，也是俄罗斯的象征之一。

令关桥想不到的是，当时的苏联社会风气不太好，经常发生偷盗。公共汽车上，有轨电车上，有小偷；就连包曼高等工学院宿舍，也有小偷光顾。

在莫斯科大街，常能见到席地而卧的醉鬼，他们手握酒瓶，旁若无人地酣睡于街旁灯下。有的三三两两喝得酩酊大醉，东倒西歪，嘴里还隐隐约约地哼着《伏尔加纤夫曲》：

哎哟嗬，哎哟嗬，齐心合力把纤拉！

哎哟嗬，哎哟嗬，拉完一把又一把！

后来，关桥才知道，酗酒，是苏联回避不了的严重的社会问题。

苏联人喜欢喝伏特加。

根据传说，伏特加最早为15世纪晚期克里姆林宫楚多夫修道院里的修道士所酿。起先，修道士们酿酒所用的酒精要从热那亚进口，后来便逐渐开始采用本地的黑麦、小麦和绵软的山泉水生产的酒精。由于酒中所含杂质极少，口感纯净，并且可以以任何浓度与其他饮料混合饮用，所以经常用于做鸡尾酒的基酒，酒度一般在40度~50度之间。

俄罗斯人喝伏特加，过程并不重要，重要的是结果。伏特加，既无色，又无臭，亦无味，喝起来还很呛，一口灌下去，然后傻笑，然后骂娘，然后四处找人"醒酒"。

一直以来，伏特加带给人快乐，也带给人痛苦。因此说，伏特加是在天堂与地狱之间摇摆的"生命之水"。

然而，奇怪的是，几乎所有的俄罗斯人在面对醉酒撒疯时心情都很愉快。

高尔基在自传中写到他在伏尔加河畔度过的童年时说，人们为高兴而喝，人们也为悲伤而喝。这就是俄罗斯人的性格！

关桥曾对同学说："可不可以这样讲，伏特加的历史，就是一部俄国的历史！"

"对！"同学赞成关桥的观点，"没有伏特加，就没有俄罗斯！"

同学又接着说，"但不管在哪一种政治制度下，伏特加能决定俄罗斯人的生和死。就是说，俄罗斯人永远都是被伏特加劫持的人质！"

到达苏联之后，关桥立即投入到了紧张的学习生活中。

当时的莫斯科包曼高等工学院，已是一所有着120多年历史的著名学府，沙俄时叫俄罗斯皇家工业学院。苏联时期，曾获得劳动红旗勋章、列宁勋章、"十月革命"勋章。这所著名学府曾造就过苏俄数代科技英才，苏联航空巨擘图波列夫、航天之父柯罗略夫、数学家车彼谢夫、力学家茹科夫斯基，都是这所学校的毕业生。

在这样一所具有光荣传统的学校读书，关桥觉得是值得荣耀、骄傲、自豪的事。

但是，苏联的现实景象，也不完全是关桥在电影《幸福生活》里看到的那样。

关桥住进了像筒子楼一样的宿舍。

九月的莫斯科已开始进入初冬季节。

宿舍的玻璃窗全都是双层的，外边一层窗户，里边还有一层。两个窗户之间就跟冷库一样。冬天来临的时候，人们就把买来的圆白菜放在两层玻璃窗之间，储存起来，随时取用。

关桥住的宿舍楼离学校有五站路，每天乘有轨电车上学。宿舍房间不大，有四张床。住有两名中国人，两名苏联人，都是学习焊接专业；关桥和吴祖乾一直在同班学习，在后来的留苏岁月中，两人同窗几近10年。

当时，收音机在苏联还没有普及，学校就给每个寝室安个小喇叭，墙上有开关线，只要拉一下拉线开关，喇叭里就播送着学校或苏联的新闻。若是同屋的人不烦你，就可以边听喇叭边做功课，日子久了，关桥便养成了习惯。

一天傍晚，关桥刚走出宿舍楼门，正遇见一个苏联大汉手提一瓶伏特加回来，苏联人醉眼朦胧地用酒瓶挡住了关桥的去路，问："你是中国人吗？"

关桥看了看那人，用手拿掉了他手中的酒瓶，镇静地说："不错，我是中国人！"

"中国人？哈哈哈……穷……"苏联人狂笑起来，然后东倒西歪地走了。嘴里还不断地说，"中国人，哈哈哈……穷……中国人！"

第三章 留学苏联

关桥（中）和同年级中国留学生吴祖乾（左）、刘泉清（右）在包曼高等工学院图书馆阅览室

苏联人居然瞧不起中国人，这是关桥没有想到的。在中国人眼里，一直视苏联人为"老大哥"，但没有想到苏联人会用居高临下的眼光看来自中国的留学生。这种遭遇不仅关桥遇到过，还有其他中国同学也有这样的体验和认识。

1957年，包曼高等工学院校长尼古拉耶夫（左四）邀请中国研究生和大学生来家中做客，右四是尼古拉耶夫的母亲

于是，中国留学生在与苏联人打交道的过程中，心里多了一些戒备。

吃饭，中午在学校公用食堂吃，晚上就自己在宿舍做。

在宿舍楼每层走廊的一端，学校专门为学生置有炊具。做饭时，中国人、苏联人往往为谁先做，谁后做，发生点小摩擦，但就是在这摩擦里，关桥与苏联同学间产生了感情，结下了友谊。

关桥在俄专时，对留苏学习、生活的困难，已有充分的思想准备。但是，当真正置身于异国他乡，他还是遇到了语言上的实际障碍。

记得关桥的一位同学第一天到食堂吃饭，完全看不懂菜单，只认识俄文的1、2、3，于是就按顺序点了前三样。结果端过盘子一看，竟然全是汤！

这成为了当时的笑传！

老师上课没有现成的教科书。

有个教解析几何学的老师，教学很有艺术，功夫深，板书好，手绕一个圈，黑板上就是一个圆。关桥读高中的时候有这个底子，所以学解析几何学并不费劲；而难的是化学，是马列主义基础课。

上化学课，关桥基本上听不懂，因为老师都是凭嘴说，没有教材，关桥不知道老师在讲些什么。

上马列主义基础课也没有教材。尽管老师讲的是哲学里最基础的物质与意识之间的关系，但在老师讲的俄语中，关桥也只能捕捉到个别单词，整堂课下来，犹如腾云驾雾，听不懂，心里着急。

不适应俄语老师的教学，是当时中国留学生遇到的普遍问题。

学校知道了这情况后，就把中国留学生组织起来，单独开"小灶"，一是化学课、二是俄语课、三是马列主义基础课。

因此，做好课堂笔记，成为关桥获取知识的主要途径。

关桥说："第一年，在课堂上我连笔记也记不下来，下课后赶紧把同学的笔记本借来抄，要想看懂潦草的手迹和缩写的词句，真像读天书一样的难，坚持到夜里要赶快抄完当天的各门功课笔记。"

"苏联女同学的笔记最好，字写得很清晰，所以，一般我们愿意借女同学的笔记。"关桥说，"到第二年的时候，我的状态就大不一样了，大部分同学的状态都变了，记的笔记连苏联同学都会羡慕！"

"那个年代，可能每个留苏生都经历过让苏联同学帮忙记笔记的情况。"关桥说。

1957年，庆祝苏联"十月革命"40周年游行队伍中的包曼高等工学院的中国留学生

经过艰苦努力，关桥的语言能力渐渐有所提高。

学校对学生的管理很严格。

上课铃声响毕，学生就不能再进教室了，就算迟到一秒也不行。

学校严格的教学管理、开放的学术氛围、先进的教学理念等对关桥产生了深远的影响。

关桥逐渐适应了学校的生活。

关桥忘不掉的是临出国前，周恩来总理在中南海接见留学生时说的话："你们每一个人出去学习，要花费在国内培养25个大学生的钱，因此，你们一定要好好学习，争取考5分！"

又红又专

在走进包曼高等工学院之后,关桥就立志要做一名又红又专的好学生,不辜负父母的培养,不辜负党和祖国的重托。

包曼高等工学院是一所历史悠久、帝俄时代沿革下来、在苏联时代又有了很大发展的名牌大学。

在这里,关桥受到了浓厚的学习气氛的熏陶以及通过众多专业课程的学习后,使他对焊接专业的认识有了质的飞跃。

包曼高等工学院在机械制造系有一个焊接教研室,这个教研室历史悠久。教研室主任是包曼高等工学院主管科研的一名副校长格·阿·尼古拉耶夫教授,从事焊接结构学研究。他对中国很友好,对有七名中国留学生来学焊接专业,他特别高兴,也格外关照。

那一年,焊接专业的学生共有三个班,除关桥和吴祖乾编在第二班外,另外三位编在第三班,他们是林瑞麟、刘泉清和王宗先。后来,王宗先因为身体虚弱、多病,适应不了在苏联的生活环境,半途休学回国。同年入学的秦福相、吴德蕙,因已在国内上过一年大学,直接进入二年级学习。

关桥了解到,焊接技术在苏联的发展,也经历了一个漫长的过程。

在第二次世界大战中,因为对重型军事装备,如坦克、装甲车等的大量需求,焊接技术正是适应了制造业的发展,在苏联快速成长起来;而战后各国经济建设的全面展开,尤其是钢铁产量的迅猛增长与钢结构的广泛应用,又为战后在全面建设的年代里,对焊接专业学科的兴起提供了充分条件。

尼古拉耶夫校长告诉关桥:"在第二次世界大战期间,乌克兰有一个以巴顿命名的焊接研究所,它研究的一个项目叫"埋弧自动焊接"。就是在很厚的钢板边上开坡口,然后用埋弧焊方法把这两边焊接起来。这种焊接方法效率很高,而且强度很好,这个技术为苏联在卫国战争中制造坦克立下了赫赫战功!"

第三章 留学苏联

1956年7月，关桥在雅罗斯拉夫城的雅兹汽车厂生产实习

听了校长的讲述，关桥似乎对焊接有了新的认识。感觉校长说的焊接不是像焊洋铁壶那样简单，而是一门科学，一门很深的学问！

比如，焊接涉及到传热学，它是可以量化的，而且是可以用数学公式计算的，这里面有多么深的学问啊！

再比如，电弧焊接过程中的冶金物理现象，又引发了材料力学、热弹塑性力学等一系列的科学问题，关系到焊成后的结构强度和安全可靠性，这其间无穷无尽的奥秘，吸引着关桥去探寻……

尤其是学了一些基础课程后，关桥对焊接这门学科，在理性思维上认识更深刻了。

至今，关桥唯一保留下的课堂笔记本就是材料力学笔记。

"我喜欢这门科学，"关桥回忆说，"这门科学能给出定量化结果，把一个结构的应力状态可以算得非常的准确，而且它的物理模型也是非常清楚的，所以，在大学学习期间，我最愿意学的就是材料力学，而且是考得最好的一门课！"关桥露出了得意的神情。

学好制图和画法几何学也是学机械制造专业的基本功。课堂留的作业,做不完,就拿到宿舍里去做。宿舍里有一个画图板。关桥苦练基本功,一回到宿舍就趴在图板上画,有时画到天亮。

"有一个教制图的老师叫阿鲁斯旦莫夫,他很严厉、苛刻,是包曼有名的不给学生面子的老师,他要求学生必须把图画到非常标准的状态。"关桥拿出一张保留至今残缺不全的图,说,"你看,这是当时我画的一张机械图,即便是现在全都用上了计算机制图,但觉得当时用手一笔一画做出的图也还是很见功力!"

关桥(左二)和吴祖乾(右一)在同班同学德米特列夫(左一)家中做客

"包曼高等工学院对学生的严格要求,在苏联是有名的,这也使我自己对任何事情养成了一个严谨的习惯。"关桥放下图样,说,"当时,有的中国学生受不了这种几近苛刻的严格要求,甚至有的苏联学生还骂这位老师。"

至今,关桥还记得当年考试的情景:

期末考试,要花几天时间复习课堂笔记。考试时,叫到名字进入教室,学生要在老师那里抽签,每一个签,是一个问题。你抽到哪一个签,就根据那个签去准备回答或进行计算。你说你准备好了,就可以到老师那里去讲给老师听。

莫斯科包曼高等工学院（МВТУ）毕业证章

关桥每一次抽到的签，他都可以很顺利地回答，而且不费很多时间。每当主考老师在关桥的考试记分册上画上"优"并签字后，接过记分册，两人都会心地微笑致意。

后来，关桥的注意力，便朝着他所喜欢的焊接学科领域去认识、去思考……

焊接这门科学对关桥渐渐产生了一种强有力的吸引力。

1956年4月9日，对于关桥来说，是一生难忘的日子。这一天，关桥向包曼中国留学生党支部郑重地递交了入党申请书。

加入中国共产党，是关桥一直以来的追求与梦想。而他对中国共产党的认识，也是经历了一个从感性到理性、从缪误到真理的漫长的发展过程。

抗日战争胜利后，关桥在临汾中学读初中时，受到学校"精神训话"及军事训练的影响，那时，对共产党的印象是恐怖的、是可怕的，虽然当时他根本就不知道共产党是干什么的。

1949年9月绥远和平解放后，关桥升入高中。寒假，学校把一批思想先进、积极要求进步的学生组织起来，参加青年学习培训团。在培训班里，关桥第一次接受了马列主义教育。

关桥认真地做笔记，他第一次懂得了"劳动创造世界"、"从猿到人"、"靠谁吃饭"、"是谁领导了抗日"、"苏联是我们的朋友"等这些道理。

在这些道理面前，关桥觉得自己以前害怕共产党的心态，是多么的愚蠢和幼稚。

就是这次系统的教育培训，关桥很快划清了敌我界线，初步建立起了革命的人生观和世界观，真正认识到，只有共产党才能救中国！

1950年5月22日，关桥光荣地加入了中国共产主义青年团。在自己的人生履历上写下了青春的一页！

随后，"抗美援朝"、"控诉大会"、"三反五反"等运动，极大地影响了关桥，感染了关桥，触动了关桥。使关桥又进一步认识了时代，认识了社会。

从此，关桥的思想觉悟有了新的提高，学习目的更加明确，对祖国更加热爱。1952年10月，关桥进入俄文专修学校学习，这是他人生的一个重大转折点。

通过"整党学习"以及俄文专修学校专门为留苏预备出国人员开展的"忠诚老实"运动，关桥对如何树立正确的人生观和世界观又有了更新的认识；对中国共产党的地位、作用、使命，也有了更新的理解；更加坚定了"只有中国共产党才能救中国"的信念！

关桥下定决心以共产党员的标准，严格要求自己，并以此作为自己努力前进的方向，为共产主义奋斗终身！

出国前，关桥曾给党支部写了一份入党申请书，表达了自己愿意努力并争取加入中国共产党的信心和决心。

到苏联来以后，关桥要求加入中国共产党的愿望越来越强烈，他把对中国共产党的认识，以及自己的思想动机原原本本地向党组织汇报，1956年4月9日，他又一次郑重递交了入党申请书。

随入党申请书交给党支部的还有一份自传。关桥在自传中分析了自己对党的认识是怎样从感性到理性的转变：

"……1950年5月22日批准我为正式青年团员，但当时对团的认识还是不够的，那时是凭着自己的热情和不甘落后的进取心入团的，也就是说，没有真正地从理论上认识到入团是要终身为建成社会主义而奋斗。

抗美援朝运动开始时，经过动员会、控诉大会等活动的教育，自己阶级觉悟有了新提高，对年轻的共和国更加热爱。

1950年在北京汇文中学学习到高中毕业。在这一年半期间，总是想好好地学，将来考一个好大学。

1952年10月，被录取为留苏预备生，到俄文专修学校学习，通过忠诚老实、整党等学习，批判了个人主义。在俄专的学习，对我来讲，是真正从理论上对自己共产主义人生观打下了基础，要说思想上的进步，俄专对我来讲是第一步。在整党的学习中，自己对党有了更进一步的认识，下定决心要把入党作为自己努力的方向。

1953年到苏联以后，对学习任务是比较明确的，党也相信我将来会成为一个对人民有用的人，我自己对这一点也从来没有怀疑过。

检查这3年来的情况，基本上是按出国前向党提出的保证来要求自己，热爱自己的专业，但学习质量上还是不够踏实，没有深入钻进去，满足于表面的成绩。

对自己思想要求还是严格的，主动注意了以前的缺点。比如个人意识，不能很好地依靠组织提高自己。在担负团支部和团总支的工作中自己是积极负责的，有时把自己的一点儿进步，看成是自己一个人的努力而忘掉了周围同志和组织对自己的帮助，甚至沾沾自喜。

有时在学习和工作中失去了谦虚和自我批评的精神，也很少能让同志们了解自己的思想情况，工作中开始有些脱离群众。去年学年鉴定中，就发现了自己有自满情绪，同学们也提了不少意见，自己开始警惕和克服。

今后要努力提高自己的理论水平，认真学习时事与党的政策，用祖国的成就和要求来鞭策自己，我并没有被自己的缺点吓倒，我相信会很快克服的……"

关桥的入党介绍人是刘纪原和吕文涛，他们也是关桥的知心朋友，多次与

生命之光——记国际著名焊接专家、中国工程院院士关桥

关桥促膝谈心,讲缺点,提要求,说希望,给鼓励。

1956年10月14日上午,在包曼高等工学院学生宿舍楼内的"红角"(休闲厅)召开了党支部大会,讨论关桥的入党问题。在关桥作了入党志愿陈述后,与会的同志们都发表了自己的意见,参加会议的非党员同志也提出对关桥的希望。党支部大会表决,一致通过关桥的入党申请,并报请留学生党委批准为预备党员。

同年冬季的一个周末,还是在包曼高等工学院宿舍楼的那间会议室里,墙正中央悬挂着毛泽东主席的画像,左右两边镰刀和铁锤凝结的党旗熠熠生辉。

关桥举起右手,在党旗下握拳庄严宣誓:

我志愿加入中国共产党,承认党纲党章,执行党的决议,遵守党的纪律,保守党的秘密,随时准备牺牲个人一切,为全人类彻底解放奋斗终身!

窗外,莫斯科的冬天已是寒风凛冽,满地白雪皑皑,一派萧瑟的景象。而会议室内,洋溢着浓浓的激情,庄严而嘹亮的国际歌响彻在关桥的心里,响彻在云天之外……

包曼高等工学院1953—1959年焊接专业第二班
毕业生与专业课老师们在一起的"毕业照"

那天晚上,回到寝室,关桥浮想联翩,久久不能入睡。他翻爬起身,坐在写字台前,从抽屉拿出一个崭新的笔记本,在上面记下了自己的心声:

作为红旗下成长的青年，为祖国的强盛奉献自己全部的光和热，是我坚定不移的选择与义不容辞的责任！

聆听教诲

"世界是你们的，也是我们的，但归根结底是你们的。你们青年人朝气蓬勃，正在兴旺时期，好像早晨八九点钟的太阳。希望寄托在你们身上……"

这段著名的语录，对于中国人来说并不陌生。关桥尤为感到亲切。

关桥记得，1957年11月17日，是一个星期天的清晨。莫斯科刚刚下过一场大雪。厚厚的雪覆盖了红场上的石条，覆盖了瓦西里升天大教堂大尖顶上的教堂冠；民族英雄米宁和波扎尔斯基的雕像，也裹上了一件莹白的披风，威武壮观。整座城市银妆素裹，分外妖娆。

太阳出来了，莫斯科从冬眠中渐渐苏醒。空旷、宽敞、宁静的红场，在明媚的阳光照射下，泛着银色的光芒，耀眼夺目。

早上8点刚过，全莫斯科的中国留学生，从四面八方汇集到位于列宁山上的莫斯科大学大礼堂。

这天，关桥也起了个大早，特地换了一件新衬衣，系上一条他喜欢的深褐色领带，擦了皮鞋，梳了头，整理了外套，精神抖擞地和同学们一道出发了。

关桥是在前一天晚上得到通知的，要求第二天上午全体同学到莫斯科大学大礼堂集合，由中宣部部长陆定一向大家作国内形势和整风问题的报告。

同学们一见面，激动地、悄悄地在交谈"小道消息"。

"听说毛主席有可能会来看望大家！"

关桥感到兴奋和惊奇。

关桥从《真理报》上知道，11月2日毛泽东主席就率中国党政代表团访问苏联，参加"十月革命"40周年庆祝活动，并出席64国共产党和工人党代表会议。

生命之光 ——记国际著名焊接专家、中国工程院院士关桥

1957年11月17日,毛泽东主席在莫斯科大学礼堂主席台上向中国留学生们致意问好

自从毛主席踏上苏联的国土,同学们每天就像过节一样,兴高采烈地关注代表团的活动。每天上课前的头一件事,就是在书报亭买一张《真理报》看看有什么新消息。

"毛主席有可能会来看望大家!"这个令人无比振奋的消息如同一缕清风,刹那间掠过所有同学的心里。

报告会由驻苏大使刘晓主持。

上午是听取陆定一作的国内情况和整风问题的报告。这对远离祖国的留学生来说,报告内容既重要又精彩,可是多数学生边听边低声议论一个问题:毛主席今天究竟会不会来?

刘晓大使坐在主席台上,只见他不停地收到同学们递上去的纸条,不久,堆成了一堆。他一面看一面笑,然后不好意思地打断了陆定一的讲话,说:"同学们,大家递了那么多条子,都是一个内容,就是要想见毛主席!"

同学们都笑了。

陆定一的报告在下午3点多才完。

这期间,刘晓大使高兴地告诉了大家:"毛主席决定今天就来,不过他来的

会比较晚。"

"我们等！"同学们热烈鼓掌，兴奋地回答。

这时，有同学提议："咱们唱歌吧！"

于是，关桥和大家一起唱《东方红》、《歌唱祖国》，歌声雄壮有力，此起彼伏，震撼了莫斯科大学礼堂。

下午6时刚过，大礼堂里已有3500多人，坐得满满的。前排，一个座位上甚至挤进了三个人；两厢、廊柱、过道之间也都站满了人，甚至连窗台上也坐上了人。一部分同学实在坐不下，被安置在旁边的学生俱乐部和一个教室里听实况广播。

关桥不知什么时候与包曼高等工学院的同学们走散了，也不知自己现在站在什么位置，主席台在关桥的视线里只是时现时隐。

"毛主席来了！毛主席来了！"

不知隔了多久，也不知是谁高声叫了起来！

人们的眼光齐刷刷地朝主席台左边的大门望去，全场人都站起来欢呼：

"毛主席万岁！毛主席万岁！"

顿时，欢呼和鼓掌声响成一片。

关桥踮着脚尖，从人缝里，看见毛主席和中国代表团团员邓小平、彭德怀、乌兰夫、陈伯达、杨尚昆、胡乔木等同志在驻苏大使刘晓陪同下，神采奕奕走进了会场。

"毛主席，你好！"

"毛主席万岁！"

毛主席走到讲台的前沿，从左边走到右边，又从右边走到左边，不停地向大家招手致意。

"同志们好！"

这时，台下出现了一片手的波浪，大家都举起手来向毛主席欢呼致敬，暴风雨般的掌声和欢呼声一直持续了10分左右，在刘晓大使的招呼下才逐渐平息下来。

主席台布置得很简朴。

后面是几根白色大理石圆柱，背景是苏维埃共和国的旗帜，中央悬挂了一幅巨大的椭圆形列宁侧身像。前面是一排金黄色的会议桌，桌子中央放有一个麦克风。毛主席身穿瓦灰色中山装，里面穿了一件白色衬衣，领口系得很严实。

"同志们好！"

毛主席站主席台中间，开始了他朴素的讲话。

"同志们，我向你们问好！"台下爆发出暴风雨般的掌声。

毛主席说："世界是你们的，也是我们的，但是归根结底是你们的！"

毛主席浓重的湖南口音，让大多数留学生有点听不明白。他见同学们露出困惑的表情，便转头问驻苏大使刘晓：

"'世界'用俄文怎么说？"

刘晓回答："米尔！"

毛主席于是就说："米尔是你们的，当然，我们还在，也是我们的，但是归根结底是你们的。我们都老得这样了，但各有各的长处。我们老的有经验，你们年轻人朝气蓬勃，好像早晨八九点钟的太阳，希望寄托在你们身上！"

毛主席富有风趣的讲话，引起了大家的笑声和掌声。

全场又响起了"毛主席万岁，中国共产党万岁！"的欢呼声。

接着，毛主席给大家谈了当前国际形势，他首先指出：

"十月社会主义革命是人类历史上一个转折点，两个人造卫星上了天，64个国家的共产党到莫斯科来庆祝"十月革命"节，这是一个新的转折点。社会主义力量超过了帝国主义力量。我们社会主义阵营要有个头，这个头就是苏联，敌人也有个头，就是美国。如果没有头，力量就会削弱。"

毛主席解开了衬衣领口，继续说，"世界的风向变了。社会主义阵营和资本主义阵营之间的斗争不是西风压倒东风，就是东风压倒西风。现在全世界共有27亿人口，社会主义各国的人口将近10亿，独立了的旧殖民地国家的人口有7亿多，正在争取独立或者争取完全独立以及不属于帝国主义阵营的资本主义国家人口有6亿，帝国主义阵营的人口不过4亿左右，而且他们的内部是分裂的。

那里会发生'地震'。现在不是西风压倒东风,而是东风压倒西风!"

毛主席说到这里,大厅里响起了一阵暴风雨般的掌声。

是啊,"东风压倒西风",这是社会发展的必然规律!

这时,关桥不禁想起了去年在党旗下庄严宣誓的情景,思绪万千。

"真正的彻底的社会主义革命不是一朝一夕可以成功的。"毛主席又谈起了国内的情况。关桥的思维也回到了现实。

毛主席点燃了一支烟,深深地吸了一口,神情凝重地说:"在我国,真正的社会主义革命的胜利,有人认为在1956年,我看实际上是在1957年。1956年改变了所有制,这是比较容易的,1957年才在政治上、思想上取得了社会主义革命的胜利。现在右派是打垮了,我们工作中的缺点还是有的。这次整风是件很大的事,我们要认真地改。世界上怕就怕认真二字,共产党就最讲认真!"

最后,毛主席再次祝贺大家,向大家说:"世界是属于你们的,中国的前途是属于你们的!"

毛主席的话,像晶莹剔透的露水般滴进了关桥以及渴望祖国繁荣昌盛的留学生们的心里。

毛主席讲完话,亲切地向热烈鼓掌的人们招手致意。这时,从大礼堂一侧的人群里传出一个声音:"毛主席,请你不要走,坐下来歇歇!"

毛主席微笑地点了点头:"好,好!我坐下歇一会儿!"

毛主席坐下来后,慈祥地望着大家,顺手点燃了一支香烟,慢慢地吸着。他把身体向前一靠,问坐在前排留学生的生活:"什么时候到的苏联,到这里生活习惯吗?"

"习惯了,主席!"同学们异口同声地回答道。

"你们给家里写信了吗?"

"写了!"

"要经常给家里写信,汇报思想,让家里人放心!"主席像一个长辈一样,和蔼地与同学们拉家常。

很快,五分钟过去了,毛主席吸完了香烟,把烟头放在烟灰碟里。他站了起来，用慈爱的眼光向大家看了看。

这时，关桥和同学们都知道，毛主席应该休息去了。但依依惜别的心情，紧扣着关桥及每个同学的心弦。

整个大礼堂霎时安静了下来。

忽然，一个聪明的女学生半红着脸高叫了一声："毛主席，祝你身体健康！"

这时，安静的会场才又从沉浸中惊醒过来，随后，此起彼落的欢呼声、祝福声，一浪高过一浪。

关桥看见毛主席离开座位，走到学生们面前：亲切地向大家说了声："谢谢你们！"才慢慢地离开大礼堂。

关桥目送着毛主席魁梧的背影，能在异国他乡亲眼见到伟大领袖毛主席，真是兴奋，眼睛里流露出了高兴、激动的光芒。

毛主席走到后院的学生俱乐部，那里聚集着大礼堂容纳不下的中国留学生。

"同学们好！"毛主席挥手向他们问好。

这时，几百双眼睛望着毛主席，好像同时在说：我们刚才只能从麦克风里听到您的讲话，现在再给我们讲两句吧！

毛主席似乎明白了同学们的心思，说道："我只给你们讲三句。"

毛主席望着大家微笑地说："第一，青年人既要勇敢又要谦虚；第二，祝你们身体好、学习好、将来工作好；第三，和苏联朋友要亲密团结！"

毛主席从俱乐部出来，顺路到莫斯科大学经济系宿舍会客室休息，那里正好有四位苏联女学生。一位名叫契科爱娃的经济系女学生，一见毛主席，就用清晰、标准的中国话向毛主席说："你好！"

毛主席问她："你懂中文吗？"

她说："不懂，我过去和一位中国女同学在一个房间里住过，向她学会了一句。"

毛主席爽朗地笑了。

契科爱娃说："你来这里，是我们莫大的光荣！"

毛主席微笑着说："我也很光荣。"

契科爱娃问毛主席对参加"十月革命"40周年庆祝的感想,毛主席说:"非常好。"

契科爱娃问毛主席:"你喜欢莫斯科大学吗?"

毛主席说:"很喜欢,我们中国现在还没有。"

"你们将来一定会有。"契科爱娃说。

"是的,将来一定会有!"毛主席坚定地说。

快8时了,毛主席才从学生宿舍里出来。当他出现在宽敞的走廊里的时候,留在宿舍的苏联和其他外国留学生,又把毛主席围起来,向毛主席问好,和毛主席握手。保加利亚和捷克斯洛伐克的学生拿来了俄文版的《毛泽东选集》,请毛主席签名,毛主席满足了他们的要求。

莫斯科大学正面的大门已经打开了。关桥和同学们都聚集在这里,欢送的人们越聚越多。

当毛主席和代表团团员们的汽车远离莫斯科大学的时候,在平静的列宁山上,响起了一片"毛主席,再见!毛主席,再见!"的声音。

莫斯科包曼高等工学院1958年、1959年毕业的中国留学生合影

关桥如今回想起来，他说，毛主席的话给予我们精神的动力是难以估量的。这不仅仅是毛主席的鼓励，也是祖国人民的召唤与重托！

历经沧桑岁月，当年风华正茂的关桥，如今已韶华不再。每当他回忆起当年身临其境听到毛主席讲话时的情景，毛主席那高亢、风趣的声音，至今难以忘怀……

包曼之恋

包曼高等工学院中国留学生的假期生活是丰富多彩的，寒假一起去郊外的森林里滑雪，暑期可以去学校的体育夏令营或去集体农庄参加劳动，或乘坐专为外国学生安排的专列、游船到各大城市、景点参观、游览。

1954年夏天，关桥和同学们一起参加了莫斯科共青团委组织的外国留学生乘"戈果里"号游船沿伏尔加河的休闲旅游活动。从莫斯科河岸码头登船，经莫斯科运河入伏尔加河，到里海的阿斯特拉罕。每天吃住都在船上，每到一个城市，游船靠岸停泊，下船观光。

关桥记得，在"戈果里"号游船上的包曼高等工学院的同学很多，平时因课程紧，大家很少能在一起这么开心地跳呀、唱呀。高年级的有邹家华、刘虎生、张代侠、陆际清、吕文涛、朱桂生等；同年级的有南新宇、曾宪波、林瑞麟、谷素梅、宗福珍、杨伯熙、钟鑑元等。大家相聚在一起，增加了友谊，活跃了生活，抒发在异国他乡的思念祖国的情怀。

伏尔加河是欧洲最长的河流，同时也是世界上最大的内流河。

在伏尔加河广袤的流域中，居住着将近总人口数量一半的俄罗斯人，这里也是俄罗斯最富庶的地方之一。伏尔加河的中北部是俄罗斯民族和文化的发祥地，所有的俄罗斯人民都把这条大河称为"母亲河"。

千百年来，伏尔加河静静流淌着，滋润了沿岸的大片土地，也见证了俄罗斯的时代变迁。游船漂流在伏尔加河上，关桥才更深刻地体会到了什么是俄罗斯民族的文化精髓。

"戈果里"号游船沿途停靠了许多著名城市，有高尔基城、喀山、古比雪夫、乌里扬诺斯克、斯大林格勒（现伏尔加格勒），直到里海边的阿斯特拉罕。

导游是一位漂亮的俄罗斯姑娘，每到一处，她满怀深情地告诉大家城市的光荣历史、名胜古迹。给关桥印象最深的是导游对斯大林格勒的讲解。

"斯大林格勒是一座淌血的城市。它曾经历了两次世界大战的洗礼。特别是在第二次世界大战，斯大林格勒的军民们，用他们的鲜血和民族精神奋战了200多个日夜，以极其惨痛的代价将希特勒的军队全部歼灭，捍卫了国家的尊严，并最终迫使德国停止了战略进攻，从根本上扭转了二战局势。"

导游说这段话的时候，关桥从她的眼中，读出了一部厚重惨痛的历史，透过这座城市的背后，也看到了光荣的苏联人民的勇敢与坚强。

关桥和同学们放慢了脚步，轻轻踏上通向斯大林格勒市区雕像圣地，生怕惊动了英雄的灵魂，生怕触摸到曾经流淌过鲜血的每一块砖的神经……

这座雕像是一位母亲抱着她的孩子，他们的头顶扣着一个空投下来爆炸后的大弹壳。

雕像下端有一行字，上写：1942年8月23日斯大林格勒最黑暗的日子。

"就在这一天，在德军的狂轰乱炸下，这座城市已没有一处是安全的港湾。"导游指着雕像下端的那一行字，神情凝重地说，"当天的狂轰乱炸使4万多平民的鲜血渗进了城市的砖瓦街道，流进了悲怆的伏尔加河。就在这一刻，人们跑的跑、死的死，后来竟只剩下99名孤儿……"

关桥和同学们在旁边的草丛里采来一大把野花，做成一个漂亮的小花环，把它轻轻放在雕像的面前，深深地鞠了一躬，对不屈不挠的苏联人民顽强战斗的精神表示由衷的敬意！

看到怀抱孩子的母亲，关桥即刻就想起了自己的母亲，想起了当年母亲是怎样用弱小的身躯掩护孩子们躲过了日本鬼子的子弹；想起了母亲当年带领关桥乘羊皮筏子，漂过黄河重回山西时，遭遇惊险的那一幕……

生命之光——记国际著名焊接专家、中国工程院院士关桥

母亲真是平凡而伟大！

1954年8月底，从国内来了一批新同学，有30多名。包曼高等工学院中国留学生学生会让关桥负责迎新工作。

新同学中一位个子高挑、苗条、漂亮、满脸笑容的姑娘，映入了关桥的眼帘。后来，经过交谈，关桥知道了这位姑娘的名字叫陈丽芳，走路轻快，聪睿爽朗，洋溢着青春的气息。

陈丽芳家在上海。她于1934年出生在日本大阪。那时，父亲在日本从商，做点儿小本生意。她的祖籍是广东新会。抗日战争爆发后，她们全家回到上海定居。

陈丽芳高中毕业通过留苏选拔考试，到俄专留苏预备部学习。出国前，她就被分配到包曼高等工学院，学习燃气轮机专业。

靠近莫斯科动力学院，包曼高等工学院有一个学生宿舍小区，其中有一栋六层高的大楼。女生住在底层，男生住在第三层。因为都住在一个大楼里，所以关桥与陈丽芳见面的机会多。

在迎新工作中，关桥总是热心地带着新生们熟悉环境，了解如何乘电车去学校、在小区商店购物、买书、寄信等日常生活的一些常识，以及苏联人的生活习惯。

"这是商店，买东西一定要排队。"关桥对陈丽芳叮嘱说，"这跟国内不一样，一定要习惯于排队遵守秩序。这边可以买面包，那边是香肠、奶酪。"

"这是莫斯科动力学院的学生食堂，我们包曼的中国留学生也在这里就餐，有时间，你们也不妨到这里尝尝，了解一下苏联人的饮食习惯。这一带居住的中国留学生很多，厨师们也经常做点儿俄式中国菜。"关桥介绍说。

关桥指着路边的酒吧，说道："苏联人喜欢喝酒，在这里你会经常看见有喝得酩酊大醉的酒鬼，发酒疯，倒在地上，这不是咱中国人来的地方！"

关桥给陈丽芳最初的印象就是，阳光，英俊，热情，踏实，懂得照顾人。

头两天，关桥以主人自居，与几个焊接专业的同学吴祖乾、林瑞麟等一道做好饭，请陈丽芳及同寝室的同学唐福林、张国珠来吃。后来，陈丽芳她们自己开始起伙做饭，关桥和男生们来蹭饭也就顺理成章。

其实，吃的也很简单，大多是吃速冻饺子之类。苏联的冬季时间长，青叶蔬菜很少。锅是平底锅，也不能炒菜；有时买点半成品回来，煎肉饼，或在煤气灶的烘箱里烤奶油酥饼。

学校每月发给留学生助学金，研究生为700卢布，大学生为500卢布。这在当时，已是一笔不小的数目。

其实，留学生的助学金是中国政府拨给苏联政府，然后由苏联政府再发给各学校，各学校再按月发到中国留学生的手里面。

助学金用于吃饭和零花钱，已经足够，留学生在苏联的生活不成问题，节省下来的助学金还可以买不少学习参考书籍。

关桥也乐于帮助新生们解决在学习上遇到的难题，因为对于一年级的学生们来说，所学的基础课都是一样的，关桥已熟门熟路。陈丽芳时不时地求助于关桥。

关桥与陈丽芳摄于列弗尔多夫斯基公园，
与包曼高等工学院教学主楼隔雅乌兹河相望

跟着求学的步伐，两个人越走越近。

那时，按驻苏使馆留学生管理处的规定，留学生是不允许谈恋爱的。因此，爱情的鸟儿还没有开始展翅飞翔。

但关桥与陈丽芳的心渐渐靠近了。

1956年8月的暑假，又是留学生们放飞思想的季节。包曼高等工学院共青团委组织中国留学生去莫斯科郊外露营旅游。出发前，团委书记，一位精明强干的苏联姑娘，仔细地给中国同学交待了注意事项及随身要带的物品。

莫斯科的夏天，是一年之中的黄金季节，平均气温在25℃左右，是旅游的最好时机。

1956年8月，关桥（右三）与陈丽芳（左五）参加了由包曼高等工学院共青团委组织的中国留学生在莫斯科郊外的露营旅游

盛夏的早晨，关桥与同学们一道，沐浴着灿烂的阳光，背上行囊，沿莫斯科河岸徒步远行，去领略俄罗斯大自然的风情。

莫斯科河是俄罗斯平原中部的河流，源自斯摩棱斯克—莫斯科丘陵，曲折向东南流，横穿整个莫斯科市，婉如一条银白色的锦缎，迂回在列宁山下，又无声无息地回头向北，流经克里姆林宫外面那条朱红色白锯齿形高墙，注入奥卡河，北有莫斯科运河将莫斯科河与伏尔加河贯通。莫斯科市地跨莫斯科河及其支流亚乌扎河两岸，莫斯科的命名，就源于这条古老的莫斯科河。

莫斯科河见证了岸边风风雨雨历史的变迁……鞑靼人的扩张，拿破仑的火烧，希特勒也曾叫嚣要在几周内铲平这座城市……所以，诗人谢尔盖·瓦西利耶夫曾留下这样的诗句：

关桥、陈丽芳与包曼高等工学院的同学吕文涛、
胡震岗、吴祖乾、林瑞麟在莫斯科河畔

……我记得，黎明时分，弹片把白桦林砍伤，可我们守住了首都，救下了莫斯科郊外的白桦林……

太阳西下，走进白桦林，仿佛走进童话般的世界，高大、挺拔的白桦树，像一把把巨伞，撑在地上，遮蔽了太阳的余辉，一阵凉风吹过，沁人心脾。

莫斯科河是一条温柔的河。

关桥与其他男同学们一道在白桦树林中搭帐篷、点篝火，女同学们三三两两唱着歌儿，在林间穿梭、拾干枯的树枝、采摘鲜蘑菇，做野餐。

夜幕降临，熊熊的篝火燃烧起来。同学们围着篝火跳起了欢乐的舞蹈，齐声高唱《远处的篝火闪着光》：

远处的篝火闪着光，月牙儿映在河面上，

生命之光 ——记国际著名焊接专家、中国工程院院士关桥

小伙子和他心上人,依恋地分手在路旁。

小伙子眼睛明又亮,就像是星星在闪光,
这一双眼睛不算美,配在他脸上很相当。

小伙子心里不住想,总想把时间再延长,
肚里的情话千万句,但不知怎样对她讲。

有一群姑娘在游逛,老是把爱情歌儿唱,
但这里一片静悄悄,只听得心儿在跳荡。

远处的篝火熄灭了,月牙儿慢慢下山岗,
但是那一对年轻人,到如今还在大路旁。

关桥与陈丽芳在露营途中

歌声在关桥、陈丽芳心中共鸣,久久回荡在夜空……
趁着夜色和篝火,关桥悄悄走近陈丽芳身边,轻轻拉了拉陈丽芳的衣袖。

第三章 留学苏联

陈丽芳会意地跟着关桥走出了喧闹的人群。

两人手牵手,来到一棵高大的白桦树下,关桥看着陈丽芳,久久不语。霎时,仿佛时间凝固了,只有篝火旁的歌声,还在夜空中飘荡……

月圆,很亮。天上的繁星点点,像许许多多的萤火虫,在关桥眼前一闪一闪地飞翔……

关桥与陈丽芳来到河边坐下,月光倒影在清澈透明的河水中。关桥捡起一颗石子,扔进河水里,泛起阵阵涟漪……

关桥与陈丽芳轻轻唱起了歌:

小伙子心里不住想,总想把时间再延长,
肚里的情话千万句,但不知怎样对她讲。

有一群姑娘在游逛,老是把爱情歌儿唱,
但这里一片静悄悄,只听得心儿在跳荡。

歌声仿佛从遥远的天边传来,撞击着两颗年轻的心房;像一对翩翩起舞的蝴蝶,在牵手寻找归宿的地方;像一朵盛开的百合花,含苞待放在等待幸福的到来……

在这美好的夜晚,关桥向陈丽芳表达了爱慕之情……

云彩遮住了月光,陈丽芳一脸羞涩……

几十年过去了,这美好的时刻,像一幅美丽的图画,永远定格在了关桥和陈丽芳的心里……

关桥喜欢白桦树。

白桦树的纯洁、孤傲、完美,给关桥留下了美好印象。陈丽芳就是关桥心中那一株美丽的白桦树!

关桥喜爱白桦树的青雾和香露,喜爱白桦树的婀娜多姿,喜爱白桦树甜甜的笑意,喜爱白桦树的温柔可人的美丽……

在俄罗斯人的心目中，白桦树属于俄罗斯。白桦树不仅代表美丽的女性，而且是祖国的象征！

1957年暑假，是关桥和陈丽芳唯一的一次回国探亲的机会。

在此之前，关桥在与父母的通信中，曾把他与陈丽芳在郊游时的照片寄回了家，告诉家里明年要带她回家看看。

回国后，关桥和陈丽芳先到北京，未来的婆婆送给陈丽芳一套漂亮的布拉吉（连衣裙）。之后去了上海，未来的岳父赠送给关桥一只"英纳格"手表。这在当时是高规格的礼品了！这门亲事也就这样被双方家长认可了。

1959年初，是关桥留学的第六个年头。在苏联建筑科学院通讯院士、功勋科学家格·阿·尼古拉耶夫教授的指导下，关桥以一篇《组合桥梁铝合金带筋壁板的氩弧焊接》的毕业设计，通过了答辩，并以获得全优证书的成绩从包曼高等工学院毕业。

评审老师是这样评价关桥的毕业设计的：

"该学生所具备的科研能力和知识范围完全符合包曼高等工学院对毕业生高水平的要求。该学生在完成毕业设计中，所表现出来的勤奋好学，独立思考和知识渊博的特点，表明他已经具备了在包曼高等工学院所应该具备的专业知识。尤其值得提及的是他在设计说明书中对大量文献资料的评述以及高质量绘制的设计图样。"

"试验研究工作表明，该学生已具备深入钻研和分析能力，是一名合格的包曼高等工学院毕业生。无疑，应授于他优等生毕业证书和工程师称号，特此推荐，将关桥同志保送进入研究生院继续深造！"

这份毕业设计图的照片资料和老师的评语，至今关桥还保存着。

通过6年的学习，能得到导师这样高的评价，关桥内心充满了喜悦。仿佛间，故乡村边那棵参天大树，在关桥心中高大起来，枝繁叶茂，果实累累；那条蜿蜒流淌的小河，唱着歌，欢声笑语，一路奔跑；那夜空中的萤火虫，眨着眼，一闪一闪地飞向远方……

关桥也想留在苏联继续深造，但他当时的心情是，大学毕业后，迫不及待地要回国参加祖国的建设，投身到第二个五年计划的建设大军中去！

1959年关桥告别了苏联，告别了莫斯科河，告别了美丽的白桦林，也告别了还有一年才能毕业的陈丽芳……

隆隆东去的国际列车，又从莫斯科雅罗斯拉夫车站出发，奔向目的地——北京。

二度赴苏

1959年初，关桥从莫斯科包曼高等工学院毕业回国后，立即带着教育部的介绍信，到第一机械工业部报到，并被分配到所属的第九研究所（航空工艺与生产组织研究所）即后来几经更名的北京航空工艺研究所（代号：第625研究所，简称625所）工作。

该研究所是根据中苏合作协议，在中国第一个五年计划内，由苏联援助中国建立的156个企业和科研机构之一。625所正式成立于1957年7月1日，当时借用德胜门外航空工业第四设计院为办公和住宿地。

1958年建立了热加工研究室，下设焊接、铸造、锻造、热处理、表面处理共五个专业组。1958年，由南昌航校分配来第一批焊接专业生：吴厚先、邓万邦、张一鸣、罗传榜。在关桥报到的同年，也即1959年，又有十多位来自南昌航校的毕业生加入焊接专业组的队伍。

那时，关桥经常去西安、沈阳的航空工厂出差，帮着在工厂的苏联焊接专家做点儿翻译工作，并协助焊接车间搞点技术革新。

随着中国工业的迅猛发展，国家预见到了培养未来高水平科技人才的重要性，并意识到不能只是派遣大学生出国留学。从50年代后期已陆续派出研究生

生命之光 ——记国际著名焊接专家、中国工程院院士关桥

1959年,关桥毕业回国后被分配到第一机械工业部
第九研究所热加工研究室工作,关桥(后右二)与同事们春游

或进修教师进入苏联的研究机构和高等院校学习。当时,在包曼高等工学院焊接专业的研究生就有:姜以宏、张修智、陈沛生、高令俊。后来,中国政府又向苏联提出了大批培养中国研究生的意愿。

对此,苏方建议优先接纳在苏联高等学府学习过的中国大学毕业生攻读研究生。在这样的历史背景下,时任莫斯科包曼高等工学院科研副校长的格·阿·尼古拉耶夫院士以关桥在包曼高等工学院大学本科学习时全优成绩为由,提名关桥做为研究生培养对象,并表示很愿意继续指导关桥攻读焊接结构学。

中国政府接受了他的提议。

1959年秋天,关桥在625所参加工作还不到一年,就又受教育部的派遣,前往苏联包曼高等工学院研究生院攻读学位。同期,还有在本科与关桥同窗五年多的好友吴祖乾,也以优异的成绩被提名并二度赴苏。二人又继续为伴,也是在尼古拉耶夫院士指导下攻读学位,又再度同窗三载有余。

关桥毅然选择了在国际上刚刚兴起的焊接力学作为主攻方向,结合当时苏联航空航天制造工业中刚开始采用的新材料和新结构的关键技术,开展了钛合金焊接结构应力与变形控制的课题研究。这对关桥回国后能从事航空特种焊接

技术和焊接力学研究工作，起到了决定性的作用，也确立了后来的人生轨迹。

重新走进校园，关桥成为了莫斯科包曼高等工学院尼古拉耶夫院士领导下的焊接教研室的一名研究生，这与第一次来苏联时的情景大不一样，语言不成问题，专业也很熟悉。

在大学学习期间，引导关桥进入焊接科学领域的是由尼古拉耶夫院士创建的焊接结构学和雷卡林院士创建的焊接传热学。

关桥喜欢这两门课程，常被它们那丰富而精湛的科学内涵所吸引，废寝忘食地钻研。随后多年的焊接学科发展也证明了，正是这两门学问构成了现代"焊接力学"学科的基础。

关桥敬仰学术大师们，被他们构造的物理模型与精确的数学描述所折服。这也使关桥从对焊接"活计"的原始认识得到了进一步升华，急切地想进入这座科学殿堂，跃跃欲试地去探求焊接学科更深的奥秘。

这两位大师，从学识、品德等方面，对关桥在后来做学问、做人可以说起到了潜移默化的影响。

尼古拉耶夫院士所领导的焊接教研室设有一个焊接结构专业组，主要科研和教学任务都是由谢·阿·库尔金副教授和维·阿·维诺库罗夫副教授负责指导安排。库尔金副教授被指定为关桥学位论文的科学顾问，协助尼古拉耶夫具体指导关桥的日常研究工作。

库尔金老师开出了一张单子：

你怎么科学地对待试验问题，怎么做试验？如何严谨地处理试验数据？怎么跟工业结合？你的研究工作怎样做才有工程意义……

这些也正是关桥需要了解和解决的问题。

自从在苏联大学毕业回国到625所工作，关桥的任务就是为改变航空落后面貌开展航空焊接科学研究。在大学学习时，关桥对材料力学、焊接力学、焊接应力和变形很感兴趣。这次二度赴苏，正逢导师刚开始了航空钛合金焊接结构的研究。导师问关桥："你愿不愿意搞钛合金结构的焊接研究项目？"

"愿意！"关桥满口答应。关桥知道这个项目的工程应用背景就是航空航天工业。

这是关桥求之不得的事。

因为这项研究,与关桥在625所从事的工作是一致的,而焊接结构和焊接力学又是关桥最愿意选择的方向。

关桥(中)与研究生指导老师库尔金副教授(左)
和维诺库罗夫副教授(右)在焊接结构实验室(1989年摄)

在关桥看来,这将不是一篇纯理论性质的研究生论文。它对于以后回国指导实践工作,以及从事航空焊接科研工作,形成自己的学术思想会起到至关重要的作用。

关桥非常崇敬他的导师们。尼古拉耶夫、库尔金、维诺库罗夫,他们组成了一个高水平、治学严谨、联系实际、配合默契的科研团队。

他们用自己的实际行动诲人不倦,以自身的榜样引导关桥怎么治学。周日,导师们请关桥到他们的家中或别墅去做客,让关桥在繁忙的工作之余,放松一下。

"尼古拉耶夫导师是一个很有智慧的人,他既是我的导师,又是我可亲近的朋友。遇到学术问题,他总是与我商量,谈自己的意见和建议,而不是要求你如何如何。"关桥这样评价导师。

尼古拉耶夫不仅是一位学术大师,也是一位和蔼的长者。记得有一次,他特意邀请了焊接专业所有的中国研究生到他家中作客,尼古拉耶夫的老母亲热情招呼大家围坐在一张俄罗斯式的大圆桌,桌上有一把大花茶炉冒着热腾腾的热气,大家喝着红茶,吃着特意制作的小点心,谈笑风生。尼古拉耶夫和老母亲问长问短,关心学生们的学习和生活,关注中国经济建设。

1962年5月,关桥(右)与教学技师在焊接结构实验室调试焊缝滚压机,为研究生论文试验做准备

关桥与尼古拉耶夫的友情,一直延续到1989年他来华访问后不久辞世。

结合未来的工作专业方向和大学期间就感兴趣的材料力学、理论力学、焊接传热学、焊接结构学等课程,关桥将自己研究生论文的研究方向选定为:"钛合金薄壁焊接构件的残余应力、变形和强度"。

那时,钛及钛合金的焊接研究在苏联刚刚起步,而在国际上钛合金的焊接也才开始用于航空工业。

1963年4月1日,莫斯科包曼高等工学院礼堂里坐满了专家、学者和旁听的学生。

28岁的关桥要在这里进行副博士论文答辩。他沉着地走上讲台,用流利的俄语开始讲解他的论文《钛合金薄壁焊接构件的残余应力变形和强度》。

会场上鸦雀无声,不少人心存疑虑:这个中国留学生竟选择了这样棘手的难题！钛合金刚刚在工业上应用，它的焊接特性还处在探索阶段。

关桥所报告的论文在不断展开、深入。

关桥根据自己的测试结果和理论分析，对钛合金在焊接后应力水平比较低的事实，大胆地提出了自己的见解。

关桥的论文在学术委员们中间引起了小小的震动：有怀疑，有惊奇，有赞赏。

一位学者劈头提问："你立论的根据是什么？"

关桥早有准备，立即应答。他从容不迫地解释着随之而来的一个个问题，有理有据，见解独到。

听众席上投来赞许的目光。

"苏联的学位分为两种，一是博士，二是副博士。"关桥介绍说，"前者是很难的，必须在实际科研工作中提炼出有创新性的成就，才能提交论文答辩。后者，可以通过研究生院三年的学习和工程实践，提交毕业论文答辩。"

"副博士论文水平也要具有新颖性、独创性和系统性的研究成果，并且要经过一个由7人组成的答辩委员会通过，方可授予副博士学位。"

"副博士论文答辩，要在答辩日期3个月前，在报上登出答辩通告，只要公众感兴趣都可以参加。同时，还要向苏联各学术机构的有关学者发出100份论文摘要，征集反馈的评论意见，此外，作为答辩的前提条件，还必须在杂志上公开发表两篇以上的论文。"

"学位制度是很严格的。"关桥说，"按国家科委1985年发文通知，苏联的副博士学位（K.T.H）与欧美的博士学位（Ph.D）在学术上相当，在国际交流中可以博士身份参加活动。"

按学位论文答辩委员会委员们投票的结果，关桥被授予副博士学位！

关桥的研究生论文，揭示并论证了钛合金焊接时，焊缝中的残余应力总是低于材料的屈服强度的实质和原理。系统的试验测量证明了理论分析结果的正确性。关桥所研发的用窄辊轮滚压焊缝和采用特殊的热处理消除焊接残余应力、去除变形的方法，以及所制定的优化生产工艺的规范和生产说明书，当年就均被苏联航空工业的生产实践所采用。

3年的研究生工作与学习，除学术上的进展外，使关桥终生受益的是，懂得了怎样做一名有所作为和有社会责任感的科技工作者。

关桥用心地观察、学习、欣赏导师作为科学家的负责行为、诚实的为人，以及理论密切联系实际的学风；领略、体验与他共同工作的苏联学者们的风貌、创新的思维、严谨的治学。无形中关桥也用这些行为准则，不断地完善自我，塑造自我。

就在毕业论文答辩这一天，中国驻苏联大使馆留学生管理处党委刘天民通知关桥，暂缓回国，要关桥以俄文翻译身份，参加当时在莫斯科召开的国际工会会议。

关桥被突如其来的事情搞得莫名其妙。他原设想，毕业后，收拾行李，告别导师，早日回到祖国，回到625所，那里有他的事业，还有已从包曼高等工学院毕业回国近3年的陈丽芳，有他许许多多的梦想……

后来，关桥才知道，原来中国代表团有一名女法文翻译，当时因苏联刁难，要用俄语作为会议工作语言，所以原配备的法文翻译不合适，临时要关桥留下来作翻译。

对苏联的刁难，不足为奇。

就在关桥积极准备毕业论文期间，中苏关系就已非常紧张了。

1962年4月16日，苏驻新疆领事馆人员，经长期策划，诱骗胁迫塔城、裕民、霍城三县居民6万余人逃往苏联。5月25日，又在伊犁制造暴乱事件。

为此，中国大使馆前后向苏方交涉4次均无效，中国不得不废除了领事条约，限期驱逐苏领馆人员。

从1962年11月起，苏共领导人和苏联报刊发表了大量的反华讲话和文章。在苏共指使下，有许多国家的共产党发表决议、声明和文章，反对中国共产党。

与此同时，苏方还在我留学生中进行策反活动。对中国留学生、实习生限制越来越严；从50年代末，包曼高等工学院就再没有接纳过中国政府派遣的留苏学生了。

从1963年以后，苏联开始限制中国大使馆人员活动，并驱逐过使馆人员。

在中国大使馆周围派了多名警察监视。苏联国家安全委员会（克格勃）还在使馆旁边开设一个咖啡馆作为监视哨，大使馆人员外出即有盯梢车跟踪。

1963年7月5日至20日，中共代表团和苏共代表团在莫斯科举行会谈。在会谈期间，苏共中央发表《给苏联各级党组织和全体共产党员的公开信》，对中共进行全面系统的攻击。全面反驳中国共产党国际共产主义运动总路线的建议。顿时，苏联各报刊、电台连篇累牍地发表社论、文章、消息，支持苏共攻击中国共产党。

为此，毛泽东从1963年9月6日至1964年7月14日亲自主持发表了9篇评论苏共中央《公开信》的文章，即"九评苏共"，两党之间的论战达到顶峰。

中共认为，在苏联资本主义已经复辟，中国要和苏联以及《华沙条约》国家的共产党划清界限。中共认为苏联已不再是社会主义国家，中国则是反帝反修的世界革命中心。

参加完工会代表团翻译的活动后，关桥仍留在大使馆留学生管理处党委暂时协助工作，处理日常秘书事务。为了便于工作，把关桥的留学生棕色护照换成了使馆一般工作人员使用的蓝色护照，工资由使馆按研究生标准发给。

一天晚上，中国驻苏联大使馆门前的展览橱窗玻璃被砸得粉碎，橱窗内展览的图片，是反映中国经济建设取得的巨大成就。

紧接着，大使馆又不断地接到报告，说几名留苏学生在莫斯科红场遭到苏联人的毒打。某大学学生宿舍大楼内的饭锅里，被人放进了化学药品……

在这种政治气候状态下，中国说苏联是修正主义，苏联反过来说中国背信弃义……

口水战在逐步升级。

关桥的主要职责是，陪同使馆的政务参赞和主管留学生管理处的文化参赞跟苏联外交部或教育部打交道。比如，学校的学生被打了，学生受到了什么样的迫害，大使馆就要出面交涉，递交照会给苏联外交部。

当时，正值暑期，原大使馆留学生管理处的秘书回国休假，关桥便接替了他的工作。

再有，留学生回国休假事务，毕业生转接组织关系，与苏方交涉有关留学生的学习安排等，关桥都要联系交涉。

在此期间，关桥也曾随使馆参赞张雄飞去苏外交部和苏高教部，交涉有关中国留学生被苏当局扣留以及派遣留学生名额的交涉案；也曾因苏修暴徒袭击使馆、中国留学生遭迫害挨打向苏方提出抗议。

1963年10月底，国内给大使馆发来一个"关于共产主义运动的25条建议"。上级要求，为了使苏联百姓早知道25条建议的内容，免遭苏共封锁信息，在文件正式发表以前，要组织动员力量把这份文件广为散发。

大使馆立即安排了油印机，很快地印刷了上千份。装订完以后，已是深夜。

寒风凛冽，手都冻僵了，但一想到是为伟大的祖国做一件有意义的事，关桥心头就充满了暖意。

大家七手八脚装上资料，立即开车出去，向苏联的外交部、财政部、教育部等部门的邮箱里塞进资料。

根据组织要求，关桥还把这25条建议文件装进信封里，分别发寄到苏联同学家里。

关桥没有想到，这件事的后果很严重，就因为这事，苏联同学和关桥中断了往来。

第二天，苏联《真理报》发表署名文章，谴责中国的突然袭击，对中国外交部提出强烈抗议。

"这是中苏两国关系史上沉重的一页。"现在回想起来，关桥心头仍然沉重。

是的，一瞬间，友谊化作仇恨，天使变成魔鬼。一切来得似乎如此突然和诡秘，一切又是变得那么扑朔迷离……

第四章 峥嵘岁月

初试锋芒

1963年末,在归国的火车上,刚满28岁的关桥倚在窗口,凝望着祖国的大地。那颗年轻的心,伴随着列车运行的节奏怦怦跳动……

关桥带着报效祖国,发一份光和热的激情,带着党和人民的重托,从此开始了他平凡而崎岖的焊接人生,开始踏上了为实现一个工程师光荣与梦想的奇妙的旅程……

关桥记得,那还是在1959年初,当他结束了漫长的大学本科学习生活后,也曾乘坐这趟列车回国,回到了出国前就已定向分配的625所。

那时,研究所唯一的基地就在北京南门仓的一个大院里,有几台老式车床,搞焊接的只有一位气焊工带着一个徒弟,干些零碎的修理活计,根本谈不上实验室。从大学、中专分配来的学生们均编入"工作队",分别去东北、西北的航空工厂实习,先当车间工艺员。

关桥从别人对他不屑一顾的眼神里,看到了自己"吃过洋面包"的"尴尬"。于是,他决心夹着尾巴做人,老老实实地向工人师傅学习。

无论是在南门仓的大院里,还是去西安、沈阳的工厂,关桥与工人师傅日日夜夜朝夕相处,学到了许多课本上学不到的东西,这为他以后在科研工作中能发挥自己专长打下了良好的基础。

在德胜门外第三机械工业部(简称三机部)第四设计院的北配楼里,办公和住宿都在一起,条件差,单身都住在集体宿舍。生活也很单调,上班,下班,吃饭，三点一线。

年轻人的业余生活也很枯燥。

三机部第四设计院的后院有一个不太规范的篮球场，成了青年人娱乐的场所。有时，关桥也与同事一道打打篮球，这是关桥的特长。想当年，在包曼高等工学院读书时，关桥凭着一米七八的个子，还是中国留学生篮球队的主力队员。

一次，在打篮球时不小心崴了脚，脚脖子肿得像碗那样粗。焊接组同事邓万邦想办法把关桥背上楼，到宿舍里治疗。为了照顾关桥，邓万邦每天从食堂端饭回来给关桥吃。这虽是一件小事，但同事的热忱关爱，关桥永远牢记在心里。

关桥经常等待陈丽芳从莫斯科的来信。

关桥与陈丽芳在苏联包曼高等工学院明确恋爱关系后，渐渐地，两人的恋情由心照不宣转为公开。尽管组织上不允许留学生谈情说爱，但禾苗需要雨露，小鸟需要歌唱，蓝天需要云彩，大海需要浪花……

关桥比陈丽芳早毕业一年，回国后，两人只有鸿雁传书，表达无尽的思念。

每当一听见有人叫"来信了！"关桥就会第一个冲出去取信。他想那一定是陈丽芳写给他的！

有一天中午，关桥正睡午觉，朦胧中听见有人喊"来信了！"关桥赶紧跑出去，从别人手中接过信就稀里糊涂撕开了，迫不及待地一看，遭了！是同事王世伦的信！

关桥歉意地连声对王世伦说："对不起，对不起啊！"

不久，关桥就到了沈阳航空发动机制造厂（410厂）。

410厂也有一些苏联专家从事焊接专业。为此，工厂还专门设立了一个名叫"苏联航空工艺研究所"的办公室。当时，苏联专家正在调试一台从苏联运来的大功率闪光对焊机，关桥协助做一些口头翻译或俄文资料翻译，准备把这台设备用于喷气发动机环形件毛坯的闪光对焊，再加工成环形安装边。

在410厂的现场实习，关桥又担当了一名车间生产工艺员的角色，跟踪解决喷气发动机上不锈钢导管接头焊接质量不稳定的问题，有时也帮着工人师傅调试一下设备。

一天，关桥在管子焊接车间生产现场，看见几百根弯弯曲曲的像铅笔粗细般的气路、油路的导管，矗立在产品架上。工人师傅有的采用氧乙炔火焰钎焊方法，有的采用氢原子焊方法，对管体两端接头处进行焊接。

但不知为什么，一旦用 X 光检测，废品率很高。

"师傅，是什么原因？"关桥虚心地问。

"找不出原因，一直都这样！"师傅无可奈何地说。

关桥心里一惊，心想：这样的质量，能保证飞机安全飞行吗？

原因在哪儿呢？关桥也觉得奇怪，就蹲在车间，看工人是怎么操作。

对关桥来说，这些焊接技术问题与在苏联时所学的理论知识对不上号。特别是对航空喷气发动机管子焊接和钎焊这些现场生产技术，关桥就没见过。也不知道实际是如何操作应用的。

关桥一直不动声色，只是耐心地蹲在工人身边观察，看毛病究竟出在哪里。

关桥发现，由于管接头是圆周环形焊缝，若管子固定不动，则焊接工人必须跟着焊枪旋转一周操作，或者焊接完成半圈后，停下来，转一个位置，再焊另一半。这样的操作方法，中间停顿，不可能保证高质量的焊缝。

关桥就琢磨，说："我给你设计一个夹具，将管子固定在一个用脚踩着旋转起来的辅助工艺装置上，管子接口可以沿轴线转动起来，一边转一边焊，就不需要停弧了。"

工人师傅听了，半信半疑地说："试试看吧！"

很快，关桥就试制出了简易的夹具。

工人师傅用了关桥的自制夹具，果真解决了实际问题，大大提高了管子接头的焊接质量与产品的合格率。

工人师傅向关桥竖起大拇指，说："你的书没有白读！"

其他师傅听说焊接质量一次性通过了 X 光线，高兴地夸关桥："你真行！"

一次小改小革，关桥尝到了成功的甜头。渐渐地，关桥对管子车间也有了感情。一天，关桥认真地对管子车间的一名技术员说："今后，我就干这个事儿吧！"

"不！你今后是要干大事的！"技术员非常有眼光地说。

在很短的时间内，关桥针对管子焊接质量，以及如何通过 X 光检测，如何提高成品率，做了许多实际的工作，解决了工人师傅的忧虑和实际生产现场的难题。

这是关桥大学毕业回国后，第一次成功的尝试。

通过这件事，人们认识了关桥，认识了知识的价值。

那几天，关桥渐渐找到了学以致用的感觉。在他的眼前，那富有生命力的萤火虫又在一闪一闪地发着亮光，仿佛是在微笑，在鼓励，仿佛又是在翩翩地舞蹈……

此时，关桥从包曼高等工学院研究生毕业，又重新回到了阔别的 625 所。时隔近 4 年，这次回来研究所变成了什么样子呢？

在八里桥有一处营房是炮兵六师的驻地。625 所占用了营房东边的大约 1/3 的面积。时任所长的郦少安告诉关桥："1958 年咱们所成立的热加工研究室，有 5 个专业组：焊接、铸造、锻造、热处理和表面处理；1961 年按国防部第六研究院建制，将后 4 个专业组转交给了航空材料研究所，唯独保留了焊接专业组。"

"你去苏联攻读研究生后，在 1961 年，我们把焊接专业组转为焊接专业室；这时，从机关、航空材料研究所又调入了几名专业技术人员，充实了焊接队伍。"所长继续说道："今年，从清华大学、西北工业大学（简称西工大）、哈尔滨工业大学（简称哈工大）、北京航空学院毕业的焊接专业的本科生，陆续被分配到 625 所，应该说，这几年 625 所的焊接队伍在不断壮大。1963 年又正式成立了焊接研究室，你回来恰逢其时，有用武之地。"

焊接研究室主任庄珊和副主任王连山热情地给关桥介绍了室里情况，参观了实验室，殷切地希望关桥能学有所用。

尽管如此，但关桥觉得所里的科研条件与在包曼高等工学院的科研环境反差很大，实验室的设备、仪器很难用于开展深入的科学研究。

曾有人猜测，说关桥研究生毕业后，就不会再回 625 所了，这个庙对关桥来说太小了！

生命之光——记国际著名焊接专家、中国工程院院士关桥

"研究生毕业，我肯定是回625所，因为我的学位论文就是冲着625所的研究方向而写的。"关桥用肯定的语气说。

"1959年2月大学本科毕业回国后，我的工作关系就在625所，是625所把我派出去继续研究生学习的。当时还是留职停薪。"关桥把来龙去脉说了一遍。

有人问关桥："你为何要反复强调自己与625所的关系呢？"

关桥不假思索地回答道："因为625所是我的'衣食父母'，我不能忘本！"

关桥说的既不是大话，也不是套话，而是真心话。尽管他在625所的时间不长，尽管那时625所的科研条件还很差，但625所毕竟是第一家接纳关桥的航空科研单位。想当年，关桥还在包曼高等工学院学习时就备受茹科夫斯基、图波列夫等航空科学大师们的鼓舞，是科学和航空工业让人类放飞蓝天的梦想变成了现实。关桥想，能进入祖国航空工业的制造工艺研究所，是自己的荣幸，625所也会是自己从事理论研究与科学实践的土壤！

"研究生毕业了，但未来的路才刚刚开始！"关桥在心里这样告诫自己。

关桥的研究生毕业论文是用俄文撰写的。回国后，按教育部规定，他要把论文全部翻译成中文，然后交给中国科技情报研究所。关桥用一个月的时间亲手翻译的中文译稿，按照要求交给了中国科技情报研究所。非常遗憾的是，若干年后再去查询时，这些资料却找不着了。据情报所工作人员解释说，可能在"文化大革命"中清库销毁了。

幸亏，关桥自己留了一份复印的俄文稿。他想留下一段求学的经历，留下他那时的思想与期待……直到近些年，中国航空工业开始扩大应用钛合金，出于指导研究生和课题工作的需要，关桥又花费了很多时间，请俄文翻译贺红好把俄文原著译成中文，出版了他的学位论文中文版《钛合金薄壁焊接构件的残余应力、变形和强度》。

其实，由于语言的障碍，对于关桥的毕业论文写了些什么，当时知道的人并不多，但关桥是留苏副博士，625所没有几个人不知道。背后常有人指着关桥说："这人是吃'洋面包'的！"

一块"洋面包"压得关桥喘不过气来。

1963年末，关桥奔赴江西南昌国营320厂参加了"铬锰硅钢焊接变形矫正工艺研究"项目组，吴厚先、王虎已经在厂里工作了一段时间。

项目，是由三机部下达的攻关任务，难点在哪里呢？

这是一个高强钢焊接的架子，架子支撑着安－2飞机活塞式发动机，焊接完以后，它的变形要用火焰加热才能矫正过来。然而，不科学的矫正操作会导致在飞行中钢管疲劳断裂，机毁人亡！

工人师傅的操作，都是严格按照苏联专家编写的生产说明书执行的，应该说，操作没错，但是说明书规定不允许在有"穿堂风"的厂房里进行火焰加热矫正。

工人师傅向关桥诉苦说："南昌的夏天，又闷又热，不打开车间门通风，我们干不了这活。"

"什么叫穿堂风啊？"有人不解，轻蔑地对关桥说，"你这个吃过洋面包的博士，请解释多大的风力叫'穿堂风'啊？"

"这，这，这是科学啊！"

"啥叫科学？只有你才懂科学吗？"

关桥不语了，他知道，人们对科学道理的认识，是有一个过程的。他想让事实说话，让科学的道理说话。

关桥知道，科学试验要证实的不是多大的风力才算是"穿堂风"，而是要控制这类钢结构在局部加热矫形时的冷却速率，用测温仪在试验中实时观测，使之不会产生淬硬的金相组织结构；因为，降温快，局部硬度升高，影响到材料的冲击韧性和构件的疲劳寿命。

这就是科学！

最后，关桥与吴厚先、王虎一起商量，必须要冲破"对苏联生产文件要不折不扣地执行"的紧箍咒！以自己的科学试验数据为依据，对苏联AH－773生产说明书进行彻底修订。他们开展了试验研究与现场考察，做了大量的试验，包括疲劳寿命、金相试验、力学性能试验等，设计了机械应变仪，测定残余应力，确立了新的热处理规范；编写了新的生产说明书和技术总结报告。

生命之光——记国际著名焊接专家、中国工程院院士关桥

这个新说明书解决了多年来影响生产的老大难问题,更让人欣慰的是,修订后的说明书,被航空工业部作为正式文件下达到各厂执行!

这时,反对声才渐渐平息。

为测定焊接残余应力,关桥设计了机械应变仪,进行了大量的测试与分析,研究航空材料焊接残余应力与工艺规范的关系

科学的道理、方法,终于战胜了对洋教条的迷信。理论联系实际的实践成果,不仅冲破了"对苏联的文件必须不折不扣地执行"的紧箍咒,而且还展示了关桥坚持科学态度敢于向"本本主义"和不负责任的推诿、扯皮行为挑战的信心和决心!

这是关桥回国后投身航空工业,从事科学研究的第一个项目!

但关桥知道,这个项目的成功,并不是他个人的功劳,他感谢625所为他的科学研究创造了一个宽松的环境,还有一个好的团队。

"那时,吴厚先、王虎和王连山等同志,对我的支持都很大!"关桥说。

根据这个项目的实践,关桥写了一篇技术总结报告,题目就叫《铬锰硅钢焊接变形矫正工艺研究》。

1979年9月，625所第六研究室氩弧焊专业组与室领导合影，
室主任施铭鼎（前右二）、政治指导员刘尚信（前左二），
关桥（前右一）为专业组长

这篇报告，是关桥科学思想的萌芽，是关桥和他的团队脚踏实地的实践成果，是关桥理想的花蕾在初春细雨的清晨中徐徐绽放；在那如白桦树一样高大、挺拔的科学圣殿里，关桥实实在在地开始找到了前所未有的自信与战胜困难的豪迈……

国际会议

1964年7月，关桥参加了在捷克召开的国际焊接学会第17届年会。中国代表团的团长是第一机械工业部科技司的陶亨咸司长，副团长是清华大学潘际銮教授，代表团共7人，其中有曾和关桥在包曼高等工学院学习的高年级同学吴德蕙等。

即便是现在回想起第一次参加国际性的焊接专业性学术会议的情形，关桥也是感慨万千。

生命之光 ——记国际著名焊接专家、中国工程院院士关桥

1964年7月，由陶亨咸（中）率中国焊接代表团赴捷克布拉格参加国际焊接学会（IIW）第17届年会，途经莫斯科在驻苏大使馆前合影，右一为关桥

自新中国成立以来，对外的学术交流一直处于自我封闭状态，也很少有机会派出代表团参加国际上大型学术组织的活动。

国际焊接学会（IIW，International Institute of Welding）成立于1948年，当时有比利时、英国、法国以及一些欧洲国家和美国共13个国家的焊接学会或焊接研究机构作为发起国参加了IIW，以后逐步发展，美洲、亚洲等国家陆续加入。

IIW是世界焊接界最高的国际组织，为各成员国的学者和专家们通过参加会议和学术活动提供交流和切磋的平台，具有广泛的代表性和权威性。

1963年，IIW邀请中国作为成员国，参加该学术组织。经机械工业部申请，国务院批准，决定派出由4人组成的代表团，以观察员的身份参加当年7月在芬兰赫尔辛基召开的第16届国际焊接学会年会。

航天工业部703所的所长姚桐斌，任代表团团长。

回国后，姚桐斌赶紧给机械工业部和国务院建议说，中国应该参加这样的国际性学术组织！

"IIW 是一个国际学术组织，每个国家只有一个焊接学术组织代表这个国家参加，有一票投票权，同时负责交纳每年的会费。"姚所长继续介绍说，"每年会费的额度，是根据联合国公布的上一年该国钢铁消耗量计算确定。"

姚所长顿了顿，继续说："因为焊接是跟钢铁结构的建造紧密相关的，一般国际上认为，钢材消耗量的 40% 到 50% 是用到焊接结构上去了。"

经机械工业部、外交部批准，中国作为一个正式成员国去参加国际焊接学会第 17 届年会。

严格地讲，与外国人打交道，关桥并不发怵，因为毕竟在苏联待了近 10 年，但参加这样专业的高级别国际学术性会议还是第一次。

中国代表团这次到捷克，没有打算在会上作学术报告，去的目的就是抱着深入了解情况，摸清前沿发展动态和交流学习的态度。

国际焊接学会组织结构很庞大，除一些年会的专题会议以外，还分了十几个专业委员会，当时把中国代表团的 7 个人，分配到几个专业委员会去，分别参加上午、下午安排的会议。

会前，作者们将打印好的资料放在会议秘书的桌子上，参加会议的人到会的头一件事，就是赶快收集这些资料，坐下来听报告。

一天下午，关桥聆听了英国焊接研究所（TWI）一名专家所作的关于"熔化极脉冲氩弧焊"的报告，他边听边在想，中国航空工业里究竟需要什么样的焊接技术呢？

一比较，关桥就感觉到中国航空工业焊接技术实在是太落后了！

就在那一瞬间，关桥一下感觉到"熔化极脉冲氩弧焊"，正是他开展科研寻觅的方向，他像一个猎人突然捕捉到了猎物的踪迹，顿时，关桥兴奋了起来。

会议期间，代表团参观了捷克焊接研究所。主办方还安排了会议代表到捷克的首都观光游览。

捷克，是一个美丽的国家。

捷克的首都布拉格位于捷克西部，坐落在伏尔塔瓦河畔。这里有13世纪以来古老的罗马式、哥德式建筑，布拉格城堡和跨河的十几座宏伟的桥梁，与亚洲的风格和俄罗斯的风格迥然不同，给关桥留下了深刻的印象。

悠久的历史和多种民族文化的融合，使得布拉格成为欧洲文化中心之一。

布拉格市是唯一的一座以整个城市建筑被列入世界文化遗产名录的世界名城。

关桥看到，在那充满艺术气息的音乐厅、画廊、俱乐部里，聚集了布拉格众多对艺术充满向往的人们。

关桥漫步在流经布拉格的伏尔塔瓦河边，从河中荡漾的倒影里，看到了布拉格金碧辉煌的建筑的英姿，这里不愧是有浪漫色彩的休闲胜地！

关桥的思索很快从艺术的浪漫回到了科学的现实中来，他回转身，离开了美丽的伏尔塔瓦河，赶回到了驻地。他已经没有心思去欣赏布拉格的美景，他的心早就飞回了625所，飞回到了他钟情的焊接实验室……

回国后，代表团集中了半个月的时间，各自把在会上收集的资料、自己的心得写成技术总结。

关桥在写总结中提出了要把"熔化极的脉冲氩弧焊"应用到中国的航空工业中去。

关桥是一个十分倔强的人，一旦他决定了的事，他就会义无反顾地去做。他想，"夹着尾巴做人"也不是说什么事都不敢干，而是要谦虚谨慎地去干自己想干的事儿，何况干这个项目也是关桥很想显显身手，试图作为切入航空特种焊接技术研究的起始点。他从英国专家侃侃而谈中，敏锐地感觉到了这些新技术的应用，将会对中国航空焊接制造的领先发展有推动作用。

虽然关桥在大学、研究生学习阶段的研究方向是焊接力学、应力变形，但一时半会儿还找不到在这方面的突破口。

有一天，郦少安所长迎面看到关桥，无不关心地说："小关啊，你赶快启动一些项目，大胆干吧，我们支持你！"

第四章 峥嵘岁月

恍惚间，关桥已经站在了结满果实的葡萄架下，缀满喜悦的紫藤缠绕在关桥的心间，几片宽大的叶子依附在果实的肌肤上，仿佛像母亲亲昵地在向自己的孩子诉说一个个丑小鸭变成白天鹅的故事……

关桥不敢张扬，他怕别人说他出风头，想成名成家，但一想到625所领导鼓励的目光，一想到单位的同事期待的眼神，关桥真的坐不住了！

关桥想，外国人能搞的，我们为什么不能搞？关桥想赶快启动项目，赶快找到一个落脚点，用科学试验来证明，我关桥"洋面包"没有白吃！

"现在想来"，关桥说，"那时心里憋了一股劲儿，胆子大，真是有点初生牛犊不怕虎！"

第一次参加国际学术会议，开阔了关桥的思路，他收获了国际上先进技术蓬勃发展的信息，从而使关桥站在了世界先进技术的前沿。他努力地想将这些信息变成625所可以开展的一些课题或研究的项目。

关桥也建议625所尽快开展点焊的超声检测和铝合金表面阿洛汀化学处理的新技术，这也为瞄准熔化极的脉冲氩弧焊，埋下了一个伏笔。

1965年，关桥和郭永德奉命去沈阳航空发动机设计研究所参加发动机残骸工艺分析。

关桥从焊接工艺的角度去分析每一个零件，采用的是什么焊接方法？焊接质量达到了什么水平？哪些技术我们应赶紧投入研究？等等。

关桥从工艺和设计特点，提出了航空发动机焊接结构设计与制造工艺方法的研究方向，编写了"发动机残骸焊接结构工艺分析"报告，为设计所和工艺研究所提出了具体建议。

这件事，更加坚定了关桥一定要把625所的氩弧焊技术提升一个档次的决心。

不久，研究所计划处批准了关桥的建议书，熔化极脉冲氩弧焊项目上马了！

于是，在关桥的倡导下，新组建的课题组瞄准了606所自主设计新型发动机研制中的先进焊接结构。研究目标就是：910发动机薄壁机匣熔化极脉冲氩弧焊工艺与设备研究。

项目上马以后，关桥才知道事情并没有自己想象的那样简单。

摊子一铺开，麻烦就来了。

摆在关桥面前的是：从焊接控制原理怎么让电源发出脉冲电流，怎么送熔化极焊丝，机械部分怎么设计，电气部分采用什么元件？……

关桥也不知当时怎么能有那么大的魄力和勇气，把这么多人一下都组织起来了。不但是625所内部从事科研的人，而且还有大学的毕业生来实习。哈工大有关桥的一个老同学张修智，也是焊接教研室的老师，曾在包曼高等工学院研究生毕业，关桥也把他邀请来一块干，带来一批学生韩伯瑛等加入到课题组。

这是一个非常有实力的综合团队：有搞电气的，搞机械设计的，搞工艺试验的，搞自动焊、半自动焊的。这时，关桥手下，群贤聚集，将遇良才，干将莫邪，众星捧月。关桥如一位挥刀纵马的将军，正率领千军万马驰骋在疆场上！

邱福兴小组负责把交流电机改造成同步脉冲发电机，与直流电源并联，向电弧提供脉冲电源，后来才采用了大功率可控硅。王虎小组费尽周折，改善半自动化送丝系统，保证了送丝机构与焊枪装置的稳定工作。韩东安、田蕙芬小组将电源、控制和机械系统整合为一个整套自动化设备。关桥、邵亦陈、张一鸣和周述经不分昼夜地调试，选择最佳参数匹配，解决电弧不稳定、脉冲与送丝不协调等难题，又针对910发动机薄壁机匣焊接变形问题，采用了焊缝滚压新技术。

大团队联合攻关，把625所的焊接技术——熔化极脉冲氩弧焊推向了国内领先的地位。

正当关桥对未来充满了无限的信心，对科学研究充满了许许多多的遐想，对625所的发展也充满了希望与期待之时。一场史无前例的深刻的"革命运动"，拉开了序幕！

滞留荷兰

"文化大革命"开始了。

这是一场由毛泽东亲自领导和发动的触及人们灵魂、对中国革命历史进程产生深远影响、具有灾难性的大革命。

这场革命的目的是要防止资本主义复辟、反修防修、维护党的纯洁性,用无产阶级的新思想、新文化、新风俗、新习惯,斗垮走资本主义道路的当权派,批判资产阶级的反动学术"权威",批判资产阶级和一切剥削阶级的意识形态,改革教育,改革文艺,改革一切不适应社会主义经济基础的上层建筑,以利于巩固和发展社会主义制度,改变整个社会的精神面貌。

在这个革命的舞台上,任何人都可以成为革命或反革命的对象。整个社会像一团火,既可以燃烧自己,也可以燃烧别人,甚至燃烧世界!

于是,广大的工农兵、革命的知识分子和革命的干部、成为了这场"文化大革命"的主力军。一大批本来不出名的革命青少年成为了勇敢的闯将,他们用大字报、大辩论的形式,大鸣大放,大揭露,大批判,坚决地向那些公开的、隐蔽的所谓的资产阶级代表人物发动了无情的进攻……

整个国家颠倒黑白,社会秩序完全打乱,关桥正在进行的课题研究被迫中断。

用于910发动机薄壁机匣的熔化极脉冲氩弧焊接设备和工艺调试等工作,很难再继续下去了。

尽管当时大家也认为电气控制系统、电源变压器、脉冲调频自动控制机构的设计与制造都不是很理想,技术成熟度还不够,但关桥的团队仍然冒着风险,在上海电焊机厂试制了3台焊机,分别交给了用户。

1966年7月9日,关桥随中国机械工程学会焊接学会代表团,来到了荷兰德尔福特,参加国际焊接学会年会。

前一年,中国也曾派出代表团参加了在巴黎召开的国际焊接学会第 18 届年会。中国焊接学会代表团支持美国人普拉墨当选为国际焊接学会的主席。按当时的出国外事纪律规定,中国代表团成员必须二人同行,且不得和美国人单独会面、说话、握手。中国代表团事先知道普拉墨是主席候选人后,经请示中国驻法大使馆,回复说,不干预学术团体的活动。最后,普拉墨得到了中国代表团支持,当选为新任主席,他很高兴,主动前来握手致谢。

1966 年,这次是关桥第二次参加国际焊接学会召开的年会,也已是该学会的第 19 届年会。

1966 年 10 月 1 日(国庆节),中国焊接代表团与驻荷兰临时代办处全体工作人员合影留念,后排右四为关桥

代表团出国前,关桥就听说,原来这个代表团的团长是由清华大学潘际銮教授担任,因受"文化大革命"影响,清华大学没有同意他出国。后来,代表团团长临时改由机械工业部对外司司长潘任宪担任。

听说这件事后,关桥心里有些不是滋味。

代表团里还有哈尔滨工业大学田锡唐教授、关桥和他的老同学吴祖乾以及铁道兵系统的王志遂,机械研究院于果慈,来自西安的赵恒元,哈尔滨焊接研究所徐子才以及翻译张秉尧。

荷兰是一个风景秀丽的国家。

关桥一到了荷兰,首先映入眼帘的是公路旁一望无际的矗立着一架架硕大无比的风车群。关桥感觉仿佛来到了童话王国。

翻译张秉尧介绍说:"荷兰一半以上的土地低于海平面,1/3 的面积仅高出海平面 1 米。为了围海造田,扩大生存空间,荷兰人于 1229 年发明了风车,最多的时候,全国有 9000 座风车。随着科技的发展,风车逐渐'退役',但仍有风车被完整地保存下来,以吸引游客。"

关桥从风车想到了这次会议,他仍然像上次一样,抱着极大的兴趣,想在会上获取更多更新的科研信息。

中国驻荷兰临时代办处设在荷兰政府所在地海牙市。代表团就住在靠近代办处附近的一幢小楼里。这幢小楼是代办处临时专为焊接代表团租用的,在莫里斯王子路 17 号。会场在德尔福特市,离海牙很近。每天,中国驻荷兰代办处都要安排车接送代表团。

会议共 7 天,开得紧凑而热烈,一切按照预先拟定好的程序进行着。

7 月 16 日,星期六,是荷兰的周末休息日,学术会议已经结束,但团长潘任宪、关桥和张秉尧还要去德尔福特参加会议结束前的全体成员国代表参加的理事会,每个国家只有三位代表参加。代表团其余成员就在莫里斯王子路 17 号小楼内休息。

中午 2 时多,突然,团长接到中国驻荷兰代办处的紧急电话,要求参加理事会的中国焊接学会代表团的三位成员马上撤回。

"团长,什么事?"

"不知道!"

"赶快走!"

"快!快!快!"

三个人匆匆地离开了会场。

顿时,正在进行的会议受到干扰,参加会议的各国代表你看看我,我看看你，不知中国代表团退出会场为哪般？发生了什么事？

三人直接回到代办处，才知道发生了大事！代表团成员正在午休时，徐子才坠楼，逃跑未遂！

徐子才是哈尔滨焊接研究所的副所长，中等个儿，年纪在40多，言语不多，平日理性的脸上多了一些忧郁。关桥听人讲，徐子才曾在"反右"的时候遭到过批判。

徐子才为什么要逃跑？

关桥弄不明白。

代表团租住的小楼，面对大街的楼门是锁着的，后院是敞开的。如果说徐子才当时想逃跑，他为什么不从后院越过篱笆走？或者为什么不在晚上或凌晨逃跑，而偏偏要选在中午？

代表团的目击者说，徐子才当时是把床单接起来，在三楼窗户上打了一个结，顺床单往下溜，快到二楼的时候，一代表团成员发现窗外有白色床单晃荡，大声喊了一声："是谁？干什么！"

徐子才受到惊吓，"咚"的一声，一个大屁蹾摔到门前大街上，当时便晕了过去。

徐子才掉到一个门前的台阶上，二楼的人赶紧下楼，想把徐子才抬回楼内，并赶紧打电话向代办处汇报情况。

因是周六，街上几乎没有行人。

唯独有一位过路的荷兰老妇人看见了，就打了急救电话。不一会儿，急救车来了，把徐子才送到了附近的一家私人医院。代办处的车赶到，为时已晚。

潘任宪、关桥和张秉尧回到代办处后，潘任宪团长简单地听取了情况汇报，并与中国驻荷兰代办李恩求商量，将此事定性为：徐子才因被策反叛逃未遂事件！

李恩求代办说："不能把徐子才交给荷兰。另外，代表团马上从租住房撤回代办处。"

第四章　峥嵘岁月

不料，第二天下午4时许，徐子才因伤势过重死亡。代办处当即照会荷方，要求协助将徐子才的尸体火化。

第三天下午，荷兰外交部代理秘书长通知李恩求。荷方要对徐子才事件进行调查，要求代办处给予合作，在调查结束前，中国焊接代表团其他成员不准离境。

李恩求当即表示，对此很难合作。

为此，李恩求被荷方宣布是荷兰不受欢迎的人，限他24小时离境！

这一切，都发生在那一瞬间。

限期离境，这是国际惯例上采取的一项很严重的外交措施！

临时代办李恩求马上把事态的发展向中国外交部发出急电。很快，中国外交部回电，指示：

"召回临时代办李恩求，保护焊接代表团的安全！"

李恩求立即召开会议，严肃地说："在非常时期，所有代表团成员及代办处人员，不经允许，一律不得外出。同时，要作好准备对付荷兰军警可能随时闯入代办处，强行将代表团成员带走。我们大家要精诚团结，听从指挥，不辱使命，为国争光！"

李恩求停顿了片刻，又说："根据外交部指示，我走后，临时代办处的工作，由政务参赞沈韦良同志负责，要求大家支持他的工作！"

李恩求一说完，大家的心情都紧张了起来。国内"文化大革命"搞得声势浩大，这里又充满了斗争的火药味。真是树欲静而风不止啊！

开初，关桥也没有完全意识到这件事的后果有多么的严重，更没有想到，就因为这件事，他们将滞留在荷兰数月……

"徐子才为什么要逃跑？"这是大家一直关心的问题。

李恩求说："徐子才有一个哥哥在台湾。有这种特殊关系，在'文化大革命'中肯定会受牵连。再加上徐子才在'反右'时也曾遭到过批判。联系到这样的背景，按照这样的逻辑，把徐子才定性为'逃跑未遂'不为过。"

现在的问题是，临时代办李恩求回国了，徐子才的尸体还在等着处理。下一步怎么办？

7月20日下午，荷兰外交部东方司司长约见沈韦良，要退回上午沈韦良送去的抗议照会，沈韦良拒绝了。

关于尸体怎么处理，代办处与荷兰方面交涉，但没有结果。

那时，气氛很紧张。代表团的成员与代办处的工作人员，做好了一切斗争准备。以防不测，代办处销毁了机密文件，在代办处楼上准备了啤酒瓶等自卫物品，随时准备与强行闯入的荷兰军警暴徒搏斗一番。

李恩求回到北京后，中国外交部起草了一份报告，建议将荷兰驻华代办杨克仁也宣布为"不受欢迎的人"，同样限期24小时内离境。

报告呈报给了周恩来总理审批。

很快，周总理批示同意，并送刘少奇、邓小平同志审阅，准备再送毛主席审批。

后来，考虑到将杨克仁驱赶回去，不能解决焊接代表团人员回国的问题。于是，周总理于21日要求外交部将报告进行修改，除宣布杨克仁为"不受欢迎的人"外，还宣布"在出席国际焊接学会会议的中国代表团人员安全离开荷兰之前，杨克仁暂时不能离开中国"。

显然，这是把荷兰驻华代办杨克仁作为人质，其目的，是为了维护中国人的利益，为了保护出席国际焊接学会会议的中国代表团成员的安全！

这一报告经毛主席批准后，于7月22日由外交部西欧司司长当面向杨克仁宣布。

中国政府这一巧妙的外交行动，完全出乎荷兰政府的意料。

由于中国焊接代表团人员的签证即将到期，为了争取主动，代办处于7月23日通知荷方，中国焊接代表团人员拟于29日离荷回国，要求荷方保证安全。

24日，荷兰外交部长代理秘书长约见沈韦良，说代表团人员必须在接受传讯后，才能回国，并说他们可以在机场接受传讯。当即被沈韦良拒绝！

7月29日，荷方主动将中国代表团成员的签证延长到8月4日。

为了打开僵局，表明中国焊接代表团其他人员与徐子才的死亡无关，代表团于8月2日发表了一份书面声明，指出：徐子才死亡，是美国的策反活动造成的，并由徐本人负责！并将声明送给国际焊接学会的秘书长包依德和时任主席的美国人普拉墨。

但普拉墨站在美国人的立场，代表国际焊接学会拒绝了这份声明！

在荷兰政府看来，徐子才是被中国焊接代表团害死的，因此，荷兰政府要审讯代表团！并发出了传票。

而中国政府认为这是一起受美国策反而造成的叛逃事件，发生在荷兰！

中国政府、荷兰政府双方各执一词，互不让步。

心系祖国

7月，荷兰海牙。

天高云淡，气候炎热。

一大早，太阳步步登高，直直地照在中国驻荷兰代办处三层小楼的褐色砖墙红瓦上，门前的小草有些干枯，倒伏着，几株月季花也耷拉着花蕾，有气无力地在叹息。用砖砌成一米高的围墙上装有黑漆的金属栅栏，醒目地将小楼围了起来。

代办处受到了包围，阻断了与外界的联系。

只有代办处的外交人员和厨师才能走出大门，出去进行外事交涉或采购食品、菜蔬等。

栅栏外，三步一岗五步一哨地站着荷兰军警。连续多日，由荷兰政府组织的反华游行队伍，拉着横幅，在代办处门前来回示威，在楼下高呼口号："中国人，回到中国去！"

这事成了荷兰人攻击中国的借口。

荷兰开动了宣传机器，媒体记者总是埋伏在代办处围墙外的矮树丛里，他们要捕捉焊接代表团成员在代办处每天到底在干些什么的信息。有一些记者翻篱笆进来，拿照相机猎取一些代办处工作人员整理环境打扫卫生的镜头，马上在第二天的报纸上进行渲染报道，说这是代表团成员的活动，他们把代表团成员看成是迫害徐子才致死的嫌疑人。那时，代表团成员根本就不允许走出小楼，这是安全纪律！

许多媒体的头版头条上，都有很多关于徐子才事件的报道。西方反华声势一浪高过一浪。当时，代表团成员都非常怀念祖国，在小楼内，有时大家也一起学唱文化大革命的歌曲，歌声冲出小楼，外面的记者们听到后，又编造新闻，说代表团和代办处也组织起了红卫兵。

荷兰驻华代办处杨克仁代办的日子也不好过。

荷兰的媒体报道说杨克仁很凄凉，自从中国宣布他为"不受欢迎的人"，又不许他回国后，也不能出门，没人给理发，外边有红卫兵游行示威，口号声不断，他也很害怕，生怕红卫兵会冲进来。

中、荷双方的外交僵持状态，无疑拖延了事端的解决进度。虽然两国的外交交涉还没有中断，但与断交也没有多大区别。

关桥这时心里十分想念祖国，十分想念与他朝夕相处的同事，十分想念妻子陈丽芳……

代表团8位成员整天待在小楼里，党支部指定关桥分工负责组织大家学习毛主席著作和语录红小书。"老三篇"、"丢掉幻想，准备斗争"……反复学习、讨论，领会精神，要联系思想，在灵魂深处闹革命！

代办处有党委，代表团也有党支部，每天除组织开展一些学习活动外，还参与代办处的日常杂务，打扫卫生、帮厨等。

10月1日是国庆节，代表团成员特地在五星红旗下照了一张合影。关桥在这张照片背后写下了这样一行字：

"海牙才三月，祖国已千年。迎国庆十七周年，八颗红心向党献！"

这天，代办处举行了内部的国庆联欢晚会，关桥登台朗诵了一首自己创作

的诗:

　　巍巍红楼冲散了妖雾,五星红旗迎风招展,在毛泽东思想光辉照耀下,中国人的高大形象傲然挺立在荷兰;围困、封锁,只会使我们心更红,志更坚!

　　同敌人斗到底,我们一定经受住严峻的考验,能顶得住任何强暴艰险!……

中国焊接代表团在驻荷代办处举办的国庆联欢会上朗诵
"海牙才三月,祖国已千年,迎国庆十七周年,八颗红心向党献……"

　　国庆节,本着内紧外松的策略,代办处与往年一样,举办国庆招待酒会,关桥他们协助厨师们干些力所能及的杂活,打打下手,制作中国风味的小点心,或者装点大厅,准备迎接代办处邀请来的友好人士。代表团成员只能在后台,不能露面。招待会后,还要放映国内大好形势的记录片,关桥找到了机会,在电影放映室帮着工作人员倒电影胶片,整理胶片盒盘,也顺便通过放映窗口,看看来的是些什么贵客。

　　就在这一天,关桥寄给妻子陈丽芳的信中夹上一张在代办处照的相片,背面这样写道:

生命之光 ——记国际著名焊接专家、中国工程院院士关桥

丽：

我们在伟大的毛泽东思想阳光下哺育成长，我们在伟大的毛泽东思想红旗下相识而永远聚合并肩战斗在一起，我们也要为实现伟大的毛泽东思想壮丽事业而贡献出我们的一切！

这就是我们的崇高理想和共同的生活目的！

关桥于海牙驻荷代办处
1966. 10. 1

空闲时，关桥就在透明肥皂上雕刻出"毛主席语录"五个艺术体大字，然后蘸上红印泥，盖在硬纸片的上部，下面抄写毛主席语录，他还把一些厨房废弃的装鸡蛋的凸凹纸浆板用水泡湿软化了以后，做成一个毛主席语录牌，牌前面镶块玻璃，中间可以插进毛主席语录硬纸片。关桥每天换一张，每天学习背诵一条毛主席语录。代表成员人手一个语录牌。

按照党支部分工，关桥在代办处走廊过道办了一块墙报，代表团成员经常在墙报上看到新的内容，诸如："八届十一中全会把伟大祖国带进了一个崭新的时代"，"英明的毛主席又率领七亿人民跨入了人类历史的新纪元"。

1966年10月27日夜，驻荷代办处的电传打字机键盘翻腾飞舞，无线电波也传播着喜讯，中国成功发射核导弹！

关桥连夜又创作了一首小诗"欢呼红色核导弹"，第二天就出现在墙报栏中。

墙报上不断更新着代表团成员活学活用毛泽东思想的心得、体会和诗篇，像一篇篇战斗檄文，极大地鼓舞了代表团成员的信心！代表团已变成大学、大用、大立毛泽东思想的训练班！

在异国他乡，关桥十分想念家人。打电话没有条件，只有通信。

但为了防止荷兰当局窃取情报，千方百计地搜集代办处和代表团的活动信息，代办处规定，与国内的通信，不能通过荷兰邮政。只能通过外交信使来传递。

外交信使必须二人同行，形影不离。他们每星期或者每个月来回往返中国一次。他们把外交文件或信件装到帆布口袋里，上飞机后，绝对不能离开这个外交文件包，这是他们肩负的神圣使命。关桥就是这样通过外交信使和家里人联系。

写信也不是随心所欲，也不能写得太厚，增加信使的负重，还要按照代办处的安排，等候通知。大概半个月到一个月写一次。

转眼，荷兰进入深冬，但谈判还没有进展。

经过五个多月的交涉和斗争，荷兰政府被迫放弃了非法传讯的要求，改变了原来的强硬态度。中国同意放杨克仁回荷兰的前提是，要等中国焊接代表团安全离开荷兰之后。

荷兰政府勉强同意了。

12月30日代表团离荷回国。

就在代办处的大门外，站着一名荷兰法官，中国焊接代表团成员从这名法官的身边经过，搭乘停靠在大门外的面包车去了机场。

关桥觉得好笑，或许，荷兰政府想通过采取这种形式，来表示一下所谓"传讯"的心态吧！

飞机飞离荷兰，中途要经过莫斯科，在莫斯科安全降落后，中国政府通知杨克仁可以返回荷兰了。

1967年1月1日，中国焊接代表团安全抵达北京！

《人民日报》第二天发布了一条消息：

我焊接学会代表团从荷兰回京受到热烈欢迎。

由于中国焊接代表团就徐子才事件发表声明，指责国际焊接学会纵容美国特务利用学术会议搞策反活动，而国际焊接学会主席美国人普拉墨拒绝了声明，中国焊接学会与国际焊接学会就此中断了联系。

1月7日，陈毅副总理接见了焊接学会代表团全体团员，赞扬团员们在反对荷兰政府无理阻挠代表团回国的斗争中立场坚定，勉励团员今后要更高地举起毛泽东思想伟大红旗，活学活用毛主席著作，积极参加"文化大革命"。

徐子才事件，是中国外交史上的一个插曲。就因为这件事，中国与荷兰的关系搞得很紧张。

关桥从沉思中回到了现实，感慨地说："时隔6年，直到1972年5月18日在北京经过友好协商，中国与荷兰建立了大使级外交关系。"

这一天，《人民日报》在头版头条位置上，刊发了"中华人民共和国政府和荷兰王国政府建立外交关系的联合公报"。

公报说：

中华人民共和国政府和荷兰王国政府通过特任代表在北京的会见，进行了友好协商。

双方回顾了一九五〇年以来两国政府和两国人民之间的关系。两国政府一致确认互相尊重主权和领土完整、互不干涉内政和平等互利的原则，并认为在此基础上进一步发展两国关系是符合两国和两国人民的共同利益的。

中华人民共和国政府和荷兰王国政府同意自一九七二年五月十八日起将本国派驻对方的外交代表机构由代办处升格为大使馆。

中国政府重申台湾是中华人民共和国的一个省。荷兰王国政府尊重中国政府的这一立场，并重申它承认中华人民共和国政府是中国的唯一合法政府。

中国、荷兰政府都忘却了曾经的那一段不愉快的日子，忘却了那一份给中、荷人民带来阴影的曾经的伤痛。从此，荷兰的郁金香开在了北京的长城边，开在了中国人民的心里……

但徐子才事件在中国人心里却是永远的痛！

"文化大革命"后期，徐子才的子女要求有一个结论，到底是叛逃还是什么？最后，组织上给徐子才恢复了名誉。

事情到了今天，当时发生的徐子才坠楼事件仍然是一个谜。

1991年，关桥又去荷兰参加国际焊接学会的第44届年会。经过巴黎时，要转飞机，行李取下后转到法航。奇怪的是，关桥到了荷兰，行李却丢了！

第四章 峥嵘岁月

同行的代表团成员林尚扬、刘尔滨就说，看来你还是被荷兰政府列入黑名单了，要继续查与徐子才事件相关的人！

关桥认为也有这个可能。因为林尚扬、刘尔滨的行李也曾遭到过翻查。后来关桥的行李一直没有找到。法航赔偿了关桥400美元了事。

在这次会上，关桥碰到了一些荷兰的老教授，就把这事件当做一个笑料讲了，大家一笑了之。

中、荷两国恢复外交关系以来，关桥与荷兰的许多教授一直有交往。或者请他们到中国来，或关桥也派自己学生去荷兰学习，开展一些学术交往活动。

这次会议结束后，关桥又去了当年曾在那里滞留五个多月中国驻荷兰的大使馆。使馆工作人员给关桥讲述了中国焊接代表团走了以后发生的一些事情。

1991年9月，关桥参加国际焊接学会第44届年会后，在海牙中华人民共和国大使馆前留念

据当时的荷兰媒体报道，中国焊接代表团离开租住的小楼以后，荷兰军警马上对小楼进行了封锁，进去把里边所有物品，包括垃圾，收集拿去做分析做化验。他们想从这中找到一些蛛丝马迹，来证明中国代表团害死了徐子才，舆论和媒体进行了虚张声势、以假乱真的报道。

国际焊接学会原秘书长包依德先生在退休后写了一本回忆录，于1993年出版，他在书中仍以冷战的思维描述徐子才事件，歪曲事实，借题发挥。

"徐子才的离去其实也是一个悲剧，是在中国大政治背景下发生的一件令人痛心的悲剧！"关桥动情地说道，"这也是中国焊接科技在走向世界的过程中发生的一个不该发生的插曲；虽不是主流，但它证明了，中国科技走向国际时的艰难历程，那时从事科学研究也无不被打上政治的、阶级的、时代的烙印！"

中国焊接代表团成员回国后，各自回到单位参加抓革命、促生产。令关桥想不到的是，就因为徐子才事件，代表团成员的命运由此而发生了戏剧性的变化。

代表团团长潘任宪回国后，马上被批判为"反革命修正主义分子"，理由就是代表团出现叛逃人员，团长应该负责。

关桥没有受到批判，逃过了一劫。

"可能是回国后给我的鉴定起了一点作用吧！"对这段往事，关桥客观地判断说。

按出国要求，凡出国人员回国后，要写一份总结，同时，组织还要对每一位人员进行鉴定。

中国焊接代表团回国后，集中学习了一段时间，1967年1月26日学习结束，对关桥的鉴定意见是：

关桥同志在对敌斗争中，立场坚定，态度鲜明，情绪饱满。在斗争中，能刻苦认真地学习毛主席著作，时间抓得很紧。能联系斗争实际，联系自己的思想，在'用'字上狠下功夫，学习收获大。在整个代表团中，成绩比较突出。

关桥同志在斗争中能严格地要求自己，工作踏实，认真负责，在支部工作中，敢于提出自己的意见，敢于斗争，敢于向领导提出意见，对同志坦率热忱，关心集体，愿意为大家服务。政治思想上关心同志，组织纪律性强。缺点方面，有时表现有急躁，希望注意克服。

这鉴定，见证了关桥曾经的那一段难忘的历史，记录了关桥人生中那一段刻骨铭心的异国遭遇……

逆水行舟

1967年1月,从荷兰回国后,关桥还是与平常一样,走进了625所大门。

"关桥回来了!"

"老关,你真行!"

人们见了关桥,热情地招呼,脸上都露出了灿烂般的微笑。

"老关啊,你为咱625所争了光,也为国家争了光啊!"625所的领导用赞许的口气对关桥说。

很快,关桥被塑造成625所活学活用毛泽东思想的"标兵"。关桥在荷兰的经历,被歌颂成625所取得的毛泽东思想的伟大胜利!

625所专门为关桥召开了活学活用毛泽东思想讲用会。关桥结合在荷兰的实际,讲述了学习的心得体会。

关桥做了认真的准备,写了文字讲稿,厚厚的一大叠。讲稿的开篇是:

最高指示

"学习马克思主义,不但要从书本上学,主要地要通过阶级斗争、工作实践和接近工农群众,才能真正学到。

对过去大量的高等及中等学校毕业早已从事工作及现正从事工作的人们,要注意对他们进行再教育,使他们与工农结合起来。"

讲稿的标题是:

"在阶级斗争风口浪尖上,在接受再教育中,学习毛泽东思想"

讲用会获得了很好的反响!

革命斗争在深入,625所批判反动路线,揪斗"走资本主义道路"的人,如火如荼,派别组织也已经成立起来了。

"保皇派"与"造反派",两军对立剑拔弩张。

关桥看到,"造反派"如天兵天将,去到批斗对象家里抄家。勒令"走资派"戴上用纸做的高帽子,胸前挂着牌子,上写:"走资派×××!"敲着锣,在所内游街,边走还要边喊:"我是走资派!"后面跟着一群人,有的造反派手里拿着木棍,不时在"走资派"身上击打。所里临时安置的几处"牛棚"内,关押着正在被批斗的"走资派"。

眼前的这般情景使关桥不寒而栗,心里很不是滋味。所党委书记、政委刘直夫、焊接研究室主任庄珊,在一夜之间竟变成了"走资派"!这些曾经是关桥可尊可敬、可以信赖的领导、同志,一瞬间便化作了敌我矛盾,难道真要把他们批倒、批臭,置于死地而后快?公理何在?

那时,即便关桥头上有一道美丽的"活学活用毛著标兵"的光环,但那些造反派头脑里阶级斗争的弦并没有因此而放松,因为关桥有留苏的背景,当然成为了"疑似苏修特务"。

从此,关桥头上戴着"活学活用毛泽东思想的标兵"和"疑似苏修特务"两顶帽子,他尴尬地生活在一边虔诚的愚昧,一边惶惶不可终日的政治空间里。

军宣队和工宣队对关桥的家庭成分进行了严格的审查和外调。结果认定关桥家庭出身属于"臭老九"。关桥被列入到"可教育好的子女"之列。

按照毛泽东关于中国各阶级社会的分析原则,把关桥定性为"可教育好的子女",仍属于团结的对象。

那时,关桥对于这个定性还是比较满意,至少说,还没有被列入批斗的对象。

所以,关桥真希望有人来团结他,真希望自己成为革命队伍中的一员,真希望站在革命群众的中间,去感受一股汹涌激荡的革命浪潮;他渴望革命的烈火燃烧自己。

在火热的革命斗争鼓舞下,在还没有人来团结他的时候,关桥已开始了一个连他自己想都不敢想的自觉革命的行动!

首先,关桥从思想上要与父母划清界限。

父亲是从旧社会过来的臭知识分子，当然是革命的对象。母亲已被关在牛棚里，属于"走资派"之列。

其次，关桥也要革自己思想的命！

一天晚上，天黑得很早。宿舍外面的白杨树在寒风中孤苦伶仃地伫立着。路上行人稀少，一片萧条。只有宿舍对面的仓库外墙上，一幅白底黑字写着"打倒中国最大的走资本主义道路的当权派刘少奇"的标语，还在夜幕降临时传递着这个时代的声音……

关桥小心翼翼地关上门，从抽屉里翻出一大堆与苏联同学的通信，还有自己在苏联学习时，不知利用了多少个日日夜夜才搜集、整理出的科研资料。

关桥担心，这些东西总有一天，也会被造反派抄去作为"苏修特务"的有力证据。

这些怀旧的书信、资料，像一颗颗定时炸弹，埋藏在家里，使关桥惶惶不可终日！

关桥看着这熟悉的信封，熟悉的字体，思想又飞跃到了莫斯科，飞跃到了伏尔加河，飞跃到了斯大林格勒市英雄的雕像面前……

关桥想起刚到包曼高等工学院时，是苏联同学的笔记帮助他度过了学习的难关；是严厉的导师给了他努力学习的信心和力量；是在莫斯科大学聆听了毛泽东主席的"世界是你们的，也是我们的，但归根结底是你们！"的教导，使他对未来充满了信心；是包曼高等工学院给了他丰厚的知识；是美丽而多情的莫斯科河给了他一段美好的爱情……

一封封包含着中苏同学友谊的信，顿时飘落在了火炉之中……

关桥从书堆里翻出了笔记本和一大叠资料，这是那时关桥对焊接技术的认识和解读。上面记录了关桥的思想，摘录了世界先进焊接技术的许多信息，而此刻，关桥只有在心里无奈地说一声：再见了，我的焊接世界！

一篇篇饱含深情、掷地有声的文字记录，霎时消失在一片火光之中……

突然，关桥从一个大信封里抽出了两本硬壳的东西，居然是大学毕业证书和学位证书！

眼前这本包曼高等工学院的全优毕业证书和学位证书，曾经给关桥带来了无尚的荣誉。为了它，关桥不知挥洒了多少心血和汗水，不知历经了多少艰难和曲折；为了它，关桥用刻苦攻读换来了副博士学位，把青春和理想献给了莫斯科！

也是这毕业证书，让关桥背上了"吃洋面包"的沉重的包袱；戴上了"疑似苏修特务"的帽子，成了可教育好的对象……

关桥把证书丢进了火炉中！

熊熊的火光映红了关桥的脸庞，映红了小屋，映红了窗外那一片暂时的黑暗！

顿时，关桥坚毅的脸上一行酸楚的眼泪簌簌流下……

关桥就这样坐着，一动也不动，直到火光熄灭。

屋内，寂静无声。

不知过了多少时间，关桥从寒冷中惊醒过来，刚才他做一个梦，梦见妻子陈丽芳在骂他：懦夫！懦夫！懦夫！

陈丽芳的出现，关桥似乎清醒了些许，是啊，为什么不问问陈丽芳呢？为什么不与陈丽芳商量沟通呢？

先前以为烧掉一切就会轻松的想法，显得是多么的幼稚可笑。记忆中的历史是烧得掉的吗？"革命群众"会饶过自己吗，会摘掉"疑似苏修特务"的帽子吗？脑海中一片空白。这件事使关桥后悔了一辈子，这是他人生中做的一件最没有头脑的蠢事。

其实，这不怪关桥。

是那个时代扭曲了人们的思想。这是时代的悲剧，也是生活在那个年代所有人的悲剧！

后来，关桥被下放到625所锅炉房劳动改造，接受工人阶级的再教育；他也曾被编入到去黑龙江讷河空军农场的小分队，劳动锻炼，接受"文化大革命"的战斗洗礼；在那里，他能抡起18磅的铁锤，在岩上凿眼放炮，把爆破出来的大石头块抱到马车上，运到农场盖房子。

被革命搅浑了头脑的关桥，慢慢地感觉这样"革命"下去会荒废大好时光！怎么办？正在迷惑不解的时候，1967年下半年传来了毛主席最高指示："抓革命，促生产"！关桥眼前豁然一亮，终于有了方向，一方面参加劳动，抓革命；一方面要重新拣起搁置的研究工作，促生产！

自1967年到1969年的三年间，关桥与王虎、邱福兴、周述经、邵亦陈先是在上海电焊机厂调试熔化极脉冲氩弧焊设备，继而辗转于沈阳410厂、株洲331厂和贵州平坝100厂，在生产现场把新焊机用于910发动机研制，解决薄壁机匣焊接裂纹及变形问题，并把焊缝滚压工艺技术推广应用到产品上去。

1970年6月的一天，关桥接到通知，应兵器工业部邀请，赴石家庄国营197厂报到，参加40火箭炮焊接质量问题分析会。

原来，因中苏关系恶化，在黑龙江珍宝岛打了一仗。工厂生产制造的反坦克炮在战场上出现了质量问题。

40火箭炮扛在肩上的部位正好有一条环形焊缝，是用二氧化碳气体保护焊方法焊成的，因焊接时没焊透，结果一发射，炮管就爆炸。士兵没有牺牲在战斗中，却变成了自我杀伤。

大概兵器工业部知道三机部有一个叫关桥的，对焊接技术有研究，所以紧急地把关桥调了去。

关桥对40火箭炮焊接质量进行了分析，现场考察了生产情况、工艺过程、生产技术管理等，提出要对实物进行解剖分析。

很快，关桥对40火箭炮现行工艺方法提出了改进意见，制定了新的工艺规范和检验标准，从而稳定了产品质量，杜绝了事故隐患。

回来后，关桥撰写了"40火箭炮环形焊缝焊接质量调查分析报告"，向兵器工业部汇报了工作进展。

当关桥从文献上了解到苏联已经应用扩散连接技术解决了航空材料的难焊接问题时，迫不急待，跃跃欲试，他与清华大学研究生毕业的丁培璠合作，在国内首次实现了结构钢的扩散连接，工艺试验是成功的；随后又指导将扩散连接应用于铝合金的滚轧扩散连接，以及钛合金的自扩散和带中间层的扩散焊，不断地开拓着航空特种焊接技术的新方向。接着,在斯贝发动机的焊接工艺分析中,关桥又提出了控制外涵道筒体上安装座焊接变形采用"预变形"方案,试验研究也获得成功。

关桥负责的熔化焊专业组,除氩弧焊工艺外还有等离子弧焊工艺研究。

大电流等离子焊技术在原来开发的基础上,吴厚先、范嘉苏、刘满泉、刘纪达、房根发等推广应用于飞机构件和石油工业的钻杆制造;而小电流的微束等离子弧焊接工艺与设备研发则由范嘉苏等负责进行了工程化应用开发,并获全国科学大会奖。

1972年10月在625所第三次党代会上,关桥当选为党委委员,群众的推崇,党组织的信任,使关桥放下了思想包袱,从此,又可以甩开膀子,大干一番!

1973年5月,一纸调令,叫关桥来到哈尔滨焊接研究所。主要任务是,集中学习后参加在联邦德国召开的国际焊接学会第26届年会。

1973年,由机械工业部副部长邹家华(前右一)率中国焊接代表团参加在西德杜塞尔多夫举行的国际焊接学会第26届年会,关桥(后右二)随团

这次出国,是由机械工业部副部长邹家华带队,任代表团团长。

关桥认识邹家华。

想当年，关桥在包曼高等工学院读书时，邹家华是高年级校友。

他们曾一起乘坐"戈果里"号游船，沿着伏尔加河游览俄罗斯秀丽的山川，至今，这张照片还珍藏在关桥的相册里。

关桥觉得，这次出访联邦德国参加会议，一是规格高，说明党中央重视焊接科技的发展；二是这次参会，是在荷兰发生"徐子才事件"后，中国要恢复与国际焊接学会的关系，屈指一算，有整整7年时间了！

关桥参加这次会议，除继续在学术上与各国交流外，同时，也考察了联邦德国。

关桥不禁感慨，"文化大革命"中断的这7年，我们几乎与世隔绝，如今在各国焊接技术飞速发展，我们的差距越拉越大，该如何迎头追上呢？

回国后，关桥作为代表团的副团长，组织代表团成员把参会的体会与认识写成了出国考察报告，对我国的焊接技术的发展提出了具体的意见和建议。

关桥正想喘一口气，回到焊接实验室，开展新课题研究工作；有人悄悄告诉他一件事："听说你要到上海去？"

"什么事？"

"到时候你就明白了！"

不久，所领导正式通知关桥到上海参加代号为708工程（即运10飞机）。

"708工程？我去？"关桥很惊诧。

关桥早就听说过708工程。

所谓708工程，是指1970年8月，在党中央和周恩来总理亲自过问下，我国的大型客机项目立项。

该工程由上海市革命委员会下达指示，要自力更生设计生产国内最大的运10飞机和发动机。说是要自行设计，要破除迷信，但制造也没有标准和工艺规范，飞机装配也可以甩掉桁架。主抓这项工程的总指挥是王洪文、张春桥。

这件事，至今，在中国航空界沸沸扬扬，褒贬不一。

生命之光——记国际著名焊接专家、中国工程院院士关桥

1974年5月25日，上海先锋电机厂参加708工程焊接攻关的技术人员、工人与三机部工艺研究所的焊接工作小组欢送关桥（前左四）返回北京

在发动机零部件制造过程中，焊接技术不过关，仿制国外的耐高温材料工艺性能差，焊接裂纹问题严重。上海方面感到非常棘手，要求三机部派人技术支援。

三机部驻沪联络组发文给625所。关桥和邵亦陈、丁培璠、张敖欣受命去上海参加708工程的焊接技术攻关。分别奔波于上海电机厂和先锋电机厂之间，解决发动机薄壁机匣的焊接裂纹和变形难题，成立了三结合的攻关组。

关桥分析，发动机排气机匣的焊接是个关键问题，部件本身形状复杂，焊接后总是产生裂纹。而焊接用的工装夹具既笨重又复杂，制造周期很长。

丁培璠说："能不能想一个办法，比如搞钨极脉冲焊，减少热输入，保证焊接质量，消除焊接裂纹，再想办法省去笨重复杂的工装夹具！"

"焊接裂纹产生的原因，是电弧加热所致，如果采用脉冲电流断续加热，一定能调节温度。如果同时使用悬空焊的办法，那就可以简化工夹具，一箭双

雕。"关桥理出了解决问题的思路。

关桥与项目攻关组的同志们共同商量，进行构思和设计，确定了钨极脉冲氩弧焊悬空焊的方案。

在此基础上，关桥制定技术细则，大伙开始设计夹具，研制脉冲焊设备，一起动手搞试验。

试验工作是严谨、细致的。

当时，使用的材料是新研制的锻件，为了摸清它的工艺特性，关桥专门准备了一个小本子，对每个细节、现象都一一记录下各种试验数据，取得第一手资料。大量的金相分析表明，锻件的晶粒粗大，2～3级甚至有时达到零级的大晶粒，这是焊缝开裂的主要原因。关桥为了查找问题的根源，跑遍了炼钢厂、锻造厂的车间，跟班观察全过程。原来问题出在锻压根本无规范可循，锻压温度偏差太大。

连续劳累的工作，关桥的痔疮病复发了，坐又坐不下，走又走不快，同志们劝他卧床休息，住院治疗，他坚决不肯。他每天照样跟班工作，晚上倒在床上整理数据，和大家讨论试验方案。

经过3个月的奋战，试验成功了！材料焊接裂纹问题得到解决。

正在这时，新机试制中发动机的尾喷管焊接又遇到了难题：反推力装置的筒体和安装环之间焊接变形严重，简直无法装配。

试制任务紧急，第一批部件已全部加工完毕，如果继续干下去，部件就要全部报废，不仅会造成经济损失，而且要拖整个发动机试制的后腿。

工厂连忙把关桥请到现场。

关桥在详细调查和技术分析的基础上，决定采用事先人工反变形抵消焊接变形的办法来解决。

为了把设想变成现实，他们对部件变形程度作了很多仔细的测量和分析，经过反复试验，优化了反变形的参数，终于解决了难题。

在接下来的3年时间里，攻关组继续完善新机制造设备和生产规程，使这项新工艺正式投入了生产。

生命之光——记国际著名焊接专家、中国工程院院士关桥

关桥和他的团队设计研制的钨极脉冲氩弧焊设备和薄壁机匣的悬空焊接工艺，控制了结构的焊接变形，解决了材料焊接裂纹问题；该项目成果的成功应用，取得了较好的技术经济效益。

关桥在上海708工程的焊接技术攻关中，还协助上海市制定该发动机制造焊接技术规划，协助工厂建立了焊接试制基地，完成了试制生产攻关任务。

1977年初，响应毛主席关于干部要下放劳动锻炼的号召，关桥参加了三机部在北京远郊大兴县的榆垡"五七干校"。在一年的劳动锻炼中，向贫下中农学习，战风沙，治盐碱，种水稻，学毛著。在政治学习中，传达讨论中央关于揭露"四人帮"罪行的文件；学习党的十届三中全会公报，衷心拥护关于恢复邓小平同志领导职务的决议。

1977年11月，关桥（后右二）与625所的同事们
在北京大兴县榆垡三机部"五七干校"

1977年8月12日，关桥作为中央国家机关党员代表，非常荣幸地出席中国共产党第十一次全国代表大会。

那晚，关桥夜不能寐。

关桥想到自己从逃难的儿童到留苏学习，从加入共青团到加入中国共产党；从一个普通的技术员到工程师，哪一步能离开了党和组织的培养与教导？

夜已很深了。

盛夏的北京，热气难消。

连续几天的高温，使屋内的床、凳子、桌子等家具都热得发烫。电风扇"呼呼呼"不停地转动，扇出来的风居然发热！

关桥走到窗前，外面星星点点，上下天空，一片灯火灿烂。

关桥思绪万千。

他在思考，从1964年到今天，整整13年的路，是怎样走过来的。

关桥无限热爱焊接事业，尽管与焊接专业结缘是机遇的产物，但一旦爱上它，关桥将从一而终。即便是在下放劳动、接受再教育的任何场合，关桥都没有放弃利用机会调查研究并思考航空制造技术中焊接技术发展的需求。

在这13年里，关桥在储备着知识和力量，在生产实践中获得真知灼见，他渴望有一个宽松和谐的科研环境，期待着科学的春天能早日到来！

关桥十分怀念在910发动机研制中焊接攻关的那些难忘的日子。

"910发动机对我们来说，好比是一只虎，但我们是初生牛犊不识虎。我们那时还根本不知道什么是虎！"关桥回忆说。

"这项研究，对中国航空工业产生的影响是，借鉴别人的新思路，结合我们的新发展，应用到我国航空新机型号里，满足了新机型号研制的特殊要求。"关桥是这样冷静地评价这项研究成果。

当然，关桥也没有想到，几年后，他与丁培璠、邵亦陈、张敖欣等在上海708工程发动机研制攻关时的课题"钨极脉冲氩弧焊与悬空焊工艺"，竟荣获了全国科学大会奖！

关桥从不识"虎"到识"虎"的过程，经历了人生中一次难忘的超越，但他战胜了自己！

这一年，关桥荣获三机部"先进工作者"称号。

关桥对未来充满信心,他认准了航空特种焊接技术的高端发展方向,也就是在航空工业中发展所"特需"的和"关键"的焊接技术!

文化大革命结束了,"四人帮"被打倒了,关桥也开始扬眉吐气了!

春天在哪里呢?

第五章　科学春天

轻装上阵

1978年3月18日，全国科学大会在北京隆重召开。

"忽如一夜春风来，千树万树梨花开"。关桥的春天终于来到了！

科学大会，犹如一盏明亮的航灯，照亮了中国科技工作者前进的航向；犹如春天的种子，播撒在了关桥的心里；犹如一股强大的动力，催促关桥去追赶明天，追赶东方一轮朝气蓬勃的太阳！

"科学技术是生产力！"

邓小平副主席操着那熟悉的四川口音，在全国科学大会上所作的重要讲话，以历史巨人的目光把握了时代潮流。这平实而深刻的讲话，穿越了人民大会堂的时空，在神州大地引发了深远而持久的历史回响……

至今，关桥耳边还时常响起这样一句掷地有声的话：知识分子是工人阶级一部分！

这一年，关桥43岁，已人到中年，但他还年轻，他的眼前一片阳光。

在关桥眼前的世界里，香山的红叶尚未褪尽含羞的娇艳，万里长城沐浴火红的朝阳更加壮观伟岸；长安街的华表在夜空闪烁着灵性与智慧，人民大会堂的灯火在历史的回音壁上永远辉煌灿烂……

关桥在鸟语花香的春天里，决心要把全国科学大会传递的信息，根植于这片深爱而钟情的大地；要把一个科技工作者的志趣、激情、创新，铭刻在自己久久萌动的心里……

于是，关桥看见了，在春风与春雨交融的如歌岁月里，熟透了的生命，缀满了枝头；关桥看见了，在春华秋实的创新的日子里，满目的阳光，照亮了科技工作者从潮湿、阴冷的角落，走向光明、坦荡的心路历程……

从这一天开始，关桥好像变了一个人似的。他再也不必夹着尾巴做人了；他再也不必背着沉重的包袱战战兢兢地看别人的脸色行事了；他再也不必戴着"疑似苏修特务"帽子诚惶诚恐地工作、生活了！

关桥轻装上阵。

关桥的思想异常活跃，他怀着迫不及待的心情，去把握寻找课题研究的方向。

他一头扎进图书馆，收集、整理、检索、查阅了十多年以来没有跟踪过的专业杂志、文献资料，他想从中拾起被历史耽搁和遗忘的知识与信息。

他不辞辛劳地下厂调查研究，把自己从事焊接学科研究的兴趣与解决生产现场实际问题紧密地相结合起来，沿着焊接力学发展的思路，为论证"焊接应力与变形"研究的课题做好准备，组建课题组，去开展课题研究。

为了赶上国际前沿，关桥如饥似渴地学习了有限元数值分析方法和用计算机编程运算。和同事刘纪达一起去北京工业大学（简称北工大）参加了计算机培训班，掌握了当时穿孔纸带编程的基本知识。

1979年初，他首次在《国际航空》杂志上发表了自己撰写的《钛合金薄壁构件的焊接应力与变形》的论文，他开始把自己的学术思想定格在了中国航空焊接科技事业的发展上。

这一年，他由一名普通的技术员晋升为工程师。这是"文化大革命"结束后，全国第一次评聘工程师。

关桥终于开始实现自己多年的梦想！

他沿着父亲跋涉的足迹，从泥泞的乡村小路走进了苏维埃共和国的课堂；他在抗日的烽火中穿行，在旧中国黎明前的夜幕里探寻；在社会主义建设事业的大道上雄姿勃发，追求真理；在志趣、激情、创新的路上，谱写人生壮丽的诗篇……

关桥敬仰父亲，就像敬仰"工程师"这个称谓一样；关桥敬仰"工程师"，就像敬仰他从事的焊接事业一样……

他满怀深情地撰写了一篇题为《伟哉，工程师》的文章，表达了对工程师无限崇敬的礼赞：

"记得在20个世纪50年代末，初出茅庐刚参加工作的我，每当遇到有工程师头衔的同事，总是肃然起敬，敬仰他们的学识、人品，羡慕他们解决实际工作难题的能力和丰富的实践经验。

新中国成立半个多世纪来，我们拥有了一支为祖国现代化建设和使我们能独立于世界民族之林的浩浩荡荡的工程师队伍，就是这支队伍，奉献自己的聪明才智，把科学技术理论转化为现代社会进步的物质财富，使我们的百姓能充分享受现代文明生活。这支优秀的工程师队伍，设计制造出从仪器仪表、家用电器、机床工具、电站装备、冶金和化工装备、汽车、轮船、拖拉机、机车、兵器到飞机、火箭、卫星；实现着一个个宏伟的工程项目：从数字化的飞机制造到载人航天，在这些工程技术成就中，留下了工程师是先进生产力创造者和新兴产业开拓者的足迹。工程师们用自己创造性的劳动又正在谱写着对更美好未来憧憬的篇章！

伟哉，工程师！"

在全国科学大会上，在这个充满青春气息的日子里，关桥和同事们多年苦心研发的"钨极脉冲氩弧焊及薄壁构件悬空自动焊工艺"研究成果，荣获1978年全国科学大会奖！

证书编号：0004123

上写：为表扬在我国科学技术工作中做出重大贡献者，特颁发此奖状，以此鼓励。

这荣誉真是来之不易！

但关桥不满足现状，他还想要在祖国的焊接科技世界里，大干一番，他还要建立庞大的焊接团队，去攻克一个又一个的难关。

关桥在焊接力学这门多学科交叉的边缘学科中，更关注的是，试图在传统的焊接专业知识与焊接力学之间架设起桥梁；从以定性、经验为主到定量、精确的分析计算，用计算模型科学地评价与求解工程实际问题。

1979年，全国恢复高考，关桥看到了一条通往焊接世界的路，在他眼前不断地延伸。

当关桥被告知，有资格招收硕士研究生时，他想到的是625所的当务之急是建立起焊接专业硕士学科点，在航空制造焊接技术领域上，要把焊接技术与力学结合起来，真正做到大有作为。

一天，关桥来到所长于欣的办公室，向所长提出了自己的要求："所长，考虑到625所航空制造和焊接专业的现实与未来发展的要求，我们必须尽快申报硕士学科点，我想招收研究生，为625所培养后续人才！"

"想法很好，但625所有这个条件吗？"所长对此有些担忧。

"有！"关桥坚定地回答道，"625所在好几个专业领域都有经验丰富的学术带头人，条件基本具备，我也有这个信心！"

关桥努力地说服了领导。经过一番努力，625所被批准为航空工业系统有培养硕士资格的第一批授权单位。

关桥把握时机，亲自跑到中国科学院力学研究所协商，招收了一名固体力学专业的研究生傅昱华，指导他完成"焊接瞬时线热源所致弹塑性应力应变过程的数值分析"课题，开始向焊接力学研究的领域迈进。

关桥把研究的方向，定在了"薄壁结构的低应力无变形焊接法"。

这个定位，源于实践。

在"文化大革命"中，虽然关桥损失了许多宝贵的时间，但他接受"再教育"，深入生产第一线时，亲身感受到了必须要用科研成果，改变落后生产面貌的紧迫性。

在331厂、320厂、410厂，在车间里，关桥发现工人师傅为了校正工件的焊后变形，用木榔头敲打，劳动强度很大。有的焊接件，人工校正变形竟要十多个小时，而平均每天都有一两件因校正不当而报废，有的焊接件价值上万元。

每当钣金工师傅们用榔头砸敲已经变形的焊接薄板时,那金属薄壁壳体构件发出的轰鸣声,使长期从事矫形的工人和高级技师们耳聋失聪……

关桥的心震撼了!

这些难以忘却的画面,触动了关桥的神经。他想,必须彻底改变落后的生产现状,把工人们从沉重、简单的劳动方式解放出来!不要再让我们的工人师傅耳聋失聪!

这个定位,源于航空工业新材料的运用以及对新结构提出的新要求。

关桥清楚地知道,目前,在航空航天飞行器上,为减轻自身重量[①],大量采用薄壁焊接结构,以提高有效载荷系数。

在薄壁焊接结构件上,焊接残余应力和变形的直观表现形态多为构件的失稳翘曲变形。这是在制造航空航天重要承力薄壁焊接构件时,造成产品质量不稳定、结构几何形状偏离设计技术要求的主要问题,并直接危及飞行器结构的安全和可靠性。

自1978年开始,关桥和邵亦陈、刘纪达和吴谦经常出差去贵州平坝100厂,与周良玉合作开展了涡喷13和涡喷7发动机薄壁机匣焊接应力与变形控制技术研究。在生产现场,采用机械化、自动焊接方法、焊缝滚压技术、预变形技术、热处理消除残余应力,解决新机研制中的关键难题。

这个定位,源于关桥在大学、研究生和生产实践时对专业学科的思考与积淀,以及他要把焊接力学研究的兴趣与解决工程实际问题相结合的激情。

关桥很清楚,要想达到焊接后没有变形,不再需要焊后被动地去矫形,而是在焊接过程中就能主动地控制住变形的产生,就必须搞清楚:随着电弧热源的行进,熔池周围的金属究竟是怎样变形并位移的。虽然在实验室设计制造出了机械应变仪,并和曹梅兰、彭文秀一起进行了对各类材料的焊缝收缩量和残余应力的系统测试,但对于焊接引起金属收缩的动态过程还缺少定量认识。

1979年关桥向所科技处申请了一点经费,"焊接过程中应力与变形研究"的

---

① 本书"重量"指"质量"概念,单位为千克、吨。

课题立项，期待着能在这项研究中获取定量化的知识信息。这是一个探索性很强的基础研究项目，研究方案、技术路线的论证颇费周折。关桥和刘纪达跑到清华大学、精密机械研究所（303所）请教云纹栅线的制备工艺，并自行设计制造了焊接过程动态拍摄、记录栅线变形的仪器。

经过一番努力，终于实现了关桥梦寐以求的用云纹法非接触式测量焊接过程瞬态应变场的愿望。

连续几天夜以继日的调试，显得很疲惫；当焊接电弧行进时云纹图的演变显示在大型光学投影仪上时，课题组的同志们兴奋极了，相互祝贺，忘却了多日的倦意！

紧接着，关桥又指导研究生曹阳、刘柱进行了系统的云纹图像试验测试和图形数据的计算，并获取了焊接高温区、大温度梯度、大应变梯度条件下的动态应变全场的定量测试与计算分析结果。这为开展"低应力无变形焊接法"研究奠定了坚实的基础。

焊接高温云纹测试技术，是一种物理模拟方法，在关桥的学术思想中，采用计算机的数值模拟应该辅以物理模拟的验证。当关桥在国际焊接学会于西班牙马德里召开的第45届年会上，发表题为"用高温云纹法验证焊接应力应变的有限元分析程序"的论文时，时任国际焊接学会第X专业委员会主席的英国断裂力学专家波德金教授高度评价赞赏，并建议专业委员会通过决议，将该论文在国际焊接学会的会刊《世界焊接》上发表。

关桥为了让工人、技术员知道他研究的项目的针对性，他又来到了生产现场。

在车间里，工人、技术员围着关桥，聚精会神地听关桥讲解。

关桥手上拿着一块试片，说："你们看，这是一个钛合金安装座锻件，把这个东西焊在一个薄壳结构上，焊完这圆形焊缝以后，壳体就翘曲了，变形了。"

"它为什么会变成这样子呢？"有工人问。

"对呀，为什么焊完以后就翘曲不平呢？你看，这就是因为有内部的残余应力存在造成的，就是焊接带来的！"关桥耐心地回答说。

关桥又拿起一块平板试片，边演示边说："所谓低应力，是指采用新的控制方法使焊完以后应力水平低下来了，应力水平低于他的临界失稳应力水平，这个板子当然也就不变形了，但是它里边还是有应力，所以我们把它叫做低应力。无变形呢，应力已低于它的临界失稳值，根本不会变形，就叫无变形。你可以想象，在飞机结构、发动机结构上，有了这样的变形，他的安全可靠性能得到保证吗？"

"那用什么方法，使焊完以后的变形全部消除呢？"一名技术员问关桥。

"有！"关桥肯定地说，"采用焊缝滚压方法就可以解决。你看！"

关桥又拿起一块试片，说："这不是焊缝收缩了吗？我用两个滚轮在压力作用下，把它碾开来，这样，你可以想象，把焊缝稍微碾开一点，这就伸直了。这种办法是一种不得已而为之的补救措施，焊完后，变形已经产生了，不得不采用矫形技术。现在，我们要把这类亡羊补牢的消极、被动的措施改变为积极、主动的控制方法，未雨绸缪。做到焊后没有变形，取消矫形工序，这就叫'低应力无变形焊接'，既节省了工时，又可降低成本。"

"这技术难吗？"

关桥收起试片，说："肯定难！但我们有信心去攻克它！"

关桥明白，自己的研究方向，是一个世界性难题！横亘在他面前的是一条充满荆棘之路！

1981年，关桥在实验室开始了"预置温度场控制薄板焊接失稳变形的探索性试验研究"。在项目论证会上，关桥认真而严肃地对与会者说："半个世纪以来，随着新的焊接方法在金属结构制造中的广泛应用，人们与焊接应力和变形作斗争的技术也不断完善。但通常采用的方法在实际生产中各有其局限性，难以获得焊后完全无变形的效果。因此，'焊接变形不可避免'已成为焊接界的一道难关，也困扰着各国科技工作者。"

关桥站起来，提高了嗓音，说道："作为一名科学工作者，我们的责任是，用科学推进人类发展的进程，用科学改变落后的生产力现状，这既是职责，也是我们的使命！"

关桥从大量影响飞行器薄壳焊接结构完全性和可靠性的因素中，提炼出一个构思：

生命之光——记国际著名焊接专家、中国工程院院士关桥

1981年12月,北京八里桥,三机部625所第一届硕士研究生毕业合影留念,所长于欣(前右四)、总工程师马业广(前左四)及焊接专业研究生导师关桥(前左二)、吴希孟(中左一)、纪文海(后中)和研究生傅昱华(中左三)、张奕琦(中左五)、赵玮(中右五)

必须从理论分析和试验研究两个方面同时着手,解决前人未曾攻克的难题——能动地、定量地控制焊接应力与变形,使焊接结构具有低应力无变形的结构完整性,确保飞行器焊接结构的质量。

关桥制定的目标是:用焊接力学的方法主动积极地控制焊接变形,使薄壳结构件焊接后完全无变形,而不是焊后再被动地去矫正变形。

关桥的课题一公布,行业内议论纷纷。

"笑话!焊接无变形做得到吗?"

"关桥说大话!"

"如果说小变形还可以!"

关桥的耳边是一片怀疑声!

众所周知,控制焊接应力与变形,从来就是焊接工程界和学术界的热点问题。

其实，关桥很冷静。

关桥下定决心要开展"低应力无变形焊接法"研究，攻克长期危及飞行器薄壳结构安全和可靠性的焊接变形难题的想法，由来已久。

早在20多年前，关桥对焊接力学就有了一个清醒的认识。关于"应力和变形"问题，历来是他关注的一个很重要的方向。

关桥对变形的认识，一步步地走向深入，从实践认识到物理模型认识，再到数值模拟认识。他感慨地说，这是几代研究生铺垫的认识过程！

捷克斯洛伐克的布拉迪斯伐，是一个美丽而宁静的城市。该国的焊接中心就设在这里。

1979年7月11日，国际焊接学会第32届年会正在该市工业大学里举行。

中国焊接学会常务理事、中国焊接代表团团长关桥，第五次参加这样的年会。这次他带去的论文《薄壁圆筒单道环形焊缝应力与变形》，准备在会上宣读。

论文内容属于焊接力学的范畴。

焊接力学是20世纪60年代在国际上发展起来的新兴学科，它综合了断裂力学、材料力学、弹性力学、塑性力学以及热弹塑性力学等多种学科的最新研究成果，发展方向是通过探索焊接热过程对材料性能、接头形成影响的规律，保证焊接结构的先进设计，正确地选材和合理地制造，对运行的安全可靠制定标准和评估规范。焊接应力与变形是焊接力学的一个重要分支学科。

关桥选择了薄壁圆筒单道环形焊缝的应力与变形作为突破口，他根据弹性力学的理论推导出数学模型，再用计算机编程计算，得出了这种构件的应力与变形的关系曲线。

在年会的会议室里，来自世界各国的60多位焊接专家和教授怀着浓厚的兴趣听了关桥的讲解，引起了热烈的讨论。

会议主席——英国焊接研究所所长威尔士说：中国专家的结论与我们得到的实际结果相符合！工程师们需要这样的简明计算方法。

1997年3月,关桥与研究生李从卿讨论"预变形"控制喷气发动机机匣壳体焊接安装座变形问题

1982年,关桥招收了第二批研究生,他把研究生郭德伦的研究方向定位为:预置温度场控制焊接应力与变形。

这是关桥在1981年开展低应力无变形焊接技术的探索性试验研究之后,进一步深入认识和提升水平的新起点。

他想与研究生一起继续探索。

这个观点最初提出来,连关桥自己都不能确定,能不能在焊接过程实现主动控制,达到无变形的效果?

关桥在图书室翻阅、查找这些年来的报刊杂志,只要有焊接应力与变形的资料,他都用卡片详细地记录下来。

第五章　科学春天

有一天，关桥看到了乌克兰巴顿焊接研究所一名专家写的一篇文章，说他可以在比较厚的板子上，先在焊缝两侧建立温度场，焊后残余应力水平就可以降低。

其实，这个理论在焊接界早就有共识，叫做焊后低温消除应力。但问题是，他把建立温度场这个原理应用到了焊接过程中去了，这就是创新！

关桥放下杂志，坐在沙发上琢磨了半天，能不能我也试试，看看到底能降低多少？

但是1981年，关桥曾经试验过，结果并不理想。他想再试试！

关桥把自己的想法告诉了新入学的研究生郭德伦："我们先通过试验研究一下，看到底行不行。巴顿焊接研究所那名专家试验的材料厚度都在4毫米以上。4毫米的钢板本身就有一定的刚度，不容易失稳，焊完以后变形问题并不那么严重，而我们航空用的是比较薄的材料，厚度大多在4毫米以下，焊完以后的失稳变形依然明显。"

关桥接着说："我们要解决的是这薄板的焊后失稳变形，而不是构件几何形状的超差。所谓的失稳变形是什么？比如说，这张薄板，你给它一定的压力它不变形，是因为它有一个临界的失稳压应力值，压应力大到一定程度，它就失稳了。如何把压应力水平控制在临界失稳压应力值以下？这就是焊完以后不变形的关键所在。"

郭德伦没有回答关桥老师的问话，他想再听听老师的分析。

关桥思考了一下，继续说道："所以，当我看到巴顿焊接研究所那名专家的文章后，就想把建立温度场这个原理应用到实际中去，看我们能不能主动控制，注意，是主动控制，焊完以后，看薄板变不变形。"

关桥告诉小郭，去年的探索试验结果是失败的！

关桥指导郭德伦在实验室里又更新设计了一个焊接装置，继续"预置温度场控制焊接应力和变形"的试验。

尽管预置的温度场建立起来了，应力水平也有些降低了，但是降下来的水平，不如想象得那么高。

郭德伦做了多次试验，拿出来的板子还都是翘曲的，都是失稳的。

关桥也有些失去信心了。他对这样建立的预置温度场表示了怀疑。

那段时间，关桥经常彻夜难眠。

关桥品味着多次试验失败的挫折。他知道，这时如果选择退却，可以不再受苦行僧般的煎熬。但关桥不愿意当一名逃兵！

关桥始终坚信，在试验研究工作最困难的时刻，突破，也孕育在坚持之中，正如蚕蛹破茧一样。他和他的科研团队坚信这一点！

关桥废寝忘食地在努力探索着预期的试验结果，绞尽脑汁地在想变被动的焊后"矫形"为主动地在焊接过程中控制变形，达到焊后无变形的理想效果……

他原来的想法是，把应力降下来，就可以把变形控制住，焊完以后不再去矫形了，但事情并不是自己想象的那样简单、那样完美。

经历了失败，试验；再失败，再试验，还是没有结果……

为什么会出现这种情况呢？

关桥带着问题深入到实验室，参与了整个试验研究工作的全过程，仔细地观察，看问题到底出在哪里。

突然，关桥发现在整个试验过程当中，由于预置温度场的建立板件产生了内应力，焊接的时候，焊接热输入又建立了一个温度场，这两个温度场叠加起来以后，使应力场变得很复杂，实际上板件产生了一个叫瞬态失稳现象。

"什么叫瞬态失稳呢？"郭德伦问。

关桥拿起两块板，比画着说："假如这两个板，中间压紧了，对齐了，电弧在这里焊，从这边走到那边，焊接过程中，虽然有个温度场，焊完以后还是失稳，什么道理？焊完以后应力没有像我们想象的那样降下来，问题出在这里：原来我们建立的温度场，想在焊接过程中对焊缝产生拉伸应力，但可惜的是这个拉伸应力实际上没有建立起来。"

"为什么呢？"

"因为，两个温度场叠加起来以后，这块板在焊接过程中就已经失稳了。我观察到，从夹具侧面看过去，这块板在焊接过程中间已经有了波浪变形，产生了瞬态失稳。失稳一旦产生，焊后，这个板子就呈不平直状态。"

郭德伦打断了关桥老师的话，抢着说道："所以，我们想建立在焊接过程中的预置温度场所产生的拉应力就不存在了。"

"对啦！"

关桥对郭德伦结论性的分析很满意，说："因此，从这引出个思路，我们试验用的薄板，比巴顿焊接研究所用的材料要薄，区别在哪里？就是它更容易失稳，那么，4毫米以下的薄板失稳问题怎么解决呢？"

"为什么要定义在4毫米以下？"

"这是因为，在我国航空制造中，尤其是板壳类焊接结构都是采用厚度在4毫米以下的板材，而从板壳结构力学的角度来说4毫米是一个临界值。4毫米以下更容易产生失稳变形。"

"原因找到了，那我们如何解决问题呢？"

关桥笑了笑，有把握地说："解决的途径只有一个，我们在焊接过程中，为了保证这个薄板也是平直状态，保证在焊接过程中不发生瞬态失稳，怎么办？再加一个支点！"

"再加一个支点？"郭德伦惊讶地问。

"对！变成两个支点。"关桥又拿起两块板子，比画着说，"两个支点，使这个在最大压应力位置上再加一个支点，这个板子在焊接过程中就不再会瞬态失稳变形了，预置温度场建立的这个拉伸应力就能够建立起来，焊完以后就可以保持平直了！"

"就这么简单？"

"说来简单，做起来仍然很难，这就是解决实际工程问题与理想的理论方案的不同之处。"

郭德伦按照关桥老师的要求，把新设计的工艺装备改成双支点加压。

"温度场的建立，是达到低应力无变形焊接技术的必要条件。"在实验室，关桥对在场的科研人员说，"但是，双支点加压，这是充分条件，没有这个充分条件，只有必要条件也达不到无变形的目的！"

关桥用很简单的语言，表达了他想要表达的思想。

试验终于成功了！

当关桥亲眼见证了第一块焊后无变形的试件诞生时，真是喜出望外！

关桥想起了一件事。

1982年，合肥国营164厂生产的歼6飞机铝合金分解式副油箱，质量过不了关，厂长焦头烂额。关桥作为焊接研究室主任奉命前往处理问题。

到了现场，关桥发现，副油箱是铝合金薄壳结构，焊完以后变形问题很严重，气密性检验通不过，质量不合格，工厂一直处于亏损状态。

关桥组织张一鸣、范嘉苏、曹梅兰等同志一道，开展了课题研究工作，参加歼6飞机铝合金分解式副油箱自动焊接与变形控制题目；以焊缝滚压技术及自动焊接装备对原落后的手工焊工艺进行技术改造。通过了航空工业部的验收与鉴定。

产品质量过关了，生产上了批量，这个厂当年便实现扭亏为赢！

厂长眉开眼笑！

这件事对关桥启发很大。

只要把控制焊接变形工艺应用到实际工作中去，将技术转化为生产力，就能够显示出它的技术经济效益，这也正是关桥所追求的目标！

"预置温度场控制焊接应力与变形"课题，在实验室取得的成就鼓舞着关桥的科研团队。

然而，取得的成果能不能定义为薄板"低应力"和"无变形"焊接方法呢？

关桥反复琢磨与自问。

他想，这个新的专业术语"低应力"和"无变形"并不是用来标新立异的，而更应该在工程实践中得到验证考核！

关桥于是又带领他的团队向另一个高度攀登。他主动请缨，冒着风险，把这种新方法试用于飞行器新型号薄板结构的焊接生产，解决当时新品研制中的关键难题和燃眉之急。

"低应力无变形"的焊接新方法，能否经受住实践的考验呢？

主动请缨

关桥马不停蹄，开始了他的排兵布阵。

1985年，在实验室的双支点加压焊接夹具上，获得"低应力无变形"的突破性进展后，为了尽快转化为现实的生产力，关桥的部署是：兵分两路，主动出击。一路是为航空工业服务，另一路是为航天工业服务。

在航空工业方面，关桥把目标锁定在新型号喷气发动机的薄壁机匣的焊接制造。他亲自带队奔波于贵州平坝100厂和沈阳410厂之间，与工厂联合，对落后的焊接生产线进行技术改造。郭德伦研究生毕业后，领导了"低应力无变形焊接技术应用研究"和"发动机薄壁构件焊接成套设备及变形控制技术研究"；把低应力无变形焊接技术，以设备为载体，为涡喷7、涡喷13发动机的机匣焊接生产线提供了先进的装备。1994年项目通过部级鉴定，用于生产，提高了产品质量，获部级科技进步二等奖。

在航天工业方面，关桥主动请缨把低应力无变形焊接新技术，用于长三甲运载火箭。至今，关桥还记得那难忘的一幕：

1994年2月8日17：00。

这是中国航天史上一个浓墨重彩的日子。还有一个多小时，我国自行研制的长三甲运载火箭就要发射升空了。

中央电视台、中央人民广播电台对这次卫星发射进行实况转播。

关桥和妻子陈丽芳早早地坐在了电视机前，他们屏住气，聚精会神地盯着电视机上的每一个画面，不放过播音员讲的每一句话。

关桥神情紧张地在等待那激动人心的一刻！

为了这一天，关桥整整等待了9个年头！

早在1982年，具有远见卓识的中国航天人，把未来的发展定位在了中国运载火箭的规划之上，组建了长三甲运载火箭研制队伍，从此，拉开了长三甲运载火箭研制工作的序幕。

关桥十分关心长三甲运载火箭研制工作，他像一名战士一样，在战壕里耐心等待发出冲锋的那个紧张的时刻。

1985年，长三甲运载火箭燃料储箱的研制遇到焊接变形的难题。

关桥在第一时间知道了这一消息，他决定主动请战。

关桥是第六届全国人大代表，他与时任航天工业部副部长的刘纪原同在山西省代表团，会议期间关桥与刘纪原每天都在代表团会议上见面。

"如果将低应力无变形焊接技术用于长三甲，是可以解决焊接变形难题的。"关桥向刘纪原非常有把握地介绍说。

"好！你马上写一个正式报告给航空航天部科技局，经评审后就能正式立项。"刘纪原十分高兴地对关桥说。

刘纪原是关桥在莫斯科包曼高等工学院的同学，也是关桥的入党介绍人，他对关桥的业务能力了如指掌。

关桥从航天211厂长三甲运载火箭制造现场回来，立即把了解到的情况向郭德伦、李从卿介绍说："试制过程中遇到的问题是，运载火箭燃料储箱是用铝合金材料做成的化铣薄壁结构件，筒体3.35米的直径，焊缝长2~3米。一个筒子上面有三条纵向焊缝，焊缝焊完之后就产生了凹陷失稳变形，把设计的几何完整性破坏掉了。"

"几何完整性被破坏了，将直接威胁到火箭发射的安全性！"郭德伦说。

"所以，因为这个问题，长三甲运载火箭的研制卡壳了。就找了哈工大的田锡唐教授。田老师也是焊接结构学专家，他想把焊接滚压技术运用到大型火箭的研制上。"关桥继续介绍说，"我到现场看了一下，这么大直径的筒体，一节一节焊接上去，那么高，虽然我也搞过焊缝滚压技术，但是用焊接滚压技术工程实施难度太大，不可行。"

"但是，航天系统相信哈工大。"李从卿说。

"对！哈工大与航天工业部是属于一个系统，"关桥同意李从卿的看法，"所以，在这个问题上，如果我们要参与，必然会出现竞争！但我们的低应力无变形焊接方法是有竞争优势的！"

关桥找到田锡唐老师，两人对各自的方案进行了讨论。沟通是在非常专业的氛围进行的，田老师同意了关桥提出的解决方案。

关桥拿着方案直接找到航天工业部科技局。

"针对长三甲运载火箭燃料储箱的研制遇到的焊接变形的难题，建议采用我们625所研制的'低应力无变形焊接技术'进行项目攻关。"

"你们有把握吗？"

关桥把"低应力无变形技术"国家发明专利说明书和《关于长三甲运载火箭燃料储箱焊接变形的问题的解决方案》，一同放在科技局局长的办公桌上。

关桥的潜台词是：我们的实力靠专利技术作保障！

经过论证，科技局同意关桥的方案立项。

但在签订技术协议书的时候，关桥的学生郭德伦、李从卿提出了异议。

郭德伦指着协议书上的一段文字说："关老师，控制焊接变形必须在1/1000以内，这条件够苛刻的！"

"关老师，有把握吗？"

"有！至少50%。另外50%，这正是我们考核科研成果要争取的目标！"关桥果断地回答。

关桥想用长三甲运载火箭的工程实践来检验"低应力无变形焊接技术"的科研成果。

一切进展顺利！

1987年，航天工业部科技局正式下达攻关课题项目：航天运载火箭铝合金储箱筒段纵缝焊接变形的控制，采用625所专利技术——薄壁构件低应力无变形焊接方法，解决长期存在的运载火箭储箱筒段焊接变形超差的技术关键问题。

说干就干。

关桥把郭德伦、李从卿叫到现场，一起分析研究，说："长三甲运载火箭大结构件使用的是铝合金材料，化铣壁板较厚，温度场能否建起来？"

关桥与郭德伦（右）、张崇显（左）讨论
"低应力无变形焊接"方法的参数优化问题

"如果这样，那么，对已经有的工艺装备、焊接夹具，要按我们的技术要求重新进行改造。"李从卿说道。

郭德伦接着说："改造后，有加热的、有冷却的。但冷却到什么火候，有一个度，不能冷却得过分了。"

"注意，中间是铜垫板，两侧是加热的，中间电弧走过去时，温度更高。如果要把中间温度降下来，降到相当于室温，两边还有温度场。"关桥提醒两位学生。

"我们使用过的氩弧焊中间有铜垫板，但铜垫板冷却效果需要重新设计。"郭德伦接着说。

"主要的问题还在于：为了获得'驼谷'预置温度场，水冷铜垫板必须要有足够的宽度，比如说80毫米宽，而在已有的筒体设计图样上只有60毫米的宽度，可供焊接时在焊缝底下放置垫板。如果这样，设计不肯修改图样，就无法正确地实现低应力无变形焊接！"关桥一语中的地讲出了最要害的一点。

对于工程实践问题，关桥心中有数。但麻烦在于，长三甲运载火箭设计基本已经定型了，要实施"低应力无变形焊接技术"，即使要对长三甲运载火箭燃料储箱原有的设计作一些小小的改动，必然要从工艺角度与设计师商量，必须征得设计师的同意，建议设计让路。

在多年的工程实践中，关桥明白了一个道理，那就是焊接是为设计服务的。

关桥也明白，要设计让步是一件很不容易的事。

虽然长三甲运载火箭还处于研制阶段；但设计图样的局部更改，也并不是燃料储箱筒体部件设计师所能拍板定夺的事情，因为航天飞行器的重量，何止是"斤斤"计较？而是"克克"计较！

经过多次与设计师们的沟通和在生产现场颇费周折的演示、验证，关桥用试验数据、结果来说服设计师们，采用80毫米宽的水冷铜垫板是有科学依据的，也是获得低应力无变形焊接效果所必需的！

这时，筒体部件的设计师们才心服口服地把图样的修改方案提交给长三甲运载火箭型号总设计师，获准按新的工艺方案实施！

最后，总设计师龙乐豪点头了，他相信关桥。

一切准备就绪。

关桥带领课题组与长三甲运载火箭攻关组通力合作，争分夺秒进行工艺研究与现场调试。

看着关桥整天忙碌的身影，一位学生说："关老师，您出主意就行了，让我们动手吧！"

关桥笑了："我不动手，说不到点子上；你不动脑筋，学不到真本事。"

正式试验时，焊接的筒体中段平整如初，而两端却始终达不到设计要求。怎么办？学生们一双双焦虑的目光注视着关桥，仿佛要从老师脸上找出答案。

望着心急如焚的学生，关桥平静地说："科技攻关不仅靠技术，还要靠科学精神，它能使我们树立科学观念，掌握科学方法……"

多少个日日夜夜，关桥时而双手抚摸着焊件反复琢磨，时而埋头查阅资料，时而翻看过去试验的原始记录，时而趴在桌子上不停地计算、分析……

突然，他眼睛一亮："快！马上试验。"

果然，采用新方案试焊之后，焊件完全合格！

"哇！真是诀窍！"学生们和现场的工人师傅们欢呼着，争相与老师击掌相庆。

诀窍蕴涵着科学道理。

关桥发现，起弧时温度场还没建立均匀，收弧时温度场的热量积累多余了，导致焊缝两端的横向收缩量不均匀。

关桥明白，这是在实验室里根本发现不了的问题，因为在实验室所用的试件太短，只有到工厂第一线才能发现。

后来，关桥建议焊到头，再返回来焊，这样收缩量就平衡了，焊缝的两头也不再翘起。

郭德伦领悟到，这看起来是工艺措施，但背后有原理，如果没有学识的功底，实践的功底，过去做过大量试验测量的功底，就发现不了，判断不了这个问题！

为了长三甲运载火箭这个项目，关桥与郭德伦、李从卿一道，一干就是8年！

关桥回忆起项目攻关的艰难日子。苦与乐，都是一言难尽。即便是1987年他到英国做访问学者一年的时间里，他仍然关心这个视为生命的项目。

在科学研究的实践中，关桥和同事们继续攀越。他并不满足已取得的进展。

1990年新招的研究生入学，关桥指导张崇显，又开始了新的跋涉：把低应力无变形焊接法由"静态"控制方法，进一步发展为用"热源—热沉"相匹配的多源"动态"控制方法。两种方法均可在现有的熔化焊条件下获得薄壁结构焊后完全无变形的效果，在工业上成功应用，取得显著的技术经济效益。

多年的心血没有白费，关桥渴望的这一天终于到来了！

电视屏幕上，长三甲运载火箭发射正进入倒计时。

指挥中心发出了指令：

60秒：从塔架后伸向前塔的橘黄色电缆摆杆此时摆开，准备为火箭点火、发射。

40秒：01号指挥员开始报告倒计时。

10秒：点火倒计时。

0秒：点火。

发射！

随着惊天动地的一声轰鸣，长三甲运载火箭以雷霆万钧之势拔地而起，昂首飞向浩瀚苍穹，分别把"实践"4号科学探测卫星和一颗模拟星送入预定轨道，成功地实现了具有国际标准的一箭双星发射！

1994年11月30日，凌晨1时2分，长三甲运载火箭又托举起"东方红"3号卫星，宛如一条喷吐着烈焰的巨龙，照亮了发射场，划过沉沉夜幕，直刺茫茫太空……

在以后几年的时间里，每一次只要有长三甲运载火箭发射的电视直播报道，关桥都不会错过。他要亲眼看到长三甲运载火箭把我国的广播通信卫星、气象卫星、导航卫星等送入太空！

长三甲运载火箭发射成功率均达到100%！

1993年4月，在航空航天工业部组织的高级别的专家鉴定会认为："火箭燃料储箱焊接变形控制研究成果是在'低应力无变形焊接法'专利技术指导下完成的，在国内外尚属工程应用之首例。居于国际同类技术的领先水平。"认定航天系统第一完成人是211厂总工程师尚育如；认定航空系统第一完成人是关桥。

关桥感谢尚育如！

为把低应力无变形焊接技术应用到长三甲运载火箭上，尚育如在研制生产现场领导了组织协调工作，及时沟通工艺与设计之间的意见，为试验工作开绿灯，使新工艺制造的弹体顺利地通过了静力、动力等一系列的测试考核。

时任航天工业部副部长的刘纪原诙谐地说："今后，航天焊接遇到难题，找关桥！"

低应力无变形焊接技术，已成功地推广应用航空发动机薄壳结构，再加上长三甲运载火箭成功发射升空，就具备了申报国家级科技成果奖励的基本条件。

1995年3月21日，在北京北苑，由关桥答辩，通过了航空工业总公司组织的国家发明奖预审。

1995年4月22日，在北京平谷，也是由关桥答辩，通过了航空行业评审组

生命之光——记国际著名焊接专家、中国工程院院士关桥

（属于国家科委成果评审下设的国防专用项目评审的分组）对"薄壳结构低应力无变形焊接方法及其装置"项目的评审，并推荐上报国家级奖励的评审。

关桥向国外同行专家们介绍具有自主知识产权的
专利技术——低应力无变形焊接法（2004年）

1996年1月29日，北京人民大会堂，国家科委召开1995年度国家科技成果奖励颁奖大会。

关桥科研团队的"薄壳结构低应力无变形焊接方法及装置"荣获国家发明奖二等奖！

在发明奖成果介绍中有这样一段文字：

"该项成果已成功地应用于航空喷气发动机涡喷系列型号批生产和新机研制，也已成功地应用于航天运载火箭长征系列型号，解决了长期存在的重大技术关键难题，由于焊后工件平整如初，薄壳结构完全无变形，因而取消了在传统工艺中费时耗资的矫形工序和消除残余应力的热处理工序，缩短生产周期，提高了生产效率，消除了质量隐患。在现场生产中，工艺装备简单，投资小，技术方案成熟，技术经济效益显著，实用效果突出。

该项成果为飞行器制造工程提供了一项前所未有的新工艺技术，是在飞行器制造技术中的一项重大突破，对保证飞行器薄壳结构的完整性和可靠性有重大作用，也是对焊接力学学科发展和焊接变形控制理论与实践做出的重要贡献。该成果为国内外首创，处于国际领先水平。"

"国家发明二等奖"，这一殊荣，对625所来讲，是建所以来荣获最高的一个国家奖项，它是625所攀登科学高峰的一个里程碑，是625所艰苦创业的一项历史纪录，是625所航空人集体的智慧和结晶！

把"低应力无变形焊接"新技术应用于航天运载火箭铝合金化铣带筋壁板燃料储箱壳体，关桥正在测量对比控制焊接变形的效果

关桥为625所带来了巨大的荣誉，提高了625所在社会的知名度。但关桥说，是625所培养了我，我把625所比喻为工程师成长的摇篮，没有625所这个平台，没有625所历届领导的理解与支持，我关桥怎么可能发挥作用！

这是关桥的肺腑之言！

仰望星空，一片璀璨。充满了神秘，充满了梦幻……

关桥从历史回到了现实。

电视屏幕上，卫星在预定的轨道上滑行，像一个顽皮的孩子，穿着一双溜冰鞋，在一首悠扬的乐曲声中，悠然自得地舒展着舞姿……

关桥想起了童年的梦，想起了在那个崎岖陡峭的山沟里，一片疑似萤火虫的萤光在发光、闪亮。

黑夜中，萤光息了，满天的星星亮了！遥远的天边有一颗流星，拖着长长的尾巴，仿佛带着他童年对星空的渴望与希冀，慢慢消失在幽静而深邃的夜空里……

那生命的亮光，点燃了关桥的梦想……

出访英伦

1987年5月27日，对于关桥来说，又是一个离别的日子。他马上就要乘坐国际航班离开北京，离开家人，前往英国。

关桥随身携带的资料、书籍、字典不少，行李超重，费了一番周折才通过了海关和边防出境检查，出了安全检查口，回头向送行的妻子陈丽芳和所党委书记龙文兴等挥手告别。

关桥的思绪回到了625所……

这次赴英，是经中国航空学会提名，由625所推荐给中国科学技术协会，经批准才得以成行。关桥是以英国皇家学会对华研究员奖学金项目派出的高级学者的身份，去剑桥郡的英国焊接研究所进行为期一年的合作研究工作。临行前，关桥花了点儿时间，准备了一份合作项目建议书。

早在1986年10月14日，《人民日报》在第二版下方位置，刊发了一条消息：

英国女王伊丽莎白二世今天在李先念主席举行的欢迎宴会上宣布建立皇家学会对华研究员奖学金。她在宴会上讲话时说，她想以宣布建立奖学金这件事来纪念她和菲利普亲王来华访问这一愉快的时刻。

女王说，这些奖学金将包括最有挑战性的研究领域。她希望，在这个项目的指导下，中国将派遣一些第一流的科学家和英国的第一流科学家共同工作，并且通过他们不仅和联合王国建立联系，而且和英国在欧洲的合作者，英联邦，以及整个讲英语的社会建立联系。

讲话后，女王把有关这项奖学金的文告交给了李先念主席。李先念代表中国人民向女王和英国人民表示感谢。

当时，关桥并没有看到这条报道，也没有想到这条报道将会对自己产生什么样的影响。

但命运之神，总是光顾有准备的人。

走出国门，对于关桥来说已不再稀罕。但要走一年，就意味着，关桥要失去很多，包括正在生产现场进行的对长三甲运载火箭焊接技术攻关，对家庭的照顾，还有对孩子的教育等。

儿子在四川成都上大学，家里只有妻子一人。

"只有委屈你了！"关桥离开家时，有些歉意地对妻子说。

登机了，关桥下意识地回望了一下熟悉的北京，一转身，坚定地走进机舱，带着有自主知识产权的"低应力无变形焊接"项目建议书，带着625所的期待与特殊的使命，准备与英国焊接研究所开展合作研究，带着一股浓浓的亲情，又走出了国门……

为了准备出访，关桥从中国科学技术协会，知道了一些关于对华研究员奖学金项目的内幕。

英国女王访问中国前,在英国国内搞了一些赞助,建立了一个英国皇家学会对华研究员项目。在中国由中国科学院和中国科学技术协会主持这项目,推荐合适人选。

实施这个项目的目的,就是希望中国派一些有经验的学者到英国去从事短期的科研活动,建立两国的科技合作关系。英方希望选择的对象不要太年轻,要有工作经验,能做出成果。

关桥领悟了这次出访的要求和目的,要带着自己的主见和成果去英国焊接研究所从事合作研究。

1987年5月—1988年,关桥在英国焊接研究所领导了低应力无变形焊接课题研究,与同事 A. Carter 在实验室

关桥拿定了主意，在建议书中，明确了合作研究的重点，就是进一步探讨"低应力无变形"焊接技术的机理，制定开发应用的实施方案，展示潜在的技术市场前景，以便能在国际范围内申请专利权，并借助于英国焊接研究所在世界的权威性地位和它所拥有的与工业界的广泛而密切的联系，开拓国际市场。

出国前，抓紧时间，关桥完成了"低应力无变形焊接技术"的专利申请，保护知识产权。

赴英前，关桥多次与皇家学会会员、英国焊接研究所所长 Alan Arthur Wells（阿伦·威尔士）博士磋商合作研究的方向。

关桥与威尔士博士是相识多年的朋友。

1984年，中国焊接学会在杭州举办过一次国际性焊接学术会议，威尔士博士被邀请在会上作了一场精彩的主题演讲，关桥受益匪浅。

威尔士博士在国际焊接学会第X专业委员会任主席。因为关桥对焊接力学比较感兴趣，参加过威尔士博士组织的学术讨论会。关桥有些学术论文也是在这个专业委员会上发表的。所以，关桥给威尔士博士也留下了深刻的印象。关桥和威尔士之间有很多共同语言，经常保持联系。

在关桥心里，威尔士博士作为大不列颠帝国勋爵（O. B. E, The Order of the British Empire），学术地位很高，是一位国际上著名的、从事断裂力学和焊接结构学的专家学者。威尔士博士于20世纪40年代从事焊接传热学研究，50年代末赴美与欧文（Owen）共同开展了焊接结构断裂的宽板试验；此后，他自己创造性地研究开发了裂纹尖端位移（COD）测试方法，为断裂力学的问世和发展做出了贡献。60年代返回英国，在大学当过教授；1977年回英国焊接研究所，任所长。

中国国际航空公司的CA937航班，从北京起飞后又经停沙迦、苏黎世，于第二天上午才飞抵伦敦盖特韦克机场。

英国皇家学会的N. 卡特先生把关桥从机场接到伦敦一家旅馆，办理了与皇家学会的相关手续。关桥带着从登机时的兴奋感到长途跋涉后的困倦，在这家小旅馆酣睡了一夜。

第三天，正好是周五。

上午，卡特先生特意带关桥先睹为快地乘伦敦特色的双层观光巴士，在敞开的上层饱览了城市的著名景点。印象最深的是在白金汉宫前观看换岗仪式和宫廷马队表演。

中午，在皇家学会，S. 寇克斯先生代表主人与关桥共进午餐，接风。随后，关桥登上从利物浦车站出发的客车，在离开剑桥还有一站路的一个小车站下了车。英国焊接研究所的司机很礼貌地迎接关桥上车。很快就到了一个叫安宾屯（Abington）的小镇，英国焊接研究所就在这里。

"欢迎您，关博士！"

刚下车，关桥一眼看见威尔士博士站在焊接研究所办公楼门前迎候。

威尔士博士具有典型的英国绅士风度。年已63岁。个子不高，消瘦但健壮，皮肤白里透红。一头蓬松的灰白色卷发，鼻梁上总是架一副半月形老花镜，视线从镜框的上方掠过，眼睛深邃而有神，留一撮不起眼的山羊胡，手持烟斗，一说话，脸上充满了笑意。一看，就知道这是一位和蔼可亲的老人。

"您好，Alan（阿伦）！"关桥直呼威尔士博士的名字，这是熟人之间的习惯称谓。

两人一见面，如同老朋友一般。

威尔士说："关博士，你的行李暂时放在我的车上，我们先去实验室看看！"

刚到异国他乡，关桥也不知日程是如何安排，就跟着威尔士到研究所各实验室转了一圈。已接近周末下班时间。

这时，威尔士对关桥说："你晚上跟我走，到家住！"口气很坚定，似乎没有商量的余地。因为周末，研究所全部关闭，就连小招待所也不接待客人。

"好！"关桥十分高兴地答应了。出乎意料，初来乍到，就受到高规格的接待。

威尔士自己开车，一路上他想听关桥讲中国的情况。同时他也告诉关桥，"你是来研究所工作的第一个中国人，这是一个特殊安排，因为我是皇家学会的会员，这又是皇家学会的合作项目。"

车行大约40分钟，到了伊里镇（Ely）一个河边村落梅埔（Mepal），威尔士的家就在一座小桥旁的庭院里，木栅栏的门边上有一块不起眼的木板，上面刻着"丛林小屋"。

威尔士家的庭院里有一个很大的花园，用木栅栏围着。花园里种植了一片榕树，很茂盛，像一把把绿色的遮荫伞；木栅栏边还有许多桃树、李树，一株连着一株；栅栏下，一簇簇小野花开得娇艳。一大片绿茵茵的草坪，嫩嫩的、毛茸茸的，很是诱人。花园中间还有几片种植绿叶菜和草莓、野果的自耕田。偶尔，还能见到三三两两的鸟儿在草坪上悠闲倘佯，这时，一份田园的风韵就在心间悄然荡漾开来……

一条青石板小路蜿蜒地从草坪中央伸向远方，一直连接在一幢两层楼高的尖顶楼房的台阶下。

这是一座独立的别墅，木质的屋顶板，人字形坡屋顶，底层是棕色砖墙；顶层是白色墙面，门厅露着木质黑色饰条，窗户镶着黑色边框，有棱有角，线条分明；屋顶上矗立的砖砌烟囱，充分诠释着英式建筑所特有的庄重与古朴。

威尔士夫人是一位看上去很健壮、笑容可掬、贤惠仁慈的妇人。她热心于社会公益服务，也是村子里一所小教堂的志愿者，看护、照料着教堂的杂务。

那天，恰逢周末，威尔士夫人为关桥的到来举办了一个小型家庭聚会。

傍晚时分，村上的友邻们三三两两到"丛林小屋"的庭院花园。临时搭起的条案桌上摆满了饮料、酒、沙拉、小点心和直接从花园的果树上采摘的鲜果。

这是一种典型的英国式家庭聚会，沟通信息，联络感情，建立友情。邻居朋友们举杯相互问候，品味着女主人精心烤制的糕点，谈笑风生。客人散去之后，威尔士夫人才得意地告诉关桥，她今天收获不小，参加聚会的人们，为她捐助了足以为小教堂冬季取暖的经费。

晚上，关桥与威尔士夫妇在宽敞的客厅里边拉家常，边看电视，突然，电视上报道说，有一个德国年轻人鲁斯特，驾着单人飞行器，降落到了莫斯科的红场！

"天哪！雷达呢？雷达呢？"威尔士吃惊地咆哮起来。难道苏联的防空系统竟没有发现飞行器的闯入？

这一天对于关桥来说，能永久记忆在脑海中的新鲜事和对英国的第一识见，实在不少。

来到"丛林小屋"的第二天，威尔士夫妇驾车带关桥去了 Woolsthorpe Mason——牛顿的出生地。

在牛顿故居的客厅、书房和门前，拍摄了不少照片留念，就是没有看到苹果树。威尔士还是给关桥讲述了关于苹果树的传说轶事。

300多年前，牛顿就是从偶然掉下的红苹果，悟出了影响世界的"万有引力定律"。如今，剑桥大学那株苹果树早已经"作古"，但人们对苹果树的热情与遐想依旧。

许多游客在牛顿故居争先恐后地拍照留念，既寄托一份追思，又留下一份追求。

关桥认为，科学需要丰富的想象，但更需要志趣、激情、创新和脚踏实地的精神！

在回家途中，威尔士夫妇又特地绕道去伊里镇参观著名的伊里大教堂，挺拔巍立、威严壮观的建筑造型，从远处望去才能看到全貌；走进去，宽敞的大厅，金碧辉煌，五颜六色的玻璃透过阳光，显得凛然肃穆。几百年来，教堂完好无损，令关桥非常感慨；他联想起参观洛阳石窟时，多少小石佛缺胳膊少腿的情景。关桥和威尔士夫妇边参观，边交谈，都有同感，战争和动乱给人类文明带来了多少灾难！

走进威尔士家里，关桥才真正认识了威尔士博士。

这是一个智慧、严谨、风趣、幽默，懂得重视感情的老人。与威尔士博士的接触，关桥感觉亲切、自然、融洽，给关桥的印象很深刻。

威尔士博士能接待关桥，除了这是皇家学会的项目之外，完全是看在过去他们有一段忘年之交的缘故。英国焊接研究所实行的是会员制，凡非会员单位一律不接纳。而当时，625所并不是他的会员。

威尔士博士对关桥提出的课题和研究计划给予积极的支持，专门从该所的科研基金中拨款立项，调配资深研究员及技术员和技师参加，由关桥主持课题的全部研究工作。

第五章　科学春天

在英国皇家学会招待会上，关桥（左一）与皇家学会主席
G. Porter 教授（右二）、威尔士博士（左二）等合影

　　于是，关桥从一开始，就掌握了研究方向和进程的主动权，这为日后课题的顺利完成并取得成果创造了条件。威尔士特意请他的秘书考察了离研究所不远的林屯小镇（Linton），为关桥安排好住宿，每天可搭小班车上下班。

　　英国焊接研究所是一个拥有500多人的号称世界焊接技术中心的专业研究所。

　　关桥把英国焊接研究所与苏联基辅巴顿焊接研究所作了一个比较，就其规模而言，英国焊接研究所要小一些，但在西欧和美国工业界是一个被公认的唯一的焊接专业权威机构，其业务范围几乎包罗了现代化经济建设中的所有领域：从能源工程、交通运输、金属与非金属材料工程、航空航天技术乃至食品工业、化学、生物和微电子工程中的焊接与连接技术及其结构的安全可靠性研究。

　　关桥发现，英国焊接所的体制非常特殊。

　　一天，在威尔士所长办公室，关桥就关心的问题向他请教："你们的管理体制与别的研究所不同？"

　　威尔士博士请关桥坐下，打开他的酒水柜，请关桥选择，关桥并没有表现出特别兴趣，威尔士还是斟上两小杯苏格兰的威士忌，边说："是的，按理说，研究所是社团管理的，非营利性质，但，有这么多人，谁来养活他们？国家？没钱！"

威尔士两手一摊，揶揄地说："我是所长，我得养活这批人！是他们创造着科研成果，完成着一项一项的课题和项目。"

"钱从何处来？"

"钱？开始的时候，政府给一半，后来，后来没了！"

"全靠所里挣？"

"我们推行的叫'工业会员'制的运营办法，从工业、企业界吸纳会员，会员要交纳年费，才能有权享用我们的有自主知识产权的成果，我们向会员提供有偿服务。"

威尔士很幽默，在办公室走来走去，有些激动地向关桥介绍说："我们在英国已有上千个会员单位，在全世界就有二三千个会员，他们交纳的年费加起来，可是一笔不小的数额。你正在搞的'低应力无变形'课题所需的经费，就是出自这项年费。"

"我们用这项'年费'支持长远性的、有市场前景的创新研究，我们的会员从享用研发的科研成果中，尝到了甜头，心甘情愿地交纳年费。"

关桥亲身体会到这样的体制很有效。

关桥把自己的调查与思考，在从事紧张的试验工作之余，利用几个周末，撰写成一篇文章，题目是：《从英国焊接研究所的经费来源看我国科技体制改革中的"体制"与"机制"之间的关系》，直接邮寄给625所主管科研的副所长蔡怀福，请他转给部领导和国家科委，作为参考。

关桥在文中提出了一个观点：

在我国的科技体制改革中，能不能借鉴英国焊接研究所的"工业会员制"运营模式，给科研单位引入一个相对稳定的经济来源，作为除"找米下锅""短、平、快"之外的一个科研经费支柱来保证一些长远性的基础性的研究项目的开展，并造成一个科研生产、应用之间的良性循环的机制。

关桥也将这篇文章寄给欧美同学会，很快就刊载在欧美同学会1988年2月出版的会刊第二期上，引起国内学术界的关注，因为当时中央关于科技体制改革的文件刚发布不久。这篇文章又在《科学报》1988年5月20日上转载。

关桥说，认识英国焊接研究所，就是从认识其体制开始的。

关桥干的虽然是皇家学会的项目，但科研经费还是要由英国焊接研究所支付。

威尔士博士对关桥很友好。

威尔士所长和主管科研计划的副所长 Dolby 博士总是很慷慨地从他们那并不充足的科研经费里划拨出一笔钱来，支持关桥主持的课题组。

1987 年 10 月，关桥从事的课题研究成果，已经显示出了技术的优越性和潜在的经济效益。

英国焊接所不失时机地专门召开研讨会，决定增加拨款，继续开展深入研究，责成专人负责开拓技术市场，做好该技术的宣传和用户访问征集工作，并着手申报国际专利的准备。

在关桥的主持下，在不到一年的时间里，共取得了 4 项新的研究成果，在国内原先已申请专利的基础上，又有了创新发展：

其一，试验确认了低应力无变形控制法有两种实施方案与原理（即：把焊接残余应力水平控制在低于临界失稳压应力水平以下；或改造焊接残余应力场，形成特殊的拉伸—压缩相间的新残余应力场，使工件不再产生压屈失稳变形）。

其二，给出了把低应力无变形焊接技术应用于直线纵向焊缝的静态施焊和动态施焊的两种实施方案，可用于钢板拼焊大型梁或柱结构。

其三，该项技术应用于环形焊缝的静态施焊方案的设计，目标是推广应用于管路焊接施工。

其四，环形焊缝的动态施焊方案。

英国焊接研究所副所长富兰克·寇先生诚恳地对关桥说："我从你身上找到了为什么来访学者中，还没有第二个人，能在如此短的时间内，做出如此有成效的成果的原因。"

其实，这结果，在关桥的意料之中。

刚开始，英国焊接研究所的领导层中也有人对关桥的研究项目表示怀疑，认为要做到"低应力无变形"焊接这是不可能的。

关桥想用事实说话。

关桥也明白，尽管自己从事的是英国皇家学会对华研究员的项目，但面临的所有困难都得靠自己去克服。靠谁都靠不住！

困难在哪里呢？

关桥在625所里有自己的团队，有自己的试验装置，有自己建立温度场所需的试验条件。这里，没有这个条件。

项目横跨两个研究部门，一个是断裂力学和数值分析与强度研究室，另一个是电弧焊研究室，协调关系光靠英国人是不行，一切得靠关桥自己亲历亲为。

关桥要建立一个试验装置，需要赶快设计。于是，关桥跟英方的设计人员沟通，告诉他自己的设计思想。设计图出来后，需要到机加工车间加工。机加工车间主任是西班牙人，对关桥也很友好。

关桥对他说："你赶快加工出来吧，我在这里只有一年时间，拖下去，我做试验的时间就没有了！"

"没问题！"

那段时间，关桥就像一个车间调度，跑上跑下，协调各种关系，打通渠道，保证试验顺利进行。

"当时有一个想法，过去，在中国人概念里，凡是出国的，都是向国外学习。而我已经在苏联学了10年，再去学外国的，还不如建议外国人也看看咱中国人做的事！"关桥回忆这段日子，深有感触地说。

关桥的头脑很清醒："低应力无变形焊接这项成果，是中国人独有的知识产权，不能作完研究后，就失去了自主知识产权！"

所以，关桥要抓紧申请国际专利。

根据中英双方达成的协议，以北京航空工艺研究所和英国焊接研究所的名义，于1988年初，向欧洲专利局申报了国际专利。

指定申报的国家有英国、法国、西德、美国、日本和丹麦。

在与英方商定申报专利的有关事项时，关桥代表中方坚持了以下主要条件：

一是，继承原中国专利的优先权，和中方的发明人名单；

二是，申请的国际专利内容应覆盖全部研究成果，并为双方共享；

三是，第一申请人为北京航空工艺研究所，第二申请人为英国焊接研究所；

四是，如英方因故终止专利权，则一切专利权归北京航空工艺所所有。

这是维护自己的知识产权最起码的条件！

两地家书

在平常的日子里。关桥全身心地投入到紧张的科学试验之中，在晚上和周末，总是要抽时间写信，及时把工作进展向 625 所的领导和研究室的同事们汇报。这时，两地家书也成了关桥与妻子、儿子关大立沟通的桥梁……

在信中，关桥与妻子、儿子交流思想，谈自己在英国是怎样学习、工作、生活……

1987 年，关桥在剑桥·林屯小镇上的住处——
35 High Street, Linton, Cambridge

生命之光——记国际著名焊接专家、中国工程院院士关桥

丽芳，你好！

现在已是星期三（7-10-87）的晚上了，这两天一直等着你的来信，又落空了，可能又是在明天才能收到。

上周末（星期三）我要的新夹具已经制造完毕，从车间移到实验室。因此这一周以来的三天（星期一到三，即10月5—7日）我全天都是在实验室工作，时间很紧，从今天的结果来看，新夹具可以达到预期的目标，明后天即可以拿出初步结果来，我想应该是不会再有什么问题了，但愿上帝保佑。上周在车间里与工人们聊天，也学了一些英国谚语，比如："The proof of pudding is in eating"意思是说，只有亲自品尝才能证明布丁的味道是不是美味！我现在正在进行试验也是在作pudding呢！因为好些人都在等着eating呢！

你的试验（100小时水煤浆燃烧）是否已成功地结束了呢！

你先完成了任务，我落后了，但我也只能从容办事，否则欲速则不达"More haste, less speed"。但再过两周我又要去Birmingham开会，在这之前一定要能"显示"一番！

丽芳，等不到你的来信，有时就更想你们了，但愿明天早上能收到。今天太晚了，不再多写了。

桥
1987年10月7日 于林屯

丽芳：你好！

祝贺你试验成功，同时也祝贺我的试验成功！

先谈谈我的试验情况吧！上一周我把试验条件都准备好了，本来想在星期五周末之前焊出一个好试件来，以便能放心地过个周末，可不巧，未能来得及，这一周（10月12日—16日）是我取得可以显示一番试验结果的关键一周，我之所以说"显示一番"，是因为长期以来，英国焊接研究所（TWI）的人们从上

第五章 科学春天

到下对我的课题建议似信非信，需要拿出真家伙来给他们看看，也还是我上次写信中所说的："The proof of pudding is in eating"。星期一（10月12日上午）我总算是焊出了第一块"无变形"试件。

这几天连续不断地进行试验，针对不同材料厚度选择规范。他们看到这样明显的对比效果，也都感到很高兴，研究室和研究所领导的头头脑脑们也都来看了，显然我的处境（也许是自己的心情不一样）也感到轻松些了。

紧接着，我又开展了向TWI领导说服工作，请他们支持关于专利的申请，我强调的是，拿出这些结果来并不是我开展这个课题的目标，只不过是为了向他们证明这一项新技术是有价值的，应该立即着手开展征集用户资助进行应用研究（在他们这里叫做 Group Sponsored Project）。也只有这样，我才能作到按皇家学会宗旨的要求，对中——英双方都有利。现在我谈话可能稍微硬气了些，他们对我的态度也更热情了些。

今天中午饭时，正好碰见威尔士，我告诉了他初步试验结果，他也很高兴，饭后约我去实验室现场看了一番。我也趁机把上面的一些想法都跟他说了，他还是肯支持的，正像TWI的一位负责专利的秘书所说的一样，他们下面的人们总还是要听头头们的意旨的。尤其是威尔士的意见，因为在这里工作过程中，我也对他们的人员情况有所了解，上上下下的工作要一起做，才能把事情办好！在我去Birmingham（10月25日）之前的这段时间，还需要进行一系列的紧张的试验工作。前两天比较兴奋，也可能是稍感累了一些，晚上躺在床上不能入睡，也许是一种失眠的表现，我前天睡前服用了两片安定，现在已好了，请你放心吧！

10月9日（星期五）下班回来，我才知道今天是房东Mr. Lines的生日，已来不及买贺卡，我就把已经买好的一瓶whisky酒（￡7.5）送给他，很高兴。其实他们家对过生日也很一般，亲戚子女们送几张贺卡而已，所以我送一瓶whisky也算是重礼了。

看了儿子大立的两封来信，很可爱，让他自己锻炼成长吧！也很心疼他是吗？（他尚未给我来信）在这个周末一定给他去封信。

桥
1987年10月15日 于林屯

生命之光——记国际著名焊接专家、中国工程院院士关桥

丽芳：你好！

这两天试验工作实在是太忙了，正好又在等你的来信，今天（星期四）22-10-87，下班回来后就看到你的来信（10月15日寄）。

上星期五（16-10-87），英国有大风、暴雨（是在15日夜间），南部地区许多处遭灾，断电、水灾、树倒、交通堵塞，TWI也停电，许多很好看的树也很可惜倒地。因无电，但我仍然干了一天试验的测量工作，下午3：00即乘班车回来了。

星期六，我刚从剑桥回到林屯，Rick Leggatt曾在早上给我来过电话，说是约我去剑桥他家吃饭，因为我刚回来，就谢绝了；也许是试验结果很好，他作为同一个研究室的英方课题负责人也有意请我去吃饭吧！反正以后还有机会呢！

星期日给邓万邦（注：625所焊接研究室副主任，党支部书记）写了一封信，星期一从TWI发寄出去，作为13大（注：中国共产党十三大。下同）前的一个祝贺。并请邓万邦能请党委和部党组给我保留一份13大全套文件。你手头如果有人民日报上发表的代表名单的话也请能给我保留一份，有关13大的那期北京周报可以全寄来，其他北京周报，你就在每期上选两页有关国内动态的报道随信寄来即可！（注：关桥是中共十三大代表，但因身在国外，未能参加大会，他对国内情况非常关心）

星期二（20-10-87）中午吃饭时，看到那位经常与我谈关于合作事情的所长Mr. F. Coe，我就主动和他一起就餐，顺便也请他到实验室看看我的试验结果，他很乐意地看了，并告诉我说，威尔士博士已经告诉他了，说是我取得了很好的结果，也希望他能来看看。

当天下午快要下班时，威尔士所长又带来一位来访的客人专门来看我的试验结果（此人是Dr. West，是Metal Construction杂志的一个顾问），我也就很乐意地向他们介绍情况并告诉那位客人，这些结果是TWI的同事们尤其是威尔士所长作为我在英国的主人（皇家学会安排的）给予了我很大的帮助和支持所取得的。威尔士告诉和我一起工作的英国同事说，应该给皇家学会写一个报道。

如能这样做，也正合我意。Mr. F. Coe 还说，过去许多外国人，在 TWI 搞一年也搞不出什么名堂来，你在这样短的时间就搞出了 very impressive 的结果。（因为任何人看了都很明显，即使是外行人也能很清楚地看出来薄板件焊后有变形，和我们的新技术——无变形焊接法的明显差异）。这几天，来看的人还是不少，有的说这是 fantastic，有的说是 remarkable，还有的评价说 dramatically excellent！

在这个弧焊实验室，直接安排技师协助我工作的一位同事，近日来，他看到不少所领导来看，对我的支持也较前热情些了。我主动请在机加工车间几位为我制造夹具的机工师傅们来实验室看看，他们也是为这个课题做出了贡献的人们；今天上午他们也来看了，都很惊讶，赞叹，也都很高兴，亲眼看到了他们制造的夹具，工作状态很好！我也总算是初步能在 TWI 开展工作了，也知道他们这里的一些方方面面的关系和如何打交道了。当然，我不会得意忘形的，因为试验任务还很重，是否能开展 GSP 还很难说，关于专利申请的事情要办成也不容易，总之，还得过五关斩六将才能闯出个结果来。我在给大立的信中也告诉他要学会去闯！

今天（星期四，22-10-87）忙了一天试验，却也感到有些累了，与我做试验的技师吸烟，我也就买烟。我和他一起吸烟来了；很对不起，丽芳，过些时候我再戒掉，不做试验了也可能就不想吸烟了。

下午回来后，Mrs. Lines 就告诉我说，今天中午电视上报道了中国的消息，要我一定看看。晚上新闻时间，她叫我下去看彩色电视，（我屋里是黑白的）。是关于 13 大开幕前有关中国的报道，标题叫"消费者的共产主义"，说的是改革开放使老百姓生活好了。这还是我来英国后，第一次看到在电视上关于中国的正面新闻报道。

下一周我要去伯明翰，参观一个与焊接相关的工业展览会。

桥
22-10-87 于林屯，剑桥

爸爸：您好！

今天（29日）终于收到了您的来信，好高兴啊！信在路上走了12天。您写的信可真仔细，现在是越长越爱看，不过您以后写信不能写得那么晚，您每天工作、试验很累，给我写信也不用太长，咱们都给妈妈写得长些，仔细些，她最关心、最着急。我给您写信也不太长，只是简单地谈谈情况好吗？我10月25日又给您写过一封信，不知收到否？10月19日妈妈给我寄来一张您8月6日在剑桥大学图书馆前照的一张照片，您看上去很精神，同学们也都说好！

看到您取得了成绩，我打心底为您高兴，为您祝贺！我想您在后半段时间里会取得更大的胜利的！

我这学期没有什么社会工作，两星期前改选班委，我以23票居首位，我主动让出来了。我一定记住您的话，好好学习。外语学习一直没有放松。我现在身体很好，请您放心！

祝

快乐！

爱您的儿子　大立
29-10-87

桥：你好！

今天刚收到你托人带回国来寄发的信，因为信件比较大，他回国后又专门到邮局寄发，信收到了，我也就放心了！你真行！写那么多信，长达5页的报告（论文）我也拜读了，真难为你在百忙之中还能写那么长的文章。光是抄写也花不少时间，何况还要构思、组织。我要在你身边就可以助你一臂之力了。

到目前为止我还只读了一遍，尚未消化好，准备反复读几遍，我发现你的中文已经有点西化了：长长的复合句、倒装句……使人不能一下子就抓住，再过半年是否就全部西化了？哈哈！

11月3日写的信该收到了吧！伯明翰之行收获大吗？

大立今天来信（11月1日）中说已收到你的来信，很受鼓舞，包括同宿舍的同学在内，他已于10月30日写回信了。不知你收到否？他现在已基本习惯了。认为过集体生活还是很有意思。11月1日他参加英语三强能力竞赛，按他自己说主要是想参加，而不在于取名次，我觉得他这种态度是对的。儿子可能就这样慢慢地迈过一个个关口了。

现在北京已经很冷了，天气预报明天0～8℃，成都8～18℃。又开始卖白菜了，我当然不会去买；只是那么冷了，暖气还不来，我早就用上太阳灯取暖了，所以在小房间里倒也不冷。这几天开始晚上看书了，因为要写报告，就得准备资料，你那里冷吗？晚上盖什么？注意保护自己！我们所电传刚安装好，管理的人还不太会用，等正常后再告诉你电传号。好，今天到此。

丽芳

11.5

注：在这封信的上方，还写有这样一段文字：

请你注意用字：即，既的区别。你信中经常把"即"写成"既"。正确的是：即使；既然。

丽芳：你好！

今天真高兴，下班回来，一下子就同时收到你的两封来信，昨天也收到了大立的第二封来信（10月30日，他已经接到我去信之后的来信）。

这两天的试验工作都是很累的，但今天晚上看到了你的来信之后，我很愉快，精神也好多了，又并不感到累了，也许人的精神状态就是这样。大立的来信在路上要走11天，我已经给大立写过三封信了，在他第二封信中说："……您写的信可真仔细，现在是越长越爱看，不过您以后写信不能写得太晚了，工作很累，给我写信不用很长，咱们都给妈妈写得长些，仔细些，她最关心，最着急。……"可能他们现在正在进行阶段测验了，他说不担任什么社会工作了，虽然选票居首位，但他让出来了，他说："我有自己的看法，您别问我为什么了，好吗？"我当然不再问他了，我也知道他的心思，能有这样的心思也就好了，我也就放心了！

已经收到了你10月29日写的来信。这些日子来，我都在打量着你那封来信里对我的责备，真说不出心里是什么滋味，你可能看到我那时还未给大立写信，所以有点着急了，同时家里就剩下你一个人，也真太冷清了，在我试验最忙的时候，也是比较"热"的火候，你送来了一副"清凉剂"也正是时候。在这个时刻我又怎能不更想你，可以想象在没有暖气的空荡荡的屋子里，你怎么能不骂我几句呢？现在我最需要的也是你多骂几句。可是在你今天的两封来信里又对我赞扬一番。看来，我们真需要按照惯例一直谈到凌晨两三点钟……一个人的一生，就是在这样的家庭温暖与欢乐中，有时还会在有些不太高兴的气氛中渡过的，多么像一支交响乐，有高音、有低音，有时也会突然有重重的锤击声。

你现在每天晚上除了看电视之外，可以买几盘Classic Music的磁带，陪伴你冷清的夜晚！我来后一次也没有机会去欣赏什么音乐，回去以后，你来教我如何欣赏好吗？

今天TWI已经决定原来准备召开的研讨会推迟到下周一（11月16日上午），参加会的有威尔士所长和负责科研课题的副所长Dr. Dolby以及其他几个部门的负责人，由我介绍该课题已经取得的进展，以及可能应用的场所和对象，将由TWI考虑如何组织实施下一步的开发性应用研发课题工作，也就是说要开始征集这项技术的用户，那就要看今后至少两个月的时间内进展情况如何？因为，如果这项工作仅只进行到目前这个状态，只能算是我并没有令TWI失望，只是证明了中国人是有才干的，但更重要的一步是要把这项技术作为生产力，可以赚钱给625所，也可以给TWI赚钱，这样我才算是真正打开了局面。

另外，关于中英双边在焊接界的学术活动安排方面可能开展的联络工作也不少；总之，到现在这止，还是很忙的，这些也许都是自己找来的"麻烦"，有

第五章　科学春天

时我也在想，何苦呢？安安稳稳地搞上一年工作回去也就算了，可是不知怎么地，我这个人还真有点"好强""逞能"，总还想在身体条件允许的情况下，试试看看这个局面到底能够打开多大？！只要不把老命卖在这里，也就算是这一辈子的最后一次拼搏与冲刺了！

今天是星期二，又接到吴希孟的来信和六所李成功的来信，都是涉及下一步与英方合作的问题。你看我有多忙，今天又是一整天在实验室，可是偏偏在试验最紧张的时候又来了两位客人（一些厂家想了解我们准备卖些什么技术给他们）。这几天我简直有点应付不了这么多头绪的事情了。

曹阳与你给他介绍的女朋友进展如何？不多写了，一坐下来写信就是两个多小时，已10点多了，明早发出此信。

桥

10-11-87 于林屯

丽芳：你好！

今天已是星期三的晚上，尚未收到你的来信，我想不能再等了，否则你又要着急了。

这一周以来除了忙于在结束这个课题之前的一些试验工作之外，就是准备TWI为此而召开的会议，时间过得很紧张。

今天早上同时收到了大立（11月4日）和爸爸（注：陈丽芳的父亲）（11月12日）的来信。大立正在忙于期中考试，看来有些功课对他来说是有困难，我已去信告诉他不要着急，"功夫"要慢慢地练出来。否则他一着急又会出现放弃的想法，不过从他来信中可以看出来他是在使劲呢！不能太过份苛求于他！靠他自觉地下功夫吧！在我给他的信中，也多是写一些富有点儿哲理的出自我内心的感受，这也许对他来说在精神上是一个支持。对于他们这样的年龄，过多地说教是没有什么好处的，通过谈心，其实对我自己也是一种享受，总应该把自己的一些感受和自己的亲人们一起共享，你说是吗？

爸爸来信说，子女们都忙于出差，差不多把在上海的每个人最近出差的情况都数落了一通。慧英是否已回上海？过几天我再给爸爸回信同时也寄一份贺年卡去。

我已经发寄给大立4封信了，他来信说，不要写那么勤，过几天我给他写信连同贺年卡一起寄去。

昨天（16-11-87），总算是TWI专门为我这个课题召开了一次包括了他们有关这方面技术权威人士参加的工作讨论会，由我介绍工作进展及可能应用的场合，然后他们提问，我解答，最后技术所长布置了下一步工作。

我介绍完之后的讨论是热烈的，技术性的讨论，并不是赞扬的会议，我总算没有白干；TWI也想把这项工作继续下去，因此才召开这样的会议，有威尔士所长参加的会议，在他们看来算是给面子了。当然我也就利用机会除了感谢之外让他们也知道我这个中国学者的水平，而且我们在中国也已开展了许多工作，总体来看，这个印象是留给了与会的人们。威尔士在会后对我说"A very good presentation！皇家学会应该对你的工作满意。"

在会上，技术副所长问我在今后几个月内的打算，我说在我一开始给威尔士所长的建议书中已写得很清楚，目前这个课题结束并不是我的目的：

①我的目标是要把这项技术应用到工业中去，我不想重复我已经在国内做过的工作，应该开展一项能取得工业界资助的课题；

②与此同时我还想再进行一个探索性试验——在环形焊缝上实现无变形焊接技术的可能性；

③同时还有一个专利申请的问题（以我们625所和TWI的名义申请，但申请费用全部由TWI负担）。

对于我所提出的想法，我表示还想再仔细考虑一段时间，因为我要留有余地。

技术副所长最后表示，TWI积极与工业界联系，争取在最近几周了解行情和掌握这项技术应用的市场，必须下决心开展一项有资助的课题（因为我正在完成这个项目只是由TWI出经费的，而没有工业界的资助），同时也才能确定下来关于专利申请的问题（英国专利代理人要求最晚应在 1988 年 1 月 1 日之前提出申请，他来受理）。他要求参加会议的有关人士在了解这项技术情况之后抓紧与工业界取得联系，关于另外开展有关环形件上应用这项技术的探索性研究课题的问题，他要求 Rick Leggatt 先作一个所需经费的预算，然后再决定是否有可能开展此项工作。

我想这次工作会议对我来说是重要的，从布置的工作安排来看，并没有感到是为应付我而召开的会议。会后我约威尔士所长找个时间我想和他谈谈。

来信时请附寄给我一张 1988 年年历卡（带有阴历的）。另外请准确地告诉我。爸爸的生日在何日？因为我要寄 £85 给爸爸。我推算了一下春节是在 2 月 17 日？你最近试验进展如何？11 月能搞完吗？家里有暖气了，但你仍要注意你的腰，别受凉了！

桥
18 - 11 - 87 于林屯

1986 年 10 月，关桥夫妇与儿子关大立在颐和园

生命之光 ——记国际著名焊接专家、中国工程院院士关桥

丽芳：你好！

你在印染厂进行的两次水煤浆燃烧试验进展如何？这一年来你的试验工作也确实是太累了，千万要掌握好生活的节奏，有张有弛，年龄不饶人，我也深有感受，谢谢你来信中的关照，我会调理好自己的，感到有些累了，就早些入睡，散散步。

到上个星期五为止，我已经结束了全部的试验工作，这个周末开始就着手准备编写这个课题的技术报告了。昨天寄了几封信：给在美国的范嘉苏、吴谦；给科协陈燕华；给航空学会的秘书长（过去都比较熟悉的人），在这些信里我也都给他们寄了贺年卡。过几天我同时把其他与我有过联系的国外人士的贺年卡发寄出去。

你来信中问及你发贺年卡的事，我想我除在这里发出的之外，你应该以我们俩人的名义发寄给日本梁锦华夫妇贺年卡，并注明我是应英国皇家学会之请来英进行合作研究工作的（只须在贺卡上简单注明即可），另外也给香港绵哥等以及亲戚们发寄。我寄的贺卡都是与我有工作方面联系的人。

另外，告诉烨第，在新年或春节时似应给大舅、二舅们发寄贺年卡，我不从这里发寄，也可以请他们（或者你代表也可）发寄贺年卡，代表关家的人们，亲戚关系总应尊重！

关于和威尔士博士谈话的内容以及他的初步反映，我在上封信上请你及时就我的这些想法回信告知你的意见，现在是最需要听你这个"内参"的见解的时候！可惜不能每晚谈到深夜或破晓。我只有在一口气写完了这封信之后才感到如释重负，把情况及时告诉你，我才感到轻松些。

桥

22－11－87 于林屯

一封封家信，伴随关桥度过了孤独、繁忙的异国生活；也伴随家人一起丰富充实了那翘首期盼的时光。尽管远隔千山万水，但一家人的思想融为一体，妻子、儿子仿佛就在身旁。

一年的合作、学习、交流，关桥的所作所为给英国同仁留下了很好的印象。

关桥在英国的合作研究成果，得到了英方各界的高度评价。威尔士所长认为这是一项出色的技术成果，惊讶地对关桥说："你将不可能的事变成了可能！"并多次向有关人士和学者作过介绍。

主管科研计划的副所长富兰克·寇多次表示，在来访的各国学者中，还没有第二个人能在如此短的时间里，做出如此有成效的研究成果，一些有"大英帝国"思想的人，对关桥的看法也从"观望"转变到"惊讶"。

英国焊接所的技术人员对关桥提出的无变形焊接法，开初也曾认为"不可思议"，最后转变到认为该法是"绝妙的"，会给未来的工业应用带来福音。

1987年12月17日，英国皇家学会主席G. Porter在皇家学会对华研究员项目建立一周年的招待会上，特别提到了这项成果，并给予表彰和祝贺。

皇家学会中国办公室的D. Foster认为，这项对双方都有利的成果，为今后的合作开拓了可能性，为中英科技交流起到了桥梁作用。英国焊接所极为重视这项技术的市场开拓，并通过自己的出版物向世界各国广为宣传。

1988年5月，关桥圆满完成了赴英合作研究任务。

1989年，威尔士退休了，惜别了在任10多年的所长岗位。他和关桥一直保持着书信往来。

1994年9月，关桥邀请英国焊接研究所新上任的所长布雷斯伟特（Beven Braithwaite）先生来625所考察，商讨双方今后的合作发展。

布雷斯韦特参加了在北京召开的第47届国际焊接学会年后，到625所做了一个报告，内容就是关于科研所的管理体制。

之前，布雷斯韦特悄悄告诉关桥，一定要帮他完成一个心愿。

"请讲，只要我能办到的！"关桥诚恳地说。

"你能找得到火车蒸汽机车吗？"

"蒸汽机车？干嘛？"关桥觉得奇怪。

"我想上去铲几锹煤！"

"好啊！"关桥明白了，原来布雷斯韦特是火车机车模型收藏家，年轻时也曾在蒸汽机车上当过司炉，只是这类机车早已在欧洲不见了踪影。

为了满足布雷斯韦特的愿望，关桥四处打听哪里还有蒸汽机车；在中国大地上跑的也都是内燃机车和电气机车了。最后，听说在哈尔滨还有。

于是，关桥赶紧联系哈尔滨焊接研究所，一打听，果真还有，关桥喜出望外。

会议结束后，关桥专门安排布雷斯韦特访问哈尔滨焊接研究所。一见到蒸汽机车布雷斯韦特疯狂地叫了起来："啊，宝贝，宝贝！"登上机车，铲了几锹煤，送进了炉膛，开心地笑了。

在随后的几年间，双方互访不断。

1996年，625所成为英国焊接所的会员单位，开始进入了实质性的合作。继任的TWI所长Bob John和现任的所长Christoph Wiesner也都先后带队来625所谈判合作项目并考察。

——625所把低应力无变形焊接技术，通过英国焊接研究所这个窗口推向了国际。

——625所引进英国先进的技术，加强了激光和电子束的合作；双方合作建立了"中国搅拌摩擦焊接中心"。

——英国焊接研究所驻中国办事处成立，625所跟英国焊接所建立了可持续发展的良好合作关系。

2005年11月关桥惊悉他的老朋友威尔士博士逝世。

关桥十分悲痛。

关桥当即给威尔士夫人Rosemary发去了唁电：

"……还就是在去年的4月，我和中国的同事们，又在去年的6月份我和我的夫人，两次去'丛林小屋'探望你和威尔士博士，我们一起在花园聊天的情景还历历在目，阿伦还亲自带我们去参观了村里的小教堂……难道这些只能化作永恒的记忆?!……祈盼节哀，保重。"

第五章　科学春天

关桥在家里找出1984年在中国杭州举办国际焊接学术会议上，威尔士博士的演讲报告录音磁带，把它转成了光盘。

为了寄托对威尔士博士的哀思，也为了表达对威尔士博士的敬重，关桥把录音光盘连同报告的文字稿转交给英国焊接研究所。

英国研究所把光盘作为威尔士博士的文献档案珍藏。这是他的口头报告录音，英国焊接研究所也意识到这份资料是多么珍贵，这不但是威尔士在TWI学术研究长达25年的记录之一，也是中英两国学术交流的历史印证。

关桥还特意请在TWI工作的石功奇博士，专程把这份光盘和威尔士给关桥十多封来信的复印件，亲自当面转送给威尔士夫人，Rosemary十分感动。

在关桥心中，除了事业，还有一份珍贵的友情……

关桥在世界上第一个建立了"低应力无变形焊接"理论，他又是这项新技术的发明人。他从理论上阐明并论证了板壳在焊接过程中主动控制应力变形的必要条件和充分条件，突破了焊接变形"不可避免"的传统认识，解决了板壳结构焊接技术与制造工程中的一大难题。获国家发明专利。

该技术应用于航空涡喷系列发动机的研制和航天运载火箭的生产，防止了质量隐患，解决了新型号研制中的关键技术难题，效益显著，实用效果突出；先后获航空科技进步奖一等奖和航天科技进步奖一等奖。

鉴于这项成果属于在焊接结构变形控制领域中的重大突破，对保证航空航天薄壁焊接结构的可靠性、完整性有重大作用，对焊接力学学科发展做出重要贡献，该项成果于1995获国家发明奖二等奖。

近年来，关桥又进一步采用"热源—热沉"系统，实现了动态控制焊接热应变的新构思，赋予"低应力无变形焊接技术"以更好的工艺柔性，并应用于新飞行器制造，再获国家发明专利。

关桥和他领导的课题组发明"薄壁结构低应力无变形焊接技术"，在中国乃至世界焊接发展的历史长河中，已经写下了浓墨重彩的一笔。

从此，"低应力无变形焊接"成了国际焊接学术界，乃至美国、日本的常见焊接术语。

1996年1月30日，关桥参加了国家科技奖励大会，受到了江泽民、李鹏等中央领导同志的接见。

会后，关桥参加了在人民大会堂，由国家科学技术委员会主任宋健主持召开的"95年度国家科技奖励部分获奖代表座谈会"。

会上，关桥感慨万千地说："薄壳结构低应力无变形焊接方法及其装置获奖，来之不易。课题组群体，经历了15个年头，从选题、探索性研究、预先研究和工程应用开发性研究指导生产应用，先后在取得部级成果：二等奖三项、一等奖两项的基础上，才荣获了国家发明二等奖。

"从一开始，选题就是来自生产实践中的难题，是前人没有能解决的难题，而又是航空航天工业中亟待解决的难题。面对量大、面广的棘手难题，作为科技工作者的职业责任感驱使课题组必须有所创新、突破。勇气、决心、挫折和勤奋终于得到了回报！"

而在关桥看来，这个项目在他所想要构筑的航空特种焊接技术体系中，不过是一朵小小的鲜花，是大海中的一滴水，是万紫千红中的一点绿意……

第六章 激情飞扬

一棵大树

中国航空工业集团公司第625研究所位于北京市朝阳门外八里桥，距北京市中心19千米，距通州4千米。

八里桥跨京杭运河，扼京津、京唐公路，是古北京城正东的重要门户。

1860年英法联军入侵北京前，清将领僧格林沁率军在八里桥抗击英法侵略军。北京解放后，八里桥列为保护文物，几经修缮，开拓引水，加固岸堤，古桥新貌，雄伟壮观。

1950年，中国人民解放军炮兵第六师在八里桥北划地百公顷兴建营房，成为北京市东郊驻军要地之一。

1960年3月，625所从德胜门外第四设计院迁至炮兵第六师营区，利用营房、车库、炮库建所。经过几十年的建设，现已成为国内专门从事航空制造技术研究与工艺装备开发的综合性研究所。

走进625所，粗壮的梧桐、挺拔的白杨，排列整齐地映入眼帘；绿茵茵的草坪衬托着松柏、桧柏和黄杨组成绿篱；道路旁，丁香树灌木丛中，时隐时现的花坛里栽种着几十个品种的花卉，争奇斗艳，形成了立体的绿荫。走在铺设整齐的纵横大道和弯曲的草坪小道上，感觉宁静、清新、舒畅与安逸……

路边，两排高大、笔直的白杨树挺立在风中。

白杨树是625所历史的见证！

每天上班，关桥都要从白杨树下经过，也时常在白杨树下漫步，在白杨树飘飞的花絮中思考自己的人生，在白杨树飘零的落叶中思考生命之光怎样闪烁才有意义……

关桥是看着这些白杨树成长起来的，他几乎熟悉这一棵棵白杨树的每一片叶子，熟悉白杨树春夏秋冬散发出的不同的芬芳的味道，熟悉白杨树矜持与严谨的性格。

时代变迁，625所在风雨中壮大，在历史的长河中成熟，在昨天、今天、明天的时空中，与这些白杨树一同成长！

白杨树认识关桥，曾看着他风里来，雨里去；看着他在和煦的春天的早晨走进625所，在冬天细雪飘飞的傍晚踏在吱吱作响的落叶上离开白杨树回家……

关桥与白杨树建立了很深的感情，他喜爱这些可敬的白杨树！

白杨树是北方一种很平常的树，但在关桥眼里就不平常了。他说，他所从事的航空特种焊接技术，就如一棵参天的白杨树！

关桥从儿子的教科书里读到过茅盾先生的一篇关于白杨树的文章：

它没有婆娑的姿态，没有屈曲盘旋的虬枝。也许你要说它不美。如果美是专指"婆娑"或"旁逸斜出"之类而言，那么，白杨树算不得树中的好女子。但是它伟岸，正直，朴质，严肃，也不缺乏温和，更不用提它的坚强不屈与挺拔，它是树中的伟丈夫！

关桥热爱白杨树！

1979年11月，625所任命关桥为第六研究室主任。关桥建议把研究室的名称定义为"航空特种焊接工艺研究室"，所长于欣采纳了他的意见。从此，关桥担当起了构建航空特种焊接体系的责任和使命。

1997年，在纪念625所建所40周年时，关桥撰文全面阐述了他自己关于发展航空特种焊接技术的观点。

2002年6月10日，中国工程院举办第184次香山科学会议，执行主席柳百成院士、阮雪榆院士、胡正寰院士把会议主题定为"21世纪的材料成形加工技术与科学",关桥应邀作报告,题为"21世纪的特种焊接技术与科学",参加学术讨论会的还有高等院校的学子们。

"在我国航空工业发展的半个世纪历程中,作为制造工程主导工艺方法之一的特种焊接技术有了长足的进步。"

关桥开门见山,开始了他的报告:"一方面,飞行器及其动力装置新型号的研制与生产对先进焊接技术的发展有很强的需求牵引,在解决众多制造难题中,焊接的优势在于可以明显地减轻飞行器重量、降低成本、提高性能;另一方面,航空特种焊接技术自身的发展、技术创新和日臻完善,为新型飞行器结构设计的构思提供了新理念和技术保证,也为实现新的制造工艺方案起着有力的推动作用。"

关桥停顿了片刻,说:"最初,在喷气发动机从燃烧室到涡轮叶片等热端部件及机匣等结构件的制造中,焊接是无可替代的连接手段。因此,我国航空特种焊接技术在过去40多年的历程中,主要是围绕解决动力装置结构设计与制造中的关键难题而取得进展;而在飞机结构上,焊接的工作量相对较少,只用于一些高强钢零件、部件和铝合金油箱的制造,在机身、机翼的重要承力结构上很少采用焊接技术。也正是在这段时间里,苏联先于欧美,在飞机设计中成功地采用了先进焊接技术制造主要承力结构件;无论是在大型运输机、先进的战斗机或是在航天运载工具上,焊接技术的应用有了突破性的进展。"

与会的专家和同学们在聚精会神地听。

关桥拿起手中的一份资料,说:"苏联图波列夫、米高扬、苏霍伊三个飞机设计局,在采用先进焊接技术制造重要承力结构的成就,引起了欧美著名航宇公司极大的关注。例如,在美国拟于2004年面世的F-22战斗机上和由麦道公司制造的C-17军用运输机上,大量采用焊接技术制造重要结构,正是代表了这项技术发展的新方向。"

精彩的报告,给与会者留下了深刻的印象,对航空特种焊接技术的发展有了一个新的认识。

会议结束后,关桥在苍松翠柏环绕的香山饭店周边,观赏这座由国际著名

生命之光——记国际著名焊接专家、中国工程院院士关桥

建筑师贝聿铭设计的，融合了中西建筑风格于一体的独特建筑。眼望一排排春意盎然的白杨树，关桥的思维之箭，不由自主地转回到了625所，想起了这些年来，为辛勤耕耘航空特种焊接这棵大树，培土、施肥、浇水、剪枝的那些艰难的日子……

是啊，为了这棵大树的成长，为了科研团队的建设和人才培养，凝聚了关桥多少心血与汗水；为了这棵大树结满硕果，凝聚了关桥多少精力与智慧……

——低应力无变形焊接、真空电弧焊、固相焊接、扩散焊、摩擦焊、超塑成形/扩散连接、高能束流焊接（电子束、激光束、等离子）……

一项项科研成果，犹如一朵朵鲜艳的花儿，在625所大院里绽放。

关桥知道，从绿树嫩芽，到枝头花蕾，到果实成熟，都有一段难忘的经历，都有一个梦绕情牵的故事……

1979年1月28日，中国农历大年初一。

邓小平副总理选择了这一天，开始对美国进行具有划时代意义的访问。

这是建国以来，中国领导人第一次访问美国。

邓小平访美，有力地推动了中美在经济、文化、科技等方面的交流与合作。不仅增进了中美关系之间的了解，加强了两国关系，而且在打开中国与西方世界交流与合作的大门，为中国改革开放和现代化建设，提供持续的外部资源和动力方面，也具有里程碑的意义。

冰封解冻了。

1980年，美国焊接学会邀请中国焊接学会，参加在洛杉矶举行的美国焊接学会第61届年会。

于是，关桥就向部科技局打报告，建议以三机部名义组成中国焊接学会代表团参会。

报告打上去不久，科技局果然批了！

有了经费支持，中国焊接学会组成了赴美代表团，成员有潘际銮、斯重遥、张延生、林尚扬、韦文林、袁瑞琛和关桥等。

1980年4月，美国洛杉矶。

第六章 激情飞扬

洛杉矶位于美国西海岸加利福尼亚州南部，是当今美国仅次于纽约的第二大城市，也是全球经济与城市体系中一颗耀眼的明星。

代表团赴美前，在美国诺斯罗普飞机制造公司的美籍华人吴克昌先生已经为代表团的访问日程作了精心安排。

美国焊接学会第61届年会，在一座富丽堂皇的科技馆隆重举行。

为了展现多年来中国焊接科技进步的成果，韦文林在大会上作了题为"中国的焊接"的报告，反映十分强烈，这对于刚建立了外交关系的中美两国之间的学术交流注入了活力。

年会结束后，代表团按照既定日程参观了相关的企业、大学、研究机构，也领略了洛杉矶娇艳美丽的无限风光。

洛杉矶是一座举世闻名的电影城和旅游城。一望无垠的沙滩和明媚的阳光、闻名遐迩的电影王国"好莱坞"、引人入胜的迪士尼乐园、峰秀地灵的贝佛利山庄，给关桥留下了深刻的印象。

关桥站在一座高入云端的城市阳台上，看见了数以千万计的鳞次栉比的庭院式的建筑，色彩淡雅，造型精巧，风格各异，遍布于平地山丘上，掩映绿荫丛中。市区中心有上百幢数十层的高楼，挺拔向上，直插云间。下面，高速公路与城市街道纵横交错，像产品上的每一个焊点，密如蛛网，四通八达……

这是一座充满喧嚣与浮躁的城市，是一座充满傲慢与偏见的城市……

关桥无心赏景，他想起了在参观时美籍华人吴克昌先生说的一件事。

昨天，会务组安排代表团到美国麦道公司参观。

在生产现场，吴克昌拿起一块试片，对关桥说，"这是应用超塑成形/扩散连接技术制成的钛合金壁板，刚度好，质地轻，效果很好，市场前景不错！"

关桥拿过试片，反复看，琢磨，对吴克昌说："这是一项对航空工业至关重要的新的技术，你们已经走在了前面，能做出这样形状的零件来，很了不起！"

吴克昌带着代表团的人员往前走了，关桥还在回望那块试片，他的心被刺痛了！

1980年4月，关桥（前左四）随中国焊接学会代表团参观美国麦道、波音飞机制造公司，钛合金超塑成形/扩散连接新技术的应用引起极大的关注

关桥曾经从一份资料上了解到，超塑成形/扩散连接用于钛合金结构的制造，对于航空航天科技和新型结构设计的创新发展，是一项特需的和关键的制造技术。

因为，钛合金是航空结构上广泛采用的轻金属材料，与铝合金相比，钛合金的优势在于可以耐更高的工作温度，虽然钛合金比铝合金的密度要大些。

试验证明，钛合金（航空结构多用的是TC-4）在925℃时，呈现出"超塑性"状态，（可以形象通俗地比喻为麦芽糖受热成糖稀后，呈现出可以捏糖人的"超塑性"状态）。处于925℃超塑性状态的钛合金材料（通常为钣金材料），可以在稍加外力（压力）的作用下发生形变，若有模具腔限制这种形变，则在气压作用下，钛合金钣材可以吹胀变形紧贴模具，形成与模腔完全一样的钣金成形构件，当与高温模具一同冷却到室温后，即可从模具中取出，最终成形为结构件。这如同"吹糖人"的艺人趁糖稀还热时一边吹胀，一边用手捏成各种小动物形象的原理一样。

这就是 TC-4 钛合金可以在 925℃ 高温下实现"超塑性成形"（亦可简称"超塑成形"）的通俗解释。

扩散连接是将待焊接的两个金属表面，在压力作用下，对接在一起，在高温下，保持一段时间，在两个界面之间就会发生金属材料之间原子的相互扩散，使界面层你中有我，我中有你，最终"界面"消失，两个工件连接成一个整体，这就是"扩散连接"，或称"扩散焊"，它是固相焊接方法之一。完成扩散连接的三个要素是：压力、温度、保温时间。

扩散焊接技术在 625 所的发展是在 20 世纪 60 年代中期就已经开始了。但是把超塑成形与扩散连接两种方法集成在一起，却是一个创新。

由超塑成形/扩散连接组合工艺技术制成的钛合金结构件的特点是，结构轻量化，又保证了结构的强度和刚度；同时，在同一道工序中完成了"成形"与"连接"，制成整体结构件，缩短了制造周期，降低了产品成本，极大地提高了结构的安全可靠性。

这是一项颠覆传统焊接技术的创新！

回国后，没有休息，关桥就向 625 所领导汇报："钛合金超塑成形/扩散连接组合工艺，为飞机和发动机钛合金部件的制造可以说是另辟蹊径。这项技术很有前途，我们应该赶快上马！"

这时，关桥招收的第一批研究生入学了。

关桥与纪文海共同带了一个研究生名叫赵玮。

关桥对纪文海说："老纪，商量一下，看能不能把赵玮的研究生培养方向从钎焊改为钛合金超塑成形/扩散连接？既然美国有这项技术了，咱们为什么不赶快干起来呢？"

纪文海懂得关桥的心思，便满口答应了。

关桥之所以这样着急，其原因是，他看到美国的公司已经把超塑成形/扩散连接技术应用到钛合金结构的制造上，认识到这是一项对航空制造/成形/焊接技术能实现跨越式发展，且很有前景的技术领域；虽然，当时国内已有人在汽车工业上实现了超塑成形，但并没有开展超塑成形/扩散连接组合工艺研究，而且，如果把超塑成形/扩散连接用于钛合金，这也是航空航天制造业志在必得，一定要抢先！

关桥出于对新科技前沿发展的敏锐感，出于对掌握新技术的一股激情，他迫不及待地想做自己要做的事。

自从担任625所航空特种焊接技术研究室主任以来，关桥一直在思考、关注，凡属于航空制造所"特需"的和"关键"的科技发展前沿技术，就应该时不我待地开展预先研究或探索性研究，他认为，这是作为航空特种焊接技术研究室室主任义不容辞的责任。

就这样，超塑成形/扩散连接技术的研究起步了。

赵玮的硕士研究生论文及研究试验工作，不仅只是在625所，乃至在全国的航空工业，开启了飞机钛合金新型结构的设计/制造相结合的创新发展之路。

超塑成形/扩散连接技术，为设计师们发展轻型钛合金结构提供了新的思维空间和创新构想。

不负众望，超塑成形/扩散连接的试验研究取得了成功！

1986年，在特种焊接技术研究室建立了一个第16实验室，专门从事超塑成形/扩散连接技术的基础研究与工程应用。

1994年，625所成立了钣金成形研究室（106室），内含超塑成形/扩散连接研究专业组。这个专业研究方向前前后后有几代人参加：纪文海、吴希孟、王纯孝、宋飞灵、尚波生、李志强……他们在不同的岁月里，为625所超塑成形/扩散连接技术的发展，做出了巨大的贡献。

超塑成形/扩散连接技术像一棵小树苗，在625所的果园里，逐渐在成长。

超塑成形/扩散连接新技术的问世，催生了钛合金在飞机结构上的扩大应用，国外如此，国内也同样如此！

这项技术从一开始，就从实验室很快走向了工程应用。

20世纪80年代，针对歼8飞机上的典型构件，很快通过了装机考核。与此同时，开展了一系列的基础研究项目，解决了在工程化应用中的实践问题，如模具的材料、设计、制造，超塑成形/扩散连接的过程控制系统，大型超塑成形/扩散连接设备的温度控制及多层结构件成形/扩散的工艺设计等问题。

将超塑成形/扩散连接技术应用于非主要承力构件，发展到制造承力结构件，经历了数年的工艺完善提高的过程。这些均为该技术在飞机结构上的扩大应用和钛合金结构的扩大应用奠定了基础。

超塑成形/扩散连接技术的开发，也引导了飞行器钛合金结构的轻量化、整体化、低成本设计/制造的跨越式快速发展。

从90年代开始，超塑成形/扩散连接结构的设计/制造一体化发展日臻成熟。成功地开发了发动机进气机匣的导流支板。

随后，625所承接了飞机腹鳍的工程化制造任务，形成了一定的产业化规模，也取得了很好的经济效益。

从此，在超塑成形/扩散连接技术方面，625所处于国内领先地位，成为625所制造技术创新发展的一个重要分支，这在航空特种焊接/连接技术体系中，也占有显著的地位。

进入21世纪，在国内的其他钛合金结构用于飞行器制造的领域里，如航天、导弹等结构的设计/制造，也纷纷跟进，625所的超塑成形/扩散连接扩大应用的市场前景一片阳光灿烂。

而今，超塑成形/扩散连接制造的产品越来越多，已经在航空航天领域里面发挥了巨大的作用。

但关桥高兴不起来。

关桥还是那样的沉静，他的眼睛始终盯着世界焊接的前沿阵地。他知道，我国的焊接技术与世界发达国家相比，差距仍很大。

关桥想在世界焊接的果园里，继续去寻找适合中国种植的果树，引进优良品种，然后，嫁接改造。

关桥希望625所的果园里琳琅满目，品种丰富多彩，为社会创造更多更好的效益！

生命之光——记国际著名焊接专家、中国工程院院士关桥

1994年12月27日，625所为沈阳410厂提供的"发动机薄壁构件焊接成套设备及工艺和焊接变形控制技术研究"成果鉴定会在黎明宾馆举行。右一为关桥

1992年2月，关桥随中国航空发动机工艺代表团访问俄罗斯。那次，他回到了阔别近30年的母校，见到了当年的同年级同学维克多·杨波里斯基教授。

老同学见面，自然很热情。

维克多说："当年，你好帅，是女同学的偶像，可是，你追求丽芳，令我们俄罗斯姑娘羡慕死了！"

"我可知道，也有中国姑娘暗恋你啊！"

"啊！"维克多假装吃了一惊，说："真的吗？真的吗？"

"哈哈哈！"两人为过去的趣事开心。

杨波里斯基教授热情地带领关桥到实验室参观，特别自豪地介绍了他的一项发明：真空电弧。

"真空电弧？"关桥怔了一下，"电弧在真空里是不可能稳定燃烧的！"

维克多狡滑地微笑说："我有诀窍，用的是空心阴极。"

真空电弧作为新型热源，用于熔化焊及钎焊有很好的工艺适应性。

关桥知道，这是焊接领域里的又一前沿技术，有不少焊接专家都在研究它，想不到扬波里斯基教授捷足先登了。

"维克多，我邀请你到中国，咱们好好合作！"

"一定，一定，我还要去看看当年暗恋我的中国姑娘呢！"杨波里斯基教授愉快地接受了邀请。

杨波里斯基教授真来了！

1992年秋季，杨波里斯基教授带着他的技术来到625所讲学，并建立了试验装置。

这一年，关桥申请了国家自然科学基金项目，以支持这项技术的研究。从此，建立起了"航空特种焊接/连接技术体系"中的另一个分支——"真空电弧"，既可用于焊接，也可用于钎焊。

试验结果表明，在真空条件下，电弧是难稳定点燃，而采用空心阴极中间通入微量氩气，即可在真空中产生电离，使电弧稳定燃烧。

在焊接科研团队中，郭德伦、孙乃文直接在杨波里斯基的指导下，学会了这项新技术，并且为发动机叶片的制造和修复做出了贡献。

1999年，为满足空军修理工程的需要，由郭和平博士研究生对空心阴极真空电弧的物理现象及其控制开展了基础研究；并设计开发了一台新型的工程化应用设备提供给空军修理厂，从而使空心阴极真空电弧焊接技术迈开了工程实际应用的步伐。

后来，为了改善这项技术，设计新型焊具，杨波里斯基还曾两次来访。

为此，中国航空工业总公司决定授予杨波里斯基教授1998年度"航空友谊奖"，表彰他为625所乃至于中国的焊接技术的发展做出的实际贡献。

杨波里斯基教授到625所期间，关桥也带他参观了实验室。

"摩擦焊？"扬波里斯基教授看见实验室上方写有"摩擦焊实验室"的牌子，就脱口而出。

"对，摩擦焊在我们所的发展也有一个相当长的过程，一个是惯性摩擦焊，一个是线性摩擦焊，我们刚开始探索搅拌摩擦焊。"关桥介绍说。

"为什么这样选择呢？"杨波里斯基教授问。

关桥很坦然地说："这就是中国航空的需求和市场牵引的结果。"

1992年,关桥邀请在莫斯科包曼高等工学院的老同学杨波里斯基教授来625所从事"空心阴极真空电弧焊接/钎焊"研究

怕杨波里斯基教授没听懂,关桥又补充说道:"在新技术的发展过程中,一是技术推动,二是需求牵引。所以,我把这个定义为:中国国防科技工业牵引特种焊接技术和连接技术的创新发展,就是这个道理。"

说到惯性摩擦焊,有一个人必须提及,他就是张田仓!

一波三折

在关桥心中,张田仓是一个得力干将。

张田仓,1983年毕业于西北工业大学焊接专业。先后担任625所助理工程师、工程师、高工、研究员;多次获国防科技进步奖、集团科技进步奖;荣获航空报国优秀贡献奖。

关桥讲了一个故事:

张田仓最初在航空特种焊接技术研究室搞电阻焊。后来在航空工业"军转民"的大变革中，625所开拓了一个民品生产线，专门制造装罐头食品的钢罐，组成了攻关团队，张田仓是主力成员。

钢罐上面有一条焊缝，采用的是电阻滚焊技术。这条生产线自动化程度要求很高，张田仓把这条生产线上的关键——高速电阻滚焊技术拿下来了，使这条生产线变成一个产业化的项目，推向市场。这是625所在"军转民"改革中的一个成功典型事例，也取得了技术经济回报。

后来，张田仓又回到焊接研究室，担负了惯性摩擦焊技术开发，用于新型喷气发动机压气机转子部件制造的攻关，干得也很出色。

当关桥下决心想把搅拌摩擦焊开发成为航空特种焊接/连接技术体系中的一个新领域时，他首先想到的又是张田仓。在关桥的眼里，张田仓善于钻研，刻苦肯干，能胜任这项新技术的开拓性研究。

那还是1987年在英国焊接研究所合作研究期间，关桥就知道英国焊接研究所有一个团队，专门在搞摩擦焊，包括线性摩擦焊、惯性摩擦焊，那时还没听说过搅拌摩擦焊。

关桥知道"搅拌摩擦焊"这个新术语，还是从英国焊接研究所的简报上看到的，他们于20世纪90年代初研究、开发了搅拌摩擦焊新技术，为彻底解决铝合金熔焊缺陷（气孔、裂纹、夹渣等）给产品质量造成的隐患问题，提供了一个崭新的固相连接方法，可用于铝合金结构件的对接焊。

关桥意识到，这真是一项奇妙的发明——把摩擦焊（固相焊）用于铝合金钣金构件对接焊接，是用搅拌头实现的搅拌摩擦焊！它会显示出强劲的技术创新活力，对传统熔焊制造工艺带来革命性的跨越发展。

顿时，关桥激动了起来！

关桥冷静下来又在琢磨，如果真能实现这种新方法，那么，将它应用到航空航天工业这样的铝合金大用户中，代替传统的熔化焊（氩弧焊），就可以从根本上解决几十年来熔焊不能克服的难题：金属在电弧熔化后又凝固成焊缝所产生的缺陷，如：气孔、夹渣、裂纹、接头质量和强度偏低等。新方法没有电弧闪闪发光，没有烟尘污染，是机械化自动焊接过程，是一项绿色制造技术。

这该是多么令人向往的创举啊！

为了解除半信半疑的顾虑，又想验证这一奇妙的方法是否可行，关桥出于一种探求的心态，与在102室从事摩擦焊接（惯性摩擦焊）的组长、高级工程师张田仓商量。

关桥说："既然这种方法如此简单，我们就先探索探索；在还没有作为正式课题立项之前，咱们先做点儿试验看看，如果可行，再上课题立项！"

"好！"张田仓愉快地答应了，停顿了片刻，张田仓问："我们现在已有惯性摩擦焊、线性摩擦焊这些名词和专业术语，而英国人把这项技术叫做摩擦搅拌焊（FSW，Friction Stir Welding），似乎与我国已有术语不对应。因为，这项新技术是由我们在国内第一次开发，第一次给出的专业技术名词，这就引出了如何对这项技术今后的名词术语定位的问题。"张田仓直率地说出了自己的看法。

关桥对张田仓提出来的问题略加思索，说："FSW—Friction Stir Welding 这个名词术语，按英文原意应该是'摩擦搅拌焊'，这是直译。在国内，我们仍然把 FSW 定义为'搅拌摩擦焊'！"

张田仓心里还有一句话没说，引进了搅拌摩擦焊，会不会替代关老师的发明：低应力无变形焊接技术！

关桥仿佛看透了张田仓的心思，说："要用发展的眼光看待科学技术，任何新技术都不可能是一成不变的，科学家要敢于否定自己，这才叫实事求是！"

关桥停顿了一下，又接着说："但是，搅拌摩擦焊是建立在材料塑性流变基础上的固相焊，焊后仍然会有残余应力和变形；也还需要采用低应力无变形焊接方法来控制变形，但要有所创新。"

从此，"搅拌摩擦焊"在中国已成为同行们共识的正式新术语。

1995年，关桥又从TWI的一则报道中了解到，英国把搅拌摩擦焊应用于航天铝合金结构焊接，从而取代了传统熔化焊的方法。

紧接着，关桥又在一本美国焊接杂志上看到，一篇文章全面地报道了搅拌摩擦焊用于德尔塔（Delta）运载火箭制造的整个过程。

关桥没有想到，美国人真有敢于第一个吃螃蟹的精神，这项技术发展得如此迅速，而且令关桥更没有想到的是，TWI 已经把搅拌摩擦焊装备的设计制造技术作为专利使用权，卖给了瑞典的伊萨（ESAB）焊接设备专业制造厂商！

关桥知道，将科学研究成果转化为生产力，转化为工程应用，这不仅是科研人员追求的终极目的，更是 TWI 的经营性质所决定的。

因为，TWI 是一个非营利性的科学研究经营机构，它可以将技术创新成果以专利的形式出售，但不能从制造硬件提供设备、销售焊机中获取利润，这是与我国体制的不同之处！

当时，关桥急于想把这项技术在国内开发成"航空特种焊接/连接技术体系"中的又一个新的重要分支。

关桥清楚地看到，搅拌摩擦焊在国外发展非常之快：波音公司向瑞典的伊萨购买了大型搅拌摩擦焊设备，装备了德尔塔系列大型运载火箭的新生产线，取代原有的熔焊方法；欧洲航天和造船产业也开始大规模应用搅拌摩擦焊建造铝合金大型结构。

1996 年 1 月，经过关桥多方说服与协调，吴复兴所长和中航总科技局点头同意，625 所成为 TWI 的正式工业会员。这样，就有条件从 TWI 索取更多的信息，了解搅拌摩擦焊的最新发展，并有可能与 TWI 开展这方面的技术交流，探讨技术引进、知识产权保护等问题。

关桥决定要赶快实现自己的目标！

一方面，经张田仓初步摸索，确认了这种方法可行，抓紧在 625 所内将搅拌摩擦焊正式立项，开展预先研究，由张田仓负责"搅拌摩擦焊前期探索研究"。

另一方面，想方设法从 TWI 获得对搅拌摩擦焊的专利使用权，为尊重对方的知识产权，是要付出一定的经济代价的！

关桥马上要做的两件事是：

其一，致函 TWI 的所长布雷斯韦特（B. Braithwaite）先生，就搅拌摩擦焊专利使用权的问题进行咨询；

其二，向瑞典伊萨公司的技术总裁皮卡瑞（Pekkari）询价，就中国想购买搅拌摩擦焊设备的技术情况等有关问题进行了交流。

关桥与这两位先生都很熟悉。

2000年7月，关桥在意大利佛罗伦萨再次与TWI所长布雷斯韦特谈判关于在中国实施搅拌摩擦焊技术专利使用权问题

布雷斯韦特是关桥在TWI从事合作研究时就有较深的交往；当时，他是副所长，在威尔士博士退休后，他继任TWI所长，1994年曾来北京参加国际焊接学会第47届年会，访问过625所。瑞典的皮卡瑞先生与关桥同期均在国际焊接学会担任过副主席，两人曾有过一段接触，皮卡瑞对关桥的印象很好。

在随后的几年间,关桥与布雷斯韦特反复交换意见,或信函往来;或在国际会议见面时,抓紧时机进行面对面的谈判。

2000年7月,关桥赴意大利佛罗伦萨,参加IIW第53届年会。关桥抽空与布雷斯韦特就搅拌摩擦焊专利使用权问题进行了谈判。

"进入中国市场,双赢!事不宜迟!"关桥向布雷斯韦特摊牌了。

布雷斯韦特带着英国人标志性的微笑说:"你们研究所已经是我们的会员单位,在专利使用权问题上,会给予优惠!"

这次谈判的收获是,双方同意,于当年11月,在上海举办北京—埃森的国际焊接展览会上,共同参展,对搅拌摩擦焊进行宣传,由TWI提供可供展示的搅拌摩擦焊大尺寸焊接件。

关桥想趁热打铁,向郭恩明所长建议,促成张田仓等赴日本参加2001年由TWI知识产权经理斯密司先生主持的国际搅拌摩擦焊学术会议,请张田仓直接与斯密司进一步谈判专利使用权问题。

瑞典的皮卡瑞也给关桥回信了,一台中型搅拌摩擦焊设备的报价就是几百万美元!同时在邮件中附寄来一块试件,上面注明有伊萨公司的招牌标志和焊接参数:焊接速度、搅拌头转速。

这是一块非常精致的焊接试片。

说实话,几年前,关桥和张田仓一起试焊时,还拿不出这样好的焊接试片。

关桥就和张田仓仔细观察、分析,从试片表面焊缝的圆形花纹的密集程度和焊接速度的关系,确定了自己改进试验的方向和工艺参数的优选。

关桥对张田仓说:"优选工艺参数很重要,如果试验成功,必须买人家的技术,这是一个知识产权问题!"

试验的结果令关桥满意。

但是,专利引进的过程很漫长。时间仿佛凝固了一般,停止在一个固定的位置上。

皮卡瑞的回信给出的设备报价昂贵,这反而更加坚定了关桥即使要付出代价,也要购买TWI的搅拌摩擦焊技术专利使用权的信心和决心。

生命之光——记国际著名焊接专家、中国工程院院士关桥

关桥想,既然美国波音公司可以把搅拌摩擦焊应用于大型运载火箭的制造,那么,把搅拌摩擦焊首先用到我国的航天制造,这比在航空制造上用起来会更快些。因为,航空工业造飞机,要求安全寿命要几万小时,要提供给设计部门足够的疲劳试验数据,需要更长研究周期。

十多年前,关桥在完成长三甲运载火箭焊接技术攻关任务时,曾对航天211厂有更多的了解,结识了总工程师尚育如,与继任的总工程师崔可浚、王国庆也有业务上的联系。于是,关桥想把这项新技术先应用到运载火箭的制造上,毛遂自荐,与尚育如总师约定,先向他们介绍情况。

2000年6月27日,关桥与625所主管技术的王亚军副所长和张田仓等,向航天211厂的总工程师们宣传搅拌摩擦焊在运载火箭制造中的应用,讲解如何对传统的熔化焊生产线进行技术改造。

与会者用怀疑的眼光看着关桥,提出了许多问题。

2001年的一天,关桥得知航天工业总公司要上新一代大型运载火箭,已经立项了。

关桥坐不住了,便以国防科工委专家咨询委专家的身份,给国防科工委写了个报告,标题是:《关于在新型运载火箭研制中采用搅拌摩擦焊技术对燃料储箱制造工艺实现跨越式重大技术改造的建议》。

关桥写道:搅拌摩擦焊技术在航空、航天领域的应用,对于提高航宇铝合金焊接构件的性能,提高飞行器的可靠性,是一项跨越式的技术进步。

关桥分析了近年来搅拌摩擦焊在国外技术研究及工程应用进展情况。

他指出:搅拌摩擦焊技术自英国焊接研究所于1992年申报专利技术至今,在不到10年的时间里,已取得了惊人的发展:铝合金的焊接试验研究取得成功后,已应用于航空、航天、舰船、高速列车等产品的焊接;钛合金的焊接试验研究也已取得成功,即将进入工程应用阶段;黑色金属的焊接试验研究同样取得成功,正在开发应用于产品;还实现了异种材料的焊接。

目前,国际有关专家多次组织了搅拌摩擦焊专题学术会议,从各方面拓宽开展搅拌摩擦焊原理、工艺与设备优化和工程应用的深入研究。

——瑞典伊萨公司按专利许可证制造了大型专用焊接设备,已在欧美航空、航天、造船、汽车制造业中开始应用。

——美国著名的航空、航天大公司争相获取搅拌摩擦焊的专利许可证。1997年已将这种方法用于制造德尔塔运载火箭的推进剂储箱,并拟在阿拉巴马州再兴建两台大型焊机用于德尔塔Ⅳ型运载火箭制造。

——挪威已将搅拌摩擦焊用于"飞猫"快艇甲板、侧板、舱头和中间隔板的制造。

——日本已将这项技术用于高速铁路铝合金车体的制造,以及应用于汽车工业的轻型结构,实现了各种铝合金薄壁构件的焊接,使接头的质量更高,焊接结构的完整性更好。在这些工程应用中,充分体现了搅拌摩擦焊的技术优势。

搅拌摩擦焊现场工艺操作简单,没有电弧闪光、飞溅和烟雾的污染,与焊工的技艺无关,可实现全自动化焊接,无须保护气体,无添加焊丝形成的焊缝余高,可以放宽对装配间隙的要求。

实践证明,搅拌摩擦焊是一种高质量、高效率、低成本的崭新绿色固态焊接方法!

关桥积极建议在新型运载火箭研制中,采用搅拌摩擦焊接技术,对燃料储箱制造工艺实现跨越式的重大技术改造。最后强调说,这个事要赶快干,这个技术赶快用!

国防科工委栾恩杰副主任很快批示:请科技质量司研究立项;在"十五"期间625所与航天211厂合作,共同进行"搅拌摩擦焊"技术与装备的研究开发。

这是由政府部门正式支持的第一个搅拌摩擦焊研究项目。为研制运载火箭的筒形结构打下了基础。

这对关桥来说,真是巨大的支持与鼓励!

关桥认为,搅拌摩擦焊技术要在中国发展,必须要储备相应的人才队伍。

关桥想到了另一个人——曾与张田仓一起开展过惯性摩擦焊探索研究的工程师栾国红。

生命之光——记国际著名焊接专家、中国工程院院士关桥

栾国红中等身材，壮实，性格爽快，干练，为人大方、实在，工作认真、敬业。1992年毕业于西北工业大学焊接工艺与装备专业。

正巧，栾国红在2001年考取了出国进修的资格。

关桥推荐他去加拿大多伦多大学的T. North（诺尔斯）教授的搅拌摩擦焊实验室进修。

关桥告诉栾国红："你去加拿大，诺尔斯教授我认识，你进修完一年后，就赶快回来！"关桥对栾国红回国后的工作安排另有打算。

诺尔斯教授是关桥在1990年去加拿大蒙特利尔参加IIW第43届年会时结识的。

关桥人缘很好，喜欢在学术界交朋友。

栾国红在诺尔斯实验室的工作受到赞赏。

哪知，一年进修完，诺尔斯教授想把栾国红留在那里继续攻读博士学位。

栾国红来信征求关桥的意见。

关桥急了，赶紧给栾国红写信，说："不行！搅拌摩擦焊在625所刚开始启步，'十五'计划中，搅拌摩擦焊在625所会有突破性的发展，希望你能及时回国，有一个大课题项目要上马，你要顾全大局！"

关桥在信中对栾国红攻读博士学位问题也谈了自己的意见，承诺待栾国红回国后可以进入北京航空航天大学（简称北航），关桥作为北航的博士生导师，给他创造机会和条件。

"我一定回来！"栾国红打消了顾虑，坚定地说。

功夫不负有心人。

英国焊接研究所被关桥的执著与诚意感动，他们于2001年提出一个建议，以625所为依托，在中国合作建立"中国搅拌摩擦焊中心"。

2002年4月18日，在北京正式签署了合作建立"中国搅拌摩擦焊中心"的双边协议，购买了专利使用权。同年，成立了中国首家专业化搅拌摩擦焊公司——赛福斯特技术有限公司。

这时，关桥才真正认识到，所谓知识产权，就是一个"权"，它没给你任何硬件和软件，没给你任何设备，你要用我的idea，就得给我交知识产权费。

关桥与栾国红商讨搅拌摩擦焊技术方案

625 所路边的白杨树又发出了新芽。

这一年,栾国红果真回来了。

回国后,栾国红立即投入了搅拌摩擦焊的项目研究工作和与 TWI 合作建立"中国搅拌摩擦焊中心"的筹备工作。

关于谁来担任赛福斯特技术有限公司总经理,人选有两个:一个是郭德伦,一个是栾国红。

所长郭恩明征求关桥意见,关桥说:"郭德伦比栾国红要成熟一些,建议郭德伦担任。"

郭德伦是 625 所 102 室主任,正是顶梁柱。所里不想把郭德伦从 102 室抽出来。

关桥在党委会上表述了自己的意见,又讨论了两次,所里难以定夺。

于是就交给了党委会和所务会的联席会决定,争执不下,最后采取竞聘答辩投票表决。

结果是,栾国红比郭德伦多了 4 票。少数服从多数。

2003 年 10 月 25 日,"中国搅拌摩擦焊中心"正式挂牌,并在此基础上注册的"北京赛福斯特技术有限公司"也同时挂牌运营。

这一天，是625所发展历史值得纪念的日子，在所学术报告厅举行了揭牌仪式。

2002年4月18日，625所和TWI签署协议，建立"中国搅拌摩擦焊中心"。2003年10月25日，中国第一家专业化搅拌摩擦焊接技术公司"北京赛福斯特技术有限公司"正式挂牌运营

赛福斯特技术有限公司的权利不小，责任更大。

它作为中国区域（包括香港、澳门、台湾）唯一得到英国焊接研究所授权的搅拌摩擦焊技术解决方案提供商，全权代表英国焊接研究所发放和管理中国区域的搅拌摩擦焊专利许可，并全面致力于搅拌摩擦焊技术解决方案的提供。

作为国内唯一的专业化搅拌摩擦焊技术公司，业务涵盖搅拌摩擦焊专利许可发授、搅拌摩擦焊技术培训与服务、搅拌摩擦焊专业设备开发与定制、搅拌摩擦焊产品代加工、搅拌摩擦焊检测设备代理、标准化搅拌头工具销售与搅拌摩擦焊相关的系列服务。

栾国红不负众望，工作干得有声有色，公司的局面很快打开。

关桥很赞赏栾国红，也积极主动地支持栾国红的工作。

公司的运作很红火，市场需求旺盛，业务面迅速扩大，在国内打开了一个新的产业市场，也赢得了焊接界同行们的赞誉，在国际搅拌摩擦焊技术领域也占有了一席之地。

这年的12月，关桥为中国搅拌摩擦焊中心写下了祝福词：

"祝中国搅拌摩擦焊中心为我国焊接产业走向世界做出贡献！"

为了扩大宣传，关桥带着栾国红，走访了航天工业的各个研究院，先后在航天一院、三院、五院等单位作搅拌摩擦焊技术讲座、报告、研讨；先后向航天八院的总师们提交建议书；向铁道部门、车辆制造厂家建议采用搅拌摩擦焊先进技术；也向中国工程院的航天系统院士们、型号的总设计师们作宣传。

宣传的效果非常明显！

2005年，625所为航天八院的149厂实施了一项"交钥匙工程"，为该厂提供了3台大型专用搅拌摩擦焊设备。

一台是用于大直径运载火箭筒段纵缝制造的立式搅拌摩擦焊机；一台是用于搅拌摩擦焊焊接运载火箭筒体箱底椭球空间立体焊缝的直角坐标机器人焊机；一台是可用于焊接大厚度（70mm）铝板的重型搅拌摩擦焊焊机。

2010年12月，赛福斯特技术公司自主研发FSW–7XB–010大型空间曲线搅拌摩擦焊机也作为"交钥匙工程"，提供给航天211厂，为制造3.35米直径的燃料储箱底创造了条件。

这些"交钥匙工程"，被关桥誉为具有标志性的跨越式进步！

2006年4月30日，中国搅拌摩擦焊中心又列入了625所的第107室编制，室主任是栾国红。职责是：专业化从事搅拌摩擦焊技术研究与装备开发以及相关材料加工技术，用于新型铝合金焊接结构研制。

栾国红既是研究室主任，又是公司总经理，双重身份，两副担子一肩挑。

随着研究室和公司的业务面扩大，一支朝气蓬勃的青年骨干团队也在工程实践中逐渐成长起来：李从卿研究员是公司总工程师，董春林博士主管科研开发，柴鹏任设备部经理，李光是技术部经理，张志斌负责市场销售；每年都有新人加入这支人丁兴旺的队伍。

2007年11月，北京赛福斯特技术有限公司自主研发的FSW－ZLH－2006大型铝合金型材带筋壁板搅拌摩擦焊拼接设备顺利通过新加坡客户验收，正式交付使用。验收后，外方经理称：如果不看设备铭牌，我很难相信这台设备是中国制造，它的外观、制造工艺、控制系统绝对是世界一流水平。

该设备成功中标及交付，标志着北京赛福斯特技术有限公司在国际搅拌摩擦焊设备领域具有核心竞争力，代表了中国搅拌摩擦焊接技术发展的新的里程碑，并为开拓国际市场奠定了坚实的基础。

2008年，我国自主研发的新型号飞行器首飞成功！

该型号飞行器为航天科研院设计制造，原部件采用整体加工方式，制造成本高。改用了搅拌摩擦焊技术后，高效率、低成本制造显示了明显的技术经济效益。2003年该单位委托北京赛福斯特技术有限公司开发针对筒体结构的大型搅拌摩擦焊设备，并于2004年进行了"交钥匙工程"投产。

采用搅拌摩擦焊制造的飞行器成功完成了飞行试验考核，这是航天工业开展搅拌摩擦焊应用研究的首次正式产品应用，是把搅拌摩擦焊应用于我国飞行器制造的开端。

这些年来，搅拌摩擦焊的工程应用已扩展到航天、航空、舰船、轨道交通、列车车厢的制造、大型带筋铝合金宽幅壁板的制造，乃至应用在能源、电力、兵器工业等产业，搅拌摩擦焊发挥了巨大的作用。

目前，625所重要的主攻方向是：在成功将搅拌摩擦焊用于大型运输机铝合金挤压型材结构制造的基础上，目标指向大型干线客机上的扩大应用。

搅拌摩擦焊工程化与工业化的发展，为625所带来了相应的技术经济效益和社会效益。

但关桥心里仍然是忧喜参半。

喜的是，搅拌摩擦焊在短短几年时间里，便成功应用于几乎是国民经济的各大领域，充分证明了其技术优越性，并且也有自己的专利技术问世。

忧的是，一项新技术的背后，是一个产业的兴起，但是，搅拌摩擦焊在未来的日子里，如何持续发展，把产业做大、做强？前面的路，还有多远？航空特种焊接技术体系这棵大树,还能持续长大、长高吗?

原来想靠引进技术和设备,解决新型先进的高推重比发动机关键部件焊接的方案,由于买不来设备而告急。这项"线性摩擦焊"工艺与装备研发的重任,又落在了 625 所的肩上。

由 102 室的李晓红主任挂帅,以张田仓为首席专家的课题组,夜以继日,攻克着一道道难关。在完成了 20 吨的线性摩擦焊机研制之后,又在新研制的大型设备上,试焊成功发动机叶盘新结构模拟件。

关桥为这个项目的顺利开展,争取上级的支持和经费的落实;为航空特种焊接技术体系这棵大树能再长新枝、新添果实尽心尽力……

关桥无限感慨!

在 625 所开拓构筑航空特种焊接/连接技术体系的历程中,中国航空工业强劲发展的需求就像阳光、雨露滋润着这棵大树的茁壮成长;科研团队犹如一个个奋斗奉献、充满青春活力的辛勤园丁,给这棵大树浇水、培土、施肥……

东京会议

1986 年 7 月,日本东京。

关桥参加国际焊接学会第 39 届年会。年会的主题是:电子束焊接与激光焊接。

这也正是 625 所承担航空工业部制定的"七五"规划中的重点研究课题内容。

真是不谋而合。

关桥喜出望外。他说:"专家们谈的许多技术问题、发展动向及观点,可直接指导我国高能束流加工技术课题的研究。"

会上,有一个人引起了关桥的注意。

电子束焊接的发明人卡尔·施泰格瓦尔德博士(Dr. Karl Steigerwald)。德国一家电子束技术公司就是以他的名字命名的。

在电子光学中,电子显微镜成像时,把电子束功率增大并聚焦,在超高电压下,电子以极高速度冲击待焊金属,电子的动能转化为热能,可以把金属熔化。这个奇特的现象被施泰格瓦尔德博士发现了,他马上应用到了电子束焊接和材料加工领域。

20世纪50年代,施泰格瓦尔德博士把发明的电子束焊接这项技术就很快地应用于核工业反应堆中燃料棒钼材金属的焊接。

1986年7月,参加东京的国际焊接学会(IIW)第39届年会期间,关桥邀请电子束焊接的发明人德国施泰格瓦尔德博士来华讲学

俄罗斯知道了这项重要的发明,就开始跟进。关桥于20世纪50年代在莫斯科学习时,就参观过莫斯科动力学院成立的专门研究电子束焊接实验室。

50年代末期,我国开始了电子束焊接的研究与开发。60年代初,清华大学潘际銮教授与上海电焊机厂合作研制了我国第一台电子束焊机。接着,625所李洪林等也与上海电焊机厂共同设计制造了航空产品用的电子束焊接设备。后来,我国也曾从日本、英国、德国、法国引进了不少电子束焊接设备,并应用于工业生产;但由于对多学科协同研究开发重视不够,资金注入少,长期缺乏基础性研究,电子束焊接技术徘徊在单学科、部门分割和低水平重复的发展水平上。

所以，电子束焊接与加工的科学研究和技术开发、设备研制的能力和水平与我国在经济发展方面的需求差距还很大。

在大会休息时，关桥早有准备地与施泰格瓦尔德博士攀谈起来，关桥告诉施泰格瓦尔德博士："我想请你到中国去讲学！"

"中国？好啊，我去！"施泰格瓦尔德博士没有到过中国，在他的印象中，中国是一个神秘的国家。

关桥想，只要你高兴，我就有信心办成这件事！

日本著名高能束流焊接专家荒田吉明（Yoshiaki Arata）教授也加入进来聊天，他对关桥说："中国有很大的市场，应当加快发展高能束流技术的步伐！"对于关桥来说，荒田吉明教授也是老朋友了。

在1980年，关桥推荐王虎去日本大阪大学焊接研究所高能束流实验室，在荒田吉明的直接指导下从事电子束焊接基础研究；同期，蔡怀福也由关桥推荐在该研究所从事钎焊研究，也曾一起去过荒田吉明家作客。

东京会议结束回国后，关桥立即撰写了一份关于在我国建立高能束流加工技术国家级实验室的建议：

——建议在"七五"期间把"高能束流"焊接技术（包括电子束、激光）作为重点研究课题，并列入专项，在经费上给予支持。

——建议不失时机地成立国家级实验室，专门从事高能束流加工技术的基础研究和开发应用研究，同时培养这方面的高级专业人材。

根据东京会议上了解到的技术发展前沿动态，也提出建议，马上开展对喷涂涂层及扩散连接质量无损检测的超声波激光全息技术研究，以解决这项长期以来难以攻克的技术关键。

625所把关桥的建议直接报送给了航空工业部。

同时，关桥和吴复兴所长一起找到了航空研究院的副院长张耀，汇报说："我们想把施泰格瓦尔德博士请到中国来。"

"就是那位电子束焊接的发明人？"

"是的。请施泰格瓦尔德博士作为625所的顾问教授，专门指导电子束焊接技术的开发和研究。"

"好！航空研究院也可聘请他作为技术顾问，这是难得的资源啊！"张副院长高兴地说。

关桥很高兴，非常赞同张副院长的观点。有上级领导的支持，关桥赶快上报了一份引进人才计划，以便能获得国家外国专家局的经费支持。

1989年9月，关桥参加了国际焊接学会在赫尔辛基举行第42届年会。

期间，苏联巴顿电焊研究所的一名专家，向与会代表报告了20多年来从事太空焊接技术研究的情况和取得的进展。

"从1969年开始，在'联盟6号'等飞船上，苏联先后有包括莎维茨卡娅女宇航员在内的15名宇航员在太空进行过焊接试验与实际操作。苏联的太空焊接技术已跨入了实用阶段！"这名专家骄傲地说。

与会代表为苏联太空焊接技术的先进性震惊了！

以前，关桥也从资料上零散地了解到苏联太空焊接技术发展的一些情况。

早在20世纪60年代中期，苏联就开始了太空焊接技术的研究工作。经过可行性探索、方法选择、地面与高空模拟试验，于1969年在"联盟6号"上首次进行了太空焊接试验。

在其后的20年间，苏联巴顿电焊研究所专门对电子束焊接技术在太空环境中的应用进行了多方面的研究，研制开发了多功能电子束装置。

1984年由两名宇航员在"礼炮"号上进行了太空电子束焊接、切割、钎焊与喷涂试验。

1986年另外两名宇航员实现了大型桁架结构的太空焊接。

空间技术的发展，为焊接科学技术进步注入了生机。

空间大型轨道站的建造，提出了一系列的特殊工程技术要求，其中，最重要的一项，就是焊接技术如何在太空微重力条件下得以实施。因为，不可能把在地面焊接好的大型金属结构件送往太空，而必须在轨道站上组装并形成永久可靠的焊接连接。

这项任务，必须由太空电子束焊接技术来完成。

关桥认为，随着我国航空航天工业的发展，为未来建造轨道飞行器和空间站提供技术基础，开展先期应用基础研究势在必行。

因此，关桥根据大会上了解到的电子束焊接与加工技术的发展前沿动态提出建议，"把太空电子束焊接纳入'八五'规划中去，建立国防科技实验室"。

1990年，关桥正式向国防科工委写了一份"关于建立国防科技太空电子束焊接应用基础研究实验室"的报告。

就在这一年的春天，德国电子束焊接的发明人施泰格瓦尔德博士履行承诺，携夫人来到了中国。

关桥亲自出面，把施泰格瓦尔德博士夫妇安排在北京日坛宾馆。

第二天一大早，关桥去宾馆接施泰格瓦尔德博士夫妇。

"昨晚休息好吗？"关桥客气地问。

"不好！不好！"施泰格瓦尔德博士的太太口直心快地说，并连连摇头。

关桥大吃一惊："怎么啦？"

施泰格瓦尔德博士太太说："马桶不干净！我刷了一宿！"施泰格瓦尔德博士没吱声，只是笑了笑。

"啊！对不起，对不起！"关桥连忙表示歉意。

关桥知道，爱整洁，是德国人生活习惯。事前，关桥还特地给宾馆服务员打了招呼，反复强调卫生，哪知，还是没做到位。

改革开放，一切都在复苏。当科学技术与国际接轨的同时，软件服务上的许多不足就显现出来了。

关桥想起了另外一件事：

也是在前不久，关桥邀请日本大阪大学焊接研究所所长、高能束焊接专家——荒田吉明教授到625所指导电子束焊接工作。

625所开了一辆面包车接待。下了车，荒田教授的脸色很难看，关桥就问："怎么？哪里不舒服？"

"一路颠簸，车上又没扶手！"翻译说。

关桥听了心里不是滋味。

生命之光——记国际著名焊接专家、中国工程院院士关桥

关桥带领荒田教授到实验室参观，荒田教授一句话也不说，绷着脸。

在交换意见时，荒田教授不客气地对关桥说："实验室像作坊！"

关桥承认这是事实，但心里特别不好受。

施泰格瓦尔德博士到了625所，立即就投入到指导电子枪设计的工作中去。

625所郑重聘请施泰格瓦尔德博士为研究所荣誉教授，并举行了隆重的受聘仪式。在他的亲自授课、指导下，关桥安排了吴立威等几个年轻人着手设计高压电子枪，这是电子束焊机的关键部件，也是我国还不能自主生产的核心技术。值得欣慰的是，在施泰格瓦尔德博士第二次来访时，他又指导了新研制的电子枪的调试，高压电子枪投入正式使用。关桥很敬佩这位老专家，多少年来，一直保持联系。

1991年，为了促进国家级重点实验室建设项目能够立项，关桥向国防科工委综合计划部预研局领导汇报论证了"高能束流加工技术"在国内外的发展情况。他撰写了《从欧共体的科研计划看高能束流（激光、电子束）焊接技术的发展》的文章，站在焊接科技前沿发展的制高点上，用世界的眼光，看待高能束流（激光、电子束）焊接技术发展的走向与前景。

在这段时间，所长吴复兴、总工程师刘湘、科技委员会主任胡建国都为争取重点实验室建设能立项多次召开论证会、呈报文件，上下同心。关桥为此也感到非常欣慰，他精力充沛，全力以赴。

1993年，国防科工委批准建立"高能束流加工技术"国防科技重点实验室。

关桥笑了，他终于盼到了这一天！

关桥认为，高能束流加工技术的应运而生，绝不是偶然的现象。

"高能束流加工技术"国防科技重点实验室，是在625所原有的激光束、电子束及等离子束加工技术基础上，建立起来的拥有三束加工技术的国防科技重点实验室。

"实验室的发展目标是什么？"在成立大会上，《中国航空报》记者见缝插针地采访关桥，很想知道这个实验室是干什么的。

第六章 激情飞扬

1999年9月20—26日，关桥邀请德国阿亨大学电子束与激光焊接专家德尔泰（Dilthey）教授来625所讲学，为"高能束流加工技术"国防科技重点实验室开展国际学术交流

"实验室，将成为高能束流加工技术的应用基础研究与工程应用的国内外知名的研究中心；通过'开放、联合、流动、竞争'的运行机制，重视自主创新研究成果，聚集和培养优秀的人才，使高能束流加工技术成为我国国防工业武器装备和国民经济建设的一大技术推动力！"

"研究方向主要在哪些方面呢？"记者紧追不放。

关桥思考了片刻，说道："一是新型材料、难加工材料及新型结构的激光束、电子束、等离子束可加工性研究；二是提高束流性能，加工过程控制，质量监控关键技术及关键装置的研究；三是高能束流加工学科的发展前沿理论与前瞻性创新技术的研究。"

关桥很有条理地说完后，心情倒变得沉重起来。他知道，实验室的运转，没有像说话这么轻松，还有大量的工作要做。对此，关桥早有思想准备。只要是他决定了的事，即便前面的路充满了荆棘，他也要走过去！

关桥坚定了克服困难的信念！

国内唯一的"高能束流加工技术"国防科技重点实验室，在世界上也是站在前列的专业化重点实验室，建设的步伐任重道远。由所长吴复兴任重点实验室主任，王亚军研究员任常务副主任。在随后的若干年间，重点实验室的领导换届，先后有继任的所长郭恩明、张军担任实验室主任，由刘方军和巩水利任常务副主任。他们为建设一流的重点实验室都付出了心血，做出了不可替代的贡献。

关桥（右二）和王健（右一）向航空发动机专家吴大观（右三）
介绍气膜冷却涡轮叶片的激光制孔技术

重点实验室聘请了国内在本专业研究方面有很深造诣的专家组成第一届学术委员会，由11名教授或研究员组成。

关桥院士担任实验室学术委员会主任，徐滨士院士、吴承康院士和冯诚研究员担任学术委员会副主任。

从内心讲，关桥不想担任这些职务，他尝试过当领导的苦头。

1979年11月，所里任命关桥为焊接研究室主任。刚上任不久，就遇到一件事：

当时，室里要设计一台电子束焊接设备。真空室的活动门上边的吊挂要移来移去，调试时发现活动门移动速度太快，产生撞击。

关桥到现场了解情况后，请来课题负责人商量说："据我看，传动机构齿轮减速箱设计的减速比偏小，应该修改设计！"

课题负责人不吱声。

"我们要对客户负责，必须改！"关桥强调说。

还是不吱声。

空气顿时凝固了。关桥意识到，这是在给室主任出难题。

不改！看你这个室主任有什么能耐？

关桥有些生气了，只好直接与课题组内的另一位工程师商量。

"要想把电子束焊机门移动速度降下来，在这再加一对减速齿轮！"关桥就这样拍板确定了修改方案。

最后解决了问题，用户验收满意。

研究室里有好几个专业组，电子束焊接、氩弧焊接、电阻焊接、钎焊，哪一个专业组都要关照到，有时必须放下自己的课题研究工作，跟着其他专业组加班完成临时攻关任务中的燃眉之急。

工作上的事还好办，遇到扯不清的行政琐事杂事，关桥的头都大了。

有一次，一个员工的家属跑到单位上来闹。

"再大的事，回家说好吗？"关桥耐心劝她回去。

"老公是你们单位的人，我不找你，找谁？"

"可这是上班时间啊！"

"我不管那些，我没钱吃饭，叫他拿钱来！"家属索性吆喝起来！

"好好好，你老公现在不在这，我先拿钱给你，好吧？"关桥说着就从口袋里掏钱递给家属。

"不要你的臭钱，我找我老公要！"

研究室政治指导员刘尚信实在看不过去，左说右劝，才算消了气，家属扭头走了。关桥原定要召开的会议，耽误了时间，也不得不延期举行。

关桥觉得自己不是当行政领导的料。他决定辞职。关桥想干自己想要干的事。研究室的党支部书记、指导员刘尚信、很了解关桥的心事，表示支持。

625所的所长朱育理也非常理解关桥，于1984年4月，解除了关桥室主任职务。但留了个"尾巴"，任命关桥为625所科学技术委员会副主任。由施铭鼎接任了特种焊接技术研究室主任。

从严格意义上来讲，关桥在这个科技委副主任位置上也并没有做更多的行政工作，不过，这职务倒是给了他许多方便。

比如，关桥可以跨几个研究室把在特种焊接技术领域里他想到的，看到的，觉得应该干的事，都跟相关研究室主任说，应该如何列计划，应该如何立项，效果还不错。

预见问题，协调关系，开诚布公，发表己见，也是关桥能力的表现。

关桥知道，自己担任高能束流重点实验室学术委员会主任，既是责任，也是使命。他可以不再操心行政事务和承担实验室运行的经济压力，专心致志地关注学科建设的方向和人材梯队的培养。

不久，625所为了适应发展的需要，将"特种焊接技术研究室"一分为三。

一是航空发动机工艺研究室（第102研究室）。内设：气体保护焊、钎焊、扩散焊、摩擦焊、真空电弧焊等技术与装备、自动化与机器人焊接、焊接结构完整性研究、焊接应力变形控制，以及电解加工、电火花加工技术等。

二是高能束流加工技术研究室（第104研究室）。将原十二室激光制孔、等离子喷涂与离子束专业并入其中。内设：高能束流焊接与加工、电子束焊接、快速成形制造、毛化、物理气相沉积、激光束焊接、切割、制孔、强化、表面改性、等离子焊接、喷涂、离子注入表面改性。

三是航空钣金成形技术研究室（第106室）。内设：超塑成形/扩散连接、旋压成形、喷丸成形、钛合金成形、化铣与阳极化技术等。

这次机构调整的意义，在625所的发展史上，留下浓墨重彩的一笔。

1995年11月，"高能束流加工技术国防科技重点实验室"通过验收后，正式投入运行。

从这以后，"高能束流加工技术"国防科技重点实验室发展态势良好，它和第104研究室是一个实体，两块牌子，高能束流加工技术得到了快速发展，研究成果和效益显著；激光加工技术、电子束加工技术、离子束和等离子加工技术、总体综合能力居国内一流水平。

关桥亲眼看到，在重点实验室成长的背后，先后三届常务副主任，亦即104研究室主任们——王亚军、刘方军、巩水利都是尽心尽力，开拓进取，任劳任怨，为高能束流加工技术的创新发展做出了各自的贡献，留下了一组组可圈可点的生动的镜头：

——组织实验室基金项目研究，促进了高能束流新技术的基础研究。

——组织国内学术会议、交流，通过技术推广会议，积极向国防工业系统推广高能束流相关技术，促进武器装备制造的技术进步。

——组织出国技术考察或参加国际学术会议，加强实验室在国际学术界的影响，吸纳先进科技合作项目，创新发展。

——主办国际性学术会议，促进我国高能束流加工技术的应用和发展，走出去，请进来，加强了国际技术交流与合作。

——与国外高校和研究机构开展技术合作。邀请国内外著名专家讲学，如英国焊接研究所的 G. Booth 和 G. Shi 博士、德国宇航中心的舒尔兹博士、美国加州大学光加工专家陈浩林教授、英国曼彻斯特大学激光制造研究中心主任李林教授、美国橡树岭国家实验室的 S. David 和 Feng 博士等。介绍国外技术发展的最新动向，开阔了科研人员的眼界。

重点实验室在原有基础上不断拓展专业领域，关注国际高能束流技术的发展，及时修正实验室的发展规划，跟踪世界高能束流加工技术的发展趋势。在电子束加工方面，根据型号的需求，发展了以电子束钎焊为中心的多功能加工技术。同时通对俄罗斯和乌克兰合作项目，引进电子束物理气相沉积技术。高能束流重点实验室所承担的多项预先研究及型号攻关项目，都已应用于新机研制及生产中，并取得一定的经济效益和社会效益。

但关桥不满足现状。

在聘请了德国电子束焊接发明人施泰格瓦尔德博士担任重点实验室顾问教授之后，1997年关桥又邀请日本大阪大学激光焊接专家松绳朗教授来讲学，625所

生命之光——记国际著名焊接专家、中国工程院院士关桥

1997年5月23—25日，关桥（右一）参加了中科院召开的香山科学会议：材料科学中的超常热物理问题，美国加州理工大学田长霖教授（右四）、吴承康院士（左三）等参加了会议，关桥作了"高能束流材料加工中的超常热物理问题"的报告

聘他为顾问教授。近年来，德国阿亨大学的德尔泰（Dilthey）教授在激光复合焊接领域走在世界前列，关桥敏锐地认识到这一重要方向在航空特种焊接技术发展中的前景看好。德尔泰教授正担任着国际焊接学会主席的职务，尽管日程安排得很满，他还是接受关桥的真诚邀请，于2010年4月来所讲学，并应聘为荣誉顾问教授。

为了实验室的发展，关桥特别注重对人才的培养。为此，他与中科院力学研究所吴承康院士合作，联合清华大学陈熙教授，共同申请了国家自然科学基金重点项目，关桥以高能束流加工中的超常热物理问题为研究内容，培养了三个博士生。

"老关，你真傻，培养出来的人才与你自己干的焊接力学也没啥关系！"有人劝关桥。

关桥毫不客气地回答："是的，我带的这些博士生，对焊接力学发展虽没有直接关系。但为了高能束流重点实验室人才队伍建设，我必须这样

做！"。

三个博士生很明白导师的良苦用心。苏彦东、董春林、周琦的博士论文都是在国家自然科学基金的重点项目支持下完成的。

2010年是高能束流重点实验室喜庆之年。

其一，由关桥牵头，巩水利常务副主任联合北京工业大学李晓延教授和清华大学赵海燕副教授共同申请的国家自然科学基金重点项目："大厚度钛合金结构电子束焊接制造基础问题研究"，通过同行专家评审，批准实施。

其二，"高能束流加工技术"国防科技重点实验室，通过了由国防科工局和总装备部联合专家组的定期评估，这表明在过去的4年间取得了长足进步，评估组也指出了仍然需要提高的努力方向。关桥深知，进步和成绩来之不易，为了这一天，实验室的全体科技工作者，尤其是常务副主任巩水利付出了多少心血！在电子束焊接和电子束快速成形方面、激光加工技术方面都有突破性的创新发展。

其三，这一年的10月26日，由重点实验室主办的第三届"高能束流加工技术"国际学术会议在北京月亮河酒店开幕，为这次会议的召开整整筹备了两年。作为大会主席，关桥特意邀请到了国际焊接学会主席、德国阿亨大学的德尔泰教授和国际焊接学会第Ⅳ专业委员会（高能束技术）的主任、美国洛克希德·马丁公司的高级制造技术和电子束焊接专家E. Levert在大会上作特邀报告，为提升重点实验室在国内外的影响力开拓对外交往渠道，起了很好的作用。

其四，在国家正在实施的科技重大专项"高档数控机床与基础制造装备"中，经过投标评审实验室获准了两个大项目：激光焊接与电子束焊接专用装备的研制。

关桥期待在航空特种焊接技术体系这棵大树上，高能束流作为一枝粗壮的支干，长得更加枝繁叶茂，结出更多、更好的果实……

生命之光——记国际著名焊接专家、中国工程院院士关桥

天坛大佛

1993年12月29日（农历十一月十七日），是佛家阿弥陀诞辰，香港宝莲禅寺特择此日，为天坛大佛举行庄严隆重的开光仪式。

"天坛大佛"从修建到竣工，历时三年多，它凝聚了信众、佛教界人士、艺术家、技术工程人员等无数心血，今天终于以它特有的风貌，端坐在香港大屿山木鱼峰上。

多年来，关桥一直在关注有关天坛大佛的传媒报道，思绪回到了5年前的一天。

1988年9月27号的上午，航空航天工业部副部长刘纪原委托天坛大佛工程的一名负责人到625所，找到所领导，商谈邀请关桥参加该工程焊接项目的评审工作。

所长吴复兴爽快地答应了。

"这不仅关系到大陆与香港的关系，而且，这也是航天系统承接的一项艰巨的任务，意义十分重大！"吴复兴所长对关桥说明了意图。为了评审，关桥有针对性地查阅了无铅铸造青铜的氩弧焊接工艺资料，做了必要的准备。

1988年11月6日，评审会在航天307厂召开。中科院学部委员庄逢甘主持会议，他开门见山地说，这是一项艺术与工程技术相结合的工程，也是中国航天的一项形象工程，规模宏大，但焊接200多块铸铜壁板，现场施工，难度很大……接着，航天307厂总工程师史庭惠详细介绍了工程施工细节。

原来，香港大屿山昂平地区有一座佛教寺院，名叫"宝莲禅寺"。由寺院发起和筹集资金。

这个项目，从1973年开始提出构想并筹划，到1981年12月26日，正式成立筹建委员会专职研究筹建工作，历时8年。1986年9月4日，航天307厂与香港业主签约，承接了这项工程，开始了准备。

第六章　激情飞扬

大屿山位于香港岛以西,海面宽阔,风光秀丽。岛上坐落着雄伟壮观的宝莲寺,而天坛大佛就矗立在寺旁海拔 482 米的木鱼峰上。

大佛身高 26.4 米,加上大佛底座三层,总高度近 34 米,占地面积约 6567 平方米,重量达 250 吨,由 202 块青铜铸件焊接而成。大佛的脸面铸造件的面积就有 40 多平方米,重达 5 吨,铸造时熔入了 1600 克纯金和 2000 克纯银。它是当时世界上最高、最大的露天释迦牟尼青铜像。因其基座是仿照北京天坛而设计,故称"天坛大佛"。

设计时,这座佛像是仿照佛教宗师——佛陀释迦牟尼(原名为悉达多)像设计的。

据考察,我国各地的大、中型佛像,多半都是"坐北朝南",即所谓"面南而坐"。而香港"天坛大佛"坐在木鱼峰上,面向北方稍稍偏东,正好朝向北京。据说,这是由于宝莲禅寺的法师们考虑到香港是中国的土地,宝莲禅寺是中国的寺院,和尚们也都是中国人,都有一颗火热的中国心,所以,大佛的朝向,其含义就是"面向祖国,面向母亲"。这充分表达了出家人的一片赤子之心、爱国之情!

基于这样的认识,宝莲禅寺的法师们认为:"天坛大佛"一定要由中国人来造!

为此,经"筹建天坛大佛委员会"慎重研究决定,"天坛大佛"工程不向国外招标,而只向国内进行公开招标。

"筹建天坛大佛委员会"由香港佛教界知名人士和宝莲禅寺的法师们共同组成。

香港知名人士王泽长议员任主席,胡仙博士任副主席。

中国佛教协会会长赵朴初先生和香港佛教协会会长觉光法师分别担任名誉主席。

根据"筹建天坛大佛委员会"的决定,宝莲禅寺向国内有关省市、有关部委发出了投标邀请书。航天工业部是其中被邀请的部门之一。

"天坛大佛"牵动着华人的心。

中国佛教协会会长赵朴初先生特地为之挥毫题写了苏东坡的诗:

生命之光——记国际著名焊接专家、中国工程院院士关桥

> 稽首天中天，
> 毫光遍大千，
> 八风吹不动，
> 端坐紫金莲。

赵朴初非常热心地为这个项目奔忙，因为，这是大陆和香港佛教界的一件大事，是中国佛教界的大事！

1986年5月，通过招标，中国航天工业部以雄厚的实力脱颖而出，总承包了这项工程。大佛的设计和制作均由中国航天系统负责。其中，关于大佛形象设计，曾八易其稿，仅总工程设计一项，绘制图样达5000多张。

"天坛大佛"于1989年4月19日在香港大屿山宝莲禅寺正式开工，但进展并不十分顺利。

"天坛大佛"的佛体是空心的，内部需要有一座庞大而且牢固的钢骨架做支撑。钢骨架从底层到最高层，都设有钢架梯子，供日后维修人员上下之用。

按照航空航天部刘纪原副部长的指示，关桥于1989年8月11日飞抵香港，任务是要对大佛建造现场的焊接施工质量给出一个书面评审意见。

关桥观察，大佛从底到上，是一层一层往上连接起来的，每一层，由一片一片青铜铸板焊接起来，总共202块青铜铸板焊成一座整体大佛。

大佛建造的难度在哪呢？

施工的程序是：

先要在航天307厂把青铜片一片一片铸造出来以后，经过铣切加工，在厂房里预装一次，如果没有大的问题，然后包装海运到香港，卸下来以后，从莲花底座开始一片一片，一层一层地往上拼装焊接。

现场施工的难度在于焊接！

航天307厂，具有焊接、铸造、加工的能力，专业技术队伍也很强。

但这个项目，对航天307厂来说，却是一个严峻的考验。

为了防止在施工过程中大佛被台风吹倒,在现场施工时,要把一片片铸铜壁板吊装到位,贴着钢架一层一层往上焊接。

关桥的主要任务,就是对该项目的焊接质量进行现场评审把关。

关桥深入现场,对施工前焊接技术的准备工作,以及现场施工焊接过程中的焊工操作技术水平、现场焊接工艺实施的技术依据和焊接质量检验与验收标准,进行了一丝不苟的检查。

1989年8月,关桥在香港大屿山木鱼峰"天坛大佛"
焊接组装施工现场考察焊接质量

生命之光——记国际著名焊接专家、中国工程院院士关桥

8月，正是盛夏，气温一浪高过一浪，连日来的温度一般都在30℃以上。从维多利亚湾吹过来的风，都是热哄哄的，像一团火。间或，忽然天色变脸，刮风、下雨、打雷更是家常便饭，这对焊接工作来说，工作环境是相当的恶劣。

根据安全工作的需要，现场施工人员还必须穿上厚厚的工作服，戴上安全帽。为了避免灼伤、烫伤，还必须"衣冠整齐"。在这样的大热天里，即使不干活也被蒸出一身臭汗来，何况在焊接时，一面是焊接预热火焰和电弧的熏灼，另一面还得紧挨着这些被烈日烤得发烫的铜壁板，两面夹攻，焊工操作时难受的程度是可想而知了；这对保证焊接质量无疑是非常不利。

1989年8月，关桥与航天307厂工程师倪庭献在焊接施工中的"天坛大佛"手心

施工单位曾测量过"大佛"佛体铜壁板的表面温度，在烈日烤晒下，可以达到50℃以上。有的焊工衣服领口稍稍敞开一些，敞开部分的皮肤就往往被从铜壁板辐射过来的热量烘烤得起泡和脱皮，有的甚至发生溃烂。遇上骤雨，一下子来不及躲避，被淋成"落汤鸡"，这种滋味，只有焊工才会明白。

关桥决定要钻到佛体里面去。

他一个焊缝一个焊缝地看。铜片被太阳晒得发烫，佛像里面密不通风，像

待在蒸锅里一样,即刻,关桥浑身大汗淋漓。

每一块青铜片有五六毫米厚,整个大佛就是一个薄壳结构;关桥要查看每一块壁板周边的焊缝,焊缝总长约 1 千米,他要掌握这些基础数据。

项目业主代表叫释宏勋法师,是个非常精明的女性;还有航天 307 厂的负责同志,代表施工方,经常到现场督战。

关桥的责任重大。

尽管施工单位在一片片焊接的过程中,严格按照既定的工艺标准施工,但业主方对他们的焊接质量还是有一点儿不放心。

关桥了解到,在施工过程中,业主方邀请了香港安捷材料试验公司,专门负责在现场检查施工单位的焊接质量,还用先进的超声波检测仪器进行检测和探伤。焊缝质量的一次合格率在 95% 以上,偶而发现有焊接裂纹或未焊透的疵病,经返修补焊后的合格率 100%。

尽管如此,刘纪原副部长并未有放松对自己部属的严格要求,为了慎重起见,特地邀请关桥出面把关。

刘纪原副部长找关桥,一是当时关桥的身份是中国焊接学会的副理事长,二是关桥又是参加国际焊接学会的中国理事,以这个名义客观地评定一下这个项目的质量,具有权威性。同时,还可从中立的角度协调解决施工单位和业主之间的矛盾。

这是对关桥极大的信赖和认可!

之前,航天系统针对材料问题曾召开过评定会议,针对铸造和焊接问题召开过工艺评审会。

根据现场施工记录和对检测结果的统计分析,关桥发现,因为铸造壁板的边缘有疏松,也有一些砂粒熔入其中,电弧一烧,焊缝中就形成了一些小的气孔。

关桥在现场对施工人员说:"这是砂型铸造很难避免的问题,而不是焊接质量问题!"

"焊接的质量之所以好,因为焊缝有专门添加的焊丝进去,熔化后形成一条密实的焊缝，这条焊缝的质量甚至优于铸件母材！"关桥分析道。

关桥否定了业主提出的还要附加 X 光透视检测的要求，他解释说："从现代工程质量评定的理论来看，应以结构达到使用要求为原则，过高的技术要求和苛刻的验收标准，都会提高造价，增加补焊工序，又会带来新的冶金损伤，延误工期。"

"焊接过程中肯定有变形，但是这个变形是可控的，采用锤击方法是可行的，也是有科学依据的，技术难度并不高。"关桥对业主方代表说。

业主方没有召开焊接质量终审会，他们就听关桥一句话！

关桥很慎重地写下了评审意见：

一、建立在科学试验基础上的良好技术准备，是现场焊接施工能够高质量进行的保证；

二、施工中的全面质量管理能有效地实施；

三、施工必需的焊接技术文件齐备，并能在现场环境中得到正确贯彻执行；

四、按焊接质量验收标准，焊缝一次合格率在 95% 以上，经返修补焊后的焊缝合格率为 100%；

五、根据现场检查结果评定，整体工程的焊接质量达到优秀标准。

落款是 1989 年 8 月 24 日。

1989 年，正是中国政治风云变幻的多事之秋。"六四"风波的阴影在人们心中还没有挥之而去，香港也还没有回归。关桥知道，他写的每一个字，每一句话，最后的结论，都代表着"中国航天"，代表着中华人民共和国！

这是国家的形象！

1991 年 4 月，关桥在"天坛大佛"施工完全结束以后，经过了一年半的自然环境考核，在大佛开光之前，又再次对大佛的焊接质量作过技术评定，结论依然是符合质量标准！

海拔 2300 公尺的宝莲寺，群山环绕、金碧辉煌。

登上顶端，无论远观或近看，宁静与祥和的感觉油然而生。在大佛祭坛上，可以看到大屿山和南中国海山水相依，紧紧相连，景观十分美丽，令人心旷神怡。

第六章　激情飞扬

1989年底，施工现场焊接组装完成，"天坛大佛"在木鱼峰山上初露尊容

　　大佛造型集云岗、龙门佛像技术之精华，庄重慈祥。坐南朝北，右手齐胸屈举，五根手指平伸，示"无畏印"，代表拔除痛苦；左手下垂脚下，反掌向外，指端微微向下，称"与愿印"，寓意施与快乐，表现了大雄大力与大慈大悲。

　　关桥想起了在临汾师范附中学校院内的那一座佛塔，想起了那一尊诺大的

223

面目和善的铜佛头。

至今，关桥也没见到佛光在哪里。倒是经常梦到当年在陡峭的山沟里，山洪暴发过后，沿河沟捡拾朽木的趣事。梦到朽木上奇特的荧光，疑似萤火虫在闪亮……

航空金奖

1992年12月23日，是关桥一生值得纪念的日子。

这一天，航空航天工业部在北京国谊宾馆举行隆重的颁奖大会，重奖关桥等10名航空专家荣获国家航空金奖！

林宗棠部长主持大会，朱育理副部长作重要讲话。航空航天工业部总工程师张彦仲宣读了关于重奖10名为航空工业做出杰出贡献者的决定后，中央顾问委员会副主任薄一波向获奖者颁发航空金质奖章，并授予荣誉证书，颁发10万元奖金。

就在前两天，著名高能物理学家诺贝尔奖获得者李政道博士获悉关桥等10名专家获得航空金奖，特地给每位获奖者写信表示祝贺，他在信中说：

尊敬的关桥先生：

在和贵部林宗棠部长商讨中美合作研制最大最重要最具深远的科研项目SSC（超导超级对撞机）时，得知您荣获中国航空工业40年最高荣誉奖励——航空金奖，这相当于中国航空工业的"诺贝尔奖"，我作为中国第一个世界诺贝尔奖获得者，对您表示最热烈的祝贺和最崇高的敬意。中国正在改革开放的大道上胜利前进，我深信在不久的将来，下一个世纪初，华人科学家必将领导人类科学新潮流。

祝愿您在航空工业发展上做出新的贡献，祝愿您在新的科研领域取得新的成就！

李政道
一九九二年十二月二十一日

第六章　激情飞扬

关桥收到李政道的信非常高兴，喜讯也激励着每一个获奖者，大家决定一起给李政道写一封回信，关桥起草，大家签名，表达一代航空科学家的报国情怀。

尊敬的李政道教授：

感谢您对我们获得中国"航空金奖"的热情祝贺，您的祝贺对我们乃至中国的航空科技界也都是一个很大的鼓舞。

在接受"航空金奖"这一殊荣的时刻，我们的心情与您的祝愿是相通的，愿我们互勉，在未来中国航空科技与工业的腾飞中做出新的努力，奉献自己毕生的精力与才干，也希望不断地得到您的支持与帮助。

祝您在自己的事业中取得新的成就，并祝您和全家圣诞快乐！

中国"航空金奖"获得者（签名）：

陆孝彭、顾诵芬、高歌、朱克昕、彭历生、程华明、陆颂善、颜鸣皋、关桥、周尧和。

一九九二年十二月二十三日

当天，《人民日报》在头版上刊发了消息，文章这样写道：

建国40多年来，我国航空专家与一代又一代航空工业职工共同艰苦奋斗，为我国航空事业的发展做出了卓越的贡献，研制生产出1.3万多架飞机，5万多台发动机，5万多战术导弹以及配套的大量机载设施，使从零起步的我国航空工业成为世界航空工业的一个重要的组成部分。

建立重奖制度是航空航天工业部的一项重要决定，对在航空工业进一步形成尊重知识、尊重人才的良好风尚，创造人才辈出的优良环境具有重要意义。当获奖代表讲话，表示国家给予他们太多了，愿将奖金捐献给航空设计部门时，航空航天部部长林宗棠当场表态，对专家们的心意表示感谢，但不

生命之光 ——记国际著名焊接专家、中国工程院院士关桥

能接受捐献。

为保证这笔奖金能全部用于获奖专家的个人生活,部党组决定:对这笔奖金一不准捐献,二不准在单位内分摊、请客。林部长的一番话,引起台下千名与会者如潮的掌声。

今天获国家"航空金奖"的专家是:歼8飞机的总设计师顾诵芬;强5飞机的总设计师陆孝彭;我国第一代飞机设计制造管理专家陆颂善;我国第一代航空发动机制造管理专家程华明;航空机载雷达专家朱克昕;海防导弹总设计师彭历生;著名航空材料专家颜鸣皋;国际著名焊接专家关桥;国际著名铸造专家周尧和;著名工程热物理湍流应用专家高歌。

……

1992年12月23日,航空航天部在国谊宾馆隆重举行"航空金奖"颁奖大会,重奖10名航空专家,中央顾问委员会薄一波副主任向关桥颁发航空金质奖章

然而,当鲜花盛开的时候,关桥并没有露出舒心的笑容。因为他知道,在艰苦跋涉的身后,留下的是一个个崎岖的脚印,是一段段难以诉说的沧桑;在前行的路上,还有许许多多的高峰需要攀越,还有许许多多的科学难关需要攻克……

第六章　激情飞扬

但是，祖国和人民记住了关桥的成就与辉煌，把一个个至高无上荣誉的花环给予了关桥。

关桥先后荣获国务院授予的"中青年有突出贡献专家"称号；被国务院授予"全国先进工作者"称号，享受国务院"政府特殊津贴"。

1994年，关桥当选为中国工程院首批院士。

中国工程院院士的入选条件是：在工程科学技术方面做出重大的、创造性的成就和贡献，热爱祖国，学风正派，具有中国国籍的高级工程师、研究员、教授或具有同等职称的专家，可被提名并当选为中国工程院院士。

中国工程院院士，是国家设立的工程科学技术方面的最高学术称号，为终身荣誉。

关桥当之无愧！

……

2005年5月26日，第11次全国焊接学术会议在上海召开，在开幕式上，潘际銮院士代表中国焊接学会授予关桥"中国焊接终身成就奖"奖牌

面对荣誉,关桥很淡定。他认为,这既是一生科学研究的结晶,也是党和人民对他人生价值的最好肯定与评价。

十多年来,关桥在自己的工作岗位上忠实地履行着一位院士的职责,在中国工程院的各项活动中严格按照院士行为规范和准则,完成着机械与运载工程学部常委会委员、学部副主任、主任和中国工程院主席团成员所肩负的使命和任务。

关桥生命的意义在于事业上。

2008年5月20日,关桥院士上午来到南京理工大学,做了3小时的学术报告,下午又马不停蹄地赶到南京航空航天大学,精力充沛地又做了3小时的精彩学术报告。

关桥首先以《知识/科技创新推动材料焊接/连接技术的发展》为题,生动形象地阐述了人类文明与发明创造过程中的继承、探索与创新。

关桥从钻木取火联想到搅拌摩擦焊接技术发展;从金属切削刀头粘连联想到扩散焊接技术发展;从兰州拉面联想到材料超塑性发现;从吹糖人联想到超塑性成形/扩散连接技术发展;从锤击矫形联想到低应力无变形焊接技术发展;从堆焊、焊接雕塑联想到增量制造技术和快速成形技术的发展;从电子显微镜联想到电子束焊接的发展……

"只有把握了是航空'特需'的、'关键'的这两个要素,我们才真正了解什么叫航空特种焊接/连接技术体系。如果不是航空特需的,而是一般通用的焊接技术,不是我们研究的方向!

"所以,建立航空特种焊接/连接技术体系,是适应航空需求与发展的必然要求。因为这个体系的建立,出了一批成果,培养了一批人,创造了很好的技术经济效益,对国防科技的发展,对航空、航天型号的发展,起到了技术支撑的作用!"

其实,当初关桥也没有想到要构建航空特种焊接/连接技术体系,他只是按照一个个型号的牵引,一项项技术的创新,以及焊接技术的发展规律,一步一步地由低向高、由小到大、由个别到系统,在科学的时空里跋涉,但越走,路越清晰;越探索,方向越明确……

第六章 激情飞扬

2006年11月18日，在杭州召开的中国机械工程学会与中国工程院机械与运载工程学部首届年会开幕式上，陆燕荪荣誉理事长授予关桥"中国机械工程学会科技成就奖"

一项项成果就像一颗颗珍珠，用一根红线把它串起来，就变成了一串串美丽可人的项链……

一项项成果就像一棵棵成长的幼苗，经过培土、浇水、施肥、剪枝，渐渐长高、长大……

一项项成果就像625所道路两旁挺立的白杨树，在风雨中，长得更壮，更加茂盛了……

航空特种焊接/连接技术体系，是关桥心目中视为生命的一棵大树！

在这棵大树上，长出了许许多多如虬枝般的枝干：

——1993年，成立"高能束流加工技术"国防科技重点实验室；

——1998年，成立"航空连接技术"航空科技重点实验室；

——2002年，与英国焊接研究所合作，建立了"中国搅拌摩擦焊中心"；

——2007年，成立了隶属于国家国防科技工业局的国防科技工业"特种焊接技术研究应用中心"；

——2010年，与哈尔滨焊接研究所联合论证，申报并获批立项的基础制造技术领域国家级"焊接专业创新平台"……

在这些枝干上，长满了如春的绿叶……

如今，特种焊接/连接技术分布在 625 所 4 个研究室：

102 室（航空发动机工艺研究室）、104 室（高能束流加工技术研究室）、106 室（航空钣金成形技术研究室）、107 室（搅拌摩擦焊中心）。

4 个研究室，构成了航空特种焊接/连接技术体系的发展平台，为 625 所的特种焊接立足国内，走向世界，立下了汗马功劳！

4 个研究室，像 4 朵小花，在科学的春天里，争奇斗艳，绚丽多彩……

"我之所以能够取得一些成就，要归功于 625 所，没有 625 所，我将一事无成！"不管在任何场合，关桥都真诚地说出这番话。

是的，在 625 所这块新翻的泥土上，关桥将永远铭记带头耕耘者的名字与他们的丰功伟绩：

许锡缵、扈惠民、邓永清、骆裴然、马祥、郦少安、刘直夫、于欣、贾培和、朱育理、庞凯凡、吴复兴、龙文兴、郭恩明、杨京凯、张炎群、彭卫东、王小平、张军……

这些耕耘者在不同的历史时期，履行不同的历史责任，为 625 所的发展，呕心沥血，辛苦经营，做出了卓越的贡献，并且给予了关桥精神与物质上的亲切关怀。

关桥将永远铭记他的团队，是他们在科学研究的道路上，和关桥一起并肩攻克一个又一个难关。

关桥将永远铭记还有一大批为振兴 625 所做出巨大贡献的劳动者，是他们用无私奉献的精神，给予关桥不断前行的信心与力量……

在 625 所这个大花园里，关桥只是一个默默耕耘的园丁，只是一个把志趣、激情、创新融为一体的实现航空报国的梦想者……

每当夜深宁静的时刻，关桥就容易想起往事，常常想起父亲和母亲对他的嘱咐：

祖国的建设才刚刚开始，到祖国最需要你的地方去，一样可以大有作为！

是的，在没有硝烟的战场上，关桥像一名战士一样冲锋陷阵，占领了一个个山头，取得了一个个胜利。他把自己的光和热，融入到了祖国的经济建设之中去，真正做到了"做一个对社会有用的人"！

在南京航空航天大学的报告会上，关桥说："为了保证航空焊接结构在制造中的高质量、高可靠性和高经济性，除采用先进的焊接方法和优良的工艺装备外，还应着眼于从整体结构上，评价并克服焊接对母材造成的损伤，包括冶金的不均匀性、力学的不连续性和几何形状的不完善性。"

在报告中，关桥条理清晰地阐明特种焊接技术与焊接结构完整性的关系。

"飞行器焊接结构的完整性取决于设计、选材与制造三位一体系统工程的正确实施。为此，应该运用断裂力学理论，对焊接结构从设计、选材到制造的全过程进行质量评估与检测。在系统的科学试验基础上，利用计算机技术建立材料焊接工艺、接头力学性能、损伤容限的数据库和专家系统，以指导实践；并在飞行器全寿命周期中科学地进行安全监测和寿命预测。"

在关桥看来，航空特种焊接技术制造是保障飞行器焊接结构完整性的手段、工艺方法，焊接结构的完整性正是特种焊接技术要实现的终极目标。

关桥生动、形象的讲解，提纲挈领的文字，栩栩如生的图片，身临其境的动画演示，使参会的每一位师生都听得很投入，不时爆发出热烈的掌声。

关桥把自己一生从事特种焊接技术研究的历史与认知，浓缩到了一段段理性而精辟的语言阐述之中去；在必然王国走向自由王国的时空里，他鱼翔浅底，鹰击长空……

第七章　放眼世界

国际舞台

2010年10月22日，625所外事办公室意外地收到了一份来自乌克兰驻华大使馆的照会，上方抬头是乌克兰的国徽，下方落款是驻华大使馆的圆形印章。

照会的内容是：

乌克兰驻华大使馆向北京航空制造工程研究所致意。

并谨请告知如下：根据2010年8月31日乌克兰总统维克托·亚努科维奇签署的886/2010号命令，为奖励中国工程院院士关桥先生为乌克兰与中国交流做出的巨大贡献，授予他"乌克兰三级功勋勋章"。

乌克兰驻华大使馆谨请北京航空制造工程研究所安排合适时间与地点，乌克兰驻华大使尤里·科斯坚科给关桥院士颁发勋章。

这份意外的照会，对于关桥来说并不意外。看着照会上乌克兰的国徽，他就想起了在苏联留学的那些日日夜夜，想起了伏尔加河的热烈与温情……

2010年11月10日上午，625所。

天碧蓝而开阔，阳光照在泛黄的白杨树叶子上，使得整个树林都显得通体透亮，如金色的梦想照亮了理想的现实。

这里，正在隆重举行乌克兰驻华大使代表总统授予关桥院士乌克兰功勋勋章仪式。

第七章　放眼世界

2010年11月10日，乌克兰驻华大使尤里·科斯坚科
代表总统授予关桥院士"乌克兰三级功勋勋章"

625所党委书记王小平主持授勋仪式，所长张军在欢迎辞中高兴地说："关桥院士被授勋，是我们所建所53年来的一件大事、一件喜事，是对我所科研工作的激励，更是我所科技工作走向国际舞台的一个重要标志。"

乌克兰大使尤里·科斯坚科在致辞中说："今天，我谨代表乌克兰总统维克托·亚努科维奇，并根据乌克兰总统签署的命令，为奖励中国工程院院士关桥先生为乌克兰与中国交流做出的巨大贡献，授予他'乌克兰功勋勋章'，感到十分荣幸。

"关桥院士是优秀科学家，社会活动家，是在焊接结构完整性研究方面设立学派，培养科学骨干的专家。他积极地支持同乌克兰科学界发展科学交流。多年来与乌克兰科学院巴顿焊接研究所合作的他，为乌克兰与中国有关单位和科学机构的交流与有效合作做出了自己的重要贡献。关桥院士为乌克兰同中国在科技领域的合作所做出的贡献毫无疑问是巨大的！

"对关桥院士的工作成绩作如上评价的人，是在乌克兰备受尊重的科学院院长，乌克兰伟大科学家和科学领导人，乌克兰科学院焊接研究所所长鲍里斯·叶甫根尼耶维奇·巴顿。我完全同意他对关桥院士为中乌科技领域合作所做出

生命之光——记国际著名焊接专家、中国工程院院士关桥

的贡献的高度评价！"

关桥在答谢词中谦逊地说："这个荣誉不仅属于我个人，属于625研究所，同时，也属于中国人民。我们将把这个勋章看做是两个伟大民族之间友谊和合作的象征！"

中航工业集团公司副总经理高建设在致词中衷心祝贺关桥院士获此殊荣。他说："关桥院士是中国科技工作者的杰出代表，更是中航工业的骄傲，他为中乌两国的科技合作搭桥铺路，为中国的焊接学科发展开辟了一个崭新天地。"

中国工程院机械与运载学部主任李培根院士、中航工业基础技术研究院院长李晓红教授、中国机械工程学会常务副理事长宋天虎教授、中国焊接学会秘书长王麟书教授都出席了授勋仪式，对关桥表示祝贺。

关桥与乌克兰巴顿焊接研究所副所长罗巴诺夫签订双边科技合作协议书

在这庄严而隆重的时刻，关桥情不自禁地回忆起过去的岁月，回忆起自己是如何爱上了乌克兰这个国家和她的人民……

在大学初期，乌克兰巴顿焊接研究所著名的专家们为苏联焊接科学技术的进步，特别是为保障苏联伟大卫国战争的胜利所做出的巨大贡献，深深地感动

着关桥，激励着关桥；使关桥从大学时代起就立志于为焊接科学技术的发展和进步奋斗终生。

在进入研究生学习期间，为了选择研究课题方向，关桥专心致志地拜读并钻研了《叶甫根·奥斯卡尔博维奇·巴顿先生的论著选编——焊接结构》①，这对他确定研究生时期的研究方向产生了很大影响。

在最近30年的岁月里，由于关桥对巴顿焊接研究所的科研工作以及对该所许多专家所获得的成就有深入广泛的了解，自20世纪80年代起，关桥努力向中国的焊接同行们介绍巴顿焊接研究所在鲍里斯·巴顿院士领导下研制的多种新技术、新方法、发明和专利，比如太空电子束焊接技术、燃气涡轮发动机叶片上用电子束沉积隔热涂层的方法、无损检测新技术、焊接结构件上残余应力的测量及诊断等。

随着双方交流的深入，在随后的几年时间里，巴顿所和包括625所在内的中方研究机构与企业之间的合作日益增多，专家互访更加频繁。这些努力和在诸多课题上的合作，为双方带来了富有成效的硕果……

1998年，在为祝贺鲍里斯·巴顿院士80岁寿辰，在基辅举办的国际学术会议上，关桥特意在大会上作了一个报告，向巴顿院士表达了一份敬仰之情……

在关桥看来，乌克兰巴顿焊接研究所和巴顿院士本人，不仅在中国而且在全世界享有崇高的声誉。这也正是乌克兰在世界科技舞台上的潜力和财富所在！

"学会欣赏别人，不断完善自我，发挥群体智慧，矢志振兴中华。"

这是关桥在《中国工程院院士自述》一文结尾写的一段话。这既是他的座右铭，也是他人生观、价值观及方法论的具体表现！

关桥认为，在国际焊接舞台上，学会欣赏别人，是一种胸襟，一种气度。只有不断开阔自己的胸襟，恢弘自己的气度，在别人身上找到自己的不足，才

---

① 叶甫根·巴顿是现任巴顿焊接研究所所长鲍里斯·巴顿之父。

能在彼此的欣赏中共同进步。

做人是这样，做事也是这样，中国的焊接事业更是这样！

关桥身体力行，中国焊接科技在"走出去"或"请进来"的国际舞台上，既不妄自菲薄，又不自视清高，更不当"拿来主义"者，前途一定是光明的！

关桥想到了浩瀚如潮，不拒溪流的滚滚长江；想到了"海纳百川，有容乃大"的大海；想到了幽谷香兰，使人愈嗅愈香；想到了峻岩劲松，使人愈压愈坚……

在关桥心目中，受到普遍尊重和公认的最具权威性焊接科学研究机构，除了乌克兰的巴顿焊接研究所外，就要数英国焊接研究所（TWI）了。而这两个都号称是"世界材料连接技术中心"的焊接研究所，恰恰又都是关桥要用625所的实力与之合作、取长补短、互利共赢的伙伴。

为此，关桥开展了一系列牵线搭桥的工作，他像一个红娘，用一根红线拴住了两个有情人，结下了一段美满的姻缘。

自从1987年，关桥接受英国皇家学会对华研究员项目的邀请，由英国焊接研究所所长、皇家学会会员阿伦·威尔士博士作为东道主，在那里开展了为期一年卓有成效的研究工作以来，把625所拥有自主知识产权的专利技术"低应力无变形焊接技术"推向了世界。

紧接着，关桥回国后，马上邀请了时任英国焊接研究所主管科研的副所长弗兰克·寇和约翰·杨，作为第一个访问中国的英国焊接研究所代表团来北京访问，这也是关桥对英国焊接研究所有了深入的了解之后，顺应了他们为开拓中国市场而探路的意愿。

1994年，在北京举办国际焊接学会（IIW）第47届年会期间，关桥又促成了英国焊接研究所新一任所长布雷斯韦特先生到访625所，介绍了他们成功的"研究所管理"经验和吸纳工业会员的运营模式。

为了使上级领导机关能在批准625所成为英国焊接研究所的工业成员单位方面取得共识，趁时任科技局局长的周家骐率领代表团于1994年访问欧洲时，在关桥建议下，代表团也顺访了英国焊接研究所，双方拟在人才交流、科技合作、技术开发、经营管理等方面开展合作。

1995年6月，关桥在瑞典参加国际焊接学会第48届年会期间，又与英国焊接研究所布雷斯韦特先生具体探讨了成为工业会员的相关事宜。同年9月，625所所长吴复兴在访问英国焊接研究所时，双方达成协议，625所提交了加入"工业会员单位"的申请。

1996年1月2日，关桥作为625所在英国焊接研究所"工业会员单位"的正式代表，接到了回复，这是一个在发展双边关系中的重大转折。

对于625所来说，要尽义务，交年费，其回报是可以享受来自英国焊接研究所的技术服务、相关权益、参加合作研究项目、及时了解对方研究的前沿动态与创新成果；而对于英国焊接研究所来说，有了一个进入中国大市场的突破口和立脚点。

在过去15年间，双方紧密合作、互利双赢，体现了关桥为把625所的特种焊接技术与国际接轨的理念，结下了累累的硕果：在激光焊接、电子束焊接、表面毛化加工、活性剂焊接、低应力无变形焊接，以及中国搅拌摩擦焊中心的建立等方面双方都获益匪浅。

春去秋来，绚丽的鲜花在春天里尽情绽放。

2004年5月，625所所长郭恩明赴英与英国焊接研究所的新所长鲍勃·约翰就深化双边合作、人才培养、共同开拓中国市场签署了备忘录；年底，英国焊接研究所在北京建立了"TWI中国办事处"，依托在625所。

2005年4月21日，关桥收到了一封来自英国焊接研究所的信函，标题是"2004 Brooker Medal"（2004年布鲁克奖章），TWI奖励委员会主任约翰·劳德在信中说：

"我很荣幸地告知你，英国焊接研究所理事会授予你2004年度布鲁克奖章，请接受我的祝贺。"

劳德先生接着解释说："布鲁克奖章"是英国焊接研究所的最高奖项，是由相关专家提名，在半年的时间里征集同行专家们的评议，最后由英国焊接研究所理事会审定并批准颁发。"布鲁克奖章"自1978年设立以来,每年仅授予一位国际著名专家,以表彰他在材料焊接科学技术方面做出的重大贡献,并表示对他在工业、科学研究和教育领域中促进材料连接技术进步所具有的重大影响力的肯定。"

"颁发奖章仪式将于2005年6月22日在剑桥·安宾屯举行,特此邀请你和夫人参加。"

关桥很高兴地接受了邀请。

6月22日,每年一度的TWI年会如期召开,来自世界各国的TWI工业会员单位的正式代表云集于剑桥·安宾屯,这些都是国际焊接科技舞台上的显赫人物,来这里听取并审议TWI的年度工作报告与年度财务审计报告。在这里,关桥具有了双重身份:既是工业会员单位的正式代表,又是受邀接受颁奖的嘉宾。

颁奖仪式由TWI执行委员会首席执行官、所长鲍勃·约翰和理事会副主席、瑞典ESAB公司的科技总裁皮卡瑞先生共同主持。

2005年6月22日,关桥在英国焊接研究所(TWI)获布鲁克奖章后与TWI所长John(右)和Weisner(中)合影

首先，由执行委员会副主任 Tim Jessop 向大会介绍了获奖人关桥的成就与贡献；接着，由 TWI 理事会主席曼彻斯特大学的 F. M. Burdekin 教授（英国皇家学会会员，国际著名断裂力学专家）向关桥颁发了布鲁克奖章和奖状。

按照既定的日程和安排，关桥向参加年会的 TWI 工业会员单位的代表们介绍了自己所从事的主要科研工作和成就，做了题为"板壳结构低应力无变形焊接的实时热拉伸效应控制机理"的报告。

在演讲开始前，关桥表示，荣获 TWI 2004 年度布鲁克奖章，不仅是个人的荣誉，更是英国焊接研究所与北京航空制造工程研究所在过去成功合作的象征，而且也预示着中国与英国之间在科技领域更富有成效的紧密合作和互惠互利。

与会者对关桥表达的诚意给予了热烈的掌声。

关桥十分珍惜这次出国访问的机会。

关桥精心安排了行程：除参加 TWI 年会和接受颁奖活动外，他还要安排与 TWI 为工业会员服务部门的经理 Fred Delany 和在 TWI 激光部门工作的石功奇博士（协助 Fred 的工作）进行会谈；同时他想，难得地和夫人陈丽芳一起出访，还要抽空去看望一下老朋友——已退休在家的原 TWI 所长阿伦·威尔士博士夫妇，他们也一定会很开心。

关桥早就思考好了，与 Fred 和石博士会谈的内容，是要讨论 TWI 主管科技发展的副所长 Christoph Wiesner 博士访华日程的具体细节，并就 TWI 拟在北京设立驻中国办事处问题探讨可行的实施计划。

当 Fred 知道关桥要去 TWI 接受颁奖时，就曾寄信咨询过关桥，希望协助 TWI，商量如何面对进入中国市场问题，并希望推荐一些有影响力的重要人物，能在 Wiesner 博士访华时进行面对面地交流、疏通公关。

关桥在回信中说：

收到 Fred 的电子邮件后，思索良久，有几点考虑可供参考：

其一，TWI 的所长来访，宜组织一个"亮相会"，姑且把它叫做"TWI 新技术研讨会"。

其二，这个会议最好是请中国机械工程学会（CMES）的常务副理事长宋天虎出面召集，这样安排比在 625 所由关桥出面更具有广泛性和权威性，对于 TWI 拟在中国市场上推出其强势专业技术（压力容器、能源、核电、石油管线工程建设中的焊接结构安全评定等）更为有利！关桥已与宋天虎通过电话，征求他的意见。宋天虎对这样安排表示很支持，也很高兴。

其三，这个"亮相会"请 CMES 搭台，TWI 唱戏。

其四，如果拟依托 625 所，建立 TWI 驻中国办事处，宜邀请 625 所的领导也来参加会议，了解 TWI 的业务与开拓市场的模式。

正因为关桥在出访前已费了一番心思，向 Fred 和石博士提出了中肯的有可操作性的建议，所以，在剑桥会谈时这些建议完全被采纳。

就在关桥从伦敦返回北京的第二天，"TWI 焊接新技术研讨会"于 6 月 26 日在北京钓鱼台国宾馆会议室召开。

宋天虎主持了会议，机械制造行业的老领导和专家陆燕荪、林尚扬、钟群鹏、关桥等出席，同时被邀请的还有 625 所的郭恩明、王亚军、郭德伦、马兴运等。

这次会议对于 TWI 来说是一次成功的"亮相"，也结识了不少在中国市场上专业对口的有影响力的权威人士，为随后几年间，在中国发展"工业会员单位"开拓技术市场发挥了重要作用。

关桥和夫人陈丽芳在紧张的出访日程中，抽出了半天时间专门拜访了威尔士夫妇。

那天，TWI 派了一部小车，司机正是关桥 18 年前第一次来 TWI 时接站的那位老司机叫 Mike。

关桥一惊，这真是缘分啊！

在去 Ely 镇 Mepal 村的路上，关桥和老朋友谈论起这些年英国的变化、TWI 的变化和威尔士领导 TWI 辉煌发展的美好回忆。

一路上关桥兴致勃勃。

到达 Mepal 村的"丛林小屋",威尔士夫人 Rosemary 一见如故亲切地拥抱了陈丽芳,很快,两个人就消失在花园绿茵丛中。

威尔士夫人 Rosemary 自豪地向陈丽芳介绍她亲手栽植的野果和绿叶菜蔬。在草坪中间有一个圆桌,阿伦·威尔士招待关桥品尝"苏格兰红茶",并首先对关桥获布鲁克奖章表示祝贺。

阿伦说:"在我担任 TWI 所长期间,每年也都曾授予国际上一位著名焊接专家这个奖章,我为您能获此殊荣深感欣慰,祝贺您!"

"谢谢!谢谢您多年来对我以及中国焊接事业的支持!"关桥站起身,举起茶杯,对阿伦·威尔士表示尊敬与谢意。

关桥关心地问起阿伦退休后的生活。

令关桥感到敬佩的是,阿伦一直在坚持为实现他青年时的梦想而勤奋地工作着:利用大海波浪(而不是潮汐)驱动透平机发电。这是他还在大学任教时发明的一项世界知名的专利技术"威尔士透平机"。但作为一个工程项目实施起来的难度很大,他退休后与一家公司合作,在苏格兰北部海域建造了一台海浪发电装置,正在投入试运行。

威尔士夫妇高兴地为关桥夫妇安排了一顿特殊的"午餐",直接从菜园里采摘的青叶菜做的沙拉,每人一份烤制的牛排,4 个人围坐餐桌周围,餐桌上铺着中国挑补绣花布料的桌单。

Rosemary 笑着说:"这张桌单还是关博士在 18 年前赠送的,我们一直珍藏着,今天是一个高兴的日子,我们共同祝福友谊地久天长。"

第二天,TWI 的当任所长鲍伯·约翰夫妇为祝贺关桥获奖,特意邀请关桥夫妇在离剑桥不太远的一个名叫 Lowlmere 小镇上的"The Chequer"著名酒吧共进晚宴,由 TWI 的原副所长 Richard Dolby 博士夫妇作陪。

这是一家最具英格兰乡村木结构建筑特色的酒吧,它的历史可以追溯到 1675 年。

酒吧坐落于狭窄的石块铺就的斜坡路旁,看上去很不起眼,只是在窗框中挂着一面黑白方格旗标,吸引过路人的注意。

刚一进门，视线显得有些昏暗。踏上层层叠叠的阶梯，五颜六色旋转的彩灯照得墙壁排架上的各类酒瓶闪闪发光。在错落有序的餐桌上，宾客们畅怀大饮，高谈阔论，尽情地享受着繁忙工作之余的生活乐趣。

这里是一个放飞思想的世界！

这地道而浓郁的不列颠乡间酒吧氛围和生活方式，深深地感染着关桥夫妇，给他们留下了难以忘怀的印象。

关桥深有感触地意识到，在国际交往的舞台上，除了在科技交流会议上的演讲、报告、讨论、谈判和争论之外，还有另一面，要学会人际间的交往，文化的交融，在更深地相互了解和更亲切地接触中，交流思想，建立情感！

2006年2月初，中国焊接学会秘书黄彩艳给关桥转发来一份文件，国际焊接学会首席执行官（IIW CEO）Daniel Beaufils先生来信要求，填报参加国际焊接学会历届年会的纪录登记表。

为迎接IIW的60周年，在2006年于加拿大魁北克市召开的第59次年会上，将给"为IIW做出过贡献"的各国专家颁发"贡献证书"和纪念章。

据中国焊接学会秘书处统计，参加过IIW年会10次以上，并有资格接受这份荣誉的中国专家仅关桥一人。

魁北克市是加拿大的一颗明珠，是世界文化遗产，现代化的城市与古老的防御工事城墙包围着中世纪的建筑群，要塞城堡、古战场公园……圣劳伦斯河绕城而过，这是一座世界上未受损害的、优美的、适宜于人居的小古城。

魁北克市会议中心距离古城很近。

8月30日，在魁北克的IIW年会期间，第X专业委员会上，会议主席德国M. Kocak博士宣布为中国焊接学会的代表关桥博士颁发"贡献奖"。接着，由IIW主席澳大利亚焊接技术研究所所长Chris Smallbone先生和IIW的首席执行官Daniel Beaufil先生共同向关桥颁发了"贡献奖荣誉证书"和纪念章，在荣誉证书上对关桥的主要贡献有这样一段文字表述：

"成功地组织了 1994 年在北京召开的国际焊接学会第 47 届年会，系统地发表了焊接力学方面的论文：薄壁材料低应力无变形焊接——通过对焊接技术的优化和应用，提升全球的生活质量。"

在专业委员会的学术会议上，关桥与老朋友们，来自美国橡树岭国家实验室的 Stan David 博士和美国 Battelle 研究院的董平沙博士以及德国布朗施韦克大学的 Holmut Wohlfahrt 教授等就焊接结构的安全评定和应力与变形控制与测试技术交流了各自的成果与进展。

参加魁北克第 59 届 IIW 年会的还有来自中国的焊接学会理事长单平教授和焊接学会的副理事长吴毅雄教授。

国际焊接学会，是一个国际焊接科技大舞台。

自从 1964 年关桥第一次参加 IIW 年会，就深深地被这个国际学术组织的广泛性、权威性与前瞻性所吸引。

刚开始参加前几次年会活动时，关桥在了解国际上学术前沿动态、新技术发展、新理论的出现等方面都受益匪浅。随后的若干年，关桥把参加 IIW 年会，从被动地向别人学习、借鉴，转向了主动地宣传自己的科研成果，并动员、组织中国焊接学会与 IIW 的十几个专业委员会对口的学术交流。

关桥在担任中国焊接学会的理事、常务理事、副理事长和理事长的近 30 年间，一直致力于把中国焊接科技推向国际舞台。甚至在他离开中国焊接学会的理事会后，仍以一位资深的专家和焊接学会的顾问，密切地关注着 IIW 的活动，在不同的场合、会议上，为加强中国焊接学会参与 IIW 的活动提出建议，呼吁通过这个国际焊接科技大舞台，提升中国的影响力，引导国内的学科发展，与国际前沿接轨，繁荣祖国的焊接科技事业。

2001 年 4 月 12 日，关桥接到了日本焊接学会秘书长铃木正文转发来的一份表彰决定。

决定的内容是，由日本焊接学会会长川崎重工业株式会社特别顾问须清修造签署的"为纪念日本焊接学会创建75周年,决定授予关桥为日本焊接学会的荣誉会员"的称号,以表彰关桥博士多年来对日本焊接学会活动的支持和为日本焊接科学研究和技术发展所做出的贡献。

按照日本焊接学会的章程规定,获此殊荣的专家、学者必须是65岁以上的长者。

此时,关桥65岁。

关桥认识日本,是从焊接开始。

日本,在国际焊接科技舞台上也是与欧美一些国家并列的强国之一。无论是在先进的焊接技术开发、焊接新材料的研究、焊接自动化设备与焊接机器人的大规模产业化发展应用领域都走在了世界先进行列。

在第二次世界大战后,日本在焊接新兴学科的兴起中也涌现出一批在国际上知名的学者。

中国改革开放以来,关桥曾先后邀请过一些日本的学术界大师、教授、专家来访,与625所进行焊接专业方面的对口交流,其中有大阪大学的荒田吉明教授、上田幸雄教授、藤田让教授、松绳朗教授、牛尾诚夫教授,以及名古屋大学的沓名宗春教授等这些日本的专家、教授们在国际焊接舞台上也很有影响。

通过这些学术交流、互访,对我国的焊接学科的发展和625所的专业设置、科研方向都起到了积极的作用。尤其是关桥把自己的科研成果和中国的焊接进展通过国际焊接学会不断地向日方作介绍,与他们都建立了紧密的联系,有了较深的交往,建立了友谊。

2001年11月20日,日本焊接学会第7届国际学术会议在日本神户举行。

625所高能束流重点实验室武洪臣研究员和董春林博士与关桥同行,三人共同出席了为庆祝日本焊接学会创建75周年的隆重开幕式。

在开幕式上,关桥接受了颁发的"日本焊接学会荣誉会员"证书;同时,代表中国焊接学会向日本焊接学会创建75周年表示祝贺并赠送了纪念铜盘。

关桥说,中国焊接学会和日本焊接学会是相互支持和相互学习的兄弟学术团体,我们的共同目标是促进在国际舞台上焊接科学与技术的进步与产业的发展。

同时获得"日本焊接学会荣誉会员"称号的还有英国焊接研究所副所长 R. Dolby 博士，美国俄亥俄州立大学的 David Howden 教授和瑞典 ESAB 集团公司的副总裁和技术经理 B. Pekkari 先生。

这次国际学术会议的主题是"焊接/连接科学技术的今天与明天"。随着新世纪的到来，焊接科技面临的现实挑战与发展趋势，是全世界焊接工作者迫切关心的话题。

关桥应邀在会上作了一个特邀专题报告："为消除焊接失稳翘曲变形所做的努力——从消极被动的措施到积极实时的控制"。

会后，关桥一行3人先后参观了日本大阪大学连接科学研究所（JWRI）、松下焊接株式会社、电子束及激光束加工公司和筑波科学城的物质·材料国家研究所。

日本科技工作者的创新意识和在市场竞争中的拼搏意识给关桥和同事们留下了深刻的印象。激励着关桥要快马加鞭地实干！

2000年7月9日，意大利佛罗伦萨市。

这一天，在国际焊接学会第53届年会举行的开幕式上，IIW 的秘书长 M. Bramat 向大会介绍了中国工程院院士、国际著名焊接专家关桥的突出成就与贡献。

之后，IIW 主席 Bevan Braithwaite 先生亲自把 IIW 1999 年度"荒田吉明"奖授予了关桥。

这是中国人第一次获得这一国际大奖。

关桥在主席台上发表了即席感言："我在科学研究中所取得的成就与参加 IIW 的学术活动密切相关，在这个国际舞台上与各国的学者、专家的交流受益匪浅；IIW 也是青年学者们的竞技舞台，我从青年时代起，就曾参与 IIW 的学术活动，受到年会上所反映的各国前沿成就的激励。荒田吉明教授为科技发展而献身，也为青年学者做出了很好的榜样。感谢 IIW，也感谢荒田吉明先生"。

国际焊接学会设立的荒田吉明奖是一项终身成就奖，旨在奖励在焊接科学与技术及相关领域的基础研究中取得突出成就并被国际焊接界公认的专家,同时也是对焊接工程与相关学科的发展做出重大贡献的专家的认可。IIW 的 40 多个成员国均可推荐候选人,每年由 IIW 的学术委员会评审,从被推荐的候选人中投票选举出一位有突出成就的知名专家,并经 IIW 执行委员会批准,成为当年的唯一获奖人。

该奖设立后的第一年,1994 年获奖者是英国焊接研究所的所长 Alan Wells 博士。随后的若干年获奖者都是国际焊接界的著名专家、学者。

关桥是获得这一国际大奖的第一位中国科学家,他为祖国赢得了荣誉,为祖国的焊接科技增光添彩。

令关桥没有想到的是,返回北京走出机场时,迎面挂起红色的大横幅"欢迎关桥院士载誉归来"。

625 所领导刘安鲁、王亚军和"高能束流加工技术"国防科技重点实验室的常务副主任刘方军、"航空连接技术"航空科技重点实验室的副主任郭德伦,还有邵亦陈、段爱琴、苏彦东和董春林都来迎接,给了关桥一个惊喜。

面对领导和同事们的热情祝贺,关桥深情地说:"这不只是我个人的荣誉,也是中国焊接科技走上国际舞台的荣耀。感谢培养我成长的摇篮——625 所。"

2000 年 8 月,当荒田吉明教授得知关桥获得"IIW 1999 年度荒田吉明奖"后,特地发来了祝贺信。

广交朋友

这封贺信是荒田吉明亲笔书就,字体工整。

荒田说,祝贺关桥博士获此殊荣。这也表明中国焊接科学和技术的进步得到了世界的公认。

在信中,荒田吉明告诉关桥,他退休之后,又重新继续他在 40 年前当副教授时就已经着手研究的课题：把高能束流焊接科学应用于核物理学研究。

读完贺信，关桥被荒田吉明教授快乐、开朗、睿智、执著的性格所感染。

关桥十分敬重荒田吉明教授。

荒田吉明教授曾任日本大阪大学焊接研究所（现名：大阪大学连接科学研究所）所长，也是超高能量密度热源研究中心主任、日本科学院院士，日本天皇授予他日本最高奖——日本科学院奖。

为此，在大阪大学专门为他建立了"荒田纪念馆"。他从20世纪70年代初就担任国际焊接学会（IIW）第Ⅳ专业委员会——（高能束流：电子束、激光束）主任。关桥每次去参加 IIW 年会时，都参加第Ⅳ专业委员会的学术讨论，了解高能束流焊接技术的前沿动态是他最关心的学术方向之一。荒田也深知在中国发展高能束流焊接技术的前景是广阔的。时任焊接研究室主任的关桥意识到，走上国际舞台需要有能与国际接轨的专业人才。

1980年，他直接邀请荒田教授来625所讲学。同时，把蔡怀福、王虎推荐给荒田，去大阪大学进修，在国际学术交流中建立直接联系的渠道，提升625所自身的科研能力和水平。

1982年，关桥再次赴日参加日本焊接学会组织的国际学术会议时，荒田教授与夫人热情地在家里接待了关桥、蔡怀福和王虎。

荒田夸赞了两位中国学者的勤奋和成就。这是荒田通过两位学者对中国改革开放认识的开始，他也给关桥提出了具体建议如何建设好高能束流焊接实验条件。

随后的若干年间，中国各高等院校、科研机构派往大阪大学学习、进修的人员不断增多，各专业学科的交流也日益频繁。

2002年5月，荒田携夫人道子来北京参加核物理国际学术会议，时任国家外国专家局技术经济专家司司长的王虎与夫人刘兰君设宴为荒田吉明祝贺78岁生日，关桥和夫人陈丽芳作陪。

席间，荒田介绍了他从事焊接科学与核物理学相结合的研究成果。

生命之光 ——记国际著名焊接专家、中国工程院院士关桥

1982年11月,关桥参加在日本大阪举行的日本焊接学会(JWS)第四届国际学术会议后,访问了荒田吉明教授夫妇(左一、左二)并会见了625所进修学者王虎(右一)和蔡怀福(右三)

关桥特地将一个包装得十分精美的盒子慢慢打开,小心翼翼从盒中取出"荒田吉明奖牌",向荒田夫妇展示。

"啊,祝贺您!"荒田高兴地说,"你能荣获这个奖,当之无愧,我非常高兴和欣慰,希望在你的领导下,高能束流焊接加工技术在中国能更快地发展!"

"今天对荒田吉明先生来说是一个特殊的日子,我们有幸共同分享这份快乐与幸福。"

关桥提议:"来,为友谊干杯!"

在关桥眼里,科学没有国界,也没有性别和年龄。

关桥认为,在国际学术活动中,如果说用自己的科研成果开展学术交流,是学者们相互认识的必要条件,那么人格的魅力、气质、风度这些不可或缺的素质,则是广交朋友、建立友谊的充分条件。这有别于外交工作中的不卑不亢,也不同于社会公关中的感情联络。

关桥在实践中反省、学习、思考。

从初出国门,留学苏联,关桥就在勤奋刻苦学习中,用心地观察、领略、

第七章 放眼世界

体验并欣赏导师们在治学中的行为、学术大师们的气质风貌和人际交往中的人格魅力。

在随后几十年的学术生涯中，关桥在与国际友人、学者、专家们交流中也在有意识地锻炼自己的社交能力、语言表达能力，不断地完善自我，以自己的严谨治学、热情诚信、谦逊宽容赢得了朋友们的信赖。

关桥与加拿大渥太华卡尔顿大学的 John Goldak 教授有一段交情。

2005 年 10 月，625 所"高能束流加工技术"国防科技重点实验室联合哈尔滨工业大学"现代焊接及生产技术"国家重点实验室，在大连举办了"21 世纪的先进焊接/连接技术"国际研讨会。

应邀作大会学术报告的有国际焊接学会的主席、澳大利亚焊接研究所所长 Chris Smallbone 先生，美国田纳西橡树岭国家实验室的 Stan David 博士和冯智力博士，来自加拿大的有多伦多大学的 Tom North 教授和渥太华卡尔顿大学的 John Goldak 教授等。

2005 年 10 月，在大连举办的"21 世纪先进焊接/连接技术"国际研讨会期间，关桥与加拿大渥太华卡尔顿大学的 John Goldak 教授就"计算焊接力学"进行了学术讨论

会议期间，关桥与 Goldak 教授共同主持了一次学术报告会，Goldak 教授在这次会上发表了题为《计算焊接力学研究的挑战》的论文。

John Goldak 教授是国际焊接界知名的计算焊接力学专家，就计算焊接力学问题关桥与他进行了多次讨论。

在学术观点上，关桥坚持在现阶段焊接科学对焊接物理现象本质的认识仍在不断深化，还不应忽视"物理模拟"，而代之以"数值模拟"。必须重视"物理模拟"，从试验研究入手，并以此为出发点，正确、合理地运用"数值模拟"工具和手段，达到花费小、时间短地再现真实物理过程的目的，实现最终精准预测的目标。

2006 年 8 月，关桥在去加拿大魁北克市参加国际焊接学会第 59 届年会的途中，应邀访问了 John Goldak 教授所在的渥太华卡尔顿大学，关桥很想参观 Goldak 教授的实验室。

John Goldak 教授的办公室安装有高性能计算机服务器和终端显示屏与操作键盘。另外一间也是办公室，几位专家、博士生和博士后一字排开，面对计算机显示屏，目不转睛地敲击着键盘。Goldak 教授向关桥一一介绍了这些研究人员正在进行的课题研究。

关桥疑惑地问及试验研究工作是如何进行的，这些数值计算和模拟的结果如何得以验证。Goldak 教授的回答解开了关桥的谜团。

原来，当有了计算结果之后，Goldak 教授委托学校外的专业技术公司，进行焊接试验验证。

随后的讨论是围绕着不同的研究路线在关桥和 Goldak 之间展开，两位学者充分交换了各自的观点。

2006 年 11 月 20 日，关桥收到加拿大自然科学与工程研究委员会的来信，要求对 Goldak 教授申报的一项基金项目进行同行评审。

关桥认真地研读了 Goldak 教授报送的论文和申报项目"计算焊接力学"的建议书，研读了研究方法和研究途径、成就贡献和人才培养的经历，慎重地写下了自己的评语。充分肯定了 Goldak 教授在推进"计算焊接力学"学科分支发展方面所做出的努力和贡献,期望"计算焊接力学"在这一方向上能有更大的进步;为解决焊接结构实际工程问题提供更有效和更精准的工具和手段,把研究焊接科技问题,从直觉经验方法推向科学定量的解决方案。

Goldak 教授最终获得了加拿大基金会对他推进"计算焊接力学"研究的持续支持。

关桥与德国 D. 拉达伊(Dietor Radaj)教授也有一段故事。

拉达伊教授是在国际上焊接力学研究领域的著名专家,他曾任职于德国斯图加特市戴姆勒—奔驰汽车公司的高级研究经理,任教于布伦瑞克工业大学机械工程系,在焊接结构的安全评定、疲劳强度分析、焊接应力与变形等领域均获得过诸多研究成果;早期也经常参加国际焊接学会(IIW)的学术活动。

关桥通过 IIW 的学术交流结识了拉达伊,由于各自所从事的科研工作的共性,相互之间的沟通和交往也就更多些。

拉达伊教授在 1988 年出版了他的德文版的专著,接着 1992 年英文版问世,他很希望这本题为"焊接热效应—温度场、残余应力和变形"的专著用中文出版。在这本书中,他把关桥在 1979 年 IIW 第 32 届年会上发表的论文"薄壁圆筒单道环形对焊缝所引起的残余应力和变形"的理论、计算方法和工程分析结果都收录其中。

1996 年,几位中国学者——熊第京、郑朝云和史耀武在完成对拉达伊这本专著的翻译后,机械工业出版社希望请关桥对翻译稿进行审核并为该书的中文版写个序。

关桥在序言中向中国读者介绍说,这本书是拉达伊教授多年教学耕耘的结晶,是他多年从事工程研究的成就,也是他多年参加 IIW 学术交流的成果。

关桥说,焊接就其学科范畴而言,是一门专业科学,但就其工程应用来说,是一项制造技术。在半个世纪的长足发展中,焊接科学技术从依靠定性概念传授的知识和操作技能,发展为立足于最新的科研成果的专业科学,例如用数值分析技术给出定量的评估与指导。拉达伊教授以博彩众长的学风,科学地归纳总结了各国学者在国际学术舞台上的成就与贡献。关桥祝愿这本书中文版的问世，能在促进我国焊接科技发展的进程中，放眼世界，前瞻未来！

1998年9月，关桥参加在汉堡举行的IIW第51届年会之后，又专程赴斯图加特访问了老朋友拉达伊教授。

年迈的老人已行动不便，当关桥亲自登门看望他时，拉达伊激动地对关桥为他专著的中文版写序表示感谢。两位学者对于计算焊接力学的发展交换了各自的学术观点。

关桥向拉达伊介绍了"低应力无变形焊接技术"的最新发展和"热源—热沉"动态控制的原理。拉达伊说，他现在还在不断地跟踪最新的文献资料信息，对关桥发明的这项技术，是从文献报道中了解到的，当然不如发明人亲自讲述更生动、更具体、更深刻。

英国焊接研究所的Paddy是关桥难以忘怀的朋友。

关桥在英国焊接研究所从事合作研究工作时，结识了技术服务机械加工车间的主任John Padilla。

Padilla处人和蔼、助人为乐，人们都亲切地叫他Paddy。

为了加快试验研究工作的进度，关桥三天两头地去车间催促试验夹具的加工制造。

Paddy深知一个外国人，在人生地不熟的环境里办事，难处很多，他很体谅关桥，感同身受，就亲自当调度员，一个零件一个零件地安排加工进度。在空隙时，Paddy也很喜欢和关桥聊聊家常。他的祖籍是西班牙，第二次世界大战时期，他当过飞机的试飞员，饱尝过战争的惨烈和交战的残酷，腿部负伤后行动蹒跚，变成了残疾退役军人。

Paddy感慨地回忆着，一个西班牙人融入大不列颠社会是多么的不容易！

在工作和闲聊中，关桥和Paddy之间逐渐拉近了感情，他感到和关桥谈心是一种享受，他尽情倾诉着自己的心声。Paddy有时也发点儿牢骚，调侃英国现实中的政治纷争和对顶头上司们的不满。当他接受关桥邀请，亲临焊接试验现场，看到他制造出来的焊接夹具获得了"低应力无变形"的焊接效果时，高兴地拥抱了关桥，露出了内心的喜悦之情。

关桥回国后，每年的圣诞前夕都会收到 Paddy 一封长长的亲笔来信，悉数"汇报"他一年的工作、生活，诉说着心情的跌宕，还向往着有朝一日能到中国来看看。

1993 年 8 月，关桥和邵亦陈一同在参加格拉斯哥 IIW 第 46 届年会之后，于 9 月初专程去剑桥郡的 Harlton 镇探望了老朋友 Paddy。

Paddy 特意邀请关桥和邵亦陈在别具特色的家庭花园里欣赏他亲手栽种的各类果树。其中最令人惊奇的是他的稼接技术，一棵大果树上，一半结的是苹果，另一半结出的竟是硕大的梨子。

关桥想，这也是科学的结晶啊！

晚餐时分，Paddy 执意要让关桥和邵亦陈看看经典的英国乡村 Barrington 的酒吧生活。他们在其乐融融的氛围中，一起回忆着相处时的美好时光，尽情地诉说着现实生活中的友情。

那晚，大家商定，Paddy 拟于 1995 年中国访问。关桥和邵亦陈为 Paddy 也安排了日程和接待预案。

遗憾的是 Paddy 由于身体欠佳并未成行。

2002 年圣诞，关桥收到了 Paddy 得来信，关桥已感到 Paddy 情绪的低落。在信中的第一句话就说："亲爱的关，我这封短信只是想告诉你，我还活着。医生不允许我乘坐飞机，北京之行看来无望。"

在信的最后，Paddy 有点伤感地说："我只想让你知道，我常常想念你，我们在一起曾有过一段怎样美好的时光和舒心的聊天，但愿再相逢！"

噩耗终于传来！

2003 年 10 月 10 日，Paddy 与世长辞。他女儿给关桥来信说，她父亲临去世前还曾想到如何给关先生"汇报"2003 年他的生活和在繁忙工作中自己找到的乐趣。

为了忘却的怀念和友谊，关桥至今还保留着 Paddy 的亲笔信件，时常也回忆与 Paddy 的相识和友情。

Paddy 为他的同胞和同事们的利益奉献了自己的一生！

关桥与苏联同学别列斯涅夫的重逢充满了传奇色彩。

1988 年 11 月 13 日，苏联斯摩棱斯克航空工厂等离子体室主任别列斯涅夫参加在北京展览馆举办的"苏联科技成就展览会"时，找到了关桥。

别列斯涅夫与关桥是在苏联莫斯科包曼高等工业学院的同学。

1988 年 11 月 13 日，北京展览馆前，关桥与留苏时的老同学别列斯涅夫（中）会面，右为中央人民广播电台的宋娟娟

1953 年，关桥刚到莫斯科包曼高等工学院报到入学后，在筒子楼式的学生宿舍里，与同班的另一位中国留学生吴祖乾住在一个房间；同屋的另外两名是苏联同学，比关桥他们高 3 年，一个叫别列斯涅夫；一个叫斯切克洛夫。

别列斯涅夫和斯切克洛夫与其他高年级同学一样，都有参加过卫国战争的经历。他们喜欢运动，尤其爱滑雪，再加上都是学焊接专业，有共同语言，大家相处得很好。

别列斯涅夫和斯切克洛夫对关桥他们很热心，耐心地纠正关桥和吴祖乾的发音、语法，在学习上给予指点。

晚上，关桥和吴祖乾在宿舍开夜车，完成制图课的家庭作业，别列斯涅夫和斯切克洛夫躺在床上睡不着觉，但他们也很少流露出不满。

别列斯涅夫和斯切克洛夫爱喝酒，有时醉意很浓，说些胡话，关桥他们也能宽容。

别列斯涅夫1956年在包曼高等工学院毕业后，曾在白俄罗斯工作多年。转到斯摩棱斯克航空工厂工作时，他已经是一位有经验的工程师了。在这里，别列斯涅夫参与了苏联航天飞机"暴风雪号"的研制与建造，主要从事金属材料加工、切割与焊接，尤其在铝合金钣材切割方面，采用等离子切割技术，取得多项创新发明和专利。后来，他又在等离子切割技术应用于医学方面取得突破，将微束等离子用于人体内脏软组织的切割手术。

1988年11月，别列斯涅夫带着他的科研成果，来北京展览馆参加"苏联科技成就展览会"的展出，并在现场演示解说。

别列斯涅夫研究的是把等离子体束流以极高的温度切除软组织，同时也将切口烧结，不发生切口流血现象；他的这项发明获得政府颁发的"2001年度工程师"奖章；由时任总统的普京在克里姆林宫向他颁奖。

别列斯涅夫一直有一个梦想，寻找关桥！

从在北京参展之日起，别列斯涅夫就一直在打听关桥的消息。他猜想，关桥应该仍然在中国焊接界工作。

但时隔30年，经过了中苏关系破裂，中国又发生过"文化大革命"，对于中国知识分子在"文化大革命"中的遭遇，别列斯涅夫也有所闻，怀着忐忑不安的心情，他揣摸着老同学、好朋友关桥是死还是活？

别列斯涅夫想念关桥，他想在来参观展览会的茫茫人海中寻找到关桥。

然而，同学分别30年，杳无音信。偌大个中国，要找一个人，如大海捞针，到哪里去找关桥？

在展会上，别列斯涅夫一见中国人，就打听关桥的下落。直到有一天，遇到了中央人民广播电台国际部俄语组的记者宋娟娟，她承诺替别列斯涅夫打听关桥的下落。

宋娟娟通过中国对外友好协会，了解到关桥在625所。

一天，宋娟娟打电话找到了关桥：

"喂，您是关桥先生吗？"

"是的！"

"有一位在苏联包曼高等工学院的同学在找您。"

"包曼高等工学院的同学？"关桥吃了一惊。

"对！他就在北京，很想很想见您！"

这应验了一句话：世界很小，是个家庭。

按照约定，11月13日在北京展览馆，关桥与别列斯涅夫终于见面了！

一见面，两人拥抱在一起，激动得不得了。

"我以为，这辈子见不到你了！"别列斯涅夫说。

"为什么？"

"中国在搞革命，打仗！"

"啊！那叫'文化大革命'！"关桥知道别列斯涅夫说的意思。

"'文化大革命'？那，那为什么还要打仗？"别列斯涅夫不明白"文化大革命"是怎么回事。

在交谈中，关桥才弄明白，原来，别列斯涅夫还以为关桥在"文化大革命"中被批斗死了。他是抱着试一试的心态寻找关桥。

别列斯涅夫问关桥；"这些年，你是怎么过来的？为什么不来信呢？"

关桥沉默了，这是一个十分尴尬的话题。

1960年7月16日，苏联政府单方面撕毁了同中国签订的304个合同。撤走全部在华专家1390名，并带走了全部图样、计划和资料，停止供应急需的重要装备，使250多个企事业单位的建设处于停顿、半停顿状态。

625所也是受害者！

因为，625所是由苏联航空工艺与生产组织研究所"尼亚特"对口援建的一个项目。一切，都在那一瞬间消逝了……

从那时起，中苏两国人民之间，就像仇敌似地隔阂了起来。美丽富饶的伏尔加河在关桥的心中淡淡而去……

关桥自从在"文化大革命"时期那一个漆黑的夜里，把与苏联同学的信件、资料全烧毁后，他再也没有与任何人联系。

后来，关桥在参加国际焊接学术会议的时候，也曾相遇过苏联代表团，也曾看见过他熟悉的、亲爱的老师和同学，但他们只能像陌生人一样，即使擦肩而过，也不能打招呼……

这是那个时代赋予中国人铁的纪律！

无疑，关桥是那个时代的受害者！

直到1989年，中苏友谊之花在两国领导人"结束过去，开辟未来"平静的交谈中，再次徐徐开放……

关桥带别列斯涅夫去故宫、天安门、景山、北海公园观光，晚上又在友谊宾馆共进晚餐。

关桥热情邀请别列斯涅夫到家里做客。

陈丽芳设家宴，做了几个地道的中国菜款待老同学。

别列斯涅夫第一次走进中国人的家庭生活，他为中国的改革开放为老百姓的生活带来改观，甚至比当时苏联人的生活水平更高些而感到惊叹！

关桥向别列斯涅夫介绍了625所，尤其是在焊接领域的成就，包括等离子焊接与电子束焊接加工等。

11月16日，关桥邀请别列斯涅夫来625所参观。关桥很想让苏联的老朋友们知道，中国的焊接科技今非昔比，已不再是依靠苏联"老大哥"扶持"小弟弟"那个年代的面貌了！在参观625所的过程中，别列斯涅夫对625所取得的成就表示了极大的兴趣和感慨。

所长吴复兴和关桥请别列斯涅夫向苏联航空工艺与生产组织研究院，即"尼亚特"转交了625所情况介绍的小册子及有关资料和产品样本，并表示希望与"尼亚特"恢复建立双边合作关系

1989年1月24日，是中国传统的春节。

生命之光——记国际著名焊接专家、中国工程院院士关桥

中央人民广播电台国际部俄语广播部记者宋娟娟，邀请关桥在电台里直接用俄语向苏联朋友讲话。

关桥怀着激动的心情，向老朋友们讲述了去年 11 月与老同学别列斯涅夫见面的情景，回忆了在苏联留学时的难忘的生活和友情。结束讲话时，关桥想起了一首俄罗斯民歌中的几句歌词，情不自禁地吟唱道：

"不要忘记！在暴风雨之后，又会迎来五月的鲜花满地；不要忘记！自己的朋友、爱情和青春，不要忘记！"

关桥用歌声遥祝苏联的朋友们生活幸福、美满！寄希望老同学、老朋友再相会！

苏联航空专家别利亚宁院长是关桥敬重的制造技术长者。

1989 年 2 月 6 日，苏联"尼亚特"院长别利亚宁致函 625 所吴复兴所长，积极响应了 625 所关于恢复建立双边关系的愿望，并从 625 所情况介绍资料中得知 625 所在焊接技术等方面已取得很大的进展，感到十分高兴。

别利亚宁院长寄送给吴所长一本专著《机械制造工艺的科学基础》，希望能在中国翻译出版。

吴复兴所长于 3 月 20 日回信，正式表示，双方共同努力，积极采取具体步骤，重建双边科技合作关系。

别利亚宁院长收到信后，十分激动，他在"尼亚特"的所务会上特地宣读了吴复兴所长热情洋溢的回信，令与会人员感动不已。

1989 年 5 月，邓小平与戈尔巴乔夫的手握在了一起。交恶 20 余年后，中苏相逢一笑泯恩仇。

1989 年 7 月 1 日，苏联莫斯科包曼高等工业学院校长、科学院院士尼古拉耶夫教授应哈尔滨工业大学党委书记姜以宏教授的邀请访问哈尔滨后，又应关桥的邀请到北京顺访 625 所。

第七章　放眼世界

　　姜以宏是关桥的包曼校友，也是尼古耶也夫的研究生。所以，关桥邀请姜以宏来京作陪。同时，还邀请了尼古拉耶夫的另一名中国研究生，与关桥在苏联同窗近 10 年的吴祖乾，3 人一起在北京接待尼古拉也夫耶教授。时任国务委员、国家科委主任的宋健，也在欧美同学会包曼分会的欢迎尼古拉耶夫校长的聚会上，以校友的身份致欢迎辞，表达了中国校友们对母校发展的祝愿。

　　在尼古拉耶夫访问 625 所时，关桥请他带一封信给"尼亚特"院长别利亚宁。信中表示希望"尼亚特"院长能安排关桥在芬兰参加国际焊接学会年会之后，经莫斯科顺访"尼亚特"。

　　别利亚宁收到信，立即请示苏联航空工业部，得到批准后，为关桥访问"尼亚特"做出了专门安排和精心布署。

　　这次重返苏联访问对于关桥来说真是来之不易！

　　这是关桥自 1963 年离开苏联后，26 年来第一次踏上苏联的土地。同时，关桥也是中苏合作关系中断 30 年后，第一个访问苏联"尼亚特"的中国专家。

　　故地重游，别有一番滋味在心头……

　　关桥肩负使命。

　　从机场到莫斯科市中心的途中，那熟悉的一排排高大、挺拔的白杨树扑面而来，令关桥浮想联翩：他想到了学生时代的青春与激情，想到了莫斯科河畔的浪漫与阳光，想到了在莫斯科大学聆听毛泽东主席的亲切教诲……

　　1989 年 9 月 11 日，关桥的来访，受到了别利亚宁院长的热情接待。

　　别利亚宁院长亲自陪同，带领关桥参观了位于莫斯科市中心的"尼亚特"总部和在莫斯科南部近郊的"尼亚特"试验基地。

　　"尼亚特"有近 70 年的历史。

　　"十月革命"后，为了振兴经济，依照政府决定于 1920 年 9 月 20 日建立中央劳动研究所。所址是地处莫斯科市中心的沙俄时的一个金融中心大楼，直到现在，"尼亚特"的总部仍然设在这栋楼里。只是楼房有些陈旧，色彩有一些斑驳。但它见证了苏联航空历史的发展变迁……

生命之光——记国际著名焊接专家、中国工程院院士关桥

1989年9月11日,关桥访问苏联航空工艺与生产组织研究院("尼亚特"),与院长别利亚宁亲切交谈

"尼亚特"作为苏联航空工艺研究基地,也曾是苏联"暴风雪号"航天飞机制造工艺技术的开发中心。

1988年11月15日,苏联"暴风雪号"航天飞机从拜科努尔航天中心首次发射升空,47分钟后进入距地面250千米的圆形轨道。完成了一次无人驾驶的试验飞行。

由于苏联经由社会动荡到解体,继承者俄罗斯也因经费问题最终取消了"暴风雪号"航天飞机计划。但"尼亚特"为"暴风雪号"航天飞机所做的贡献,已经写在了苏联航天发展的史册上!

20世纪70年代,"尼亚特"为研制苏联第一代宽体客机伊尔-86(350座,相当于波音747)以及大型军用飞机开发了许多新的制造工艺技术,这些正是"尼亚特"人引以为自豪的技术成就。

别利亚宁院长在为研制宽体客机与"暴风雪号"开发新工艺技术方面做出过的贡献,让人崇拜和敬仰,他是苏联一代科技专家的杰出代表!

访问的第二天,按照日程安排,由别利亚宁院长主持召开了关桥与"尼亚特"各部门领导的见面会。

参加会议的分别是各部门、研究室、实验室、专业组的负责人,三个副院

长都出席了会议。

"安排这样高的规格接待一名外国专家,这在'尼亚特'的历史上是第一次!"别利亚宁院长笑着对关桥说。

"尼亚特'主要开展为苏联航空工业提供工艺技术和装备的基础性研究与开发以及生产组织管理,为研制新机型号任务提供科学技术保障,新技术装备的设计与研制以及提供样机,从方法论的角度去认识传统的和新的工艺过程。"别利亚宁院长如数家珍地向关桥介绍"尼亚特"的性质与任务。

见面会结束后,关桥在"尼亚特"总部参观了成果展览。

据别利亚宁院长讲,在600多项成果中有35项属于国际首创,195项属于国内首创,74项列入世界先进水平。

关桥没有想到,仅仅这20多年,苏联的航空科技发生了翻天覆地的变化。

关桥很平静地看着橱窗内那些科研成果,但内心波涛翻滚,尤其是听到别利亚宁院长在用一种十分自豪的语气告诉关桥时,关桥的心在颤抖!

很快,关桥调整了自己的情绪,边看展览边思考问题。

关桥发现,"尼亚特"技术成果的明显特点是,将研究开发的新工艺技术以专用设备的形式提供设计图样或产品。

比如,在专用加工设备研制方面,显示"尼亚特"实力的例子是,一台为"暴风雪号"航天飞机研制的专用焊接与铣切加工的大型设备,采用数控技术直接在焊前铣切加工焊接接头部位,保证机加工与焊接工序同步进行,满足了航天飞机大型壁板与燃料储箱超大直径的高精度装配与焊接的要求。

尽管这次访问是"走马观花",但给关桥留下了深刻的印象,收获也很大。

关桥觉得,"尼亚特"保持有一支经验丰富的科研队伍,是一所具有雄厚实力的航空工艺技术研究所。

但这次访问对关桥来说也有一些遗憾,他在"尼亚特"没有得到任何资料!

不过,关桥也明白,世界的大门不会永远朝你敞开着!

大门的开启是要用"金"钥匙的!20世纪50年代"老大哥"和"小弟弟"的情结,随着时代的变迁也已不复存在。

生命之光——记国际著名焊接专家、中国工程院院士关桥

关桥想，关于下一步的合作，双方必须在一个相当长的时间里通过互访与资料交流，建立一个平等的沟通平台，把对方的技术状态了解清楚。由于苏方对技术严格保密，他们期望的是把他们的技术成果出售给中国。因此，目前很难得到较详细的技术资料，当然也不可能在很短的时间内，期望在技术合作方面有较大的突破性进展。

关桥在向625所领导撰写的"访问'尼亚特'情况汇报"中建言：重新打开双边合作局面的关键，是"尼亚特"和625所领导人与专业人员对口互访，培养青年技术骨干掌握俄语工具也是当务之急。

别利亚宁院长表明了在1990年初访问中国的意愿，以便使双边的合作谈判进入实质性阶段，他还建议在1990年9月20日，"尼亚特"建所70周年大庆之前，请吴复兴所长带团对"尼亚特"进行回访。

这也正是关桥这次访问的使命和目的！

关桥的访问，把"尼亚特"和625所之间中断了几十年的关系，重新搭建了"桥"。莫斯科河的流水，重新焕发青春流淌在关桥的心里……

后来，关桥先后邀请了在"尼亚特"工作的几位老同学、老朋友格拉希明科、茹科夫、施特利赫曼等多次到625所讲学，继续拓宽合作渠道。期间，关桥还把时任"尼亚特"电子束焊接研究部主任的老同学格拉希明科作为"尼亚特"电子束焊接专家引进到625所，开展了多功能电子束焊接技术研究，很有成效。

从那以后，625所与"尼亚特"在航空特种焊接技术与航空特种加工制造技术方面，开展了多项具有实质性的合作项目，专业科技人员的交流、沟通日益增多，双方都受益匪浅。

别利亚宁院长曾先后三次来访，625所的领导也曾率团多次访问"尼亚特"，谈判技术合作项目。

时任俄罗斯焊接学会主席的斯切克洛夫和在包曼高等工学院工作的杨波里斯基教授也被邀请来625所讲学。

杨波里斯基教授还指导了空心阴极真空电弧焊接/钎焊项目，后来625所又进一步开发，形成了一项很好的工程化应用技术，使这项技术在国内发展起来，

并产生了良好的技术经济效益。为奖励作为外国专家所作出的贡献,航空工业部授予杨波里斯基教授"航空友谊奖"。

这对于关桥来说,又是一段难以忘怀的友谊!

北京年会

1994年9月4日晚上7点30分,国际焊接学会第47届年会在北京国际会议中心举行盛大开幕式。

作为东道主,中国工程院院士、国际焊接学会副主席、中国焊接学会理事长、北京航空工艺研究所(625所)研究员关桥主持了大会。

中国组织委员会主席林尚扬教授致欢迎词。

中华人民共和国国务院副总理邹家华代表中国政府,向来自36个会员国的近900名代表发表了热情洋溢的祝贺词。

会议浓重而热烈。

1994年9月4日,第47届国际焊接学会年会在北京国际会议中心开幕,邹家华副总理代表中国政府向与会各国代表致辞

生命之光——记国际著名焊接专家、中国工程院院士关桥

"1973年，我曾率中国代表团参加在西德杜塞尔多夫举行的第25届国际焊接学会年会……"

邹家华副总理在致辞中，满怀深情地回忆起了过去中国焊接界与国际焊接学会友好的交往。

关桥坐在主席台上，他神情淡定、自然，望着台下的来宾，他的思绪回到了为筹备召开这次会议的那些日日夜夜，为了这一天的到来，他与他的团队和焊接学会的同事们，共同努力付出了巨大的心血和辛劳！

……

关桥多次参加国际焊接学会（IIW）的年会。IIW每年轮流在一个会员国举办年会，关桥深深地感受到：年会，一个世界焊接科技百花争奇斗艳的国际大舞台，是各国专家、学者的竞技场，也是一个学术交流、相互切磋、把握科技前沿发展动态的大课堂。每次，中国焊接学会派出代表团参加这类活动，只是少数人参与学术交流，当然这种"走出去"也是中国焊接科技放眼世界的一个重要方面。

在国际学术交往中，不甘人后的心态，促使关桥开始琢磨，"请进来"不能仅停留在邀请外国知名专家来国内讲学，如果把IIW年会请进来，在国内搭建这样的一个国际大舞台，让国内更多的专家、学者能有机会在这个大舞台上展示才华，这对于促进中国焊接科技走向世界将会打开一个崭新的局面。

这个想法，渐渐变成了关桥在1985—1990年间担任中国焊接学会副理事长分工负责国际联络事务时的一个挥之不去的心愿；成为关桥坚持放眼世界，把中国焊接科技推向国际大舞台作为自己始终不渝的夙愿；成为中国焊接学会执委会一班人的共识！

把IIW年会这个大舞台搬到中国来！

焊接学会执委会认为，中国改革开放以来，焊接科技取得了可喜成就，在承办国际学术会议方面也积累了一定的经验，举办IIW年会时机已经成熟。

1986年，中国焊接学会正式向国际焊接学会递交了承办1994年在中国召开IIW第47届年会的申请报告。

1989年8月，关桥应国际焊接学会的邀请，率中国代表团参加在芬兰赫尔辛基召开的国际焊接学会第42届年会。

IIW秘书处通知中国焊接学会，将在全体会员国理事大会上讨论并投票表决中国的申办报告。

26年前，中国焊接代表团就是在芬兰赫尔辛基以观察员的身份第一次参加了IIW第16届年会。这次已经是芬兰作为IIW成员国第二次以东道主的身份举办IIW年会。

芬兰有"千湖之国"之称。

芬兰首都赫尔辛基邻接波罗的海，是一座古典美与现代文明融为一体的都市，既体现出欧洲古城的浪漫情调，又充满国际化大都市的韵味。同时，她又是一座都市建筑与自然风光巧妙结合在一起的花园城。

赫尔辛基市内建筑多用浅色花岗岩建成，有"北方洁白城市"之称。在大海的衬托下，无论夏日海碧天蓝，还是冬季流冰遍浮，这座港口城市总是显得美丽洁净，被世人赞美为"波罗的海的女儿"。

在赫尔辛基的海港市场上，有一尊名叫"波罗的海的女儿"的铜像，那是赫尔辛基的象征。

在赫尔辛基召开的国际焊接学会第43届年会，是一次有特别意义的年会，也是一次前所未有的盛大的聚会。

关桥和林尚扬没有心思观赏碧海蓝天、美丽洁净的这座港口城市的美景，他们肩负的使命是要在有33个成员国代表到会的全体理事上，争取能获得2/3以上的赞成票，通过中国代表团提出的建议：1994年在北京举办第47届IIW年会。从1989年到1994年之前，还有4届年会，但已经都有了各自的东道主成员国排队邀请，并通过审议获得了承办的资格。

中国代表团一到达赫尔辛基，关桥、林尚扬就约定于9月3日同IIW的秘书长P. D. Boyd先生会面，重申了中国代表团郑重邀请IIW与1994年在北京召开第47届年会。

在会谈后，Boyd先生把中方的邀请提交IIW执行委员会审议后，正式列入9

月 9 日 IIW 全体理事会的议事日程。期间，关桥、林尚扬又分别与理事会的成员们交谈，做好会前的沟通酝酿工作，希望能在理事会上表决时一次通过。

关桥有些担心。

1989 年，中国发生了"六四"政治风波。西方敌对势力企图在政治上诋毁中国，在经济上封锁中国，在军事上打压中国。

这是一个多事之秋。

9 月 9 日下午，关桥和林尚扬参加了全体理事会。关桥走到在会场中间设置的麦克风前，代表中国代表团正式向全体与会的各国理事们发出诚挚的邀请：

"尊敬的各位理事，中国是一个发展中的国家，中国的焊接科技正在蓬蓬勃勃地发展，我们希望国际焊接学会第 47 届年会于 1994 年在北京举行，这必将扩大 IIW 在中国乃至在所有发展中国家的影响力，推动中国的焊接事业加快走向国际舞台。北京是一座充满活力的现代都市，三千年的历史文化与都市的繁荣交相辉映，我们将用中国人特殊的好客礼遇等待您们的到来，北京欢迎您们！"

中国代表团的邀请，受到各国理事们的热烈欢迎，理事会一致通过决议：1994 年在中国举办第 47 届国际焊接学会年会！

关桥与林尚扬的手紧紧地握在了一起！

会场外边偌大的花园里，被芬兰人喻为国花的白色铃兰花，悬垂若铃，一茎着花 6 至 10 朵，洁白无暇，清香四溢，使人陶醉……

在 9 月 12 日举行的第二次执行委员会会上，IIW 主席比利时的 Salkin 教授对中国代表团的邀请再次表示谢意。

关桥借用托马斯·杰弗逊（Thomas Jefferson）的一句名言回应说："我喜欢过去的历史，但更钟情于对未来的梦境。"

"北京年会将是一次特殊的盛会，为此我们会加倍努力！说得'好'当然好，但做得'好'就更好！"关桥如实地表达了全国焊接界同仁们的心愿。

在第 42 届年会即将结束时，关桥抓紧时间与联邦德国焊接学会主席 Sossenhamer 博士交换意见，达成协议：1991 年在北京—埃森焊接展览会期间，共同组织第一届中德双边国际焊接学术会议，会议主题为"焊接与相关技术的最新进展"。同时，关桥也与日本、苏联等国焊接代表团就发展双边关系进行了认真的沟通。

离开芬兰的那天晚上，关桥极度兴奋，在这次会议上的一系列收获，是他分工负责中国焊接学会对外联络工作以来，积极推进"中国焊接科技走向国际"理念的实践。但在关桥看来，这仅仅是第一步。

在中国焊接学会举行的招待酒会上，关桥向 IIW 年会的代表们一一介绍中国焊接学会执委会成员

1994 年，中国北京，那将是怎样的一次盛会呢？

在世界焊接科技舞台上，中国将作为东道主，第一次筹备这样大型的国际焊接界的盛会，任务是十分艰巨的。但关桥很自信，这是扩大我国焊接工作者与世界各国同行们的交往，促进我国焊接科技水平提高，对外宣传我国建设成就的好机会！

当中国走向世界的时候，也要让世界了解中国，北京，就是世界的舞台！

关桥期盼着这一天的到来……

IIW 理事会刚一结束，走出会议大厅，关桥就对林尚扬说："这个事，理所当然地落在了我们两个人的肩上！"

关桥和林尚扬都明白，中国焊接学会的秘书处在哈尔滨焊接研究所。不可能什么事情都由哈尔滨焊接研究所来承担。再加上，他们两人都是从事科研的，在各自单位里没有任何行政职务，办什么事也很不方便。虽说改革开放已有十多年，但整体社会环境与举办大型国际学术会议所要求的高规格、高标准还相差甚远，会场的安排、住宿、交通都要亲自过问，一件一件地落实。

"我们精诚团结，好好配合，一定会把年会办好！"林尚扬充满信心地说。

那天晚上，关桥和林尚扬在旅馆里一起研究如何成立年会筹备组，如何确定年会的规模，如何选定年会的会址，等等。

那一夜，他们谈了很久很久。窗外的铃兰花香，飘进了房间，沁人心脾……

很快，国际焊接学会第47届年会组委会成立了，林尚扬担任组委会主席。由邹家华副总理担任大会荣誉委员会主席，国家科委主任宋健、北京市市长李其炎及机械工业部副部长陆燕荪、张德邻，国际合作司和机械工程学会的领导都是荣誉委员会成员。

组委会遇到的第一个问题就是关于年会的定位。

这是国际焊接学会第47届年会的灵魂！

组委会一直在思考，以什么样的指导思想来承办这届年会呢？

为此，在1990年5月于西安召开的焊接学会第四届理事会第一次常务理事会和全体理事会上，关桥代表焊接学会执委会在会上抛出了一个观点："这次会议的基本思想，应是'突出我国特色，为我所用'。即通过这届年会，使国际焊接界更好、更全面地了解中国改革开放以来的面貌和焊接科技的发展现况，也使我国焊接工作者更具体了解世界焊接科技的前沿水平，为国民经济建设服务，并能直接参与大型国际学术活动，扩大我国在IIW的影响。"

林尚扬接过关桥的话说："在组织工作上，指导思想是以'土'取胜，不比洋气，不讲排场'的原则，即花钱要得当，各项活动要能体现中国特色和中国人好客的特点。"

当讨论到这次年会中的大型国际学术会议的主题时，会议顿时热闹起来。

国际学术会议是 IIW 年会的一个重要组成部分。此外，还要召开十几个专业委员会各自为期 4 天的小型会议。每年的国际学术会议的主题都由承办国提出，经 IIW 执委会同意。

从某种意义上讲，主题的确定，反映出承办国是否把握了当今世界焊接技术的走向与规律。这是衡量承办国是否具备世界眼光与水准的标志之一。

对这次大型国际学术会议的主题曾有过多种建议，如："稀土在焊接中的应用"、"铸铁的焊接"、"人工智能"、"低成本自动化"等。

有代表指出："'稀土在焊接中的应用'与'铸铁的焊接'，这两个主题，虽是我国的强项，但很难吸引更多外国代表的兴趣。"

林尚扬综合大家的建议决定："把'人工智能'，'低成本自动化'这两个主题合并为一项，即'先进技术与低成本自动化'，把'人工智能'作为该主题 8 个分题中的一个。"

常务理事甘肃工业大学陈剑虹教授提出一个新的创意："另外再组织一个以材料为主题的'会前会'，即'新型材料的焊接、连接、涂敷与表面改性'。"

常务理事会对这个建议表示了赞同。

所谓"会前会"，就是在 IIW 年会开幕之前，提前先举办一个小型学术研讨会。这个"会前会"由陈剑虹教授主持，并于 9 月 1—2 日在大连组织召开；有来自 11 个国家的 111 位专家参加，会议取得圆满成功。关桥参加了大连"会前会"的开幕式，下午就赶回北京，主持年会的工作。

关于选定年会大会的会址，关桥与林尚扬伤透了脑筋。

因为要召开大型国际会议，必须有一个能容纳近千人的主会场。接下来同时召开专业会议，还要设十几个分会场，一定要按照 IIW 年会的国际惯例和国际标准来安排。

林尚扬亲自出马，把全北京可能选择的场地都考察过。最后定在北京国际会议中心。

北京国际会议中心，于 1988 年 8 月为第十一届亚运会提供新闻中心服务而建。

生命之光——记国际著名焊接专家、中国工程院院士关桥

会议中心位于北京城区北四环中路,雄踞于亚运村内,紧邻高速公路,地理位置优越,交通发达。会议中心设有高雅舒适、功能各异、设备齐全的大小会议厅60余个及数十套写字间。

主会议厅拥有多项功能的会场设施,最大容量为2300座位。配有一流的音响设备,包括普通磁带录音和数字录音、10种语言同声传译、高亮度多媒体投影、专业电影放映机、舞台演出灯光等设备。

这是一个十分理想的会址!

哪知,临开会前两天,会议中心把原来定下的会场让给了一个残疾人国际会议了。

关桥一接到电话,头都大了!

"我们是签了合同的啊?!"关桥气得毫无办法。

于是,他和林尚扬立即请机械工业部陆燕荪副部长出面,好不容易才把会场协调下来。关桥这才松了一口气。

关桥办事遵循一个原则:凡事预则立。

他与林尚扬最担心的是会务工作。他们决定到会务组看看。

关桥知道,每届年会的报名、报到工作是最为复杂、繁忙而细致的工作。往往出问题就在会务!当年,在国内举办大型会议,还没有专业化的社会服务公司承办这些会务。

负责会务工作的同志介绍:"为了用计算机进行报名登记与统计,根据不同要求,已经自行编制了一套中国人,一套外国人报名的软件。试运行的效果还不错。"关桥和林尚扬微笑着点了点头。

那时,没有手机,联系工作十分不便。关桥就动员妻子陈丽芳和儿子关大立在单位想办法去借了十几台BP呼叫机。

会议筹备期间,正值北京高温,气温一连几天都在38℃左右。关桥干脆就把有的协调会安排到家里开。

妻子陈丽芳见状,咬着牙花了5000多元买了台空调,为关桥开会提供一个好的环境。

"人手不够,怎么办?"会务组找到了关桥和林尚扬求援。

于是,林尚扬动员了学会秘书处挂靠单位——哈尔滨焊接研究所十余人参加了各种工作。

关桥动员了625所、清华大学等单位的几十名员工、同学承担了大会专业服务的繁重工作。

在开幕式上,邹家华副总理还在致辞。

"中国作为国际焊接学会的成员国,30年来为促进焊接事业的发展做出了显著的成绩和积极的贡献。中国焊接学会以'引导学科发展,繁荣焊接科技'为宗旨,在我国国民经济建设和全国各行业的技术进步中发挥了重要作用。希望通过这次各国著名专家云集的盛会,相互进一步加深了解。中国的改革开放政策促进了经济建设的高速发展,建设需要依靠先进的科学技术,也包括焊接科学与技术。

"几十年来中国的经济发展,一些重大装备的成功制造和运行,都包含了中国焊接工作者的贡献,希望国际焊接学会对中国焊接技术的发展发挥更大的作用,希望我们携起手来,为世界的焊接事业做出我们应有的贡献!"

邹家华副总理结束了讲话,全场响起了经久不息的掌声。

国际焊接学会主席 L. R. Timerman 先生在开幕词中,感谢东道主中国,感谢邹家华副总理亲临并发表演讲,为大会增光添彩。他说,这届年会能在北京举行,表明了中国的焊接科学与技术已融入了国际科技的大范畴,而且是国际焊接科技发展的一个重要组成部分。中国成为国际焊接学会的成员国已有30年的历史,为世界焊接科技进步做出了重要贡献。最后,他祝中国繁荣昌盛,愿中国的焊接事业有更大的发展!

接着,举行荒田吉明奖颁奖仪式。

荒田吉明奖是 IIW 于1993年创立的。

北京年会是第一次颁发荒田吉明奖。

第一位获奖人是原英国焊接研究所所长、英国皇家学会会员、断裂力学国际著名学者——阿伦·威尔士博士。

开幕仪式后,由中央民族学院的师生表演了民族歌舞。

优美的舞蹈,演绎了中国传统文化的精髓;悦耳的歌声,讴歌了中华五千年灿烂的文明……

开幕式的成功,为这届年会开了一个好头。

赢在细节

第二天上午,国际学术会议如期召开。

国际学术会议是国际焊接学会为吸引更多的焊接工作者参与 IIW 活动面向非会员国的代表开放的会议。

会议主题是"先进技术与低成本自动化"。会前,共收到 17 个国家的 32 篇大会报告论文,其中中国 6 篇。

这些论文报告人,均是各国在这一领域的著名学者、专家和工程技术人员。

国际学术会议的会场每天都有 300 人左右参与会议,最多时达 450 人,这是国际焊接学会近 10 年来各次国际学术会议上人数最多的一次。而且,会场气氛之好,讨论的热烈程度,均受到国际焊接学会的好评。

关桥在接受记者采访时说:"这与会议的主题选择很有关系。国际学术会议应面向承办国的大多数工程技术人员,如果主题面太窄,或内容涉及过深的理论问题,都可能出现'曲高和寡'的现象。这届国际学术会议的主题,具有工程应用内容,但也包含了一些先进的新技术,既能吸引广大的企业工程技术人员,又能使专家、教授们感兴趣,实践证明,当初组委会做出的最终决定是正确的!"

从 9 月 6 日到 9 日,国际焊接学会年会举行了为期 4 天的以各专业委员会为主的年度会议。

国际焊接学会下设的十几个专业技术委员会分别举行了专题学术讨论和研

讨工作会议。在这些专题会议上，各国专家发表了 300 余篇论文和报告。

中国焊接学会一共向 IIW 对口专业委员会推荐了 50 多篇论文，在几乎全部专业委员会的会议上都有中国专家宣读论文，参加学术讨论，其中一些论文受到很高的评价，有的被推荐在《Welding in the World》杂志上发表。

中国焊接学会下设的各相应专业委员会的专家，也分别参加了会议，与对口的外国专家、学者近距离地、面对面地进行了深入的讨论和交流，为今后加强相互交往建立了联系。会议期间的学术气氛非常活跃。

为了北京年会的召开，中国焊接学会由陈丙森教授组织编辑出版了英文版的《China Welding》专辑，介绍中国焊接科技在国民经济各领域中的成就和贡献。

关桥也为该专辑撰文，介绍了我国航空焊接技术的进展。

围绕这次年会的各项活动，会前、会后，全国各高等院校、研究机构和工厂企业，相继邀请对口的外国专家、学者和工程技术人员来访、讲学、考察、洽谈合作或投资项目。航空系统的高等院校——北航、西工大和 621 所、625 所等也分别接待了许多与各自专业相关的专家、学者的来访、讲学，探讨培养人才、合作研究计划等。

与国际焊接学会年会同期，在北京还举办了北京—埃森国际焊接展览会，有 70 多个外国厂商和我国 100 多家公司、厂家和科研机构参展。引人注目的焊接机器人，以其低成本自动化装备的优势和在生产应用中所具有的良好柔性，已开始在我国各行业的焊接技术改造中大显身手。

关桥高兴地说："国际焊接学会第 47 届年会在我国首次成功地举办，不但在学术与技术交流方面成绩斐然，对我国焊接科学技术的发展将会有大的推动，而且扩大了我国在国际科技界的影响，赢得了各国学者、专家和友人的一致赞誉！"

是的，国际焊接学会第 47 届年会在北京召开，是一次体现焊接科学研究的最新成果与工业生产应用效益相互交融的国际科技高水平的会议；是打开中国焊接界走向世界的一扇窗，是与世界交流、沟通的一座桥梁；是对中国焊接界一次集体大检阅，是一次向世界全面展示中国焊接理论研究与工程应用水平的契机！

生命之光——记国际著名焊接专家、中国工程院院士关桥

志愿者队伍的辛勤与奉献保证了IIW年会的顺利进行

国际焊接学会第47届年会进行得十分顺利。

但关桥丝毫不敢松懈。他告诉组委会的工作人员,只要会议没有结束,思想就不能放松!

关桥想把第47届北京年会办成一个毫无挑剔的精品会!

组委会为各会场提供了除投影仪、幻灯机外,还免费提供了如液晶显示投影仪、超大屏幕投影电视等,受到与会者的赞扬。

有些外国代表惊讶地说:"中国变化真快,短短几年时间,你们就拥有如此完善的会议中心,真难以想象!"

有的外国代表还说:"在这里开会和在美国开会,我没有感到有什么差别,这里的条件太好了!"

在策划这届年会时,关桥与林尚扬高度统一思想,他们认为,除了按IIW有关会议组织指南要求,办好国际学术会议及IIW专业委员会的年度工作会议外,还有最重要的事就是组织好年会期间的各项社会活动。

关桥从参加若干国家举办年会的经验看,社会活动完全是由承办国来安排,IIW也没有什么具体的规定。

第七章　放眼世界

因此，社会活动办得好不好，往往成为代表们评价一届年会的重要依据之一。

于是，组委会主席林尚扬对本届年会的社会活动，作了详细、周密的部署。

这些活动包括开幕式、招待会、各国知名专家的荣誉招待会、"金秋之夜"晚会、IIW 宴会等晚上的大型活动，以及北京名胜古迹游览、工业场所参观等白天的活动，再加上会后到其他城市旅游等内容丰富的活动。

组委会把晚上的大型活动作为重点来考虑。

各次活动分别在北京城的东南西北不同地区举行，而且每次活动都有不同的特色。

招待会在北京友谊宾馆的友谊宫举行。

北京市市长李其炎是招待会的主人，他代表市政府欢迎代表们来到中国首都北京，希望大家多看看北京的建设与发展。招待会上提供了不同特色的中国点心。一些外国代表风趣地说，这是他们第一次在 IIW 招待会上看到有如此丰盛的食品。

1994 年 9 月，在 IIW 年会期间，北京市李其炎市长（左二）举行招待会欢迎各国朋友聚会北京，与 IIW 执委会成员合影

生命之光——记国际著名焊接专家、中国工程院院士关桥

"金秋之夜"晚会,在长城饭店大宴会厅举行,这是我国焊接学会及组委会招待全体外国来宾的盛会。当外国代表步入气魄宏伟的宴会大厅时,都赞叹不已。

晚会上,有中西式食品,还设置了北京烤鸭小亭和馄饨小亭,吸引了不少来宾,这两个小亭前始终有人在排队。

特别是民族服饰表演,大开"老外"们的眼界,尤其是随行夫人们。不少人当场购买了一些民族服饰纪念品,甚至穿戴着它们跳舞。

一些代表说,这一晚可以用奇妙、开心来概括!

关桥还特意请原625所的老同事——时任国家外国专家局技术经济专家司司长的王虎出面邀请,安排国家外国专家局马俊如局长举行了一次别具特色的专家招待会,马局长介绍了专家局的工作,欢迎各国专家来华工作,招待会充满热情、交融的气氛。

日程安排得很紧凑,中国机械工程学会利用中午设置了午宴,款待国际焊接学会执委会的成员们。

最后一个晚上,共有600多名中外代表出席在北京饭店大宴会厅的IIW晚宴。

机械工业部副部长张德邻出席了宴会。中国组织委员会主席林尚扬主持了宴会,并和关桥一起向国内外主要大赞助单位赠送了精致的镀金铜匾,对他们的支持表示感谢。

晚宴结束时,外国代表纷纷向中国组织委员会及焊接学会执委会成员表示感谢,称赞这次会议组织得太出色了,他们将带着对中国的美好印象回国。

除每天晚上的大型活动外,游览北京也深受代表们及其随行人员的欢迎。

如巨龙一般的长城,雄伟、壮丽地在崇山峻岭之间沿山脊蜿蜒辗转;美丽而古老的故宫博物院的红墙黄瓦,画栋雕梁,殿宇楼台,给代表们留下了深刻印象!

据国旅北京分社的统计,5天中共有750人次参加游览,这也是历届IIW年会所未有。

在工业参观中，一些代表参观了清华大学、钢铁研究总院、625所、首都机械厂、北京吉普车厂及北京轻型汽车厂。

会后，组织会议代表分别到天津、西安、桂林、上海、杭州、广州等地旅游。

安排这些活动，进一步加深了外国代表们及随行人员对中国文化风土人情的了解，也增加了对我国工业水平，特别是焊接科技现状的认识。

国际焊接学会秘书处明确要求将中国组委会精心设计的这次年会的"二号通知"作为典范收藏。"二号通知"在封面和封底上分别印有中国元素的长城、祈年殿等图案，像一本精美的艺术品。会后，瑞典组委会曾来函索要10本，作为设计明年斯德哥尔摩48届年会通知的参考。

本届年会的会标更是突出中国特色，采用了剪纸艺术。

"赢在细节！"林尚扬无不自豪地如是说。

关桥与林尚扬配合默契。为开好这次年会，数年的辛劳终有了回报。

北京年会的成功举办，得到了与会者的高度评价和赞扬。

国际焊接学会主席，阿根廷的Timerman先生在一次晚会上的讲话说："你们出色地组织了这届年会，正如昨天中国女子运动员在世界游泳锦标赛中打破世界纪录一样，你们也创造了一个IIW的新纪录！"

国际焊接学会科技秘书处秘书长法国的M. Bramat先生说：你们的热情招待，使大会充满了友好气氛，会议为各专业委员会、工作组和所有代表提供了极好的工作条件，所有与会者对会议的工作环境和工作人员尽职尽责的高效服务都十分满意。

欧洲机电一体化研究所所长P. Drews教授在大会上作完主旨报告"信息技术世纪中的焊接"后深有感慨地说：感谢你们巧妙地组织了这次极为成功的年会！你们尽善尽美的会议室、声像设备和高效的服务，使所有代表十分满意，创造了极为便利的工作条件！

英国焊接研究所所长A. B. M. Braithwaite先生说：整个会议从专业上和个人兴趣上所树立的标准，几乎是以后的年会难以达到的！

IIW秘书处秘书长英国的J. G. Hicks先生说：这次年会受到所有与会者的

一致赞扬，尤其是邹家华副总理和李其炎市长的光临，更使大会增加了威严！

德国焊接学会秘书长 D. von Hofe 博士来信说：祝贺你们出色地组织了年会的所有活动，你们热情接待，使得我们在中国逗留期间非常愉快！

国际焊接学会第47届年会结束了，尽管会议组织工作有些匆忙，但还是有条不紊地办下来了，没有接到一条投诉，关桥满意了！

国际焊接学会第47届年会，是国际焊接界的"奥林匹克"盛会，是中国焊接科技走向世界的里程碑！

但关桥对此有着另一番更深的感悟和认识。

关桥看到，这些年来，在国际交往中，以学术为先导，拓宽了引进国外技术和进行国际贸易合作的渠道。在与世界接轨的日子里，吸收外来技术，无疑是国家实现经济和技术快速发展的捷径。对先进焊接技术的引进，促进了我国焊接技术的进步与发展！

令关桥欣慰的是，在他担任中国焊接学会理事长期间，中国焊接学会有了长足进步，在国际上的影响力也大有提升，整个焊接学科和产业的发展在国民经济主战场上显示出旺盛的活力。

年会结束了，一切喧嚣归于平静。

但是，关桥心里明白，中国的焊接技术在进入世界大国的行列之后，如何向技术强国迈进，这是一个不可回避的重要话题。

关桥在思考一个问题：中国的焊接科技向何处去？

迈向强国

北京的初秋，雨水变得多了起来。刚刚下了一场小雨，天空格外明净，空气有些湿润，凉爽宜人。

一大早，关桥又走进了625所。像往常一样，开始了新一天的工作。

在焊接技术这条崎岖而艰难的路上，关桥像一位行者，背着行囊，奋力跋涉一座座科学的高峰，把生命的血与汗，洒在了祖国的大地之上；他像一位歌者，用手中的笔，写就了一行行铿锵有力的旋律，唱响了一曲讴歌时代的大爱之歌……

1996 年由关桥主编的《航空制造工程手册·焊接》出版了。

关桥在绪论中通俗地说：焊接是"缝纫师"，能把金属材料切割、剪裁、缝制成整体结构；焊接是现代制造业中的主导技术之一，大到几十万吨级的海洋巨轮和大型飞行器（ships），小到微型集成电路芯片（chips），都离不开焊接。

随着国民经济各个大产业部门：航空、航天、造船、能源、交通、核工业、兵器、冶金、石油化工、建筑、电子工业等的发展，对焊接科技提出更高的需求——高质量、高效率、高可靠性和高经济性。

焊接是工程科技中的一个专业学科，在多学科的相互交融中，焊接科技成果在不断实现工程化应用的同时，又持续地开拓着本学科的新方向，创新发展，日臻完善，丰富其学科内涵。在自己 50 年的科研生涯中，关桥深刻地感受到焊接科技的进步对我国制造业发展发挥着越来越重要的推动作用。同时，高新技术、高端装备、新材料、新结构日新月异的发展又是焊接科技发展不竭的牵引力。

关桥把焊接在制造业中的重要地位和特殊作用概括为：

——焊接是不可拆卸的永久性连接，是新材料、新功能、先进结构设计方案得以实现的技术保障。

——在整体结构上的不同部位选用最佳的异种材料组合，焊接后可满足不同工况条件的技术要求。

——采用整体焊接结构，可以精化毛坯，缩短加工流程，节省原材料，降低产品成本。

——先进焊接技术和工艺方法为高新技术产品、特殊结构的设计、选材提供了崭新的设计、制造理念和创新构思的空间。

2000 年初，关桥参加了中国工程院为振兴国家装备制造业而开展"新世纪如何提高和发展我国的制造业"的咨询研究工作。

在完成这项咨询课题研究的同时，关桥联想到自己的专业——焊接。在新世纪，中国的焊接科技又将如何发展？

时任中国工程院机械与运载工程学部主任的关桥，感到肩负着一种特殊的社会责任。关桥找到了林尚扬院士商量。

"咱们俩也提个建议，在学部立一个咨询课题，研究研究焊接科技如何发展，你看如何？"关桥看着林尚扬，想得到回应。

"好啊！咱俩又想到一块去了！干吧！"林尚扬踌躇满志、胸有成竹的回答给关桥吃了个定心丸。

很快，"我国制造业中焊接技术的现状及发展战略研究"咨询课题通过了机械与运载工程学部常委会的评审立项，报中国工程院批准实施。

课题研究工作由林尚扬、关桥牵头。

林尚扬拟定了一个雄心勃勃的课题研究方案计划和实施路线图。

关桥心领神会，要做好一个咨询项目，能对国家产业发展起到导向作用，就必须脚踏实地，从调查现状开始，深入到各产业焊接生产第一线中去搞调查，拿到第一手资料，这才是研究和分析问题的基础，才能有的放矢地提出实实在在的建议，供国家决策参考。

为了扎扎实实地完成好这项咨询任务，还要动员学部内各产业部门的院士和社会上相关专家参与调查和研究工作，被邀请的院士、专家先后有25名。

课题研究的经费有限。

那时，关桥和林尚扬都已经是焊接学会的顾问了，争取从焊接学会方面得到经费上的支持，是顺理成章的事情，这本来就应该是焊接学会启动的产业战略发展研究项目。

2000年8月10日，焊接学会理事长、甘肃工业大学校长陈剑虹教授，邀请了焊接学会和焊接协会的执委会在兰州举行联席会议。

关桥向联席会报告了开展"焊接发展战略研究"的重要意义，希望能得到经费支持。

林尚扬介绍了对焊接产业进行调查研究的计划。学会和协会的领导们认同了这项咨询研究计划，认识到这也是在为焊接学会开展业务打基础，为制定规划提供依据，都给予了大力支持。

随后经历了两年多的调研、考察、座谈、收集资料、分析研讨、撰写文稿、绘制图表等细致工作，林尚扬倾注了大量的心血，彰显了一个学者、专家严谨治学、博采众长的风采，也感动着一起工作的年轻的科技工作者，为他们树立了脚踏实地、精益求精的学风和不辞劳苦、不为名利的榜样。

为了作好基础数据的调查、统计，设计了专门的调查表格，先后发出3000多封调查信，在全国范围对93家重点企业深入现场调研、座谈，编制了数据统计分析记录，建立了数据库，完成了我国第一份焊接现状全面、真实的调研分析报告。同时也对德国、日本、美国焊接学会提供的各国产业发展数据进行了对比分析。

2002年，我国钢产量超过1.85亿吨，已成为世界上最大的钢材生产国和消费国。

在国际上，钢材的40%~60%是经过加工焊接制造成各类焊接整体结构。按我国的发展水平，当年大约只有40%的钢材约7000多万吨钢制成焊接结构，所需要的焊接材料（焊条、焊丝等）为144.9万吨。

关桥和林尚扬面对这些数据所显示的事实认识到，我国已成为世界第一焊接大国！

但他们也清醒地意识到，改革开放以来，焊接产业进步很大，但问题也不少，还满足不了日益增长的制造业，尤其是重大装备制造业对焊接产业发展提出的紧迫需求，距离一个焊接强国还相差甚远。

存在的问题主要有：长期缺乏基本统计数据和没有周全的发展战略规划；焊接机械化和自动化总体水平偏低，焊条在焊接材料中所占比例偏高（约75%）也印证了这一落后现状；电焊机企业数量多，规模小，开发能力弱，大量的高档焊接设备还依赖进口；没有全国统一的焊接教育培训体系，与国际接轨的进程缓慢。

在这份咨询报告中，他们提出了发展战略建议。

首先要加强全国焊接产业基本情况的统计、分析与规划；重点扶持共性工艺技术研究机构的发展；完善专业人员教育培训体系，包括焊接结构设计、技师、技工的专业培养；大力加强新兴共性技术的研究，如焊接消耗材料品种、质量、产量的提升，设备向高端化发展等；尤其要注重创新性技术的开发，如以搅拌摩擦焊为代表的固相连接技术，和以激光—电弧复合热源为代表的高能束流焊接新技术与激光、电子束材料加工与快速成形技术等；重型焊接结构的高效焊接自动化与机器人焊接技术的应用；焊接过程的数值仿真、模拟与预测；生产过程的信息化管理等。在咨询报告中也对国家应出台的扶持政策提出了建议。

在随后的若干年间，我国国民经济和高新技术的飞速发展在更高的层面上带动了焊接产业和焊接科技的繁荣。

在已投入研制的 C919 大型干线客机上，大量采用轻金属（铝合金、钛合金）焊接整体结构。在大型飞机的大涵道比涡扇发动机上，从风扇、压气机、燃烧室、涡轮到尾喷口，焊接是这些部件的关键制造技术

每个产业都有标志性的焊接科技进步亮点，创造了诸多世界第一。

——在航空、航天领域，焊接完成了诸多重要新材料、新结构的制造，自主研发大型飞机,载人航天、嫦娥奔月计划的实施,使一系列新型飞行器翱翔蓝天、太空。

——在造船工业中,焊接建造了30万吨级超大型原油运送船,总长333米,型宽58米;国内最大的8530标箱集装箱船也是焊接制造。

——在水电产业中,焊接完成了世界上最宏伟的三峡水利工程中世界第一水轮机转轮的制造:直径10.7米,高5.4米,重440吨。

世界最大的三峡水轮机焊接转轮:左图为带13叶片焊接转轮;右图为带15叶片焊接转轮。水轮机转轮直径10.7米,高5.4米,重达440吨

——在高速铁路产业中,焊接完成了重载列车转向架、车体制造;在高速轨道交通车体轻量化发展中,搅拌摩擦焊用于铝合金型材车体制造已初见成效。

——在石油、天然气产业,西气东输工程中,焊接完成了超长距离的管线建设铺设,干线和支线的管线总长超过9000千米。

——在压力容器制造领域,焊接完成了大型核电配套装备重型压力容器制造;大厚度、深坡口(达300~600毫米)大型加氢反应器环形对接焊缝的高质量制造;直径5.5米,壁厚337毫米,总长63米,总重2050吨,煤直接液化超大型反应器的焊接制造,属世界第一,最大,最重。

——大型钢结构采用焊接制造,屡创佳绩:以国家体育场"鸟巢"全焊钢结构、上海全焊接卢浦大桥等为代表的大型钢结构的焊接制造,雨后春笋般地蓬勃发展。

——在焊接新技术领域,激光、电子束焊接、加工及快速成形技术,激光—电弧复合焊技术,均已工程化推广应用,搅拌摩擦焊新技术也在众多产业部门得到跨越式发展。

2010年5月28日,趁北京—埃森国际焊接展览会在北京举办的机会,由焊接学会秘书长王麟书和黄彩艳召集的"中国焊接发展战略研讨会"在北京工业大学召开。

研讨会由焊接学会理事长单平教授主持,特别邀请了历年来获得"中国焊接终身成就奖"的10位获奖者和专家、学者参加会议,各抒己见。

这十位"中国焊接终身成就奖"获得者是:

潘际銮——清华大学教授,中国科学院院士;

关　桥——北京航空制造工程研究所研究员,中国工程院院士;

林尚扬——哈尔滨焊接研究所研究员,中国工程院院士;

徐滨士——装甲兵工程学院教授,中国工程院院士;

宋天虎——中国机械工程学会常务副理事长,研究员;

吴　林——哈尔滨工业大学教授;

陈剑虹——兰州理工大学教授;

陈丙森——清华大学教授;

史耀武——北京工业大学教授;

侯立尊——天津金桥焊接材料集团公司董事长。

2010年5月28日,10名"中国焊接终身成就奖"获得者参加中国焊接发展战略研讨会

在这个别开生面的战略研究会上，专家、学者们结合自己所从事的专业，回顾走过的科学研究、教学、产业开发的历程。

大家欣慰地看到中国焊接科技已取得了令世人瞩目的成就，但更多地谈论了关于中国焊接的发展战略，以及如何迈向焊接强国。

关桥不无感慨地说，当年毛泽东主席在莫斯科大学讲话时，提出"赶英、超美"的口号，那时候，中国的钢产量才520万吨，而英国的钢产量是3000万吨，美国更多一些。半个世纪后的中国，现在钢产量达到了56000万吨，已遥遥领先于世界。若钢材中的40%用于制造焊接结构，那就是说，中国每年约有2亿吨钢材是用焊接技术制成各类结构，所需要的焊接消耗材料（焊条、焊丝）就要有400万吨！

在北京—埃森国际焊接展览会上，中国在焊接材料、焊接设备的销售和产量上都显示着焊接大国的风采。

焊接发展战略研讨会热烈而深入地探讨着迈向强国的步伐。

在关桥看来，焊接产业的发展有了市场需求的牵引，发展的势头就很好；产业政策应注重于引导用自主创新高端产品走上国际市场，要有自己的名牌焊条、名牌焊机……这无疑是焊接强国的重要标志。

但是，中国焊接科技跨上国际舞台，成为焊接强国，还有更为艰巨的需要攀越的高峰：

——要有在国际上领先的创新性焊接技术，原始性创新与集成性创新并举；

——发表高水平的学术论著，标新立异，创建独具特色的学派，引导学科发展，自立于世界民族之林；

——在国际学术界要有具备影响力的著名学者、科学家和大师级的人物，进入国际学术组织；

——形成人才倍出的科研梯队，需要有更多的将才、帅才和领军人物；建立具有中国特色并与国际接轨的焊接教育与培训体系。

关桥对中国的焊接科技迈向强国，充满信心，矢志不渝。

他在构筑"航空特种焊接/连接技术体系"的征途上留下了深深的足迹，这是全国焊接科技体系中的一个重要组成部分。关桥感到欣慰的是,航空特种焊接/连接技术处在国内焊接科技大军的第一方阵中,得到了焊接界同行的认同。

2007年5月,为《焊接》杂志50周年题词,关桥欣然命笔,抒发着自己对祖国焊接科技事业的热爱与期盼。

回首五十年,
印证我国焊接科技发展的历程;
前瞻新世纪,
喜颂焊接科技精英阔步世界的征程!

第八章 社会责任

淡泊名利

几十年的奋斗，春夏秋冬，风雨交织，斗转星移，岁月更替，在关桥的人生履历上写下了耀眼夺目的文字。

一片片飘落的白杨树叶，嵌入了关桥翻开的沧桑的历史；一丝丝春天的风，温暖了关桥度过的多少个不眠的寒夜。他的身后，是一串串玲珑剔透的果实，是一行行坚实的脚步，是一首首动人心魄的赞歌……

——1989年被授予"全国先进工作者"称号和"中青年有突出贡献专家"；

——1991年获"政府特殊津贴"；

——1992年获航空工业最高奖"航空金奖"；

——1996年获"光华科技基金奖一等奖"；

——1998年获"何梁何利基金技术科学奖"；

——1999年获"国际焊接学会（IIW）终身成就奖——Y. ARATA奖"；

——2001年被授予"日本焊接学会（JWS）荣誉会员"；

——2004年获"英国焊接研究所BROOKER奖章"；

——2005年获"中国焊接学会中国焊接终身成就奖"；

——2006年获"中国机械工程学会科技成就奖"和"航空报国突出贡献奖"；

——2010年被授予乌克兰总统亲自签发的三级功勋勋章。

……

这些，是党和人民乃至国际学术界对关桥人生价值的最好评价和诠释！

"从申请入党的这天起，把自己的一切以至于生命，毫无保留地交给党！"

关桥实践着他入党时的铮铮誓言！

关桥没有忘记入党的那天晚上，他在笔记本上面写下的那段自己的心声：作为红旗下长大的青年，为祖国的强盛奉献自己全部的光和热，是我坚定不移的选择与义不容辞的责任！

几十年过去了，625所道路两边的白杨树长高了、长壮了。树丛中花坛里的百合花开了，谢了，开了，像小姑娘一样，越长越美丽，越漂亮；道路旁粗壮的梧桐，挺拔的松柏，坚贞的黄杨，叶落了，又长出了新芽，长成了一排排绿色的屏障；一阵春雨后，绿茵茵的草坪更加坦荡如履，更加清新诱人……

关桥先后当选为中共十一大、十二大、十三大代表。按照党的全国代表大会赋予的职权，在会议期间，关桥可以与党和国家领导人一道，听取和审查中央委员会的报告；听取和审查中央纪律检查委员会的报告；讨论并决定党的重大问题；修改党的章程；选举中央委员会；选举中央纪律检查委员会……

这是一项既庄严又神圣的权利！

但关桥始终牢记不管是在何时何地，自己只是一名普通的中国共产党党员！

关桥就像春天的一棵小草；像夏天里的一捧清泉；像秋天里的一个果实；像冬天里的一团火焰。

在同事眼里，关桥很普通，没有架子，待人总是和蔼可亲。

比关桥晚参加工作的同志担任了625所的领导，关桥会全力支持他们的工作，关桥有什么想法、有什么建议，他会直截了当地提出来，从不拐弯抹角。这些年轻的同志深深感到关桥是在给予他们具体的帮助，而不是敬而远之的"尊重"。

第八章 社会责任

1979年7月，关桥（左五）率中国焊接学会代表团参加在捷克布拉迪斯拉伐举行的国际焊接学会第32届年会，在驻捷大使馆与大使李庭荃（中）合影

每次参加重要的学术会议和活动，关桥都以普通党员的身份向党支部及领导请假。会前，征集应该在会议上提出的意见和建议。会后，又及时把与625所的建设、发展相关的情况以书面形式向所领导和相关人员汇报、沟通。

在关桥看来，参加这些学术活动，并不是自己有什么"权威"地位，或是因为自己是院士，而是工作的需要。

1989年，正是中国政治风云变幻的多事之秋。因修建香港天坛大佛，关桥在施工现场接受了记者的采访。

记者问道："像您这样的技术权威人士，为什么一定要在内地工作？如在香港，每月至少可拿到三四万港币。"

关桥淡然一笑："每个人都有自己的追求，高水平的物质享受不是我的追求。我的事业在大陆，那里有我的集体，有我开创自己事业的良好环境，我决不为追逐金钱而寄人篱下！"

关桥在国内外是一位有一定影响的焊接专家，但他从不以内行、专家自居，总是严格要求自己，时刻保持谦虚谨慎的态度。

对工作中出现的技术问题，他总是和大家一起商量研究，注意听取别人的意见。遇到困难，他挺身而出，耐心地帮助和指导。

在对焊接残余应力测量过程中，有的同志测不准数据，关桥不是指责，而是用几个晚上加班自己测量，演示给课题组的同事和学生操作技巧，找出测试中的问题，得到了准确的数据。他把如何测试的方法、仪器的使用毫无保留地教给其他同事和学生。

在研究室里，关桥十分注意处处和大家一样，要求别人干的事，他自己也干，要求别人不干的事，自己也不干，毫不特殊。

关桥喜欢深入实践，他总是虚心地向工厂的技术人员和工人师傅学习。有时工人师傅操作，他还在旁边打下手，当配角。

关桥心怀坦荡，对知识毫不保留。

为了使625所内从事与焊接/连接专业研究的科技工作者能及时了解国际前沿发展动态信息，他把美国、日本、英国、德国、法国赠送给他的专业技术期刊，定期转交给所图书馆，有电子版的刊物也马上转发给625所信息中心，挂在局域网上，供同志们阅读参考，掌握最新资料。

工作是这样，在生活和待遇面前，关桥更是始终严格要求自己，保持着艰苦朴素、谦虚谨慎的作风。

1965年，由于体制变动，625所科技人员集体转业。定级时，领导决定将唯一的一个高工资名额给关桥，但关桥毫不犹豫地将名额让给了其他同志。

关桥说："我本身就是一个普普通通的工程师，是一个多年在党的教育培养下成长起来的共产党员，在待遇问题上我没有比别人优先的权利！"

住房是老百姓的敏感话题。

625所原所长郭恩明十分感慨地谈起了两件往事：

有一年，625所盖了两批房子，征求关桥的意见，问他愿不愿意搬回所里住。当时，关桥的妻子陈丽芳在中关村中科院力学所上班，他们考虑在力学所已经有了住房，就不要再在所里分配房子了。

当时，各科研单位正贯彻落实党中央"尊重知识、尊重人才"的指示精神，积极改善院士住房条件，解除院士后顾之忧。因此，中科院给自己的院士们盖了一批房子，只要是中科院院士都享受到了分房待遇。

春节，郭所长去关桥家拜年探望，看到老两口住的是高层楼中的复式套房，在室内还得上下楼梯，房子面积也不太大。

郭所长就与班子成员商量，为了改善关桥院士的住房条件，准备在中关村给关桥买一套面积大一点的住房。但关桥不愿意。

关桥多次找郭所长说："对领导的心意我表示感谢，但由625所给我买房不妥，这样会使领导以后的工作难做。"

最后，关桥还是坚持自己要出部分钱把房买了。

还有一件事，郭恩明所长接着回忆说，某企业领导很想当院士，所以邀请一些院士去为企业作咨询。

哪知，去了后，这个企业给每位院士都发了聘书，并承诺每年给多少钱作为"咨询费"。

关桥觉得很有问题，当时就不讲情面地拒绝了。

郭所长深有感触地说："关桥名气很大，但这么多年，他没有在哪个单位'带薪'兼职过，甚至有些单位高薪聘请他，但关桥院士都婉言谢绝，他严格遵循着院士行为准则。"所领导们对关桥也很放心，他不会被别人从625所"挖走"。

关桥说："我决不会离开培育自己的625所。我是在625所成长起来的工程师和院士！"

关桥用自己的一言一行，实践着他入党时的诺言。有的同志说，关桥同志荣誉高而不清高，我们从他身上看到了共产党员的好样子，这样的党员我们佩服！

在625所办公楼里，关桥有一间极其普通的办公室：水磨石地面，白色墙壁，窗明几净；桌、椅、柜子等物品有序地安放着。办公桌上堆放着待处理的

生命之光——记国际著名焊接专家、中国工程院院士关桥

文件、资料、公函、通知。

谁曾想到,这居然是一间中国工程院院士的办公室!

十几年来,625所每届新领导上任,都感到院士办公室显得太寒碜,都提出要重新装修,更换办公用具,但都被关桥婉言谢绝了。

关桥笑着说,有电脑、打印机、传真机和电话,就已经具备了办公的必要条件。我在这里接待的都是来自研究室科研第一线的同事们,没有必要讲排场!

办公室内,引人注目的是靠墙一字排开安放的8个灰色铁皮资料柜,那是关桥的最爱。

资料柜里面收藏着关桥在625所奋斗奉献的历史记录、文献资料、论证报告的手迹,以及研究生们的毕业论文和他亲笔的修改稿。

这些厚厚的、有着历史沉淀的原始资料上,留下了关桥建立航空特种焊接/连接技术体系成长、发展的足迹;记录了关桥在焊接世界里自由翱翔的一片钟情的心语;以及关桥积累的智慧和散发出火花般的思想……

关桥有时也会打开资料柜,轻轻翻阅这些资料,如同翻开625所历史的扉页,看着那一行行熟悉的文字,连接那一段段跳跃的思绪,追忆那一幕幕令人难忘的场景,关桥不禁感慨万千。霎时,他仿佛看见了白杨树上那一枝枝生长出的新芽,在春风中摇曳、挺立、向上……

这些珍贵的资料,是关桥的生命!

前不久,关桥根据有关资料,编写了《航空特种焊接/连接技术体系的形成与发展》一书,把它作为625所发展史中"专题发展史"的一个重要的部分,以此献给航空工业60周年华诞。

关桥不想让历史沉睡,他要把这些鲜为人知的资料,变成一幅幅生动而鲜活的画面,变成一个个灿烂而辉煌的科学梦想,造福人类,昭示后人!

有一个铁皮柜里,专门收藏着关桥履行社会责任的资料。

关桥担任625所"高能束流加工技术"国防科技重点实验室的学术委员会主任时,每次评估的记录和实验室年度报告,还静静地躺在柜子里;625所"航

空连接技术"航空科技重点实验室的立项、运行、评估资料,以及与英国焊接研究所就建立"中国搅拌摩擦焊中心"的书信往来等历史资料,也整整齐齐地放在柜子里……

这些珍贵的资料,是关桥及社会的一笔宝贵的财富!

因关桥在焊接学术界的影响,许多科研院校所希望关桥去兼职。但关桥坚持两个条件:一是专业对口;二是兼职绝不带薪。因为在关桥看来,兼职仅是一种社会责任。同时,关桥也想把兼职当成是自己向同行学习的一个机会,当成了解学科发展前沿动态的难得的课堂。

关桥非常重视高等院校中重点实验室的建设。

于是,在一个专用的铁皮柜中,收藏有关桥作为北京航空航天大学(简称北航)兼职教授、博士生导师的文献资料;收藏有关桥作为清华大学兼职教授和"先进成形制造"教育部重点实验室第一、第二届学术委员会主任时的记录和每年的学术报告与工作报告。

1995年3月,关桥参加了哈尔滨工业大学"现代焊接生产技术"国家重点实验室学术委员会会议。关桥任该学术委员会第一、第二、第三届主任

此外，关桥还担任了哈尔滨工业大学"先进焊接与连接"国家重点实验室第一、第二、第三届学术委员会主任，担任中国人民解放军装甲兵工程学院"装备再制造"国防科技重点实验室第一、第二届学术委员会的主任。在这个资料柜里，存有历年来这些重点实验室的年度工作、学术报告和学术委员会会议的纪要。

关桥默默地耕耘在特种焊接的世界里。

20世纪90年代初，关桥为编写《航空制造工程手册·焊接》，邀请了北航的庄鸿寿、西工大的王震澂、沈阳飞机制造厂的栗强、贵州航空发动机制造厂的周良玉等航空焊接界的一批专家、教授、学者，组成了编委会。关桥任主编，航空材料研究所的段世驯任副主编。

在历时3年的编写过程中，收集了大量的航空焊接发展史料和国际上有关航空、航天焊接制造的先进技术信息。在这本《航空制造工程手册·焊接》中，详尽阐述了航空材料的焊接和航空特种焊接技术的体系构成，对航空焊接技术的发展具有指导性作用。

《航空制造工程手册·焊接》约150万字，集系统性、实用性为一体，是大型系列工具丛书《航空制造工程手册》分册之一，已于1996年由航空工业出版社出版。

为编纂这本手册所积累的技术资料、手稿至今仍然保存在关桥办公室的一个资料柜里。几次清理资料，关桥都舍不得把这些手稿处理掉，因为这都是航空焊接界同事们为之付出心血的历史记录呀！

简陋的办公室，是关桥精神与物质的神奇世界！

这里没有名和利，没有躁动与喧嚣，没有追逐于攫取。这里有的是一片宁静与安详，一片淡定与坦然，一片忠诚与执著……

关桥有了名气，他在全国政协会议上有时成了媒体追踪的对象，在电视上有影，电台上有声，报纸上有字。他的事迹在中国科技界传播，在国际焊接界也有颂扬……

面对荣耀，关桥心里感到不安。他说，真是受之有愧，这些本来都是自己应尽的社会责任!

几十年来,关桥多次被评为国防工业、航空工业和625所的先进工作者、优秀共产党员。他把自己青春的光和热,融进了祖国航空现代化建设的壮丽事业之中;把志趣、激情、创新的价值理念,融入到了平凡而伟大的工作之中……

1991年6月20日,中国焊接学会理事长关桥与德国焊接学会(DVS)总干事长Sossenheimer博士签署双边焊接培训备忘录

历史使命

2004年4月5日,一家媒体以"中国再造大飞机"为题,撰写了一篇通讯。顿时,全国各大媒体争相转载。

于是,关桥的名字与中国"大型飞机"联系在了一起;关桥"航空报国"的思想,再一次进入了媒体记者的视线。

生命之光——记国际著名焊接专家、中国工程院院士关桥

中国的大型飞机注定"命运多舛"。

关桥与大型飞机有不解之缘。

所谓大型飞机,一般是指起飞总重在150吨以上的飞机,这包括大型运输机和150座以上的干线客机。

至今,关桥还记得1973年,应三机部驻沪联络组的要求,被派遣去上海电机厂和上海先锋电机厂参加"708工程"(即运10工程)喷气发动机研制中的焊接技术攻关的那些日子。关桥与同事们一起,先后完成了涡轮排气机匣、飞机反推力装置等薄壁构件的焊接试制任务。

整整3年,关桥一直沉浸在实现大型飞机的梦想之中。

但令人遗憾的是,因种种缘由运10下马了。

20世纪80年代中期,中央对民用飞机工业发展制定了"三步走计划",从国外合作走向自行设计与制造。可惜的是,"三步走"没有走下去。

据悉,在中国内地,共有1104架飞机在进行着民用航空的运营。但是在规模如此之大的机队当中,竟然没有一架贴有"中国制造"的标记!

建造中国人的大型飞机,一直成为中国航空人的梦想!

历史的教训告诉中国人:丢掉幻想,自主研发!

关桥相信,总有一天,出国参加国际学术会议会乘坐上我国自己建造的大飞机,"中国制造"的大飞机肯定会翱翔在祖国的蓝天!

关桥作为中国人民政治协商会议第九届全国委员会委员,又担任了中国工程院机械与运载工程学部主任,为了建造中国人自己设计制造的大型飞机,他感到肩负的社会责任重大。

2001年9月27日,北京香山。

满山遍野的红叶,在阳光照耀下分外妖娆,像一群群天真无邪的儿童,稚趣与含笑写在了脸颊上。

由中国科学院技术科学部和中国工程院机械与运载工程学部联合举办的"我国航空工业发展研讨会"在香山东岳公寓隆重举行。

关桥应邀出席了会议。

第八章　社会责任

2001年9月27—28日，由中国科学院和中国工程院
联合举办的"我国航空工业发展研讨会"
在香山东岳公寓举行

会上，顾诵芬、师昌绪、王大珩、郑哲敏、徐建中等院士就航空科技自主创新和研制大型飞机进行了探讨。关桥就航空制造支撑大型飞机的研制发表了自己独到的见解。

参加研讨会的还有张彦仲、刘大响、曹春晓、郭重庆等院士和资深专家郑作棣等。

这是一次畅所欲言的研讨会。

2002年3月3日，中国人民政治协商会议第九届全国委员会第五次会议在北京召开。关桥作为科技界委员，编在第24组，在会上听了科技部部长徐冠华介绍国家发展战略，指出要在关键领域实施一批重大专项。关桥心系航空，意识到大型飞机与科技重大专项之间会有必然的联系。

就在政协会议结束后不久，关桥又参加了由顾诵芬院士、师昌绪院士和王大珩院士主持的中国科学院和中国工程院共同召开的"从大飞机发展看我国航空工业存在的问题和对策"咨询课题研究与"大型飞机"项目的可行性分析会议，并向国务院提交了一份咨询报告。

事实上,这是在国家启动中长期科技发展规划之前,在业内专家层面上已做好了把"大型飞机"作为科技发展重大专项的前期舆论准备,并向国家提出了咨询建议。

2003年3月,在中国人民政治协商会议第十届全国委员会第一次会议期间,关桥是科技界第29组的委员。在科技界委员与科协界委员的联组会议上,黄菊副总理代表中央看望委员们时说,将启动《国家中长期科学和技术发展规划战略研究》。

这个信息令关桥感到振奋,多年来所向往的研制大型飞机的梦想有望即将在国家层面上有所部署。

这一年的3月15日,在十届全国人大一次会议上选举出了新一届国家领导人。

2002年3月5日,全国政协委员关桥列席全国人大会议(徐性初摄)

有了近3年来"两院院士"就我国应该自主研发大型飞机的研讨、论证的进展，并提交给了国务院咨询报告，关桥看到了中国建造大型飞机希望的曙光。

2003年6月，正式启动了《国家中长期科学和技术发展规划纲要》的编制工作。在《纲要》的顶层设计中，把"大型飞机"列入重大专项的预选项目，有待论证。

2003年8月12日，在中国工程院院士大会召开期间，徐匡迪院长召开工作会议，部署了由中国工程院负责"国家中长期科技发展规划战略研究"的专题之三"制造业发展科技问题研究"的实施方案、指导思想、顶层设计和分工细则。关桥被指定为专题三中的"飞行器制造技术研究"分课题研究组的组长。

早已蓄势待发的关桥，马上邀请航空界、航天界的17位制造工程专家，成立了"飞行器（含航空器和航天器）制造技术研究"小组，就该项分课题所涉及的技术现状、需求、目标及发展趋势进行了充分的分析论证，及时提交了一份研究报告，其中用更多的篇幅论述了"大型飞机"制造技术中的"特需"和"关键"的特种加工与整体化制造技术。

专家们豪情满怀地描述了飞行器制造业的美好发展前景，表达了为实现跻身世界航空航天制造的先进行列和强国的目标而努力的信心和决心。

2003年10月27日，关桥在北京香山由中国工程院和国家自然科学基金委员会联合举办的第一届"工程前沿"研讨会上，以"飞行器制造工程中的科学技术问题"为题作了学术报告，全面阐述了制造"大型飞机"的先进制造技术，以及为了迎接中国大型飞机的研制应开展的预先研究项目。

同年11月，由国务院批准成立了"大型飞机"科技重大专项论证组，并开始调研和专家论证。

这是一个肩负历史使命又具有权威性的团队！

12月30日，大型飞机专家论证组亲临625所，就"制造技术"问题专门进行调研，关桥就"大型飞机及其关键制造技术"作了专题汇报。

作为一名航空人，为建造自己的大型飞机而献计献策，是义不容辞的责任，

生命之光——记国际著名焊接专家、中国工程院院士关桥

关桥要争取自己的话语权。

2004年3月初,在全国人大和全国政协的"两会"期间,《科技日报》在3月7日的头版刊登了一条新闻,标题是"全国政协委员关桥透露,我国也要制造自己的大飞机"。

"中国工程院院士、来自北京航空制造工程研究所的关桥委员今天向记者透露,列入国家中长期科技发展规划重大专项,我国也要制造自己的大型飞机!之所以称为'大型飞机',而不是'干线客机',是因为它还包括军用和民用的大型运输机。"

关桥说:"众所周知,干线客机的国际市场基本上已经被波音、空客所占据,我国对'大型飞机'的研制曾经一度'步亦行而趋趋';但现在大型飞机列入了国家中长期科技规划重大专项。在不远的将来,我国包括干线飞机在内的'大型飞机'将在国际航空市场上占有一席之地;而且,对'大型飞机'的研制还可以带动国民经济其他相关领域的发展。"

同时,在《中国航空报》3月9日的头版也刊出了"参加两会的航空工业系统代表、委员提出'加快发展我国大型飞机步伐'。要实现航空强国的目标,必须把发展大型飞机作为突破口,以满足国家安全、国民经济建设的双重需要,带动我国科技水平、工业水平和综合国力的大幅度提高。"

关桥委员说:"一个大国不能造大型飞机,这与我们国家的地位不相称,我们在科学技术的前沿就缺这一块。本届政府对发展大型飞机很重视,我们现在有实力、有能力、有基础,自力更生地研制有自主知识产权的大型飞机。

"研究开发大型飞机要有相应的步骤。首先要搞清楚目前我们发展大型飞机与国外航空业存在的差距和不足。我国研制大型飞机的主要特点是'大、长、减、低、快',即大机身、长寿命、减重量、低成本、快研制。大型飞机的研制有很多项目需要启动预先研究,尽快地把主要的技术难点和攻关项目搞清楚。研制发展大型飞机一定要遵循科学规律,要做到高可靠、长寿命、高效益。过

去我们很多项目吃亏在一上马就进行项目攻关，结果走了很多弯路，时间耽误了，事情还没有搞好。这个问题一定要克服。我们航空人憋着一股劲。不是干不出来。只要国家决策了，我们就全力以赴。"

大型飞机专项是"中长期科技发展规划纲要"里第一个，也是论证最为艰苦的一个重大专项。大型飞机专项的论证主要是解决3个方面的问题，即：中国要不要做，能不能做，怎么做。

来自不同行业、不同地域、不同背景的观点，在论证组内激烈碰撞。

时间在流逝，"大型飞机"专项专家论证组的论证结果迟迟没有揭晓。中国大型飞机的命运如何？又成为了人们关注的话题。

建造大型飞机，无疑是国家对航空工业发展的巨大支持；对于航空工业来说，无疑又是一次加速跨越发展的难得机遇。然而，这不是一个单纯科技进步问题，而更多的是一个体制性权益的博弈，节外生枝的事比项目的论证更使人烦恼。

2004年11月由航空科技界业内的院士、专家签署的一份《关于发展我国大型飞机的思考和建议》的文件，呈送给了国家领导人和决策机构。

在这份建议书中，提出遵循"一个工程起步，两种机型并举；军民结合，创新机制；统筹规划，分步实施"的发展思路。"将'大型飞机'列为国家重大科技工程专项，这是事关国家安全和经济发展的重大标志性工程，应尽快立项并组织实施，我们有能力在本世纪前20年内，将自己的大型飞机送上蓝天！实现中华民族的又一个强国之梦！这对于国家和民族的振兴具有深远的战略意义，是时代赋予我们的历史使命"。

在结尾"建议人"落款处是包括关桥在内的16位院士、专家们的名字有：

顾诵芬，两院院士，歼8飞机总设计师，中航一集团科技委。

刘大响，工程院院士，航空发动机总工程师，全国人大常委委员，中航一集团科技委。

冯培德，工程院院士，航空机载设备专家，中航一集团科技委。

生命之光 ——记国际著名焊接专家、中国工程院院士关桥

李明，工程院院士，歼11飞机总设计师，沈阳飞机设计所。

宋文骢，工程院院士，歼10飞机总设计师，成都飞机设计所。

陈一坚，工程院院士，歼轰7飞机总设计师，第一飞机设计研究院。

屠基达，工程院院士，歼7飞机总设计师，成都飞机工业公司。

关桥，工程院院士，航空制造专家，全国政协委员，航空制造工程研究所。

曹春晓，科学院院士，航空材料专家，航空材料研究院。

李椿萱，工程院院士，空气动力学专家，全国政协委员，北京航空航天大学。

钟群鹏，工程院院士，航空材料可靠性专家，北京航空航天大学。

陈懋章，工程院院士，航空发动机专家，北京航空航天大学。

张立同，工程院院士，航空材料专家，西北工业大学。

王浚，工程院院士，飞机人机与环境工程专家，北京航空航天大学。

王昂，研究员，航空工程专家、试飞英雄，中航一集团科技委。

郑作棣，研究员，飞机设计专家，中航一集团科技委。

在这份报告上，朴实而铿锵的文字，凝聚了多少航空人的希望与期盼；严谨而慎密的思考，凝聚了多少航空人对航空事业发展的寄托与梦想。

这是历史赋予航空人的神圣使命！这是几代科学家致力于航空报国思想的真切表达！

2004年11月5日，全国政协教科文卫体委员会召集科技界在京委员们，请与会人员为国家编制"十一五"规划建言献策。

会上，关桥又一次提交了由16位院士、专家签署的建议书，他真希望这个建议书能尽早获得中央领导和"大型飞机专家论证组"的首肯，快马加鞭地跨过这段"论证"程序，赶快立项！

尽管要求迫切，但好事多磨！

一转眼，又到了2005年。

在这年的"两会"期间，关桥以科技界委员的身份在全国政协十届三次会

第八章　社会责任

议上提交了一份提案，被正式编为第 2409 号（科学技术类 080 号）提案：关于大型飞机作为国家重大专项应尽快立项。关桥在提案中直言不讳地坦陈了自己直白的心愿：

"2003 年中，启动国家中长期科技发展规划时，作为重大专项，规划领导小组为'大型飞机'组织了一个专家组，与其他项目并行，开始了论证、调研。但是，令人不解的是，在组建'大型飞机'重大专项论证专家组时，先入为主，将航空界资深科技专家（指：顾诵芬、刘大响、冯培德等院士）排斥在外，美其名曰：'非航空专家的观点更客观'。出之于一种偏见，从一开始，就既不科学，又不民主地采用行政手段剥夺了熟知航空科技发展现状和规律、了解国情的诸多资深和一线航空界科技专家在论证'大型飞机'中做出贡献的权利和应尽的责任。事实上，2000 年以来，中国科学院和中国工程院已多次组织专家论证，就大型飞机的发展撰写了建议、报告，也多次呈送给国务院和国家领导人。

2004 年三季度，在上述'大型飞机'重大专项论证专家组提出最终报告时，又回避了召开研讨会，广泛征求专家们意见的必要民主程序。（据了解，在论证其他重大专项——如'探月工程'时，曾召集过多次专家研讨会，听取了不同意见，体现了温总理强调的论证工作的科学性和民主性。）

鉴于'大型飞机'重大专项专家组论证过程不科学、不民主的操作，以及最终报告的片面性，为了促进这一关系国家安全和经济发展的重大战略项目的尽快正确立项，在 2004 年底，由航空科技界、行业内的资深专家和院士们，起草了一份报告，再一次呈送国家领导人，论述了'大型飞机'立项的紧迫性，并提出了具体的结合国情的实施计划建议。建议：一次立项，两个机型，分步实施，先尽快启动具有自主知识产权的大型运输机的研制，在突破关键技术基础上，适时发展具有自主知识产权的大型客机。国家领导人也曾对这一报告做出相应的批示。

在两年前，启动国家中长期科技发展规划时，我们感受到的是责任和紧迫性。而时至今日，我们在'大型飞机'重大专项战略抉择立项上，又白白丢失了两年的宝贵时间！

生命之光——记国际著名焊接专家、中国工程院院士关桥

时不我待,只争朝夕!我们期盼国家中长期科技发展规划领导小组能尽快做出政治决策!"

关桥在这份提案的最后,又再一次附上了由航空科技界、行业内的16位院士和专家们签署的《关于发展我国大型飞机的思考和建议》的报告。

2005年的夏天,北京的阳光很灿烂。

一声声久违了的鸟鸣,划破孤寂而沉闷的长空,震撼了白杨树梢上那一抹晶莹剔透的露珠,穿透了浓浓的空灵的风和那一道充满希望亮色的天际……

一场突如其来的雷阵雨,湿透了天空,清新了大地。

8月初,关桥收到了一封沉甸甸的来信。拆开一看,原来是对提案的回复。

国家科学技术部办公厅,下发了"国科办提字"[2005]73号文,标题是:

对政协十届全国委员会第三次会议第2409号(科学技术类080号)提案的答复。

关桥委员:

您提出的"关于作为国家重大专项"大型飞机",应尽快立项的提案"收悉。经研究,现答复如下:

2003年5月,温家宝总理做出了大型飞机项目"宜在充分论证的基础上,从规划和体制上早作决策"的批示。经国务院批准,国家中长期科技规划办公室组织了大型飞机专家论证组。专家组的22名成员分别来自中央政策研究室、民航总局、军事科学院、空军、航空工业和航空运输企业、有关大学等单位。其中,来自中航一、二集团参加过大型飞机设计、制造、改装、规划和民用飞机的适航审定的专家共9名,还邀请了国家发改委、国防科工委、总装备部、财政部机关与飞机产业相关的同志参与论证咨询。同时,聘请了业内外近百名专家学者(包括航空工业界相关院士)为论证咨询专家,参与论证。

在长达8个多月的论证过程中,专家组认真研究了中航一集团、中航二集

团、中国科学院和中国工程院课题组、上海市、陕西省、黑龙江省、广东省的各种方案建议书,并听取了国防科工委、总装备部、民航总局等部门以及王大珩院士、师昌绪院士、顾诵芬院士、科技促进发展研究中心航空产业课题组以及上海财经大学大型民机发展战略课题组等有关专家的意见。

在论证期间,论证组通过考察、座谈和专题研讨,听取了政府部门、研究机构以及运输、制造企业等共77个单位的汇报;实地考察了四省、两市48个单位;与450多名专家、企业家、相关部门领导等进行了不同形式的座谈交流,其中150多人发表了意见;收到单位和个人提交的各类材料50余份。经过科学、民主的反复论证,专家组最终达成了一致意见,并提交了论证意见书。

论证结束后,规划领导小组办公室重大专项组组织参与论证的部分专家,分别走访了国家发改委、科工委、民航总局、总装备部等单位专门听取意见,并向王大珩、师昌绪、顾诵芬等专家通报了情况,交流了意见。

可以说,本次论证是我国航空工业迄今为止最广泛、最深入、最客观的一次战略研究。论证专家研究论证了我国航空工业特别是大型飞机产业的发展战略,涉及军、民机发展等重大问题,为我国航空工业产业发展提供了科学、权威的决策依据。

专家论证组从国家利益出发,本着实事求是和科学、民主的精神,在比较各种方案和意见的基础上,对我国发展大型飞机的重大意义和必要性、重大机遇和紧迫性、现有基础和可行性、体制创新方向、项目实施机制以及相应的政策支持等问题进行了系统研究、论证,得出了如下主要结论:大型飞机是一个产业问题;发展大型飞机产业是推动我国经济结构调整和产业升级的一项重要选择;我国已基本具备研发大型飞机的能力和机遇,必须抓住稍纵即逝的历史机遇;发展大型飞机产业必须创新体制,坚持以我为主、自主创新的技术路线;充分发挥政府主导作用,建立政策保障体系。

发展大型飞机特别是大型民用飞机,是我国历代领导人的夙愿,也是中国人民的强烈愿望。国家先后对此作过6次决策。20世纪80年代邓小平同志曾明确提出"国内航线飞机要考虑自己制造"。新一届中央领导高度重视大型飞机发展问题,并提出"从规划和体制上早作决策"。我们认为,目前我国大型飞机发展面临难得的机遇。发展大型飞机有利于促进航空业的结构调整和产业升级。

需要特别指出的是,您关于"大型飞机"作为国家重大专项应尽快立项的提案,主要观点与国家中长期科技发展规划重大专项大型飞机专家论证组的结论基本一致。我们非常关注具有自主知识产权的我国大型飞机产业的发展,同时也希望大型飞机作为国家重大专项能够尽快立项。我部将积极向党中央、国务院就大飞机立项事宜进行汇报。

感谢您对我国大飞机事业的关心和支持。

科学技术部　办公厅
2005 年 7 月 5 日

时间流逝,花开花落。

2006 年 2 月 9 日,国务院发布《国家中长期科学和技术发展规划纲要(2006—2020 年)》,纲要将"大型飞机"列为国家制造科技发展 8 个重大专项的第一项。

2006 年 7 月,经国务院批准,决定成立"大型飞机"重大专项领导小组。

2008 年 3 月,国务院正式批准组建中国商用飞机有限责任公司。

2008 年 5 月,中国商用飞机有限责任公司在上海浦东会议中心正式成立并揭牌。

2008 年 10 月 30 日,"大型飞机重大专项"专家咨询委员会正式成立,由张彦仲院士任主任委员,顾诵芬、丛日刚、李未为副主任委员,关桥是 19 名委员之一。专家咨询委员会的主要职责是为"大型飞机重大专项"领导小组提供决策咨询服务。

2009 年 1 月 14 日,召开了咨询委员会第一次全体工作会议。

第八章 社会责任

2007年6月18日,在"大飞机材料问题座谈会"后,(从左向右)顾诵芬、师昌绪、关桥、曹春晓合影

这年的深秋,香山的红叶尚未褪尽娇艳,万里长城沐浴火红的朝阳更加壮观伟岸;长安街的华表在夜空闪烁着灵性与智慧,人民大会堂的灯火在历史的回音壁上留下一片辉煌灿烂……

这是一个温馨而理性的秋天!

夜深了,位于北京中关村一幢普通的住宅里,灯光还依然亮着。

书房里,关桥在灯下又翻开了《关于发展我国大型飞机的思考和建议》,那一行行熟悉的文字,跳入了他的眼帘……

履行天职

大型飞机的未来不是梦,对此,关桥坚信不疑。

在航空报国的世界里,关桥就像一个辛勤耕耘的农夫,履行好自己的社会责任,种好一年四季的庄稼,渴望秋天有一个好收成。

生命之光——记国际著名焊接专家、中国工程院院士关桥

作为一名中国工程院院士,关桥明白,重要的任务就是为国家决策提供咨询建议和论证、调研,呈送咨询报告,尤其是在每一个五年计划制定之前或国家重大政治、经济决策之前以及实施国家重大工程项目或制定国家长远规划之前,撰写出论证、咨询报告,提交给国务院或政府对口的主管部门。

这是中国工程院院士义不容辞的天职!

关桥积极建言献策,为振兴我国装备制造业和全力打造中国的航空先进制造而大声疾呼。

1998年10月14日,关桥在上海交通大学主持了由中国工程院机械与运载工程学部主办的"我国先进制造技术发展战略"学术研讨会

他在担任中国工程院机械与运载工程学部副主任、主任期间，组织并参与过多项有关装备制造业发展的咨询、调研活动。2000年之初，关桥参加了由朱高峰副院长牵头的"新世纪如何提高和发展我国的制造业"咨询课题研究。

20世纪末，国外、国内泛起一种思潮，说信息时代到了，信息是决定一切的。这种观点一出来，从某种意义上也影响着政府机构在国民经济建设中的上层决策。院士们察觉到这种舆论导向不符合国情，有一定的危害性。时任中国工程院院长的宋健主张通过组织咨询，正确导向，为政府决策提供科学依据。

在咨询报告中，院士、专家们一致认为，目前我国仍处于工业化的进程中，装备制造业是其他任何产业不可替代的主导产业，是经济和社会发展的支柱产业、物质基础。在信息化的进程中，制造业是信息化的重要载体。那种认为现在我国已进入信息化时代，制造业已成为夕阳产业的观点和非物质经济为主导的提法是完全错误的。如果只看到信息化的发展，而没有把装备制造业提到重要的日程上来强化，这必将偏离现阶段我国国民经济发展的正确轨道！支撑我国国民经济的支柱是装备制造业！

这份咨询报告是由25位中国工程院、中国科学院的院士和40多位工程技术、社会科学和工程管理等方面的专家分析研究，并提出措施、建议最终形成的。

咨询报告呈报国务院后，吴邦国副总理非常重视，并于2002年3月14日听取了咨询研究项目的汇报，宋健院长、徐匡迪书记及国务院的有关部委的领导都出席了汇报会。关桥作为项目组的成员，在会上聆听到了吴邦国副总理讲话：

报告对我国制造业的发展能够起到推动作用，应该把制造业提到国家的脊梁和支柱的高度，要求各部门大力支持装备制造业的提高和发展……

"振兴中国装备制造业，打造国防制造，打造航空制造，是我始终关注的问题。"2003年3月，在全国政协十届一次全国委员会期间，关桥对采访的记者

生命之光 ——记国际著名焊接专家、中国工程院院士关桥

2002年11月12日,625所举办院士报告会"振兴国防制造业",邀请8位院士作学术报告

开门见山地说:"党的十六大制定了信息化带动工业化、工业化促进信息化的新型工业化的方针;确定了以高新技术产业先导,基础产业和制造业为支撑的产业格局;提出了用高新技术改造传统产业,大力振兴装备制造业等一系列举措。这个发展思路和重要举措,是完全正确的,符合国情,切合实际,反映了广大工程技术工作者特别是我们航空制造工程技术工作者的意愿。"

关桥强调:"处于工业中心地位的制造业,是我国工业化与现代化的基石,尤其是装备制造业,是国家实力的重要标志。人类进化的关键是制造和使用工具,可见,是制造业创造了人类。农业、工业、国防、服务业等一切部门所需装备的设计与生产,都要依靠制造业。"

关桥向记者举例说:"日本依靠制造业持续地迅猛发展,美国也已经重新认识到制造业不是夕阳产业。作为尚未实现工业化的中国,更应重视制造业,尤其是装备制造业。"

关桥认为:"航空制造是国防装备制造的重要组成部分。只有掌握了先进的

制造技术，才能造出先进的飞机和航空武器装备，形成国防实力，参与国际竞争。"

关桥说："航空装备制造业，承担着保卫国土安全的神圣使命，国家一定要把这一产业放在非常重要的战略地位上，支持它加速发展。"

"我们应清醒地认识到，我们的先进制造技术缺乏储备，创新性技术更是不足，因此不能再犯'重型号'、'轻预研'、'轻制造'的'老毛病'。没有技术储备，没有预先研究的坚实基础，靠'临渴掘井'地组织型号攻关是远远不够的！"

关桥表示："先进的航空制造技术是金钱买不来的，要依靠科技创新，尤其要在关键领域和若干科技发展前沿掌握核心技术，拥有自主知识产权。这是非常重要的。传统的制造业必须与高新技术相结合，才能成为当前国防建设与国民经济建设的支柱。即使是引进外来技术，也应在吸收的基础上创新。"

作为科技界的政协委员，关桥自然十分关注国防科技和军工体制改革给航空制造技术发展带来的影响。

关桥指出："体制与机制的转变，应该更有利于航空先进制造技术的发展。我们决不能仅仅满足于完成在研重点型号任务，还要强化预先研究，目标是世界最先进的航空制造技术。国家应加大对国防科研机构和重点科研项目的投入，精化、稳定现有的科研力量。"

关桥呼吁：全力打造中国航空制造，加速振兴航空高科技产业！

关桥担任航空工业科学技术委员会基础技术专业组组长8年时间里，在周家骐、何怿晋、朱伯贤等科技委常委们的指导下，尽心尽力地为促进航空制造技术的发展，组织专家们研讨、咨询，并完成了"航空先进制造技术发展思路研究"咨询报告，对航空产业发展规划制定起到了支撑作用。

关桥以"04专项"专家咨询委员会委员的身份，参与了"高等数控机床和基础制造装备"国家科技重大专项年度课题的讨论发布与审议，尤其关注航空装备制造项目在高端产业发展方面所占有的重要地位。

2005年,关桥又参加了中国工程院启动的重大咨询项目《装备制造业自主创新研究战略》,为建设创新型国家提出了装备制造业自主创新能力提高的战略、重点和相应的对策。

然而,当鲜花绽放的时候,关桥并没有露出惬意的笑容。他知道,在春天和煦的景象里,时常也有风、雨、雷、电。

关桥的思想并没有停止,他又把注意力放在了在大型飞机制造过程中如何应用新技术,如何提高制造质量上。

令人不解的是,就在大型飞机正式立项后不久,关桥就了解到,经费的安排只有飞机、发动机、机载和材料四大块,唯独没有安排"制造"所需要的经费。

据参加大型飞机专家论证组的专家们说,"制造"的经费分散在上述四大块内。也就是说对待"制造"有点画饼充饥的味道,没有专门的款项支持!

很快,关桥又发现,集团公司科技委论证航空产业发展平台建设时,虽然也提交过"航空制造"的论证报告,但实际上经费的投入也只有上面所说的四大块,航空制造平台建设的投入问题化作了乌有!

近些年,关桥也发现,有关部门对科研条件建设和技术改造项目建设的投入问题,在评审时,往往持有一种偏见:加强"航空制造"就是给航空生产工厂增添设备,引进高档机床,增加批生产能力。

但是,他们忘掉了国情,忘掉了中国发展的现阶段,只有"中航工业"这样的大集团公司里,才拥有像625所这样的在一些"特需"的"关键"的先进制造技术领域中的创新团队!也只有"中航工业"这样的企业集团公司,才能与外国的波音、空客相提并论,在技术创新方面才能成为主体!而不应该把"企业是技术创新的主体"狭隘地理解为给批生产工厂投钱,买设备;要知道,"特需"的和"关键"的技术、设备是买不来的,是必须自主创新地去研究开发!

关桥警觉地意识到,"航空制造"正在被边缘化!

近年来,在各类技术发展的论证研讨会上,只要有发言的机会,关桥就争取向直接领导和上级决策机关呼吁，必须尽快扭转这种局面，强调设计/材料/制造三位一体！偏废了制造是要吃大苦头的！必须把"航空制造"提升到战略发展的高度加以重视，不能只是"头痛医头，脚痛医脚"！

关桥举例说，625所线性摩擦焊大型设备的研制，这本身就是一项应预先投入研究的项目，但因为偏见，625所并没有作为这项技术创新的主体，所以，只好自筹资金，小打小闹地对原型机进行研究。但型号任务一上马，这个技术就变成了很关键的攻关项目。

一方面，型号任务需要线性摩擦焊大型设备，而上级机关按照他们对"技术创新的主体是企业"的片面理解，将经费投给了并不具备研制能力的生产厂家。当原想从国外买设备的如意算盘落空后，才清醒过来。折腾了一年，既浪费了时间，又拖了新型号研制的后腿！

后来，上级主管机关不得不改变原先的决定，支持625所自主创新研发大型线性摩擦焊设备，这才使625所又重新启动因经费缺乏而不得已搁置的这"特需"的和"关键"的航空专用装备研制项目！

关桥呼吁，制造技术不能这样被边缘化，国家一定要重视基础技术、先期投入，预先研究才有技术储备！虽说先进的制造技术还做不到对型号任务的"牵引"，但至少应该发挥技术推动和支撑的作用。

"没有投入就没有产出，航空制造技术被边缘化对航空科技和航空产业的发展都是非常不利！"关桥在不同场合大声疾呼：

——我们现在不能停留在用已有的制造技术来研发新一代的飞机和发动机，必须要用先进的、创新的航空制造技术来保障产品的高水平、高质量、长寿命和低成本！

——不要只看到材料是关键，航空材料之所以成为关键，是在制造过程中暴露出了材料的"工艺性"差，或者说，是对材料的"可制造性"深入研究的欠缺，说到底，航空材料问题也是制造技术的问题！

——要看到拖航空产业发展后腿的却是"制造"的落后！我们绝不应该，也不可能用落后的航空制造技术来保障飞机、发动机更新换代所需要的创新设计！必须强调的是设计、材料、制造三位一体地发展，三驾马车缺一不可，这才是航空产业发展的希望！

——中国航空工业集团公司已建立了基础技术研究院，衷心地希望强化预先研究应该成为基础技术研究院的首要任务，不能仅满足于完成型号攻关任务，更为紧迫的是扭转"航空制造"被边缘化的局面。

航空制造被边缘化问题，引起了625所的高度重视。

2008年底，625所调整了领导班子。关桥出于一名共产党员和一名所党委委员的责任，他给刚上任不久的所长张军用手机发了一条长长的短信。在短信中，关桥表达了对625所发展的思考和建议。

收到关桥的短信，张军所长尽管事情非常繁忙，还是决定立即要见关桥！

当张军见到关桥时，说的第一句话就是：你是我到625所来，第一个想要见的人！

这令关桥感动不已！

关桥推心置腹地向张军所长建言三则：共同努力扭转航空制造被边缘化的颓势；为摘掉挂在高能束流重点实验室上的"黄牌"而奋斗；625所即将进入"后复合材料时代"，对发展规划要早作调整。

新一届领导班子一方面强化625所自身的自主创新科研能力，另一方面疏通公关，争取上级机关对625所创新发展的支持，宣传"航空制造"的重要性，用事实说话，吸取正反两方面的经验教训。对625所进入"后复合材料时代"的发展战略，也已纳入"十二五"规划之中……

这是一届务实的领导班子。

令人欣慰的是，在国家决策层面上已看到了"航空制造"的"特需"性和"关键"性。

2010年10月，国防科工局组织的专家组，对625所两个大投资项目通过了评审，可望在近期正式批准立项。这对于扭转"航空制造被边缘化"的颓势，真是难得的机遇！也为625所在进入"后复合材料时代"的发展注入了新的生机与活力!

关桥作为国防科工局科技委下设的航空分委会的委员,积极建议并承担了2010年度的一项课题研究:航空制造技术自主创新发展研究。

课题组由集团公司、航空各大主机厂所、材料/制造研究所和航空发展研究中心相关专家组成,顾诵芬院士担任顾问。关桥指导了由李志强副所长任组长的课题研究。

李志强副所长上任伊始,就抓紧时间主持论证了建立"航空制造中心"的立项报告,也得到了集团公司的支持。

2010年11月15日,中国第一届搅拌摩擦焊国际学术会议在珠海召开,625所所长张军、TWI副所长Graham Wylde、关桥和栾国红为会议揭幕

关桥建议,首先把研发搅拌摩擦焊接技术的北京赛福斯特技术公司推向市场,大胆试点,首先在625所内部进行体制、机制改革,上市后它可以是625所旗下的一个控股子公司,激发公司职工的创新活力,加速产业大发展,否则会丢失市场,被经济迅猛发展的大潮所淹没。

多年来,关桥一直在琢磨,以625所拥有的众多特种焊接技术而言,任何一种方法,在国外都可以是一个独立的公司,并在市场经济环境中得以充分发展。

比如，电子束焊接技术，电子束物理气相沉积技术，电子束快速成形增量制造技术……每一项电子束加工技术在国外都有专业经营的或大或小的公司、企业，在国际市场上发展的都是风风火火。再如，钎焊、气体保护焊、超塑成形/扩散连接等专业化技术开发公司比比皆是。

625所将来改制成为一个"航空制造"大型高新技术研发公司，在它的旗下拥有几十个专业化的控股子公司，局面又将会是怎样的呢？！

遐想，总是不断地萦绕在关桥的思索之中。

未来，625所将走向何方？

2011年1月18日，"航空制造技术自主创新发展研究"课题，通过了国防科工局科技委的验收。课题研究提出的思路和建议，为在"十二五"规划中把"航空制造"列为专项计划，为加速发展打下了基础，为领导决策提供了科学依据。

近十多年来，关桥为大力宣传"航空制造"的重要性，向领导机关和重要领导人汇报625所的能力、潜力，期望能得到对航空制造作为高端产业的支持。

作为中国工程院的院士，关桥先后直接邀请了中国工程院的历届院长来625所进行视察、指导工作，朱光亚、宋健、徐匡迪、周济都对"航空制造"做出过重要指示，也给予了更多的关注。

为了能在国家科技重大专项"高档数控机床与基础制造装备"中获得对"航空装备制造"作为高端装备研发的支持，关桥还邀请了重大专项的资深专家、原机械工业部的老领导们陆燕荪、宋天虎、朱森第等来所考察"航空重大装备"立项问题。通过他们的影响力，让国家决策层听到"航空制造"的声音。

据报道，我国又一款自主研发的新型飞机首飞成功！

在中国航空工业发展史上，这无疑将又是一个值得纪念的日子！

1月14日，在中航工业集团公司举行的2011年峰会上，总经理林左鸣向集团公司40万职工表示庆贺，感谢航空人为此付出的日日夜夜……

关桥十分高兴地看到，在新飞机上，大量地采用了625所特种焊接技术制造的重要承力结构件：有电子束焊接完成的钛合金结构、有激光焊接完成的大型构件、有搅拌摩擦焊制造的铝合金结构件；也有超塑性成形/扩散连接制造的大型钛合金壁板结构，这些'特需'的'关键'的制造技术，都有了"用武之地"！

关桥走出625所大门，走进一片喧嚣的茫茫人海之中，他就是一个平凡的人，一个社会的人。但他没有忘记自己的天职，他特别关注老百姓的喜怒哀乐。

在关桥的心里，事关民生的事再小也是大事。他愿意做群众的代言人。

2004年，关桥以全国政协委员的身份写了一份关于《提请财政部人事部发放中央在京机关、事业单位离退休人员生活补贴费的建议》的提案。

这个提案的背景是：有一天，关桥看见一些老同志在上访，向有关部门反映离退休人员的生活补贴费问题。

这件事引起了关桥的注意。

从1995年至今，北京市管辖的事业单位的离退休人员不断得到北京市的生活补贴。而相比之下，中央在京的机关离退休人员与他们的差距越来越大，所以中央在京机关的一些离退休人员不断上访。关桥作了一些调研，整理了一份材料，作为政协委员的提案反映社情民意。

关桥愿意替老百姓说话。

关桥向有关部门积极反映625所锅炉改造涉及煤改气的政策落实问题；反映北京公交如何方便市民出行问题；反映"迎奥运"治理环境，拯救"三八国际友谊林"问题；反映中关村市政建设危及居民"住得不踏实"问题；反映朝阳、通州交界处环境污染严重问题……

别人说关桥管得宽！

关桥却说，这是我作为一名政协委员的社会责任，也是一名共产党员应尽的义务！

关桥喜欢一首歌：

生命之光 ——记国际著名焊接专家、中国工程院院士关桥

我们共产党人好比种子,人民好比土地,我们到了一个地方,就要和那里的人民结合起来,在人民中间生根开花……

是的,关桥就像一粒发光的种子一样,燃烧自己,温暖着别人;像一粒生命力旺盛的种子,在群众的土壤里生根开花,成长为一片森林……

第九章　桃李芬芳

传道授业

1978 年 3 月 18 日。

这一天注定要被历史铭记。

全国科学大会的召开,像一声春天的惊雷,炸开了压在科技工作者心头积怨十多年的阴霾,从此,开创了中国科技发展的崭新时代!

这一天,是关桥人生中面临的一个重大转折。

在春天来临的日子里,关桥听到了报春鸟在刚刚发芽的树梢上欢愉地鸣叫;看到了苏醒的冬雪在明净的田野里悄然地张开双眼。

关桥急于要踏上开往春天的列车,去与风筝约会,与春雨对话,与阳光拥抱;去与志趣相识,与激情相知,与创新相恋……

这一天,也是傅昱华、赵玮、张奕琦以及许许多多的普通学子人生中最幸福的时刻,尽管当时他们还不知道春风何时吹开寒窗,不知道这一场春雨何时飘洒在干涸的心田,但他们从北京天安门的华表上,看到窗棂中透出了初春的阳光;从万里长城的风霜里,感受到狭窄的山涧溢出了初春的温暖……

1978 年 10 月,傅昱华、赵玮、张奕琦一同走进了朝阳区八里桥那一片春意盎然的白杨树林里。他们是 625 所建所以来招收的焊接专业第一批攻读硕士学位的研究生。

关桥对他们寄予了厚望。

生命之光——记国际著名焊接专家、中国工程院院士关桥

1991年5月，关桥（前右三）率625所青年技术骨干团队，参加第一届中德国际焊接学术会议"焊接及相关技术的最新进展"

625所内部对此却是议论纷纷。

"培养研究生本是好事，但对625所来说，确有不少困难，经验不足，条件较差，对这一工作又缺乏认识。"有人表示担忧。

"正因如此，我们要大胆尝试，按照科研工作的内在规律办事，提高科研水平，在世界科学研究工作的前沿发展自己的学科。动手培养学科发展方向上的梯队人才，这是625所必须要坚持走的一条必由之路！"

关桥在实践中感觉到，625所在各专业方向上的课题研究，虽然有了不少成果，但从人才培养的角度来看，参差不齐，很难形成梯队，这不利于学科方向的持续发展，更谈不上建立具有自己特色的学科。

至今，关桥还留恋20世纪60年代初，刚到625所参加工作时，那一段与所内同事们齐心协力攻克技术难关的日子。

关桥初出茅庐，从当课题组长，到专业组长，到担任室主任。他最大的愿望就是，组建一个团队，发挥好团队的作用。

关桥作为课题组长，他把大家凝聚在一起，遇到技术困难，一起坐下来分析、商量、讨论。

关桥深入到一线，虚心地接受各种意见和建议。在基层去发现问题、解决问题，从而提高课题推进的能力。

关桥喜欢与年轻人共事，大家就像朋友一样相处，每个人都有个绰号，代替了姓名，课题组内时常洋溢着青春的欢声笑语。他养成了一个习惯，当天的事必须当天完。有时为了一个方案、一个试验，为了核实一个数据，常常干到通宵达旦。

那时，关桥学会了抽烟。他在烟雾缭绕中明辨方向，聚焦智慧，思考问题。

关桥是这个团队的主心骨。他率领团队攻克了一个又一个技术难解的研究课题。

有了这一时期的经历，关桥积累了丰富的经验，为以后培养研究生打下了基础。

终于，关桥多年的梦想，在一个划时代的春天里实现了！

"通过自己培养研究生，建立一个学科发展方向上的梯队，是符合科研工作发展客观规律的！"

虽然关桥积极地推动在625所建立焊接专业硕士学科点，但关桥也担心，这3位年轻人能成为625所焊接研究室的新生力量吗？能成为625所承担课题任务的主力军吗？

关桥用挑剔的眼光在审视3人。

入学时，关桥对每位研究生的素质状况进行了严格考察，关桥发现，这3位研究生共同的特点是：思想活泼，有进取心，干劲足；学习勤奋、刻苦。

招收的这3名研究生，属于三个不同类型的专业方向。

关桥像一位久经沙场的将军，在战斗即将打响时，开始了他的排兵布阵。

625所在力学基础方面较差，要开展焊接力学在航空构件上的应用研究，发展焊接力学这一边缘学科，需要招收一名有一定力学基础的研究生。傅昱华是不二人选，关桥亲自作他的导师。

高温真空钎焊机理的研究，对625所来说是一个薄弱环节，需要招收一名具有实践经验和一定独立工作能力的研究生。张奕琦是当之无愧，关桥协助吴希孟作研究生导师，共同指导课题研究。

超塑成形/扩散连接工艺，是625所刚准备开始的一个新课题，赵玮比较年轻，虽然在专业方面尚无特长，但有较好的可塑性，决定让他主攻这一方向，关桥与纪文海共同指导。

关桥没有看错他们。

张奕琦在短期内，完成了真空钎焊气氛测试装置的调试与试验工作；赵玮与题目组同志一起，完成了超塑成形/扩散连接的试验装置；傅昱华仅在半年的时间内，熟练地上机运用计算机程序。

这时，关桥去寻求研究生论文研究的方向，如何与专业组的课题内容相结合；以研究生工作的深入基础研究，弥补专业组课题试验工作的不足。

关桥针对3位研究生的特长，在实践中对他们进行因材施教。

"张奕琦的特点是实际生产经验较丰富，独立工作能力较好，在研究生论文工作中，多安排了独立进行的试验研究工作。"

"傅昱华虽然对焊接专业很生疏，但有较好的数学力学基础，为了使他的论文不脱离焊接实际，我们安排了相应的试验与焊接应力变形的测量研究，这对于他在边缘学科和学科交叉的研究中是很重要的，同时也可以弥补他动手能力较差的不足。"

"赵玮比较年轻，在论文中注重了从实际锻炼出发的特点，直接由指导老师带领制定试验方案，创造试验条件，锻炼其独立工作能力。"

关桥对3位研究生论文的选题提出了严格的要求：既要结合625所的现实，又要考虑国内外在相应领域中的前沿动态，从而使论文具有较好、较高的水平，同时也能把正在进行的研究工作向前推进一步。

关桥认为，傅昱华要在焊接力学研究方面，赶上世界先进水平，必须掌握数值分析工具、计算机编程运算和分析。于是，傅昱华的论文求解前人尚未涉足的难题，最终填补了国内研究的空白。

关桥、吴希孟和研究生张奕琦商定，论文要结合生产中不锈钢中温钎焊的特点进行研究，对钎焊时金属的表面行为、表面氧化膜的去除机理进行分析，对锰的作用有了较深入的认识，这在国内外都是正在探索的课题。

关桥和纪文海要求研究生赵玮在完成超塑成形/扩散连接方案试验的同时，又安排了对钛合金动态扩散特点的分析，使论文水平有了相应提高，比前人有了新的认识。

1981年，3位研究生都以全优的成绩，通过了硕士论文答辩。

3位研究生毕业后，都留在了625所工作，他们与625所内白杨树一样，在阳光、雨露的滋润下不断茁壮成长。

1982年，关桥又招收了两名焊接力学的研究生，一个名叫郭德伦，一个名叫曹阳。

郭德伦，中等身材，瘦削，但人很精神。平时言语不多，脸上没有多少笑容，仿佛整天都在思考问题。他是西北工业大学本科毕业。

在关桥眼里，郭德伦工作踏实肯干，尤其在坚韧性和吃苦耐劳方面比较突出。1981年，他的大学本科毕业实习论文也是在关桥指导下完成的。

一天，郭德伦把西工大已经通过的毕业论文交给关桥，想请关老师看一看。

关桥认真看过后，半晌，严肃地对郭德伦说："论文的严谨性不够，请你重新修改，抄一遍，明天交给我！"

顿时，郭德伦懵了！

他望着夜幕降临的天色，手里捏着次日离京的火车票，他似乎想对关老师解释什么。当他抬头看着关老师严肃的目光时，他默默地、惭愧地从关老师手中接过了论文。

关老师离开后，郭德伦委屈地哭了。

回到寝室，倔强的郭德伦把论文读了一遍又一遍，他按照关老师的要求，一边改，一边一笔一画地抄写着，写了整整30页！

一直到次日清晨，当写完最后一行字，郭德伦疲倦地趴在了桌子上。

这个"下马威"，是关老师给郭德伦的"见面礼"。但就因为郭德伦刻苦治学的精神，给关桥留下了深刻的印象。

也正因此，关桥接收郭德伦进入了研究生班学习。研究生毕业后，关桥又安排郭德伦参加正要深入开展的探索性预先研究课题。

"我行吗？"郭德伦忐忑不安地问关老师。

"只要用心，一定行！"

果然，在关老师的指导下，郭德伦崭露头角，成为"薄壳结构低应力无变形焊接方法及其装置"的第二发明人。

郭德伦崇敬关老师。

所以，当关桥招收第二批硕士生时，郭德伦毫不犹豫地报上名。

如今，提及抄写论文之事，憨厚的郭德伦笑了："关老师的'下马威'，告诉了我如何对待科研工作！"

曹阳于1982年在哈尔滨工业大学毕业后，通过田锡唐教授推荐，来到了625所攻读硕士学位。

在关桥指导下，有焊接力学基础的曹阳，采用高温云纹测试装置，顺利开展了焊接高温应变云纹测试技术研究。他研究的论文是：移动焊接热源热弹塑性应力应变过程的数值分析与试验研究——钛合金、铝合金、不锈钢焊接瞬态应力应变过程的对比。随后几年，关桥又指导了研究生刘柱的"焊接瞬态热应变云纹图像计算机处理"的论文研究工作。在1990年对焊接高温应变云纹测试技术研究成果的鉴定会上，专家们认为，研究生们所完成的研究项目，达到了国际先进水平，属国内首创。

从1983年始，关桥和研究室的同事们先后又招收了郑立刚、毛文锋、张崇显、李从卿等硕士研究生，分别从事"不锈钢高温钎焊时晶间贯穿机理的研究——铜基钎料的晶间贯穿与润湿铺展"、"碳纤维增强铝基复合材料的研究"、"动态控制低应力无变形焊接技术研究"、"预变形原理及工程应用研究"等课题研究。

1997年，关桥觉得625所还需要更高层次的人才——博士研究生。

因种种缘由，625所没有能争取到博士学科点。

第九章 桃李芬芳

1994年9月，关桥（中）与出席IIW第47届年会的
625所青年学者合影

关桥是北航的博士生导师，他招收博士生必须通过北航的考试。

关桥带博士研究生的目的性非常明确，就是为625所重点实验室的发展培养所需要的人才。

苏彦东是毕业于哈工大的硕士，从事激光焊接研究。

通过北航的博士生入学考试后，苏彦东的博士论文被关桥定为"激光深熔焊接热效率的研究"。

在关桥看来，博士生要有更加博大的视野，尤其是与国际研究接轨。

关桥安排，苏彦东的这项研究工作一方面要在重点实验室完成论文研究工作，另一方面要创造条件让他能与国际前沿相融合。因此，关桥想到在荷兰的老朋友，请德尔福特大学den Ouden教授推荐，把苏彦东派到荷兰德尔福特大学学习了一年。

苏彦东在荷兰工作学习一年后，回到625所继续做他的博士论文。

2000年11月，苏彦东博士毕业论文答辩时，关桥特意把荷兰的老朋友den Ouden教授请到了北航。当苏彦东用流利的英文答辩完毕时，全场给予了热烈的掌声。

关桥总是结合625所的实际，确定了每个学生所从事的研究方向。

为了完成国家自然科学基金委重点项目的研究任务，关桥又请哈工大吴林教授推荐他的博士生董春林来625所做论文。在高能束重点实验室，完成了"等离子弧焊小孔行为的弧光传感研究"，由关桥直接指导，邵亦陈辅导完成。董春林回哈工大答辩的博士论文获得很高评价。

郭和平的博士论文方向是：空心阴极真空电弧特性和焊接工艺研究。由关桥与哈工大钱乙余教授共同指导，郭德伦辅导；在北京航空制造工程研究所"航空特种焊接技术"实验室完成"九五"预研项目，并把这项技术推向工程化应用。

周琦的博士论文方向是：电子束焊接动态特性研究。由关桥与刘方军研究员、北航的齐铂金教授共同指导，在北京航空制造工程研究所"高能束流加工技术"国防科技重点实验室完成，是国家自然科学基金重点项目的研究内容之一。

李菊的论文方向是：钛合金低应力无变形焊接过程机理研究。是北京工业大学史耀武教授的博士生，她的博士论文工作是在关桥和史耀武共同指导下，在北京航空制造工程研究所"航空特种焊接技术"实验室完成的，这是一项"九五"预研项目和航空基金项目。

一个个课题，像一串串金灿灿的果实，缀满了625所这棵大树茂密的枝头；像一串串白里透红的蜜桃，香飘八里桥……

关于李菊，还有一段故事：

1999年，关桥急着向北京工业大学史耀武教授请求支援。

"我需要一个懂得数值分析、掌握计算机软件应用的人，来完成'动态控制的低应力无变形焊接'课题。"

原来，625所"动态控制的低应力无变形焊接技术"已经立项。但立项后，从事这项工作的人去了美国，于是，这个项目搁浅了，关桥急于找完成这个项目的接班人。

第九章 桃李芬芳

"好，我输送给你的学生，保证你满意!"

"话说清楚，学生的导师是你，但得在625所完成论文研究工作。"

史耀武教授没有食言，他把得意弟子李菊送到了625所。

李菊天生就是读书的料。1997年毕业于西安交通大学机械学院焊接专业，获工学学士学位；再攻读硕士，获工学硕士学位。她性格稳重、踏实，做事细致、严谨。

李菊来到625所后，在102室沿着低应力无变形焊接技术的方向开展工作。

第二年，李菊去加拿大探亲回来后，关桥发现，李菊所做的工作没有以自己的试验结果为基础，于是，关桥告诉她："这样不行，你的博士论文必须返工!"

关桥要求李菊："你必须到实验室亲自操作，完成试验工作，这是一个博士研究生必须具备的实践，而不能只靠在计算机上用软件计算、画曲线、做图!"

李菊认识到，关老师的批评不无道理。

"数值分析，可以仿真、预测，但一定要以试验研究为基础，物理模拟是数值模拟之本，没有试验来验证，就是无本之木。博士论文的根基，是在试验研究和数值分析结果上的提升，而且还要指导实践!"关桥告诫李菊。

李菊按照关老师的要求完成论文后，忐忑不安地把论文再次交给了关老师。

关桥戴上老花眼镜，拿起笔，对论文中的试验研究分析、曲线图表、论文框架体系、章节、段落和结论及中、英文摘要，一一做了详细的修改。

修改完李菊博士论文稿后，坐想片刻，关桥感到言犹未尽。于是，又提起笔来，在论文草稿的扉页上，很感慨地写上这样一段文字：

三四年的心血终于可以结出硕果，在我们对许多问题的切磋研讨中，总是在追索着客观的真实，这包括对你所发表论文的修改和对这篇博士论文内容的推敲，有时可能近乎苛刻。总之，无非是希望我们能在科研的征途中，步子更坚实些，学风更严谨些！也许是出于对问题探求的兴趣，对你论文的修改比其他的文章的修改更花功夫；因此，你的工作量也会更大些。我想，过若干年后，你如果再看到这些修改过的文稿，也许会有更多的回味！修改这样的论文也是一种乐趣！修改意见供参考，请再斟酌、推敲。

关桥
2004. 元. 10 – 14 日

论文经过反复修改，李菊终于顺利地通过了北京工业大学的答辩。

2004年4月14日，李菊（中）博士学位论文答辩后与导师北工大史耀武教授（左）、625所关桥合影

当时，这篇论文就像一只丑小鸭，并没有引起评委们更多的关注，因为老师们并不太了解这篇论文的工程应用价值。

但是，关桥看好这篇论文。

关桥想把李菊的这篇论文放在国际焊接科技的舞台上，去衡量一下它的学术价值与工程意义。

于是，关桥指导李菊进一步修改提炼论文，直到满意为止，叫李菊单独署名。把论文先交由中国焊接学会审定符合要求后，寄给了国际焊接学会参加评审。

果然，李菊的这篇论文，以选题的独特性、论述的严谨性及其学术价值和工程实用性征服了评委，荣获了国际焊接学会特意为优秀博士论文设立的"格兰让"奖！

2005年7月，李菊赴捷克布拉格，参加国际焊接学会的年会。在开幕式上，由法国焊接代表把以法国学者格兰让命名的奖牌颁发给了李菊。

正是因为获得了这个大奖，北工大把李菊的博士论文推荐为参加全国评选的候选优秀博士论文。

正是因为获了这个奖，李菊才有了资格，作为合适的人选，经关桥推荐赴英国焊接研究所，去完成由625所和英国焊接研究所合作申请到的欧共体"居里奖学金"项目。李菊被派往英国工作两年，把动态控制的低应力无变形新技术通过英国焊接研究所这个窗口，介绍给欧洲，为打开市场迈出步伐。625所把这项新技术的核心部件——"热沉"装置销售英国焊接研究所，为他们向客户演示低应力无变形的实际焊接效果提供了技术。

李菊的眼前，一片阳光灿烂……

送书寄语

夜晚。

关桥还在灯下伏案工作。

关桥的案桌上有一本书，名叫《怎样当一名科学家——科学研究中的负责行为》。这是美国科学院出版发行的一本小册子，封皮呈浅黄色，书不厚，薄薄的，但内容十分丰富，字句如铅，沉甸甸的。

美国科学院院长布鲁斯·艾伯茨、美国医学科学院院长肯尼思·夏因、美国工程科学院院长罗伯特·怀特，共同为这本书撰写了序言。

在关桥的世界里，他从一介书生，到实现当一名工程师、科学家的梦想，

生命之光——记国际著名焊接专家、中国工程院院士关桥

一路走来,道路虽曲折而艰辛,但他内心纯净如水,没有杂质,就像明净湛蓝的天空。

令关桥没有想到的是,在市场经济条件下,"怎样当一名科学家"却成了一个沉重的话题。

关桥经常在媒体上看到"剽窃成果、抄袭论文、署名不公、科研作假"等报道,一股浑浊的暗流侵蚀了神圣的科学殿堂!

关桥震惊了!

关桥继而沉思,为什么在一向认为道德高尚、操守严谨的科技人员中,不断出现难以想象的不端行为,甚至腐败现象呢?

关桥联想到每两年在院士增选过程中的点点滴滴,不禁为科技界道德行为失范现象而感到忧虑。

在关桥看来,而今眼下,对科学家科研道德的培养,或许比单纯追求科研成果更重要。

关桥赞成《怎样当一名科学家》序言中这样一种观点:

科研事业,如同其他的人类活动,以信誉为基础。科学家相信其他科学家的研究结果是可靠的,社会相信这些研究结果反映了科学家们诚挚的愿望,精确而无偏见地描述世界。高度的信任,体现了科学的特征和科学与社会的关系的特征,促进了这个科学空前繁荣的时期。但是,要维持这种信任,只有靠科学界自身致力于以实例证明,并传播科研道德的价值。

而事实上,一些科学家在"诚信"的考验面前,其自身的价值观被扭曲了。一时间"诚信"为此蒙灰……

关桥从新华书店买来《怎样当一名科学家》一书,送给他的每一个学生。他希望学生们规范自己的行为,加强科研道德修养,保持科学的清纯,维护科学家的尊严。

关桥希望科研园地是一块净土!希望学生们的心灵像秋天的果实般沉静,像春天的花朵般阳光,像夏天的天空般晴朗。

当学生们拿到这本书,从目录上看到"科学的社会基础、试验技术和数据

处理、科学中的价值观、利益冲突、发表和公开、荣誉分配、论文署名、科学中的错误和疏忽、科学中的不轨行为、对违背道德标准的行为的反应、科学家在社会中的作用"等这些标题时,他们明白了关老师的良苦用心。

关桥表里如一。

有的学生为了论文能够发表,把关桥的名字写在第一位,关桥坚决反对。他语重心长地告诉学生:"论文是否发表,在于论文的质量,而不是在于我关桥的名气;是谁执笔撰写文章,谁就应该是第一作者!"

苏彦东写了一篇论文,他按学校的惯列要署导师的名。但关桥不同意。"我没有参与这个试验,成果是你们的!"

苏彦东没理解,他问:"是不是论文写得很差?"

关桥很生气,严厉批评了苏彦东。

2000年11月17日,关桥的博士生苏彦东(中)学位论文答辩后与导师们合影,右二为荷兰德尔福特大学 den Ouden 教授

关桥十分尊重别人的劳动成果。

关桥发表过的论文,都是以他本人为主进行的,但在文章署名上,他总是实事求是地考虑到每个参加工作的同志,该署名的都署上名,即使仅仅帮助他做过试验、画过曲线图的试验员,他都在文章备注中加以说明。所得稿费也是

合理地分配给大家。

截至目前，关桥收录到《关桥论著选编》的学术论文只有80多篇。

有人惊讶，说，作为院士怎么文章这么少？

他们不知道，关桥这80多篇论文，全是第一作者，凡署名第二作者的文章，他一律未收入选集。

在关桥看来，文章署名，反映了一个科学工作者的学风与道德水准问题。

对于领导署名，关桥也有自己的看法。

关桥总是劝说有的领导："不要把自己的名字放在成果的第一位，领导是为科研服务的，而不能占有成果！"

关桥在许多场合大声疾呼："成果是硬碰硬的东西，第一完成人应该是一线的人。领导占位，直接造成的结果，就是年轻人起不来，这样下去，风气不好！"

关桥对当前的科研现状忧心忡忡："为什么现在的年轻人缺乏科研激情？这与当前科研工作中的弊端有极大的关系！现在很多科研课题的建立是'要我干'，而不是'我要干'，这个问题很严重。有的把科研工作当成是一项交差的任务，所以工作的质量降低，花了国家那么多的钱，但得到的结果令人心寒！"

"大家都在争项目，跑马圈地，圈了地谁又去种地？精耕细作？"关桥痛心疾首地说，"科研浮躁，这是我很揪心的一件事情！"

关桥始终关注青年人的成长，扶持他们做重大课题负责人、首席专家、科学家，并告诫他们正确处理好"家"与"长"的关系。

在航空系统召开的首席专家座谈会上，关桥发言说："搞科研工作，潜心钻研是要有牺牲的，有'舍'才能有'取'嘛，到底是做专家，还是当领导？这个问题已经渗透到了科研工作者的队伍中。"

前不久，关桥对他的一位学生发火："你看看，最近一段时间试验工作为什么没有多少进展？"

学生很无奈，行政头衔太多，他哪有时间亲自去做试验？

事后，关桥也觉得不完全是这个学生的错，这是一种社会普遍现象，能怪他吗？

关桥对学生要求严格，甚至有时有点苛求，在焊接界有所传闻，于是，有的学生便不敢报考关桥的博士生。

其实，关桥严厉的背后，潜藏着一颗爱心。

在关桥的直接指导下，一批批硕士研究生和博士研究生通过了论文答辩。但他从来不强调自己个人的作用，尽力把才华出众、敢于提出新见解的青年科技人才推荐到重要岗位；用新的科技创新难题吸引他们。关桥希望学生们树立航空报国的情怀，像雄鹰一样展翅在高高的蓝天。

关桥培养学生，给他们压担子，鼓励他们独立地开展研究工作，放手让他们在实践中增长才干。

关桥还利用自己在国际焊接界的声望，积极为学生们创造出国学习、进修和参加国际学术会议和交流的机会。扩大视野，培养其开拓创新的精神。把学生一个个培养成领军人物，培养成帅才，这是关桥最大的心愿！

近些年，有些刚毕业的研究生、大学生热衷于出国留学，公派不成便自费，其中有的人，仅仅是为了拿个学位。

针对这些现象，关桥对自己的学生讲得最多的是这样的一番话：

"留学的目的，不仅是为了获得学位。留学生和出国研究人员，应该先在国内扎扎实实地打好基础，加强工作实践，形成自己的学术见解和研究方向，这样出国后可以在研究、探讨问题时有自己的见解并能掌握新的观点。要善于利用外国的先进设备、科研条件来论证自己的理论，创出成果，为祖国服务。否则，就只能局限于帮外国机构干活、打下手、听人摆布！"

关桥说："出国进修和参加国际会议，不是一个政治待遇和享受福利，而是一个扩大视野、学习的机会。"

几十年来，关桥就是通过"走出去"，吸收世界焊接前沿的新技术、新工艺、新信息，结合实际，取得了一项项新的科研成果。

关桥告诉学生要正确对待成绩与荣誉。

曾元松博士荣获国家科技进步二等奖后,关桥与他谈心,希望他把握好自己,做事、做人要低调。后来,在所领导的直接关心下,曾元松被提为副总工程师,获全国劳动模范称号,进步很快。

2009年,关桥又特意推荐曾元松作为光华科技青年奖候选人。经过评审,曾元松最终获得了由中国工程院主办的光华科技青年奖!

关桥治学严谨,对待学术问题,一就是一,二就是二。他从来对事,不对人,不给你留面子。

学生要做一个新项目,关桥把握方向,他会从国外或其他领域找到很多参考资料,然后,把自己的观点和想法与学生交流。他还经常亲自到现场关心项目的进展情况,指导工作。对数据要求反复求证,对具体的细节过问得特别仔细。

关桥注意工作方式方法,消除与学生之间的距离,营造和谐氛围进行学术交流。

张田仓说:"关老师对新技术有敏锐感,他要求学生在工作中要创新,要拿出自己的见解,比如这份工作打算怎么做,做到什么程度,要用一个网络图来规划,要有自己的想法。逼着我们去思考问题。"

关老师胸怀广阔,虚心听取意见和建议。

丁培璠谈起了一件往事:

"有一次,老关在《焊接力学问题选讲》文稿上有一段关于应用计算机技术分析筒体上焊接残余应力的描述,我发现计算方法上有些问题。我当时把想法告诉了老关,他听了我的建议后很谦虚,鼓励我写了一篇文章,并支持发表,这令我很感动!"

在学术上,关桥毫不保守,探讨问题时,他总是尽自己所知和盘托出,与大家一起畅谈看法。丁培璠深有感触地说:"老关的学识,令人钦佩,老关对待科学研究的严谨作风和无私的品质,更值得我们好好学习!"

"搅拌摩擦焊中心成立,关桥希望他的大弟子郭德伦成为中心总经理。"

原625所所长郭恩明回忆说："搅拌摩擦焊技术的发展，需要新的机制，我和关院士沟通达成共识，应该以公司的模式投入运营。副书记刘安鲁、副所长修德亮沟通后找到我，认为郭德伦也合适。我的意见是，郭德伦是102室主任，如果他去当总经理，那102室怎么办？所以，考虑到102室的发展和稳定，我没有同意让郭德伦当搅拌摩擦焊中心总经理。而这时，栾国红从加拿大回来，他是学搅拌摩擦焊的，选择让他当。"

郭恩明停顿了片刻，又说："我怕直接做出决定，让关院士尴尬，所以，找到他说开个党委扩大会，投票选出搅拌摩擦焊总经理，当时以7比3，栾国红出任总经理。

"栾国红现在干得有声有色，关桥现在见到我也说，你当初的决策是正确的！"

"我觉得关桥很尊重事实，是用事实说话，并不是根据自己的喜好判定事物，他胸襟很宽广！"

郭德伦与栾国红是校友，先后毕业于西北工业大学焊接专业，后又师从关桥，他们都是关桥的好学生。

625所自从引进了搅拌摩擦焊技术，广泛用于航空航天、轨道、交通等领域，逐渐取代了铝合金的氩弧焊技术。

栾国红说："关老师极力推广新技术，希望搅拌摩擦焊能有自主创新的发展。所以，我很佩服关老师。经过努力，我们将低应力无变形技术与搅拌摩擦焊技术相结合，开发出新型的'低应力无变形搅拌摩擦焊技术'申报专利，并拿到了专利证书。"

关桥积极支持学生的工作。

郭德伦说："记得有一次，国防科工局召开特种焊接技术应用中心研讨会，我提前向关老师打招呼，哪知，他早安排了要去参加大型飞机的评审会，但受到我的邀请后，他推掉了评审会议，执意参加焊接技术研讨会，并连夜准备材料，制作百余页的幻灯片，后得知发言时间有限，又连夜修改，争取将焊接技术的精华讲得更加清楚一些。"

关桥用自身的人格魅力，对学生的世界观、人生观的形成产生了极大的影响。

搅拌摩擦焊中心主任、赛福斯特公司总经理栾国红深有感触地说："毕业后，我与郭德伦、张田仓都是一个组，一直跟着关老师从事科研开发工作。我考取了留学，关老师把我推荐到加拿大多伦多大学学习搅拌摩擦焊。我的导师是英国人 Tom North 教授，他和关老师认识。当时，我在那个实验室是唯一一个从事搅拌摩擦焊技术工程化开发有经验的技术人才。我上了一年的研究生课程，通过考试，又可直接攻读博士学位。这时，关老师给我的导师写了一封信，说完成了一年的学业后一定让我回国，国内要重用。所以，导师也让我回国和关老师谈谈。"

"回所后，郭恩明所长和关老师亲自找我谈。当时所里正在和英国焊接研究所谈判，决定引进搅拌摩擦焊技术，在中国成立搅拌摩擦焊中心，同时成立公司，实现市场化的应用和推广，这就是现在的赛福斯特公司。现在想来，我能够在现在这个重要的岗位上，关老师起了很大的作用。"

栾国红当上赛福斯特公司总经理以后，关桥积极支持他的工作。当时，赛福斯特公司的技术、装备、市场基本为零，公司只有6个人、一台计算机、一台旧机床。完全可以说白手起家。

栾国红记得，关老师亲自答辩，到国防科工委争取了国家支持的课题，先把搅拌摩擦焊接技术应用于航天运载火箭铝合金燃料储箱的制造。从此，赛福斯特公司在整个航天工业界有了技术基础和市场的影响力。

栾国红记得，关老师带领他参加上海的科技论坛。关老师亲自作报告，将搅拌摩擦焊技术在船舶方面的应用进行宣传和推广。关老师把栾国红介绍给相关人士、技术专家和领导。

栾国红也记得，关老师带领他到哈尔滨飞机制造厂参加有20多名院士与会的会议。白天开会，晚上关老师带着他拿着搅拌摩擦焊样件和样本，一个个敲开其他院士的门，给他们介绍这项新技术的优势和应用。

栾国红还记得，关老师带着他到航天工业各研究院、所巡回作报告；带着他拿着搅拌摩擦焊的样件和资料向铁道部北车、南车集团的院士专家们宣传搅拌摩擦焊技术；带着他去找株洲电力机车公司的刘友梅院士、汽车设计制造技术专家湖南大学的校长钟志华院士，利用其影响力和社会关系，推广和宣传这项新技术。

2005年，625所成功研发出国内最大的长12米、宽8米的铝合金带筋型材壁板搅拌摩擦焊设备，所制造的带筋壁板在国内最新型的高速舰艇建造中得到了推广和应用，提高了质量、效率和生产速度。

而今，搅拌摩擦焊技术已经在航空、航天、船舶、电力、地铁、轨道交通、汽车、能源及装备制造等领域广泛应用，并从国内走向了国外……

回想起这些往事，栾国红若有所思地说："那年，如果不是关老师的一片热心，亲自写信邀请我回来，说不定现在我还在国外。"

……

"世界是你们的，也是我们的，但归根结底是你们的。你们青年人朝气蓬勃，正在兴旺时期，好像早晨八九点钟的太阳。希望寄托在你们身上。"

一个时代经典的语录，如一首美妙的歌曲，常常回荡在关桥的耳畔；像一首热烈而奔放的诗，激励着关桥在长满藤蔓的路径上青春地前行……

当年，关桥亲耳聆听毛主席的谆谆教诲时，曾经思绪万千，他深深地明白，关爱青年就是向往未来。

关桥总是设法为学生们提供学习的机会。

1994年夏天，关桥精心挑选了625所10位青年学者，以会议工作人员身份参加了在北京召开的国际焊接学会第47届年会，并把他们一一介绍给外国专家。

世界焊接之窗，在学生们的心里徐徐打开……

年会结束了，学生们站成一排，向关老师深深地鞠了一躬。这一躬，不仅是感谢老师给了他们一次学习的机会，更感谢老师多年来对他们的精心培养和辛勤付出。

事后，关桥多方联系，有目的地分别推荐一些学生赴美、英、德、日、俄等国家深造。他广泛收集国外最新发表的科技资料，或写批注或翻译，或网上传送，及时发送给学生们。

郭德伦悄悄统计过，关老师几乎每周都会拿出一份新资料。他曾劝过关老师不要太劳累，但关老师语重心长地说："我不怕累。我就怕你们不知道国际科技前沿的发展新动态，就怕你们不琢磨，不创新！"

如今，郭德伦早已成为国防科技工业有突出贡献专家，并入选全国"百千万"人才工程培养对象，又荣获国防科技工业系统劳动模范与"航空报国科技尖兵"称号，在谈到关老师时他很动情地说：

"作为首届中国工程院院士，他是一个正直的人，不为名，不为利，一心搞自己的科研。关老师始终用心血来完善我，教给我如何掌握取得成功的基本功——德才兼备！"

关桥在指导研究生工作中，倾注着他对学生的热爱，以及对他们全面发展、茁壮成才的热切期盼。

如今，关桥培养的20多个硕士生、博士生，现都能独立承担课题研究，并在某些领域形成了自己的研究方向和独特的见解，有的已经成为焊接领域的知名专家，他们的成果，引起了国际国内同行的关注，有的走上了领导岗位。

郭德伦、栾国红、巩水利、李晓红、张田仓、李菊、刘柱、李从卿、董春林、郭和平等学生，已经成为625所焊接专家，成为625所的中坚力量！

一年四季，春夏秋冬，一批批成长起来的年轻人，成了625所一道亮丽的风景！

秋天来了，这是一个收获的季节。

白露一般的空气里夹着似有还无的桂香，弥散在625所里的林荫道上。白杨树的叶子渐渐转黄，像一张张记录历史的书签，飘零在秋雨打湿的土地上。阳光斜斜地从树丛中照射下来，照在笔直的桧柏上，照在粗壮的梧桐上，照在路边草坪、灌木丛中无名的小花上，一切是那样光亮、明丽、清透……

在关桥院士的一篇自述文章中，有这样一段文字：

"纵观现代工程技术的发展，尤其是在信息时代科技飞速发展的高速公路上，任何创新性的成就，无不都是群体智慧的结晶。取得成功，必须把个人能力和素质的提高置于群体行为道德规范标准制约之中。注重社会交流、人际交往，提高口头和文字表达能力；同时，应该在群体活动中，学会欣赏别人，善于团结共事。"

是的，在任何社会、任何时代，科学技术永远是推动人类文明不断向前发展的第一生产力。

而与关桥同代、不同代的勇攀高峰、治学严谨、德才兼备的科学家群体，正是推动中国社会走向繁荣昌盛的主力军和生力军！

面对这样一位德高望重的院士，这样一位"奋斗终生，无私奉献"的年逾古稀的工程师，你不由得产生一种高山仰止、肃然起敬的感觉。

一位学生说，其实，关老师就是一部书，一部读不完、看不够、学不透的无字之书！

言传身教

深夜花园里四处静悄悄，
只有风儿在轻轻唱，
夜色多么好，心儿多爽朗，
在这迷人的晚上。
夜色多么好，心儿多爽朗，
在这迷人的晚上。
小河静静流微微泛波浪，
水面迎着银色月光，
一阵阵清风一阵阵歌声，

生命之光——记国际著名焊接专家、中国工程院院士关桥

在这幽静的晚上。

一阵阵清风,一阵阵歌声,

在这幽静的晚上……

关桥夫妇一曲《莫斯科郊外的晚上》,字正腔圆,引起在场的人一阵喝彩,二重唱渐渐演变成了合唱……

新春佳节之际,关桥家里一片欢声笑语。

每年初四,关桥都要邀请学生们来家团聚。大家像在自己家中一样,尽情地聊天,尽情地歌唱,交流一年来各自在不同的岗位上所取得的成就和心得体会……

歌声中,关桥仿佛又回到了美丽的莫斯科河畔,回到了莫斯科郊外那片郁郁葱葱的白桦林,回到了充满青春活力的年轻时代……

每年的正月初四,关桥的学生们都到家里来拜年。图为
1999年2月焊接专业的同事和学生们在关桥家聚会

关桥打心眼里喜欢这些年轻人!跟年轻人在一起,仿佛自己也年轻了许多。

在李菊博士眼里，关桥老师是一个充满活力，不知疲倦的长者。

李菊和关老师一起工作已经将近10年，她感觉关老师对技术的领悟很高，对技术的触角很灵敏。但关老师又是一个谦虚、和蔼的科学家，即便是在功成名就的时候，他还时刻关注最新的技术发展的信息。他不服老！

"关老师因为常与国外专家接触，获取的资料多，他会经常把一些信息资料交给我们，认为对科研发展方向有用的文章，他还会复印给我们或借给我们看。"

李菊说："前段时间，我收到关老师发来的一封电子邮件，他让我看美国一家焊接杂志刊载的一篇与我的研究课题和激光焊相关的文章。"

"关老师工作特别忙，但他对年轻人的工作非常关心。"

"我是搞焊接应力变形控制的研究方向，关老师在与我交流的时候，告诉我近几年课题研究的整个宗旨和主要思路，同时提出，希望我关注新技术的工程化应用，并说这是技术研究的最终目的。"

"关老师不仅帮助我把握整体技术发展的方向，他还要指导具体的工作。检查我的项目试验大纲，亲自审阅并提出修改意见。他决不会迎合你的思想去思考问题。"

关桥对学生的论文不仅要求论证充分，数据可靠，而且在对遣词造句、语法逻辑和标点符号也不放过，一字一句地修改，把工作当做乐趣。

李菊回忆说："我印象最深刻的是有一次凌晨3时，关老师起床读我的博士论文并进行修改。他对我提起此事时说，这是他的乐趣，他愿意这样做。"

周琦现在是南京理工大学教授、博士生导师，他考入北航在关老师门下读博士时，有一件事记忆犹新："博士论文开题有规定，到了时间就必须开题，但关老师很严谨，一丝不苟。开题时，要求研究的方向必须把握好，方法是可行的，而且有初步的结果，有印证了，才可以开题。对学生来讲，这个压力是很大的，但收获也是很大的。关老师对待科学的态度，影响到了我做人和做事。"

功夫不负有心人，周琦获得了北京航空航天大学的优秀博士论文奖。

生命之光——记国际著名焊接专家、中国工程院院士关桥

625所102室主任李晓红说:"有一次,江苏一家企业与625所讨论关于低应力无变形技术成果转化工程应用的问题,省市政府方面希望聘请关院士作为政府的顾问,关老师婉言谢绝,说我们会很好地与企业合作,这是科技工作者的社会责任,请省市领导放心。遇到技术难题,关老师亲自到现场,再忙都去,但当顾问、参加会议讲讲话的事,他是绝对不会做。"

关桥注重技术的工程应用和推广,国际合作意识非常强烈。

2005年,关桥在一份资料上,看到刊载了一则英国焊接研究所正在做应力变形控制研究工作的短讯。关桥马上与英国焊接研究所联系,直言不讳地指出,他们的研究技术路线欠妥,很难达到工程化应用目标,并立即决定与李菊和郭德伦一起,到英国焊接研究所,准备把我们最近几年来在同一方向上取得的成效告诉他们,交流技术,开展合作。

当航班到达英国伦敦时,已是晚上7时多。

从机场到英国焊接研究所的路途中,车窗外,高速公路上灯火辉煌。年已70高龄的关桥没有一丝倦意。

英国焊接研究所的一位经理Rick Leggatt博士接待了关桥一行。

Rick也是关桥1987年访问英国焊接研究所时结识的老朋友,在小食堂用餐时,Rick把第二天的日程安排说了一下。李菊、郭德伦感到很疲倦,坐在一旁不语。

关桥却兴致勃勃地与Rick讨论起关于应力变形控制技术再度合作事宜。

夜深了,关桥一行才回到宾馆。

Rick悄悄告诉李菊:"这么久的谈话,我都感觉到疲惫了,但关博士坐了那么长时间的飞机,还有这么旺盛的精力,这么高的兴致,思路这么敏捷,了不起!了不起!"

其实,关桥的目的很明确,就是为了把应力变形控制研究的新专利技术推广到欧洲。

现在,625所研制的设备已经安装在了英国焊接研究所的实验室里。625所以英国焊接研究所为窗口,向欧洲乃至世界展示着低应力无变形焊接的新专利

技术。

前不久，江苏大德公司和南京理工大学王克鸿教授、周琦教授，共同启动一项科研成果工程化应用项目，他们建议把625所的低应力无变形焊接技术也纳入这个项目，三家合作。

关桥马上意识到这又是一个使该项技术得到推广应用的机遇。立即决定和102室主任李晓红、李菊博士和杜欲晓乘当天晚上9点的火车，一路奔向南京。

到达目的地后，关桥也不休息，马上召开会，讨论怎样合作，怎样开拓市场。

"关老师总是亲历亲为，不管是在国外，还是在国内的洽谈，他都亲自到场，这作为一名资深的老科学家能做到这一点，很不容易！"李菊感慨地说。

关桥从不愿麻烦别人，自己的事情自己做。比如，他要作报告，从来不让他的助手或学生帮他做幻灯片。

关桥在国际上声望很高，处处受到尊敬。

李菊举例说：

"英国焊接研究所，是关老师20年前曾经工作过的地方，那里的人几乎都知道关老师。

"我在英国工作期间，英国焊接研究所上至所长，下至司机，每一个人都希望通过我向关老师问好。"

"比尔·卢卡斯是英国焊接研究所弧焊气体保护焊研究室里一位受人尊敬的专家，在国际上声望很高，他对我说：关老师是每一个人的楷模！"

"英国人的绅士风度，决定他们的科研人员只在办公室搞研究、写计划，从不会到现场。而关老师为英国的'绅士们'做出了示范。"

"因为，在英国工作期间，关老师从来都是亲自到现场和技师一起做试验。"

"我在实验室碰到一位老工人，他知道我是关老师学生后，特意找到我说，关老师我认识，他真的是一位非常非常棒的人！"

生命之光——记国际著名焊接专家、中国工程院院士关桥

"英国的一位退休老师傅找到我说：请向关老师问好，我到现在还记得他工作的样子！"

"我在参加国际焊接学会时，法国等外国专家看到我，第一句话都会问我：关老师是否还在625所，是不是还在工作，如果可以见到他，希望帮我向他问好！"

"所以，我能体会到，很多国外的科技人员，都把关老师视为工作的榜样。"

"关老师社交能力特别强。"

"关老师经常参加一些社会活动，他非常善于和老朋友、新朋友交流，语言表达能力很通畅。他不是一个书呆子，不是一个只会埋头搞科研做工作的人。"

每当看到关老师与外籍人员侃侃而谈时，李菊会想，如果关老师不是一位院士，也会是一位出色的外交官或者社会活动家！

关桥经常提醒李菊："到英国工作，不要只是埋头做事，一定要和别人多交流，广交朋友！"

关桥的思维非常敏捷。

李菊说："我跟关老师读书时，与他讨论问题，每次都约时间，约好后，去之前要做大量的准备工作。与关老师讨论问题，一进门就开始谈，一谈就是4小时，滔滔不绝，不喝水也不休息，高强度的交流沟通。"

关桥和他的学生们郭德伦（右）、李菊（左）讨论新技术研究方案

关桥的大局意识强，始终站在国家利益的立场，维护625所的合法权益。这一点，给学生们也留下了深刻的印象。

在625所与英国焊接研究所合作过程中，凡是遇有知识产权的谈判，关桥每次都要郑重其事地告诉人家："这是我们国家的专利，是625所发明创造的！"

一次，英国人写的项目申请书，在文献综述上，有意无意地模糊了该项技术是从中国起源，是625所的发明。关桥看到这份申请书后，马上把发明专利等证件扫描后发送给对方，强调说："这项技术就是中国的专利，必须先提到中国！"

英国人风趣地说："我们现在只要提起这项技术，就要先提 BAMTRI（625所的英文缩写）！"

关桥还要求英国焊接研究所在说明书中，注明发明创造的年份，体现中国技术的时间优先性。

关桥一直教育学生们要树立吃苦耐劳的精神，他说："作为一个科研人员，就是要刻苦钻研技术，不下苦功夫，只能永远跟在别人后面爬行！"

但是，要真正做到这一点，却是十分不容易的。

当年，关桥家住在中关村，距625所40多千米路，家里有念书的小孩，市内又有多病的父母，这些都需要他分出精力去照顾。在工作上，加在关桥身上的担子越来越多，他兼任的社会职务多，社会活动和学术活动多，占去了他很多时间，但就是在这种情况下，他每天仍然坚持业余学习。

长期的磨炼，已使关桥养成夜间学习、工作的习惯。每天晚上11时以前，他是从不就寝的。冬季里，清晨5时就要摸黑起床，赶头班公交汽车，换乘无轨电车，再搭上所里的班车去上班。

很多个星期天，关桥都是在北京图书馆里度过。

功夫不负苦心人，那些年，关桥结合工作，他学习了"有限元数值分析方法"、"算法语言"等新技术理论，使自己能跟上科技发展的步伐；学会了网上办公，与国外联络，处理文件，与时俱进。活到老，学到老。

每当关桥向学生们讲起这些事情，心里不由自主地产生一种成就感和自豪感。

生命之光——记国际著名焊接专家、中国工程院院士关桥

关桥性格倔强、执著，做一件事情非做成不可，而且还要做好。

关桥初中时学过英语，但基础不好。1964年出国到捷克，第一次作为国际焊接学会的中国代表团成员出访，语言过不了关，还要依靠翻译。

回国后，关桥发誓要学好英语。于是他就参加625所组织的短期培训班。利用上下班回家两个多小时的时间，就在车上学。买了一个小录音机，天天听。终于，英语过关了！

1994年，在北京召开的国际焊接学会第47届年会上，关桥用流利的英语主持了大会。

关桥在外国专家面前不卑不亢。

"1995年，关老师60岁那年，我第一次随他出国到俄罗斯访问，那时，他已经是工程院院士了。"现在已是625所副所长的李志强说，"那个年代，与外国人打交道我们总感觉是低人一等，是抱着向俄罗斯学习的态度。但跟关老师去，关老师跟他们交谈时，完全是平等的对话。我觉得腰板挺直了。关老师底气足，到哪都不怕，第一不怕被人问问题，第二我们的技术也不差。作为一名科技工作者感觉很光荣，真是扬眉吐气！"

李志强还举了一个例子："记得俄罗斯尼亚特（航空工艺研究院）院长叫别利亚宁，与关老师很熟。那时尼亚特经济状况不好。别利亚宁问关老师，你们会是怎么样的？关老师回答：我们625所在中国航空工业中的位置非常稳固！别利亚宁听了，竖起大拇指说，你们真幸运！"

1978年以后，我国开始了研究生制度，关桥带的第一个研究生是傅昱华，原来是学桥隧专业的。

关桥为了让小傅尽快进入焊接力学研究领域，向他提供了许多参考资料，指导他的研究方向，帮他选好研究课题。小傅在关老师的指导帮助下，进步很快，完成了《瞬时线热源所致应力应变过程的数值分析》论文。5位专家学者听取了他的论文答辩，全都给予了"优"的评语。

丁培璠是1968年清华大学焊接专业毕业的研究生。参加工作不久，关桥同志就带他参加对英国引进的斯贝航空发动机进行焊接结构工艺分析，共同切磋

技术问题，并让丁培璠给工厂同志介绍他俩的分析成果。

丁培璠到所里后，一直在关桥的专业组工作。他说："在一起工作期间，老关总是毫无保留地、可以说是手把手地教我。"

丁培璠回忆说："我写了篇《薄壁筒体圆环焊缝变形的估算》的论文，让老关帮我看，他就逐字逐句地改，包括标点符号，改得密密麻麻的，我觉得挺羞愧。"

丁培潘准备出国进修，关桥就利用出国参加国际焊接学会年会的机会，为他联系具体进修单位。

丁培璠到联邦德国亚琛大学进修后，关桥又写信鼓励他充分利用条件掌握先进技术。

丁培璠受到领导、同志们和关桥的支持，增强了信心，通过自己的刻苦努力，终于在1982年7月获得了亚琛大学的工程博士学位。

关桥是一个大忙人。

有一年春节，大年三十下午，李菊给关老师打电话拜年，关老师说他正在编写报告。春节的任务很重，他整个春节没有休息，但他无怨无悔，乐在其中。

关桥懂得不仅要事业留人，也要用感情留人的道理。

李菊博士毕业后，关桥想把她留下来，没有住房，关桥请示领导，费了很大劲，弄到了一室一厅的房子。想办法推荐李菊的爱人常保华去清华任教，让李菊安心在625所工作。

李菊刚生小孩子的时候，关桥就叫夫人给李菊打电话，告诉怎么伺候好小孩子，他就像家长一样想得很周到。

学生生病了，关桥到处寻医问药。

一位家在外地的研究生结婚，他以家长的身份参加了婚礼。

关桥也常和学生聊天，经常问候学生家庭状况。学生们也很关心关老师。

每逢关桥过生日，他的学生也都会集体到他家拜访，恭祝关老师生日快乐！

1987年，关桥在英国做访问学者期间，他的几个学生经常到家里看望他们的师母，品尝师母做的白斩鸡。

师母也很关心学生们的婚姻大事，给他们牵线搭桥。

那时,陈丽芳经常到北京印染厂做水煤浆燃烧试验,工厂有一位副总女儿还没有对象,陈丽芳觉得这姑娘与曹阳挺合适,结果一谈就成了……

2009年春节,原625所焊接研究室的同事们和关桥的学生们欢聚在中关村新科祥园叙旧敦谊,每个人在各自的不同岗位上都事业有成

夜,很深了。

关桥仍然伏在案头,专心致志地为学生修改论文,校阅稿件。他逐字逐句,反复推敲,寻找着最恰当的词句。

用学生的话说:"关老师修改我们的论文,像改自己的文章一样认真。看关老师改过的论文,等于上了一堂课!"

关桥实践着巴甫洛夫的名言:科学是需要人的毕生精力的。

如今,白发苍苍的关桥,依然和往常一样,在每个工作日,伴着日出日落,融入在北京中关村到八里桥这条40多千米路上的车流之中。

汽车里,双目微合的关桥,又在思考着航空特种焊接的新技术,思考着培养新人的新思路……

第十章 相濡以沫

天伦之乐

1957年6月16日（农历五月十九日）是关桥父母结婚30周年纪念日。那天，父亲写下"结婚三十周年纪念序"。在特地举行的家宴上，父亲满怀深情地朗读了这篇序，字字句句感人至深。其中的一段这样写道：

"在此三十年间，子女六人次第长成，多赖于母之教养……只恨此生团聚之日少离别之日多，以往三十年中之离愁无法挽回，即使今后尚能团聚三十年忌殊？嫌其短促，违我初衷。吾欲永远团聚者则唯有寄托于仙化后之比翼连理耶已！"

关桥极为感动，这是父亲对母亲炙热的深情和依恋，更是恪守不渝地期盼妻儿团聚的内心写照呀！

1963年，父亲因患心脏病提前退休。几个儿女先后成家立业，父亲已没有什么可操心的，闲赋在家享受天伦之乐。

几个孩子都没继承父业，但都在不同的岗位上，发挥自己的光和热，成为了社会的有用之才。

姐姐关美第，曾任中国人民解放军空军预科总队学员、教员；空军学院幼儿园园长、空11军幼儿园园长。

大弟关堰，高级教师，曾任北京华侨补校物理教员，北京教育学院西城分院副院长兼物理教师。

二弟关敦，研究员，曾在航空工业部多年从事航空教育管理工作，曾任航空工业总公司党组纪检组长（副部长级）。

妹妹关烨第，北京大学化学学院教授。

三弟关柱，高级工程师，曾任石家庄飞机制造公司总机动师。

闲暇时，父亲深有感慨地写点小诗自勉。

父亲的《诗辞杂诌集》记载了他从1952年至1965年间的所思所悟，内容相当丰富。

父亲在这些诗中，抒发了内心的父爱，字里行间倾注了对儿女们无限的期待，是父亲对孩子们长大成人、取得进步的夸赞与期望。

1964年5月13日父亲为自己的《诗辞杂诌集》写了序：

"解放以来，心情舒畅，每有感触，辄即吟咏……聊作自娱自遣之用，且求进益。以其包括风花雪月、国际时事，故名杂诌。"

父亲因病折磨，儿女不在身边，妈妈忙于工作，他深感孤独无助，每有感触，辄即吟咏。

1964年6月3日
好似浮萍水上游，随波激荡逐中流。
难留岁月催人老，易失光阴使我愁。
亲故睽违少团聚，归游离散多千秋。
长生需要寻何处，扎翅腾空出地球。

1964年6月4日晚坐远望窗外
黄昏懒坐缺朝晖，人老瞳花苦辨微。
本是雀鸦天上过，却疑蝇蚊屋中飞。

无情岁月成虚度，有限光阴照旧辉。
力气衰弱堪叹止，亲朋问讯往来稀。

父亲特地为儿女们每人写了一首小诗，可谓意味深长。
1964年4月28日至30日闲得无事为诸子女题名《哼诗》如下：
美第：
年方十八即从戎，卫国保家弃文场。
女儿却有凌空志，不爱打扮好武装。

桥：
桥建跨险须从容，因地致宜质不同。
方便让给过往人，重担肩负一生中。

堰：
坝堰类分栏顺丁，治水首需此工程。
只要巩固若盘石，哪怕汹涌浪不平。

墩：
落成即履若干年，昼夜四季抗巨澜。
一桥飞渡需克服，分节多孔挂其间。

烨第：
傻女生来意气豪，努力学习胜儿曹。
追求红专堪赞赏，锻炼莫忘品质高。

柱：
树木十年人百秋，科学钻研无尽头。

思想正确求进步,哪怕不能砥中流。

在《杂咏》中,收录有对远离身边还在苏联学习的长子关桥思念的诗词。

1962 年 6 月中旬,接桥儿信后,偶成二首七绝:

身染沉疴夜难寐,桥儿悬念盼能回;
只因建设学尖端,书嘱安心决不催。

二次赴苏逾四载,连前出国满十年;
但盼学成归来后,先为人民再言欢。

关桥很恋家。

在苏联留学时,他非常想念父母,经常写信回来,描述自己的学习、生活和苏联的风土人情,以心灵的沟通和优异的成绩安慰爸爸、妈妈。在信中总是附寄上几张自己拍摄、自己冲洗的照片,弥补不在父母身边不能尽孝心的缺憾。

即便是结婚后,工作再忙,也要回到东单新开路 27 号的大杂院,看望父母,与父母拉拉家常,帮父母做点儿事,也算尽一点孝道,与父母共同享受天伦之乐。

那时候还没有电视,坐下休息时,父母就在外屋大桌旁看报纸,他们关心国内外大事。有时,为一条新闻稿的内容,父母都要议论半天。看着父母认真地争议,关桥从心眼里感到高兴。

里屋的墙上挂着 3 张照片:

一张是全家福;一张是父亲引以为自豪的单人照,照片上,父亲戴着配有中国人民铁路徽章的蓝色大盖帽,身着已洗得泛白的蓝色铁路制服,精神抖擞,容光焕发;一张是母亲被选为东单区人民代表胸前戴着大红花的照片。

这 3 张照片挂在那面墙上几十年了,全家的幸福与荣耀,深深地刻在了儿孙们的脑海里。

第十章 相濡以沫

1974年春节，爸爸妈妈和儿女们、孙辈们

父亲、母亲在照片上流露出的笑靥，和蔼、亲切、真诚，使全家人感到很慈祥，很温暖……

到1972年，关桥家已从8口人之家，扩展成27口人的大家庭。那时，儿孙满堂的爷爷、奶奶（姥爷、姥姥）最大的愿望就是盼着周日休息。

每逢周日，儿女们谁有空就带着自己的子女回东单新开路的家，看望老人。孙辈们一进门就高喊：爷爷好！奶奶好！老人高兴得嘴都合不拢。特别是逢年过节，大家都汇聚到新开路家里。家族人丁兴旺，顿时，冷清的父母家热闹起来了。

大人们各有分工，有准备做菜肴、团圆饭的，有帮着爸妈料理家务、打扫卫生的……

孙辈们则三五成群地在院子里跑来跑去，唧唧喳喳"疯玩"。看到此情此景，父母从心眼里感到莫大的欣慰。

父母总是惦念着孙辈们的成长发育。

有些日子没见了，见着孙辈就让站到墙根处比比高低，在那墙边用铅笔记下孙子女、外孙子女每个人的身高,画上道道,看谁长得更快,长高了多少。日子长了,那墙上的道道密密麻麻。同时,也记载下了爷爷奶奶盼望着孙辈们快快成长的一片深情……

孙辈们都知道,爷爷、奶奶家里屋木箱上,放着一个雕花漆盒,里面装满了老北京的各式点心,这在那个年代是最会让孙辈们流口水的"好吃的"。

每逢周日团聚,奶奶就会打开盒子,把一块块香甜可口的点心分给孩子们。母亲总是想利用难得的机会,为大家准备好一顿可口的饭菜,有时还做点山西口味的家乡菜肴。饭桌上,儿女们常常回忆起家乡的刀削面、莜麦面……

高兴时,爸爸也会去中山公园买回冬菜包子,让全家美餐一顿。

到了冬天,父母家安一个煤火炉子。生炉取暖由父亲负责安装炉子和烟囱。西屋的烟囱通向院子,为防止油烟滴到人们身上,烟囱口要用铁丝拴上一个大口瓶挂上,定期要倾倒。

套间的烟囱是由南侧的一扇小高窗通接出去的,边上有个风斗。本来南向小高窗射入的阳光就不足,这下子就只有弥足珍贵的阳光才能射到屋中。每当看到阳光带着飘浮的颗粒和小絮花一闪一闪时,孩子们童年的梦都复活了……

母亲有时教给孙辈们生火的方法。买回来的劈柴是不能直接用的,要拿菜刀和斧头再加工,劈成两公分见方,十公分长的一小段。炉中先放纸点火,再放小劈柴,火起后再放入煤球或引火煤。要把握好火候,要少用纸和柴,还要生好火。看似简单的事,在爷爷、奶奶眼里却变成了科学的、严格的要求和规矩。

每天封火是父亲的事。煤球中没有烧尽的煤核是要拣出来再用的,不能浪费。年龄大的孙辈爱干这事,因为可以明目张胆地玩土。

长大后的孙辈们聚在一起,还常回忆起在新开路27号,被爷爷、奶奶教训的趣事。每人进家门前,要先在院子里用布条掸子抽打掉身上的灰尘,要由上而下地抽打，重点在双脚上的鞋，多抽打几下（那时的北京道路多是土路），才能干干净净地进入家门。

在父母的管教下，孩子们学到不少东西，懂得了不少的道理。老实多了，也规矩多了。

管闲事是父亲的乐趣。许多琐碎的杂事，他自告奋勇地干，不辞辛劳。

大院的水电费要挨家挨户地分摊、结算、收费、交费，要准确无误，还把账目公示在大院的砖墙上。冬季怕自来水管冻裂，夜晚时分，大家不再用水了，他要打开院子里的自来水井盖，关闭阀门，放掉外露管子里的水。清晨他又要打开水门，用一壶开水浇开水龙头放水，等等。这些杂事，父亲都乐意管，他愿意为全院各家各户操心。

父亲的热心与认真赢得了全大院人的敬重，街坊邻居们都亲热地称呼他"管"大爷！

父亲血压高，每日靠服"潘生汀"等药控制血压，但效果不佳，所以仍然经常头晕、眼花，

全家人为他操心，而父亲却不以为然，用积极的乐观主义精神对待疾病。

他起居有常，睡前、醒后，都要做穴位保健按摩。他听从医生叮嘱，戒烟酒，调节心态，个人生活有条理。

父母之间有时把唠叨也当成乐趣。

母亲的社会活动多，在家庭生活中已不再是家庭主妇，家里的日常杂务琐事历史地落在了父亲的肩上。父亲时不时地有些嘟囔，对母亲的积极表现也说点风凉话，但说了就说了，大家都不计较，一家人的日子过得也其乐融融。

不幸的是，父母的闲情逸致、享受天伦之乐的日子没过多久，一场巨大的灾难降临在家……

生命之光——记国际著名焊接专家、中国工程院院士关桥

每年正月初一,全家大聚会欢度春节,2010年在京的各家三辈人合影

相依为命

1966年,史无前例的无产阶级"文化大革命"开始了,关桥一家霎时也被卷进了时代的洪流之中……

喜欢北京香山红叶的关桥,更喜欢北京春夏之交的蓝天白云,而此时,蓝天上的白云消逝了,只有虚无飘渺的薄雾在漫无边际地飘啊飘。云海也被太阳吞噬得一干二净,天穹灿烂金黄。几片斑驳的白云在太阳的燃烧下仓惶逃窜……

瞬间,东边的太阳像火球一样,从天而过,红团团的,带着长长的尾巴,流星似的飞下地。熊熊的大火愤怒地燃烧……

村庄、都市、山峦、河流,上下天光,火红一片……

这是一个燃烧的世界!

父亲虽已退休在家,逃过了铁道部系统红卫兵们的批判和抄家、挨打,但单位不断地来人,要他写材料,翻来覆去地要他交代历史,要父亲没完没了地写斗私批修的检查。

1957年夏,爸爸妈妈合影于东单新开路14号

父亲整天像一只惊弓之鸟,不知飞向何方。

母亲在单位上受到红卫兵的监视、批斗,被"定"为"走资派"(走资本主义道路的当权派)。红卫兵也多次来家里找茬。

关桥明白,父母的身世和经历,注定了无法躲过这场劫难,注定了要被这场大火无情地燃烧……

母亲作为一名优秀基层干部，忠心耿耿地实现着入党的誓言，她哪里会想到遭此不白之冤！

父母遭受到本不应该有的身心上的摧残，是他们在晚年最不幸的劫难！极大地影响了他们的身心健康。

父亲患有冠心病，不断去协和医院看病取药，枕头下总是放着用白手帕包着的小玻璃管，以便在夜间冠心病发作时，可掰开小玻璃管，让药物气体（硝酸甘油类）释出，捂在鼻子上吸入，以便扩张心血管。

冬天，家里烧着炭火炉，父亲时不时因缺氧、气短，感到心脏不舒服，常常"哼哼哼，哼哼哼……"

这些情景至今还不断浮现在关桥的眼前，刺疼着关桥的心。

在关桥的脑海里，也时常闪现出母亲遭到迫害，晚年患有帕金森综合症的情景，时不时地手抖、摇头，口服药物也难以缓解。"文化大革命"对母亲的摧残也是极其厉害的。

父亲对"文化大革命"的劫难痛心疾首，但又一直深埋在心里。因为，在家里，父子之间要在思想上划清界限。不是共产党员的父亲面对的都是共产党员的子女们，真是难以释怀呀！

至今更使关桥内疚的是，作为子女，在"文化大革命"的极"左"思潮泛滥中，虽有时也自顾不暇，也同样遭到批判、审查，但没有能更多地为年老多病的爸爸妈妈排忧解难，两代人思想上的"隔阂"，使人间真情又显得有意地疏远！

那个扭曲的时代，把关桥家的亲情也扭曲了！

有一次，趁父亲不在家时，关堰问母亲："你每天早上为什么6时多就要去上班？"

母亲踌躇了半天，说："一是要躲开挤车时间，我挤不过人家，常被挤下来；有一次，被挤下来，摔倒在马路上，后脑勺磕在了马路沿上。"

母亲顿了顿，又说，"二是，依造反派的要求，每天都得在脖子上挂着'走资派'的牌子，还得赶在大家上班前候在厂门口，向'革命群众'低头'请罪'，然后就一直戴着牌子去干清洁工的杂活……"

下班后，为了不至招更多的祸，母亲一直忍耐，等到厂里人都走了之后，才敢摘下牌子，拖着疲倦的身子回家。

从那之后，母亲腿脚落下了跛脚，又不允许去医院看病，帕金森氏病一直折磨着她。

关桥深知，母亲的忍辱屈生，是为了把可能发生的灾祸，局限在厂里。这样做，宁可个人受到伤害，也不要连累家人，让家人担惊受怕。

母亲说着这些已经发生和正在发生的事时，语气依然是那么的平和、坦然，她眼神里透射出的是那种坚强和自信。关桥再一次看到了母亲身处逆境下的清醒、机敏和坚韧……

母亲的安危维系于父亲的心上。

每日里，父亲清晨醒后，听着母亲轻轻的出门声，父亲就期盼地说："早点儿回来啊！"

晚上，一直听到母亲回来的脚步声，父亲才释然地、仿佛又是自言自语地说："回来啦！"

白天，父亲忍着高血压、心绞痛的困扰，默默地包揽起一切家务。他要为母亲备上一份简便的次日午餐，有时哪怕就是一块白面包。

父亲从不向母亲说起在院儿里、街道上发生的抄家、揪斗的事，他怕母亲受到创伤的身心再遭刺痛。

母亲也同样为父亲担心，怕父亲经受不起折磨而病情加重。所以，母亲一直对父亲隐瞒着所遭受的屈辱和摧残。

父母彼此之间都觉察到对方被煎熬的心，但他们每晚都面面相对，少语而不愿道破真情。他们各自都想以自己的忍受保佑对方，支撑起对方，相伴相依渡过难关……

母亲的身体极度虚弱，面颊黑瘦、憔悴，头发急剧疏白。但她仍坚定相信邪恶定将被驱走，组织上终究会还她清白！

母亲患的帕金森氏病日趋恶化，服用的主药是左旋多巴胺和金刚烷胺。吃配用药安坦产生的副作用使她口干舌燥，多饮水虽能缓解，但如厕频频，上公厕行动不便，也很困难，为此，家里不得已添置了马桶。

父亲眼瞅着与自己相依相伴的贤妻遭受到的一桩桩折磨，心底里也一同受着煎熬，他的心脏病也急剧发展，心绞痛频发。

子女们看在眼里，急在心里。

美第、关桥、关堰、关敦、烨第和关柱几兄妹，再忙也要抽出时间侍候父母，让父母受伤的心稍微得到一些安慰。

美第把正在上中学的女儿关红从西安送到姥爷、姥姥身边，尽心尽力孝敬老人。关红很快学会了在紧急情况下注射丹参液的技术，熟悉了两位老人的就诊、用药和诸多护理常识，受到了姥爷、姥姥的信赖，消除了他们的寂寞感。

二舅梦瑞的女儿宁宁也曾到北京来陪伴父母有近一年的时间。相处的日子里很温馨，父母总是夸赞宁宁，彼此间留下了一段美好的回忆。

1976年10月6日，党中央粉碎了"四人帮"。党心大快！军心大快！民心大快！

10月14日，中共中央正式公开宣布了粉碎"四人帮"的消息。随后，街道办事处也召集居民街坊们正式传达了这个喜讯。父亲很激动，这是他期盼已久且"早就看透了的"事，他逢人便讲，心情异常激动。由于兴奋过度，导致心梗频频发作。就在10月22日这天的夜里0时30分，可敬的父亲带着欣喜与遗憾仙逝而去！

次日，正逢北京举行庆祝粉碎"四人帮"游行大会，灵车受到禁行，幸得同院庞师傅（公交老司机）的相助，借到一辆卡车，在子女们的护送下，才及时将父亲遗体送到八宝山火化。

关桥感慨，父亲的灵魂在天国里也目睹了人间的欢庆！

关桥为父亲的逝世感到悲痛……

平日，尽管父亲的言语不多，但关桥能从父亲的话语中感受到一种对子女的严厉与关切。

在关桥心中，父亲是一个光明磊落的人。

第十章 相濡以沫

1954年，父亲在自我鉴定中是这样评价自己：

"历来处理事情只怕耽误，致遭损失，铸成大错无法挽救。因此经常有一种思想意识：今天的事必须今天办完，绝不可推到明天。以此自己勉励并以此勉励别人。"

这就是父亲一贯的工作态度与作风。也是关桥敬仰父亲作为一名敬业诚信工程师的精神气质。

1939年在黄河水利委员会工作时，时年36岁的父亲曾写文章寄至重庆伪军事委员会，讨缴日寇烧杀、掠抢、奸淫、蹂躏，他建言：

群策群力，扩充游击队，扩大游击区，深入敌后，深入乡间，安全藏粮，分点歼灭日寇，夜袭军机点等。

文章上篇："持久抗战"，下篇："收复失地"。期望核夺施行，以期有助抗战！

父亲十分关心祖国的基础建设。他常常说，中国的工业基础薄弱，特别是引擎——汽油或柴油的发动机，都不能自己设计制造，实在是一憾事。

父亲一辈子最关心的事业是铁路建设。

父亲经常给关桥谈起铁路上的事。集二线（内蒙古的集宁向北通向二连浩特的铁路）在二连浩特与蒙古交接连轨的问题，与苏联专家争论。使关桥记忆犹新。父亲极力主张维护祖国利益和安全，不允许宽轨（苏联的轨距）直通到集宁，坚持必须在边界站二连浩特换成标准轨（国内的轨距）！

关桥敬佩父亲刚直不阿、国家利益至上，有着作为一名热爱祖国工程师的尊严！

关桥记得，父亲去世时，在为父亲写悼词的过程中，铁道部第三设计院的人专门还去查找、核对过当时与苏方谈判的记录。关于交接连轨确实存在问题，父亲坚持标准轨距，建成了在二连浩特车站更换列车车轮的整套设施。

父亲还说，宝鸡到成都的一段铁路是要翻过很高的秦岭，地质状况不好，容易发生泥石流。他主张积极采用电力机车牵引，当时争论也多，但后来仍采用蒸汽或内燃机车双动力牵引方案。

而在 20 世纪八九十年代，铁路全面电气化改造时，有关部门也将这一争论写进了重要的文献里。

解放后，父亲身上经常揣有一个小本本，里面画的是全国铁路线路网规划图。空闲时，父亲就拿出小本本，边看边思考，边画，那上面倾注了父亲对祖国铁路事业发展的心血！

关桥从父亲的这些行为中，看到了父亲忧国忧民的博大情怀！

关桥记得，父亲曾经对儿女们讲过的，在老家城隍庙大门正对着的彩壁上写的那段话：

人化物物化人人物无穷

生了死死了生生死不息

父亲用平凡的一生，诠释了他生前笑看生死的诺言！

关桥记得，那次父亲带着一家人在韩城看新年焰火，使关桥平生第一次大开眼界，他认识了二龙戏珠，认识了气势磅礴的壶口瀑布，认识了窗外的世界。

关桥记得，是父亲给他播下了立志当"工程师"的种子。父亲饶有兴趣地给关桥讲土木工程的科普知识，如什么是"型钢的截面惯性矩"的话语，至今还在耳边响起……

父亲走了，带着对这个世界的留恋以及对全家人的祝福，永远地走了……

打倒"四人帮"后，组织上为父亲平反昭雪，让九泉之下父亲的心灵得以慰藉。

组织上也为母亲平了反，恢复了一个共产党人的尊严！

然而，母亲失去了结发伴侣，终日心情郁闷。

关桥看着母亲坚强地面对病魔缠身，她忍耐着、自己扛着，不愿让儿女们为她多分心。

第十章　相濡以沫

而关桥明白，母亲最大的痛苦就是寂寞！

母亲因病行动艰难，限制了与人交往，白天整日里在家待着，太寂寞了。儿女们尽量安排时间轮流着去陪伴看望母亲，多少能给母亲带去一份温暖的亲情。

尤其是在节假休息日，三代人阖家相聚，人气兴旺，看着孙辈们绕着奶奶嬉戏，母亲开心地笑了，脸庞上流露出幸福的满足。

这幸福感是母亲终生期盼的，或许，正是这样，母亲在离父亲去世 6 年之后，于 1982 年 12 月 8 日凌晨，静静地停止了心力交瘁的生命……

当时，关桥刚从日本参加国际会议回国，第二天赶到东单家里，不禁放声痛哭……

在为母亲举行的追悼会上，哀乐低旋，催人泪下，只有烨第没有到场……

母亲去世一年有余后的春天，烨第赴美进修归来，可是她，再也见不着母亲了！

烨第清楚地记得，1982 年 9 月赴美进修临行前去探望母亲。母亲拉着烨第的手，许久才艰难地说："烨第，你不要走，等你回来，就看不见……看不见我了……"

这句出乎意外而令人心碎的话，至今回忆起来，烨第都泪流不止，喉头哽咽。

当时，烨第纳闷："母亲从来都鼓励支持孩子进取。姐姐哥哥为了学业走南闯北，母亲没有阻拦过，一向刚强的妈也从不因'文化大革命'和疾病折磨，流露内心深处的苦与痛。可这次……"

当时，烨第听到母亲的话，哭了。她一边哭一边劝慰母亲要好好养病，等我回来……等我回来……

烨第想起了当年被一个煮熟了的鸡蛋所诱惑，留在了那长满蒿子杂草，不长庄稼的黄土山沟里……

烨第真不想离开母亲！

烨第在美国进修时，一心扑在实验室里学习新知识。空闲时想家，担心母亲的病情，就不断写信询问。随即收到了关桥哥在东单院子里为妈妈拍摄的坐在藤椅上的照片，以及二哥来信亲切的问候和热情的鼓励。看到这些，心里踏实了许多。

一年半的进修结束，归心似箭的烨第特意为妈妈买了按摩器和可口的食品，准备进城去看日思夜想的妈妈，但就在那天，烨第却迎来了哥哥嫂子们，集体出现在她的面前。烨第万万没有想到，就在她走后仅仅两个多月，母亲就走了……永远地走了……

烨第想不到临别的那一句话，却真地成了和母亲最后永别的遗言……

这次，母亲真的不要烨第了！

关桥不会忘记，当年母亲带领孩子们逃难到祖籍山西大爸家，母亲在夜里挑起油灯为孩子们缝补衣裳时，暗自伤心抹泪的情景……

关桥不会忘记，每当日本鬼子、汉奸狗腿子进村，是母亲拉扯着孩子们东藏西躲，逃到庄稼地里藏匿，像张开翅膀的母鸡，保护着一群雏仔，免遭秃鹰的袭击……

关桥不会忘记，童年时，母亲讲的灶王爷的传说故事，让他第一次沉浸在了漫天星空的世界里，去感受浩翰的夜空那一份神秘，那一份幽静……

关桥不会忘记，是母亲让他如何带着韵味朗读和背诵唐诗三百首。至今，每当读起"窗前明月光，疑是地上霜，举头望明月，低头思故乡"的诗句，就不禁思念起故乡村边那棵参天大树，那条蜿蜒流淌的小渠……

关桥不会忘记，那年漂过黄河重回山西，当关桥从岸上跨往羊皮筏子时，因脚滑脱而落水，是母亲眼疾手快把关桥拉上了皮筏子，救了他一命！

关桥不会忘记，迁徙北京，全家团圆，关桥第一次看见妈妈靠在爸爸的背上，笑得那么温情，那么甜蜜！

关桥不会忘记，母亲那张被选为人民代表、胸前戴着大红花的照片，和蔼、亲切、真诚的笑脸，使人感到很温暖……

母亲在过去岁月所表现出的勇敢、坚强、自信与"文化大革命"期间流露出的孤独与无助，是那样不和谐地纠结在一起，构成了母亲平凡的一生。

想起母亲生前的点点滴滴，关桥至今也禁不住潸然泪下。

后来，东单新开路 27 号大杂院门前的街道路面开始修整了，路平坦了一些；家里的住房也修整过了，不漏雨了；街道厕所翻修过改造了，干净了许多……

这些都是母亲生前的愿望。

1976 年唐山大地震后的新开路，正处于亟待开发之中，一片一片地在发生变化。北京站北口，方巾巷路口，东单地区，协和医院一天一天都在发生变化……

变化中的街道，变化中的城市，一切，一切都在变！

但在关桥脑海中留下的是那不变的家，不变的亲情，不变的父爱与母爱，不变的是父母渐行渐远的温暖的背影……

花好月圆

1960 年 2 月，陈丽芳从莫斯科包曼高等工学院毕业，回国后分配到中国科学院力学研究所工作。

关桥二度赴苏，于 1963 年在母校研究生毕业后，返回原工作单位，原先的航空部门第九研究所（625 所）已归属于国防部第六研究院，科技干部列入部队编制，研究所的名称改为中国人民解放军总字 930 部队，给关桥授予上尉军衔。

在离别的近 4 年间，关桥和陈丽芳在莫斯科—北京之间书信往来，鸿雁传情，相互倾诉着思念与仰慕。

1964 年初，关桥向政治部提出结婚申请。政治部主任希望关桥先好好工作，不要急于婚事。关桥想，我这已属晚婚了！原来是因为在部队申请结婚，要先通过外调和政治审查，需要耐心等待。

1964年，关桥与陈丽芳的结婚照

1964年2月7日，关桥与陈丽芳领取了结婚证。

没有结婚仪式。在中关村58号楼中科院力学所的宿舍里，两张床一拼，窗户玻璃上和房间门上贴两个大红喜字，就成了新房。

晚上，单位的同事们来到小屋，恭贺新婚之喜。有人提议，请小俩口讲一讲恋爱史；也有人提议，干脆来一首俄罗斯歌曲。

于是，关桥、陈丽芳站在屋中央，清了清嗓子，用俄语唱起了他们最喜爱的歌曲《卡秋莎》。

正当梨花开遍了天涯，河上飘着柔漫的轻纱，
卡秋莎站在峻峭的岸上，歌声好像明媚的春光。

第十章　相濡以沫

姑娘唱着美妙的歌曲，她在歌唱草原的雄鹰，
她在歌唱心爱的人儿，她还藏着爱人的书信。

啊，这歌声，姑娘的歌声，跟着光明的太阳飞去吧！
去向远方边疆的战士，把卡秋莎问候转达。

驻守边疆年轻的战士，心中怀念遥远的姑娘，
勇敢战斗保卫祖国，卡秋莎爱情永远属于他。

悠扬的歌声在小屋内回荡……

关桥、陈丽芳沉浸在幸福与喜悦之中，心里激起一阵阵波澜，仿佛他们又回到了美丽富饶的莫斯科河畔，熊熊的篝火在纵情地燃烧；回到了月光下的白桦树林，回到了充满激情的初恋岁月；百合花散发着幽香……

大家吃着喜糖，嗑嗑瓜子，聊聊天，热闹一番，就算闹新房了。

现在想来，婚礼尽管简陋，但浓浓的喜庆与祝福，至今仍然洋溢在关桥的心里。

宿舍里没有炉灶，新婚的晚上，陈丽芳就把挂面放进暖水瓶里，泡着。第二天一早，捞出已泡熟的面条，两人你一口，我一口，吃得蛮香。

第二天，关桥夫妇回东单家拜见父母，他们先在王府井南口最有名气的中国照相馆拍摄了一张结婚照。陈丽芳在镜前梳妆打扮，穿上娘家的婚礼服——一件织锦缎的丝棉袄，带有黑绒袖口镶边，虽然没有婚纱，但确是珍贵的历史见证。

1966年7月9日，关桥要到荷兰德尔福特参加国际焊接学会第19届年会。这是关桥结婚后第一次出国离开陈丽芳。

关桥边收拾行李，边对陈丽芳说："在家多注意身体，我很快就会回来！"

"我知道。"陈丽芳将洗漱用具递给关桥，有些依依不舍，叮嘱地说，"'文

化大革命'运动来了,出门在外,说话办事得小心!"

关桥本以为,这是一次小别,开完会,很快就会回来,谁料,这一别,竟是半年!

一天,陈丽芳从报纸上看到一条消息,说中国焊接学会代表团在荷兰被软禁。

陈丽芳很着急。她把那条消息,看了又看,确认是真实的。她在屋里走来走去,她担心关桥的安危,但又不知用什么方法联系。

突然,陈丽芳想起她中学时的同学张慧珠的爱人程远行在外交部工作,也许能打听得到一点消息。果然,同学回话说,放心,很安全!

半个月后,关桥给陈丽芳写了第一封信,通过驻荷兰代办处的外交信使转回国内。

收到信,陈丽芳喜出望外。关桥不知道,这半个月时间,陈丽芳度日如年。

后来,时不时地通过外交部信使,陈丽芳了解了关桥在驻荷兰代办处的工作、生活、学习情况,悬着的心这才放了下来。

一天,陈丽芳又收到关桥的来信,信中还夹着一首关桥写的小诗,描述了因为"徐子才事件"滞留在荷兰,中国焊接学会代表团被围困在驻荷兰代办处内的心情。

妖雾重卷,风云突变;
海牙才三月,祖国已千年;
美荷帝反疯狂地反华捣乱,
摆在我们面前的是另一条斗争战线;
"蚂蚁缘槐夸大国,
蚍蜉撼树谈何易";
小小荷兰追随美帝摇旗呐喊,
真是有眼不识泰山!

第十章 相濡以沫

中国人民不可辱!
任凭敌特围困重重,
我们学习毛主席著作很泰然!
丢掉幻想,准备斗争!
把困难设想得更多一些,
时间准备得更长一些,
可能发生的突变估计得更充分些!
应对复杂的局面!

陈丽芳从这首小诗里,看到了关桥透明的思想,在特殊环境下的真实流露;看到了关桥无畏的决心与信念和革命乐观主义精神;看到了一个坚强的关桥。关桥在自己心中的形象,越来越清晰、越来越高大……

1967年1月1日,关桥安全地回到了祖国,回到了陈丽芳的身边。那天,正是元旦,又是新一年的第一天。

2001年,关桥参加了德国阿亨大学的学术会议之后,与陈丽芳一道去顺访了荷兰。还是在那栋曾发生"徐子才事件"的小楼前,关桥给陈丽芳讲起了过去的故事,讲起了那时对祖国、对妻子的思念……

1968年,儿子出生了!取名为:关大立。

这一年,关桥33岁。

与许许多多的中年科学家一样,关桥过着"上有老,下有小,外有科研,内有家务"的日子。

那时,陈丽芳在中关村上班,关桥在八里桥,相距40多千米。每天,关桥要换乘三四趟车,来回4个多小时。

关桥天天穿梭两地,常常感到力不从心。

有了儿子,就有了幸福与乐趣,但也有了麻烦。儿子像荡秋千一样,有时跟着陈丽芳住在中关村,有时跟着关桥住在八里桥。

1970年春节，关桥夫妇与儿子关大立摄于八里桥

儿子跟着陈丽芳，关桥就思念儿子，想他这几天肯不肯吃饭？感冒好了没有？儿子跟着关桥，陈丽芳就想念儿子，想他睡觉安不安稳？听不听话？

儿子系着夫妻俩的心！

八里桥有一间宿舍，平房，灰蒙蒙的。很简陋。屋内没有暖气，靠生煤球炉取暖。水管子在外面，很不方便。

后来，625所给关桥换了一间房，在五层楼，一套两居室的单元房，两家人共住，关桥夫妇住一个向北的小间，光线视野很好。关桥很感谢组织。

陈丽芳56天的产假刚过，就带着儿子回中关村上班，把儿子全托在清华大学一位张姓工人师傅的家里，每天中午或晚上，下班后就骑上自行车去清华看望儿子，周六下班后就带儿子回东单爷爷、奶奶家，关桥也从城东的八里桥回东单家。儿子大立全托在清华整整有两年。

关桥清楚地记得，有一个星期天，他抱着儿子去清华大学玩。突然，革命的"两派"发生武斗，砖头砸过去，扔过来。看热闹的人山人海。儿子不知道在干什么，一双小眼睛来回地看着砖头在飞舞，觉得好玩，以为是大人在做游戏。

1970年初，陈丽芳去河南正阳五七干校劳动锻炼，于是，儿子跟关桥来到了八里桥。

对面单元的邻居是一家工人师傅，姓赵，一家5口人，赵师傅夫妇对关桥夫妇双职工有孩子拖累很是同情，赵婶也愿意照管小孩，关桥就将儿子全托在赵师傅家。

陈丽芳到干校劳动，整整一年的时间；回来后，儿子基本上不认妈妈了！

一年后，儿子大了，关桥就把他送到625所托儿所。

请赵师傅家早上送，晚上接。陈丽芳则早、晚乘公交车，穿梭在中关村和八里桥之间。

在儿子童年的世界里，少有玩具，少有童趣，"文化大革命"给他留下一片苍白的记忆！

但关桥、陈丽芳在儿子身上倾注了不少心血，经常带儿子去动物园，去公园，接触大自然，沐浴阳光。给儿子讲故事；教英语也是关桥、陈丽芳的乐趣；教儿子玩积木，学骑自行车，每周还去体育学院练习游泳。除了关注儿子学习知识外，陈丽芳经常教育儿子要有礼貌，全面发展。

关桥经常出差；陈丽芳承担有课题任务，也经常出差。出差前，把孩子安排好，交代吃什么、穿什么、注意什么，然后才走。

每当儿子见爸爸妈妈要走，"哇"地一声大哭起来，抱着妈妈不松手，"妈妈……妈妈……"叫个不停。这时，夫妻俩眼眶湿润了。

1989年国庆40周年前夕，关桥荣获"全国先进工作者"称号，与家人合影

为了孩子，夫妻俩决定调动工作。

晚上，儿子睡着了。关桥在灯下铺开纸，想了半天，除了为孩子，他真找不出第二个理由。从内心讲，他真不愿意离开625所，因为，他的事业在这里！

这是关桥为自己，第一次向组织提出个人的要求。

第二天，申请调动工作的报告交了上去。当天，所领导答复：工作需要，你不能调出625所！

关桥不语，但他理解了。他觉得给组织添了麻烦，他再也不提调动的事了。

625所了解情况后，向关桥表示，调陈丽芳到625所，解决两地分居。

于是，陈丽芳立即写申请调动报告。领导答复：你是中科院力学所的骨干，想走，不放！

接下来，就是一场拉锯战。

僵持的结果，是关桥夫妻继续克服困难，继续过着"牛郎织女"似的生活。

后来，中科院力学所分了一间房给陈丽芳，从此，关桥把家安在了中关村的56号楼四层一套单元三家分住。儿子也就在中关村入了幼儿园，后来又进了中关村第一小学。

2009年8月，关桥夫妇摄于中航工业青岛疗养院

温馨家庭

"全国科学大会召开后,我激情满怀,忘我地工作,陈丽芳对我的支持很大,家里没拖累,工作起来也比较舒心。"关桥谈到陈丽芳,总是用赞赏的语气说,"她真是我的贤内助!"有时关桥也戏言说,她是家庭"内参",我们家内部的高级参谋!

而今,陈丽芳也已是古稀之人了,但她还是跟年轻时一样,依然爱笑,说话不紧不慢,和蔼可亲。

这些年来,尽管腿脚行动不便,她还是用瘦弱的身躯支撑着这个家,一如既往地支持关桥工作。

关桥非常尊重陈丽芳,重要的事都要与陈丽芳交流、沟通,真心想听取陈丽芳的意见或建议。这时,陈丽芳都会给参谋一下,谈谈个人的看法。

有时候,谈一件事情,两人聊得很晚,不知疲倦。陈丽芳对问题分析的方式、方法,以及解决问题的思路,对关桥的为人处世及工作都有一定的影响。长期以来,彼此之间的交流,已经形成了一种相互依赖。

关桥坦诚地说:"结识陈丽芳,我很幸运。陈丽芳作为我的妻子,我很幸福!"

1987年,关桥在英国时,两人多了一些牵挂。

关桥周末没事,有时去剑桥小市场,买泰晤士报,更多的是每周给陈丽芳写一封信,谈做完试验后的心情。想做的事,跟陈丽芳交流一下,听听她的意见。

1988年春节,关桥从英国寄给陈丽芳和儿子大立的贺卡上写着:

远隔重洋,喜祝新春;异国他乡,倍感思亲。
诸事如意,由衷欣慰;百尺竿头,祈候佳音。

桥于剑桥·林屯
1988. 2. 17

关桥的喜怒哀乐都在脸上。一瞧，陈丽芳就知道他开心不开心。

有一次，关桥在家里接到一个从所里打来的电话，急匆匆地劈头就问情况怎么样，还没听对方说完，就发火了："怎么这么长的时间还没弄完？"关桥在电话里大声嚷嚷。

这时，陈丽芳就马上做个手势，给他压火，让他别这样。事后又耐心地给关桥说，要体谅别人的处境，给他分析人家的难处。叫关桥别为工作上的事生气。

625所的高能束流重点实验室3年前吃了黄牌，关桥很着急。

巩水利研究员刚任重点实验室常务副主任时，关桥和巩水利不断地商量怎么把实验室弄好，怎样培养高层次人才，如何争取项目，如何举办国际学术会议……

这些都是摘掉黄牌的硬指标。

为此，关桥对巩水利发了不少火。巩水利临难不惧，很有信心，有板有眼地奋力拼搏，也感动着关桥。

陈丽芳也理解关桥的心情，但经常提醒关桥要注意工作方法。

有一次，关桥与巩水利打电话发火，孙子在一旁担心地悄悄对他妈妈说："爷爷有心脏病！"

关桥感激地说："陈丽芳总是在我身边不断地唠叨，这也是体谅我，指点我。有这样的家庭，有这样的妻子，我很满意。如果家里整天吵吵闹闹，不和睦，那么，我的命运将是另外一种了。"

陈丽芳的协调能力很强。

"在这些方面，陈丽芳能力比我强。"关桥自愧不如。

陈丽芳里里外外一把手。

儿子大立从上小学、中学、大学，都是陈丽芳操心，关桥很少有时间过问。

后来，儿子大立与王燕结了婚，有了孙子，取名叫关彦松。

孙子出生时，关桥正在鼓浪屿参加会议，清晨登上日光岩迎接初升的太阳；

他想到应该给孙子一件小礼物，触景生情，他在海滩捡起一个大海螺。一回到北京就找到刻印章的工匠，在橘红色的海螺壳上雕刻上：

"迎接初升的太阳"
鼓浪屿·日光岩
200204060922

关桥对家务事从不掺和。做饭是妻子的，买菜有时是关桥的。有时，关桥也洗洗菜，洗洗碗。他觉得不能像老爷一样在家什么也不干。有时，也真心想帮妻子干点儿事，也体谅妻子这些年来对他的关心与支持。干累了，与妻子说上几句话，交流交流，很舒心。

陈丽芳关心家里、照顾关桥，照顾儿子、孙子可谓任劳任怨。她就像一个普普通通的妇女一样，整天过着相夫教子的日子，每天除了料理日常家务外，还在电脑上处理不少邮件，包括关桥的电子邮件和文档。陈丽芳喜欢上网查找资料，获取新知识；参加单位组织的电脑制作和照片处理学习班，享受自己在电脑上的创作成果，其乐无穷。一天下来，也很忙，但她跟上时代的步伐，忙得充实，忙得愉快！

走在大街上，谁也不知道，这位老太太，曾是中科院力学所的研究员！

走进菜市场，谁也不知道这位老太太也曾是一位留苏的学子，也曾是一位为国家做出卓越贡献的科学家！

陈丽芳就像一支蜡烛，燃烧了自己，而给了关桥无限的光明！

儿子大立是一个很传统、很听话的孩子。他常与父母沟通，在儿子的思想里，关桥看到了自己的影子，这令关桥很欣慰。

对儿子的未来，关桥在乎儿子的自我选择，没有刻意要求儿子选择学习自己的焊接专业。

这毕竟是一个开放的时代，儿子面前的路，是一条通向光荣与梦想的大道！

生命之光——记国际著名焊接专家、中国工程院院士关桥

2002年7月,关桥"全家福"摄于北京植物园

令关桥欣慰的是,大立儿时记忆里的那张苍白的纸卷上,如今已经绘就了一幅美好的图画……

媳妇王燕,贤惠,有孝心,走进这个家,关桥、陈丽芳又多了一个女儿!她对儿子管教有方,督促检查家庭作业,辅导学习,日程安排得很紧凑。

孙子生性好动,学跆拳道,打乒乓球,弹钢琴,参加各种兴趣班,无忧无虑地享受着幸福童年的生活。孙子再也看不到他父亲儿时看见的砖头飞舞的风景了,毕竟,时代不同了。

2006年4月6日,关桥在送给孙子关彦松4周岁生日的贺卡上动情地写着:

亲爱的松松:你的童年让我们羡慕,不像爷爷、奶奶那时,有战火、硝烟,背井离乡;也不像爸爸、妈妈那个年代,有"文化大革命"、动乱、"阶级斗争"。你的童年是幸福的,充满关爱的阳光和无限的欢乐。祝福你茁壮成长,成为有益于社会之材!

爷爷关桥、奶奶陈丽芳
2006.4.6

第十章 相濡以沫

关桥与妻子陈丽芳有时也有矛盾，也有不协调的时候，有时甚至也有争吵。事后，关桥很懊悔，觉得这样不好。

意见不统一，两人有时半天不说话。"性格上有点差异，有一个磨合的过程。夫妻俩这么多年过来了，太熟悉了，其实，让一让就过了。"关桥说。

关桥有时发火，陈丽芳就不吭声。"他进我退，我进他就退。"陈丽芳笑着说出了她采用的战术。

陈丽芳业务能力强，文字功夫好。有时非专业的稿子，她还帮关桥看看，作为关桥的第一读者。

陈丽芳欣赏关桥有一股韧劲，做一件事情就非要做成不可。

"早先关桥的英语不太好，只在初中的时候断续学过，就知道一些字母和单词，我经常笑话他的发音。但后来他下功夫学，利用一切机会，抓紧零碎时间，包括每天在公交车和所里的班车上，他都要带上'随身听'学习英语，终于过了关，这点我很佩服！"陈丽芳说。

在陈丽芳眼里，关桥这一辈子只做了一件蠢事。

"'文化大革命'期间，关桥还是比较幸运，从荷兰回国后成了'英雄'。但没多久，他又被说成是'可以教育好的子女'，让他去锅炉房劳动，背后调查他'疑似苏修特务'。那时，关桥的思想一片空白，每一天不知道明天会发生什么。"

"晚上，一个人在八里桥把与苏联同学的联系方式、信件、文凭都烧掉了。我认为，他太没谱了，尤其是文凭不应该烧掉的！"陈丽芳对这件事，至今耿耿于怀。

其实，这是那个时代使然。在这样一个如哈哈镜的时代里，扭曲了人的心态！

如今，关桥家儿孙满堂，工作之余，享受着天伦之乐。

家里养有金鱼，小孙子松松喜欢给鱼喂点食料；阳台上种植了不少的绿叶花草，有时修修枝，浇浇水。太阳出来了，打开窗，透透空气，让阳光进来。

生命之光——记国际著名焊接专家、中国工程院院士关桥

2008年4月24日,全家去日本旅游,在京都金阁寺前合影留念

关桥喜欢看电影,儿子给父母买票,尤其逢年过节,总是全家出动,要么去剧院,要么去音乐厅,算是尽孝心。关桥喜欢看前苏联的电影,喜欢听苏联歌曲,比如《幸福生活》里面的插曲很好听,常常勾起对莫斯科郊外晚上的回忆。

儿子大立在一家计算机公司供职,他可以在家里为父母的计算机和笔记本电脑提供24小时的"金牌服务"。

关桥笔记本电脑里有很多俄文歌曲,有时工作累了,就听一会儿。儿子知道父母都有这个爱好,就买光盘给父母。儿子希望父亲回到理想中的青年时代……

陈丽芳爱好广泛,喜欢唱歌。她现在是中科院侨联合唱团的成员,每周活动一次;她积极参与,经常挑选好听的歌曲,自己先试唱,然后复印多份带到合唱团,指导大家练唱。她在歌声中找回对生命的尊重,找回对青春的梦想……

孙子和奶奶

陈丽芳每个星期三都要到力学所里参加"话聊"活动,与原来研究室谈得来的十几个人在一起聊天。在交流中沟通思想,开阔眼界,跟上时代的步伐。

陈丽芳喜欢关桥的学生。

对学生像自家的孩子一样,关心他们的学习与生活。

在国外的学生曹阳、苏彦东等一回国,都要到关老师家拜望。

周琦博士毕业后,去了南京理工大学。每次到北京,都要去关桥家看望关老师和师母。

"关老师和师母都平易近人,把我们当孩子一样。去他家,有时空着手,有时买一束鲜花,但老人都很高兴。"周琦说。

关桥的家实在是太普通。

走进屋,一幅宽大的工艺画,挂在门厅的正中。画中是一片生动而鲜活的白桦林,意境宽阔而悠远。

关桥在苏联时最喜欢白桦树林和百合花。

那时,关桥、陈丽芳和苏联同学一起在莫斯科郊外野营,穿行在白桦树林中；在白桦树林旁搭帐篷、点篝火；在白桦树林中做野餐，采蘑菇……

关桥对白桦树情有独钟。

1995年8月，关桥参加了由中国航空工业总公司科技局周家骐局长带领的中方代表团，在莫斯科举行了中俄双边航空材料与工艺研讨会，随后去莫斯科郊区参观航空航天展览会。关桥特意在白桦树林前拍照留念，也买了一件用小白桦树制成的小礼品，它时时刻刻唤起关桥对那段美好生活的思念。

关桥收藏了不少印有百合花的苏联名信片。

因为，百合花俄文名字和英文名字的发音都是Lily，是陈丽芳名字中"丽"的谐音；因此，在苏联时，关桥和苏联同学就叫陈丽芳Lily。

直到现在，在关桥的写字台前的墙上还挂着一张很大的百合花水彩画。

每逢在艺术品市场上，看到有百合花的画或者印有百合花的邮票，关桥就要收藏。他想把一份美好而纯真的感情，永远收藏在记忆之中……

书房里，那重重叠叠的一本本书，是无价之宝和这个家的灵魂。除此之外，各种飞机和航天飞行器模型摆在了客厅醒目的位置，使人能够联想到主人的事业爱好。

关桥把自己的生命融入到了祖国的航空事业，他像一滴水，从小溪流入江河，汇入大海；他像一粒种子，撒播在肥沃的土地，生根、开花、结果；他像一只萤火虫，在黑夜里发光、闪亮……

黑夜中，萤光息了，满天的星星亮了！遥远的天边有一颗流星，拖着长长的尾巴，仿佛带着关桥童年对星空的渴望与希冀，闪亮在幽静而深邃的夜空里……

那生命的亮光，点燃了关桥的梦想……

2010年10月28日第一稿
2010年11月30日第二稿
2011年2月21日第三稿

附录 1

关桥与低应力无变形焊接法

本文作者：东方　袁慎祥

在航空航天飞行器上，为减轻自身重量，大量采用薄壁焊接结构，以提高有效载荷系数。但是，用熔焊方法制造这类薄壁承力结构时，由于移动热源（无论是电弧、等离子弧还是电子束或激光束等）对金属构件的局部不均匀加热，在焊接熔池附近会产生极大的温度梯度，引起焊接应力和变形。在完成焊接后，由于热源离去，焊接瞬时的热应力和变形动态过程随即转化为在室温条件下的焊接残余状态的应力和变形。在薄壁焊接结构件上，焊接残余应力和变形的直观表现形态多为构件的失稳翘曲变形。这是在制造航空航天重要承力薄壁焊接构件时，造成产品质量不稳定、结构几何形状偏离设计技术要求的主要问题，并直接危及飞行器结构的安全和可靠性。因此，控制焊接应力和变形的产生、发展过程，不但是当代焊接力学研究领域中的前沿课题，而且也决定着在航空航天新型结构设计中，先进的焊接技术是否能得以合理应用的关键所在。

半个世纪以来，随着新的焊接方法在金属结构制造中越来越广泛的应用，人们与焊接应力和变形作斗争的技术也不断的发展和完善。通常所采取的工艺措施是，利用相应的装备，强迫冷却焊缝，降低焊接热输入，以减小焊接应力和变形。在实际生产中，这些方法的应用各有其局限性，很难做到没有变形或定量地控制残余应力水平。由于人们尚未寻找到理想的控制焊接应力与变形的方法，而从焊接原理引出的焊接残余应力与变形不可避免的认识，一直困扰着各国的焊接科技工作者。因此，在缺乏有力的理论指导的生产实践中，往往多停留于采取焊后减小已经产生的残余应力与变形的消极工艺措施,如焊后矫正等。这些消极的、不得不采取的工艺措施,不但费时耗资,而且还会在一些特殊材料的航空航天薄壁焊接结构上形成材质损伤隐患。现代科学技术的发展,尤其是航空航天等高技术的迅猛发展,为焊接技术的进步提供了有力的需求牵引,使焊接技术成为国内外制造工程中最活跃的领域;同时,也为焊接力学的学科发展提出了许多新的课题,要求有新的进展和突破。

与焊接应力和变形不可避免的传统认识相悖,关桥不但从理论上论证了"低应力无变形焊接法"的可行性,而且在生产实践中创造性地突破了薄板焊接变形控制的难关,证明了在焊接过程中定量、主动地控制焊接应力和变形的重要实用价值,取得了显著的技术经济成效。多年来,他潜心研究的一系列成果,丰富了焊接力学的学科内涵,提出了焊接不协调应变的"静态"和"动态"控制模型,引出了焊接力学研究的新方向,建立了焊接应力与变形控制的系统理论。

在20世纪60年代和70年代,关桥完成了多项飞行器特种焊接新技术研究和新型号机种研制的技术攻关任务。他从大量影响飞行器薄壳焊接结构完整性和可靠性的因素中,提炼出一个构思:必须从理论分析和试验研究两个方面同时着手,解决前人未曾攻克的难题———能动地、定量地控制焊接应力与变形,使焊接结构具有低应力无变形的结构完整性,确保飞行器焊接结构的质量。众所周知,控制焊接应力与变形,从来就是焊接工程界和学术界的热点问题。焊接是一种制造技术,但同时又是一个复杂的专业学科,它是现代科技多学科交融的结晶,包括了材料工程、冶金、传热传质、物理化学、力学、机械、电子等学科,是一门边缘学科。因此,当控制焊接应力与变形问题涉及到这些学科的交叉与综合,需要定量地而不是定性地进行分析时,就必须对前人已有的理论知识进一步深化和发展。

早在60年代初,当钛合金焊接结构刚开始应用于飞行器结构时,关桥就在自己有关焊接应力与变形的研究论文中深入地阐明了传统理论分析中"平截面假设"的局限性,以及这种假设对钛合金等这类具有特殊热物理性能的新结构材料的不适用性。他还论证了焊接残余应力峰值的大小与材料特性随温度变化的函数关系（材料的弹性模量、屈服应变、线膨胀系数），引出了在特定的焊接温度场中的"内拘束度"概念，证明了焊缝中的残余应力峰值将取决于"内拘束度"判据 I：

$$I = \frac{\sigma}{\alpha ET}$$

式中：I——焊接温度场中某点的内拘束度；

σ——在被考察点的实际温度应力值；

α——材料的线膨胀系数；

E——材料的弹性模量；

T——被考察点的实际温度。

就其物理意义而言，内拘束度就是在焊接温度场中某点的实际应力值与该点的温度应变受到完全拘束时的应力值的比值。理论分析表明，对于轴对称型瞬时线热源的径向和切向内拘束度均为 $I=1/2$；只有当移动热源的速度趋近于 ∞ 时，才会出现平截面假设的条件，这时 $I=1$。关桥还论证了由材料特性所决定的极限塑变比 $\alpha T_K / \varepsilon_s(0)$ 判据对于焊接残余状态所起的决定作用。T_K 为材料处于零应力时的温度，$\varepsilon_s(0)$ 为材料的室温屈服应变值。基于这些论述，他正确地解释了钛合金、铝合金等新型飞行器结构材料焊接残余应力峰值低于材料屈服强度的内在机理。作为焊接力学的新论点，这一理论被国内外焊接专业教科书广为吸收。

70年代，计算机技术与有限元分析方法的结合已经显示了对于焊接力学发展可能做出的贡献，焊接时十分复杂的非线性传热和非线性热弹塑性力学过程的定量分析已成为可能。关桥在国际学术交往中敏锐地指出了在焊接力学研究的热点和前沿领域中的片面性：过多地依赖于有限元计算而忽视真实物理过程模拟的验证。他主持并开拓了焊接力学研究领域中的一个新方向——建立理论计算模型与试验分析验证相结合、相辅相成的研究方法。他和他的研究集体以及他的学生们开展了焊接瞬态热应变云纹测试及云纹图像计算机处理技术的研究。

正如后来评审该项成果的专家鉴定委员会所认定的：这是一项高难度的应用技术基础研究课题。关桥所领导的课题组成功地解决了焊接瞬态热应变云纹测试的难题，其中包括高温、瞬间、大梯度热应变的云纹图像显示，定时连续记录全应变场信息，并建立计算机云纹图像数据处理系统。如图1所示，原来是看不见的微观的焊接热应变动态过程，借助于研制成功的焊接云纹仪可以直观地显示出来，并进行定量分析计算。

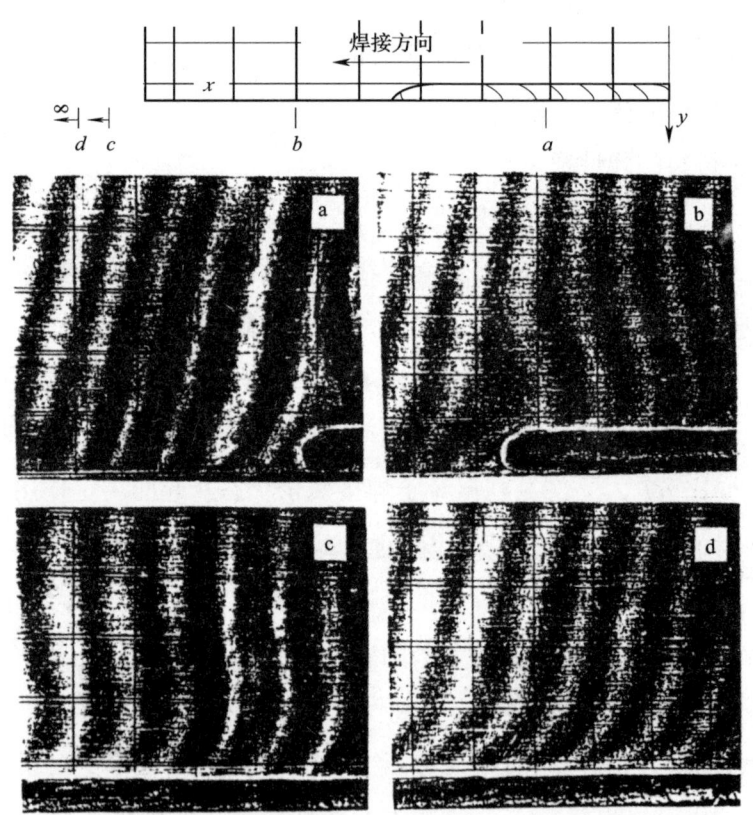

图1　焊接过程中电弧附近云纹图像所显示的金属运动规律
a. 电弧开始进入画面右下方；b. 电弧位于画面下侧中间；
c. 电弧已离开画面；d. 室温下的残余状态

1992年，关桥在国际焊接学会于马德里举行的第45届年会上发表了题为《高温云纹测试法对焊接热应变分析有限元程序的验证》的论文。在讨论中，第

X专业委员会主席、国际著名断裂力学和焊接力学专家、英国曼彻斯特大学 F. M. Burdekin 教授给予了高度评价,他指出:"对当前众多的焊接力学有限元分析计算软件程序进行试验验证是必要的,而且是非常重要的;这是把已开发的软件能可靠地用于工程实践的关键所在,而这种验证也正是多年来关桥教授所追求的目标。"为了推动焊接力学这一重要学科方向的发展,Burdekin 教授建议由该专业委员会(焊接残余应力与断裂)通过决议,将这篇论文在国际焊接学会的权威性刊物《Welding in the World》杂志上发表(Vol. 31,No. 5,1993)。关桥和他的研究小组所取得的这项研究成果在国际上受到的重视印证了国内专家鉴定委员会于1990年所做出的结论:该项研究成果的水平及取得的实际结果均处于国际领先地位。

在焊接力学研究中,关桥锲而不舍地对焊接过程热应变的探索目的在于实现能动地控制焊接不协调应变;同时也实现从定性的、概念性的认识到精确的、定量的分析计算的飞跃。正如关桥在80年代初于北京航空航天大学开设"焊接力学问题选讲"课程时所指出的"焊接专业学科从定性的、概念性的知识发展到定量的、精确的理论,必须通过物理数学模型的建立和正确的试验验证;在定性认识和定量分析之间架设桥梁,才能把专业基础知识应用于求解工程实际问题"。

在70年代末,当关桥探索飞行器薄壳焊接结构变形控制理论和实施方案时,曾对苏联 Burak 等人用温度场控制焊接变形的论述进行了试验验证。结果表明,在前人的工作中并没有解决薄壳构件(尤其是4mm以下的薄件,飞行器构件多属这类)在焊接过程中的瞬态失稳问题,从而导致给定的温差拉伸失效,这一点在理论和实践中均被忽略。必须采用不同于传统认识的新方案,来解决航空航天飞行器薄壁构件在焊接过程中的面外失稳变形,以保证预置温度场所提供的温差拉伸的有效性。在这些机理性分析与试验的基础上,关桥提出了"低应力无变形焊接法"的新构思。

图2为低应力无变形(LSND,Low Stress No Distortion)焊接法原理示意。T 为给定的预置温度场分布曲线;σ 为与 T 相对应的温差应力分布曲线;P_1 与 P_2

是两个外加的拘束力,用以阻止工件的瞬态面外失稳变形。图上分别标出1,2,3三个不同的冷却—加热—冷却区域。预置温度场的最高温度T_{max}和P_2距焊缝中心线的距离分别为H和G。σ_{max}是在焊缝区的最大温差拉伸应力值。这样,由预置温度场和构件拘束条件所形成的温差拉伸效应会跟随焊接热源,并在熔池前后控制着焊接热应变和应力的产生和发展,直至焊后,在室温条件下达到残余状态。

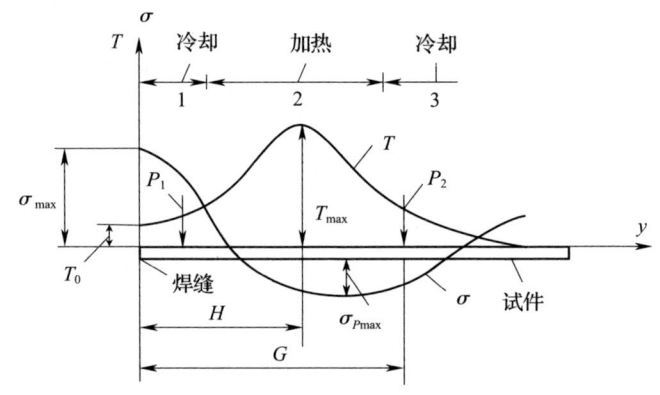

图2 低应力无变形(LSND)焊接法原理示意图

理论分析和系统试验结果表明,预置温度场只是实现低应力无变形(LSND)焊接的必要条件而并非充分条件。外加拘束力P_2可有效地防止薄壁工件的瞬态面外失稳变形,避免失稳带来的温差拉伸效应减弱和内应力场势能降低。可见,这种双支点加压系统所形成的拘束条件是构成LSND焊接法得以实施的充分条件。在LSND焊接法中,必要条件和充分条件相辅相成,实现了控制薄板焊接应力与变形中的新突破;在完成焊接后,工件保持完全无变形的状态,平整如初。

图3所示为采用普通焊接方法和采用LSND焊接法的对比。图3(a)为焊缝区不协调应变量ε_x^P的分布规律,在普通焊接后(曲线1),ε_x^P在LF6铝合金1.5mm厚板焊缝区的最大值为-15×10^{-4},但在LSND焊后(曲线2),ε_x^P的最大值已减小到在工程上可以忽略不计的程度。在图3(b)上可以看出,普通焊

后的残余应力分布规律如曲线 1 所示,焊缝中的拉应力峰值 $\sigma_{x\max}$ 可达 140MPa;而在 LSND 焊后(曲线2),这个峰值降低了约 70%,在焊缝以外的压应力值也相应地降到可以忽略不计的程度,远低于工件受压的临界失稳应力,不再发生压屈失稳变形。通过调整工艺参数,不但可以定量地控制 $\sigma_{x\max}$ 值,而且还可以使残余应力场重新分布,以有利于变形控制。

图 4 所示为两种焊接方法的残余宏观变形对比。从图 4(a)照片可以直观地看出,铝合金试件(1.6mm)在普通焊后失稳翘曲变形严重(上部试件);而在 LSND 焊后,试件完全没有发生失稳变形,保持了焊前的平直状态(下部试件)。若以试件在焊后偏离原始平面的挠曲度 f 作为判据,对比两种焊接方法的效果,在图 4(b)上可见,采用 LSND 焊接后,$f=0$。

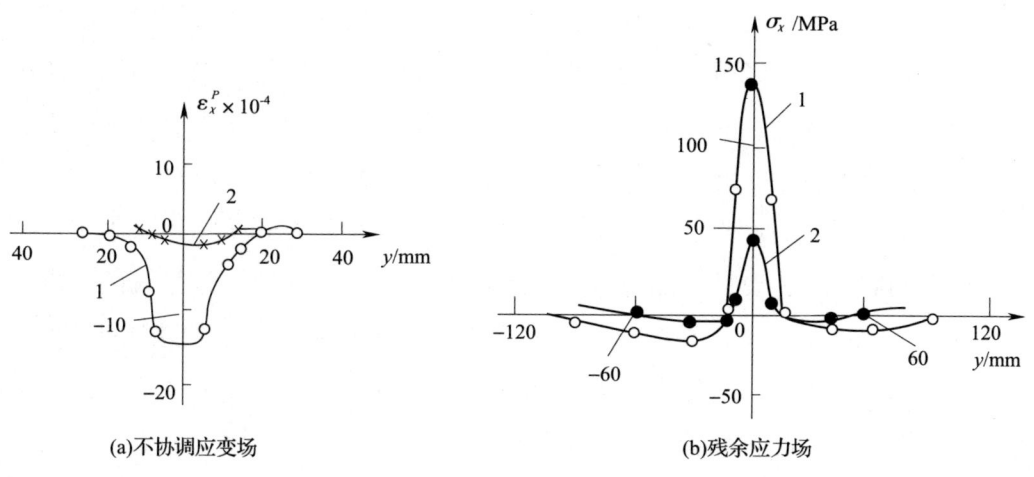

(a)不协调应变场　　　　　　　　(b)残余应力场

图 3　采用普通焊接方法(曲线 1)和 LSND 焊接法(曲线 2)的对比

在 LSND 焊接法取得了突破性进展后,1987 年,关桥带着这项已获准中国发明专利(专利号:87100959·5)的新技术,应英国皇家学会的邀请,作为皇家学会对华研究员,在剑桥英国焊接研究所领导了"低应力无变形焊接"课题组,对这项新技术继续进行了卓有成效的深入合作研究和技术开发,进一步发展了已取得的成果。英国皇家学会会员、著名国际焊接力学专家、英国焊接研究所所长 A. A. Wells 博士称赞这是一项奇迹般的突破,并向皇家学会主席

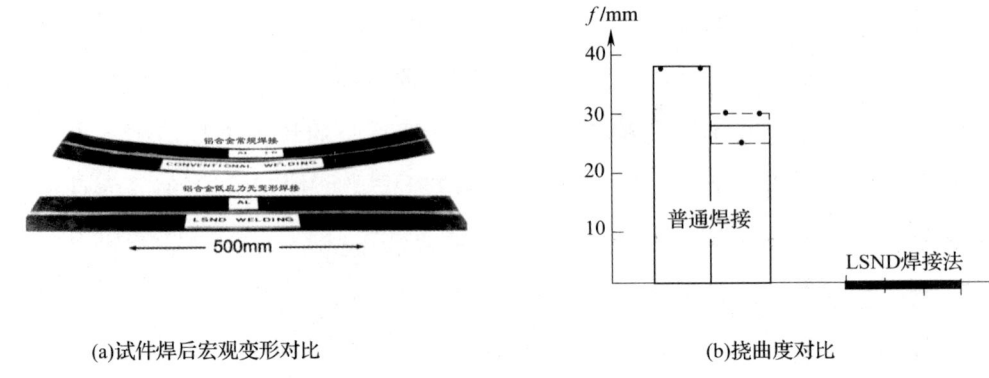

(a)试件焊后宏观变形对比　　　　　　　(b)挠曲度对比

图 4　LSND 焊接与普通焊接对比

G. Porter 教授推荐作为中英学者合作研究的新贡献,由中英双方共同申报欧洲和国际专利,以利于技术市场的开拓。

关桥和他的课题组在深入开展应用技术基础研究的同时,把低应力无变形焊接法直接用于攻克飞行器制造工程中薄壳结构焊接变形的难关。利用发明的方法原理,设计制造了专用装备,实现了航空发动机生产和新机研制中的无变形焊接,排除了质量隐患,提高了产品质量和可靠性,取得了良好的经济效益。新型航天运载火箭的燃料储箱是由铝合金制成的典型薄壳焊接结构,为了保证结构的几何完整性,设计对制造提出苛刻的技术要求:焊后筒体母线的不直度应不大于1/1000。因此,焊接变形问题成了新型航天运载火箭研制中的技术关键。关桥指导课题组,用低应力无变形焊接法突破了许多常规方法不能解决的难题,不但使箭体燃料储箱保持了良好的结构几何完整性,而且还进一步改善了焊接接头的力学性能,排除了原来生产中经常出现的质量隐患,提高了火箭箭体的整体质量和可靠性。

1993 年,中国航天工业总公司和中国航空工业总公司先后召开了有关薄壁结构低应力无变形焊接技术的两项研究成果专家评审鉴定会。专家们高度评价了关桥和他领导的课题组所取得的成就,认为"低应力无变形焊接法科研成果在理论上证明了直接在焊接过程中积极控制方法的可行性;经过实践,突破了生产技术难题,是一项创造性的发明成果,构思新颖,效益显著,实用效果突出"。专家们还一致认为"这项成果属于在焊接结构变形控制领域中的重大突破,对保证航空航天工业中薄壁焊接结构的可靠性、完整性有重大作用,对焊接力学学科发展做出了重要贡献。此项发明成果为国内外首创,属国际领先水平"。

关桥把由预置温度场控制的低应力无变形焊接法定义为"静态控制"焊接不协调应变的方法。为了适应在工程应用中焊接操作的多样性,他又指导研究组向"动态控制"的新方向迈进。"动态控制"的新构思是:不再依赖于静态的预置温度场,直接利用移动热源所形成的准定常温度场,以热沉(Heat Sink)跟随热源,形成一个移动的热源—热沉多源系统。由这个多源系统所确定的准定常畸变温度场如图 5(a)所示,图 5(b)为准定常畸变温度场的等温线。与正常的焊接温度场的最大区别在于:在热源的高峰温度之后即跟随有一个由热沉吸热所形成的温度低谷,在二者之间产生极大的温度梯度;由此,形成了在刚凝固的熔池附近高温金属上的动态温差拉伸效应。

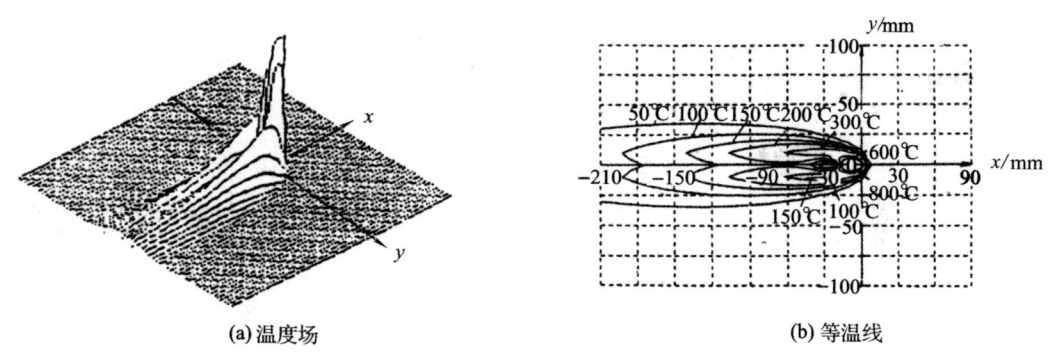

(a) 温度场　　　　　　　　　　(b) 等温线

图 5　热源—热沉系统的准定常畸变温度场及等温线

试验结果业已表明,动态控制低应力无变形焊接法不但可以直接在焊接过程中定量地控制不协调应变的产生和发展过程,获得无变形效果,而且这种方法适用于复杂、空间曲线焊缝的多样性操作。动态控制 LSND 焊接法为焊接力学的发展及工程应用又展现了新的前景。

(此文刊登在《中国当代科技精华——技术科学卷》,上册,黑龙江教育出版社,1994 年,哈尔滨)

附录 2

航空特种焊接/连接技术体系组织机构的沿革

(2010年10月,关桥参考《中国航空工业史丛书——第625所发展史》 整理编辑)

1957年7月1日第二机械工业部第九研究所(航空工艺与生产组织研究所)成立。

1958年 成立热加工研究室,主任:洪德彬。下设5个专业组:焊接、铸造、锻造、热处理和表面处理;1961年,按国防部第六研究院建制,将后4个专业组转交航空材料研究所;焊接专业组得以保留。

　　由南昌航校分配来第一批焊接专业毕业生:吴厚先、邓万邦、张一鸣、罗传榜等。

1959年 关桥毕业于莫斯科包曼高等工学院,回国后分配来所;同年,又有10位来自南昌航校毕业生报到,加入焊接专业队伍。

1961年 焊接专业组转为焊接研究室。由航空材料研究所调入:王连山、张佐清、纪文海;从机关调入的技术人员有李洪林、戴修嘉、朱康麒、唐为民从清华大学毕业来所。

1962年 从清华大学、西北工业大学、哈尔滨工业大学、北京航空学院毕业的焊接专业本科生,陆续被分配来所,焊接专业队伍不断壮大。

1963年 成立焊接研究室,主任:庄珊、王连山。随着专业面的扩展,先后成立了7个专业组:电子束、气体保护焊、钎焊扩散焊、压力焊(接触焊)、焊接结构完整性、过程控制与自动化、综合工艺。

1979 年　焊接研究室更名为特种焊接技术研究室（第六研究室）。

历届主任：关桥、施铭鼎、蔡怀福、冯金庸、邵亦陈。

1986 年　将超塑成形/扩散连接技术专业组与钣金成形专业组合并，成立第十六实验室（编制在第六研究室内）；主任：吴希孟。

1993 年　经前期论证立项，"高能束流加工技术（电子束、激光束、等离子体）"国防科技重点实验室成立；

历届主任：吴复兴、郭恩明、张军；

副主任：刘湘、王亚军、刘方军、巩水利；

学术委员会主任：关桥（一、二届）。

1994 年 12 月　"特种焊接技术"研究室一分为三：

（1）第 102 研究室（航空发动机工艺研究室）

历届主任：吴谦、周耀辉、郭德伦、李晓红。内设：气体保护焊、钎焊（含蜂窝结构）、扩散焊、摩擦焊、真空电弧焊等技术与装备、自动化与机器人焊接、焊接结构完整性研究、焊接应力变形控制；以及电解加工、电火花加工技术等。

（2）第 104 研究室（"高能束流加工技术"研究室）

将原十二室激光制孔、等离子喷涂与离子束专业并入其中；历届主任：王亚军、刘方军、巩水利。内设高能束流焊接与加工：电子束焊接、快速成形制造、毛化、物理气相沉积（EB–PVD）；激光束焊接、切割、制孔、强化、快速成形制造、表面改性；等离子焊接、喷涂；离子注入表面改性。

（3）第 106 研究室（航空钣金成形技术研究室）

历届主任：吴希孟、宋飞灵、尚波生、李志强、曾元松。内设：超塑成形/扩散连接、旋压成形、喷丸成形、钛合金热成形、化铣与阳极化技术等。

1998 年　成立"航空连接技术"航空科技重点实验室

历届主任：杨京凯、郭恩明、张军。副主任：郭德伦。

学术委员会主任：关桥。

涵盖 102 室、106 室及 101 室中的铆接与机械连接技术和后来成立的 107 室。

（104 室的专业技术仍在"高能束流加工技术"国防科技重点实验室内。）

2002 年　与英国焊接研究所合作，建立了"**中国搅拌摩擦焊中心**"；同年成立了中国首家专业化搅拌摩擦焊公司（**北京赛福斯特技术有限公司**），总经理：栾国红。2006 年 4 月 30 日，该中心列入研究所的第 107 研究室编制，主任：栾国红；专业化从事搅拌摩擦焊接技术研究与装备开发，以及相关材料加工技术与新型铝合金焊接结构研制。

2007 年　成立了隶属于国家国防科技工业局的国防科技工业"**特种焊接技术研究应用中心**"，面向整个国防科技工业：航空、航天、舰船、兵器、电子、核工业等的科技发展与装备制造。

　　历届主任：郭恩明、张军；副主任：郭德伦。

2010 年　与哈尔滨焊接研究所联合论证、申报并获批准立项基础制造技术领域国家级"**焊接专业创新平台**"。

附录 3

航空特种焊接/连接技术体系的发展与构成概述

(为迎接中国航空工业创建 60 周年 2010 年 10 月关桥撰稿)

纵观世界各国航空产业的发展，各类航空特种焊接技术近 60 年发展的大趋势如图 1 所示[①]。焊接专业，在北京航空制造工程研究所（中航工业制造所——625 所）经历了 50 多年的发展，从 1958 年热加工研究室中的一个焊接小组，已成为一棵参天大树，参见图 2。当今在国内处于领先地位的"航空特种焊接/连接技术体系"，其专业范围涵盖了先进飞行器及其动力装置新型号设计、制造所特需的和关键的焊接/连接技术，参见图 3，这是航空科技乃至航天科技快速发展需求牵引的结果。同时，这一体系也形成了对新型飞行器发展的技术推动力，

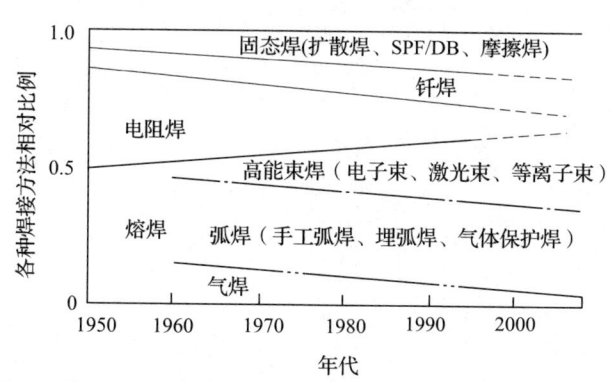

图 1　各类航空特种焊接技术在近 60 年间发展的大趋势

---

① 关桥，"航空特种焊接技术的发展"，《北京航空工艺研究所建所 40 周年论文集》，1997 年 7 月；《"航空连接技术"重点实验室论文选编》，1998 年 10 月。（见《关桥论著选编》P. 259，2002，10 月）

生命之光——记国际著名焊接专家、中国工程院院士关桥

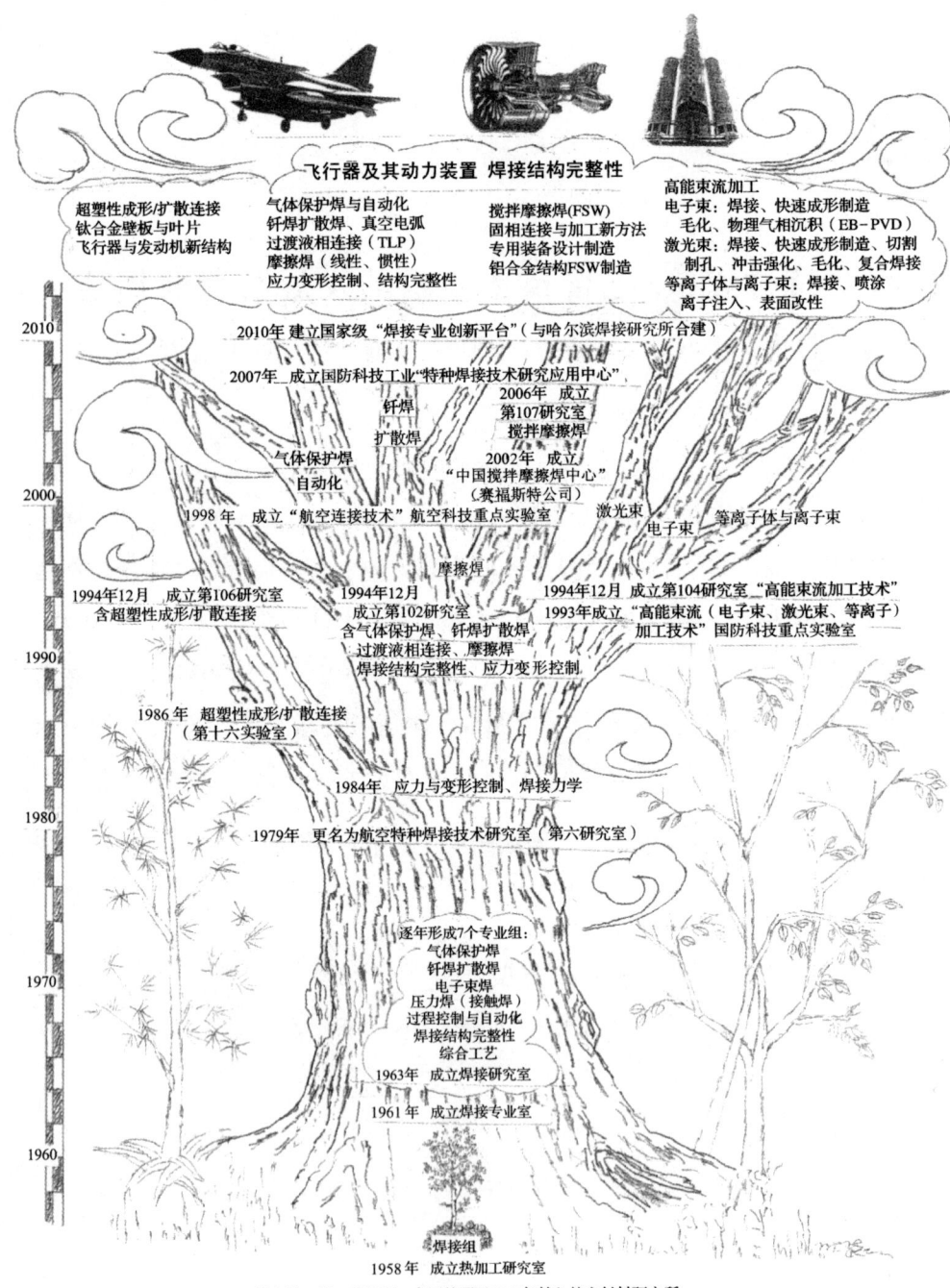

图2 航空特种焊接/连接技术体系的成长历程

附录3　航空特种焊接/连接技术体系的发展与构成概述

航空特种焊接/连接技术体系构成
- Ⅰ．焊接结构完整性与应力变形控制
- Ⅱ．气体保护焊与自动化
- Ⅲ．钎焊与过渡液相连接
- Ⅳ．电阻焊（接触焊）
- Ⅴ．高能束流焊接与材料加工
  - Ⅴ-1　电子束
  - Ⅴ-2　激光束
  - Ⅴ-3　等离子体与离子束
- Ⅵ．固相焊（固态焊）
  - Ⅵ-1　扩散焊（扩散连接）
  - Ⅵ-2　超塑成形/扩散连接
  - Ⅵ-3　摩擦焊
    - Ⅵ-3-1　惯性摩擦焊
    - Ⅵ-3-2　线性摩擦焊
    - Ⅵ-3-3　搅拌摩擦焊

图3　航空特种焊接/连接技术体系构成

为航空特种结构的设计提供了新的构思空间，为结构轻量化、整体化、低成本的制造提供了技术保障。从该技术体系中优选焊接/连接制造方法和技术，对于新型材料用于飞行器结构，充分发挥材料的特定功能，实现飞行器焊接结构的完整性至关重要。可见，对于先进飞行器（含动力装置）整体化焊接结构的高可靠、长寿命的安全运行，合理的结构设计、正确的选材、优质的焊接制造，三位一体，缺一不可。

航空特种焊接/连接技术体系的发展与我国焊接产业的发展同步，但从整体上来看，各种技术在国内的起步均晚于国外，如图4所示。随着军民结合的发展，航空特种焊接/连接技术的服务目标早已跨越航空产业的局限。这一技术体系所提供的特种焊接/连接方法、技术及其载体—装备具有通用性，它的工程应用领域很宽，几乎涉及到我国国民经济建设的各个领域，参见图5，包括：航空、航天、舰船、兵器、核工业、装备制造、轨道交通、汽车、能源、电力、化工、电子等。几十年来,不仅为这些领域部门提供技术服务,而且还把诸多先进技术与装备播种扩散到全国各行业。

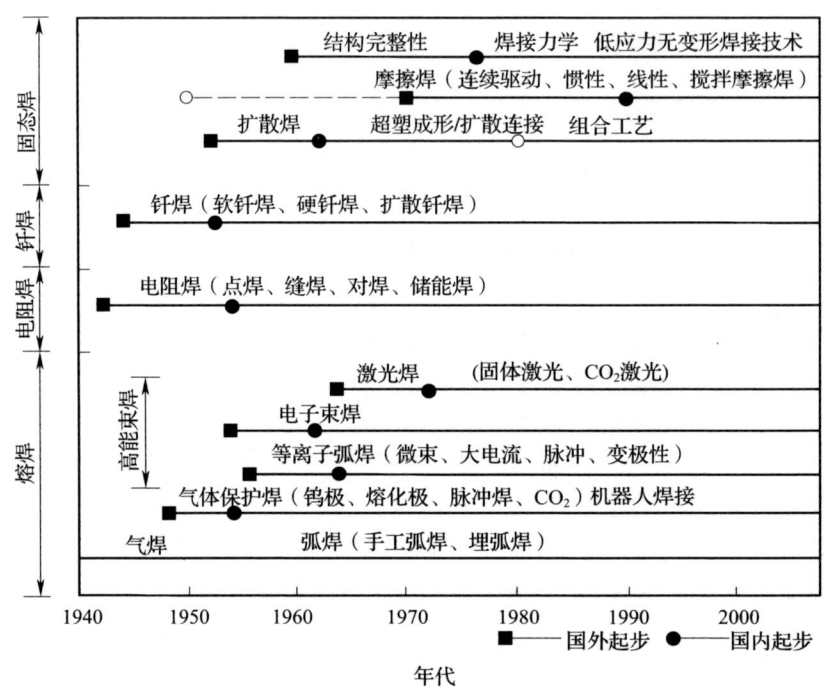

图 4　各类焊接技术在国内外发展历程对比①

为了对 50 多年来航空特种焊接/连接技术体系的发展有更深入具体的了解,下面对各专业发展概况作简要评述。

---

① 关桥,"航空特种焊接技术的发展",《北京航空工艺研究所建所 40 周年论文集》,1997 年 7 月;《"航空连接技术"重点实验室论文选编》,1998 年 10 月。(见《关桥论著选编》P. 258,2002,10 月)

附录3 航空特种焊接/连接技术体系的发展与构成概述

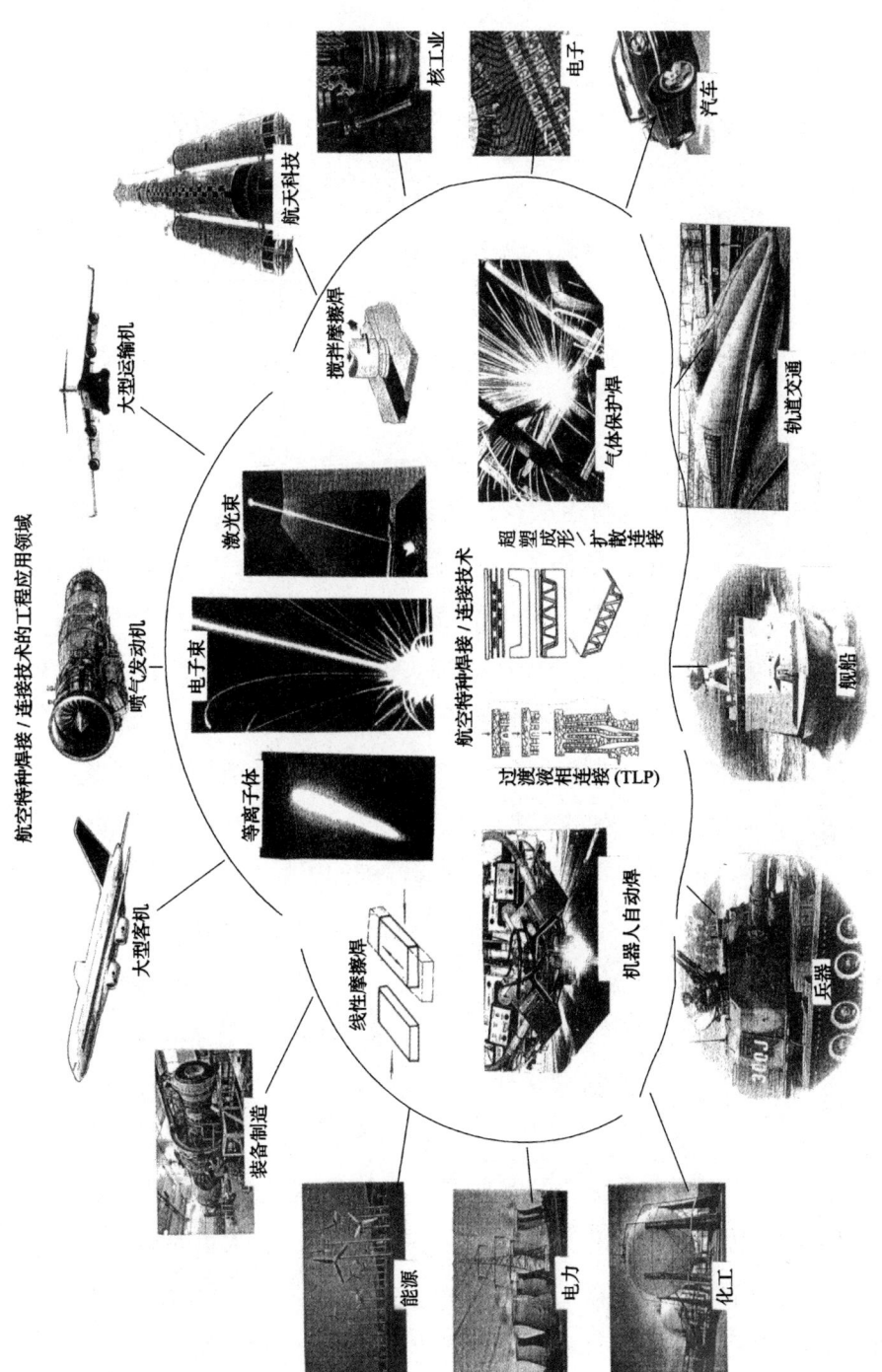

图 5 航空特种焊接/连接技术的工程应用领域

生命之光——记国际著名焊接专家、中国工程院院士关桥

I 焊接结构完整性与应力变形控制

焊接接头有别于基体金属材料,无论选用何种焊接方法,总会对焊接区造成一定的损伤与不完整性,这主要包括:几何学的不完善性(变形、失稳翘曲、错边),金属学的不均匀性(金相组织变化),力学的不连续性(裂纹、应力集中、残余应力)。

20世纪中叶,断裂力学与计算技术、数值模拟分析方法的兴起,为定量的评估重要焊接结构的完整性提供了力学、数学工具。于是在80年代,多学科交叉的"焊接力学"应运而生,其任务是:(1)以断裂力学为基础,对焊接结构设计强度、选材与制造给出适合于服役的准则,对安全运行和疲劳寿命做出评估;(2)从焊接裂纹力学入手,分析评定接头的工艺强度及缺陷标准;(3)控制焊接应力与变形,采用先进的技术措施,实现整体结构的低成本焊接制造。

适应航空航天焊接结构减重的特点,多年来,对板壳结构焊接失稳翘曲变形与残余应力的控制凸显出它的重要性。从60—70年代采用被动的消极的焊后矫形如焊缝滚压技术和预变形控制方法,到80年代以来主动的积极的应力与变形控制方法的创新发展,实现了基于全截面热拉伸效应的"静态"控制的低应力无变形焊接方法。随之,又发展了基于"热源—热沉"局域热拉伸效应的"动态"控制的低应力无变形焊接方法。研究发展了相应的技术装备,在航空喷气发动机壳体和航天运载火箭新型号研制中成功应用,还推广应用于其他工业领域。

随着高性能飞机和推进系统的发展,焊接结构的完整性研究更加显得重要,如钛合金大厚度承力结构的电子束焊接与快速成形制造、大型带筋壁板的激光焊接制造、先进涡扇发动机叶盘部件的线性摩擦焊接及高温叶片的过渡液相连接制造,以及采用搅拌摩擦焊技术制造飞机壁板结构,亟待有相应的安全、寿命评估技术作为可持续发展的基础。

Ⅱ 气体保护焊与自动化

在航空结构气体保护焊接技术的发展中,钨极氩弧焊方法一直是主导技术,这是由航空结构和材料的特殊性所决定的。在20世纪60年代,对熔化极脉冲氩弧焊技术及设备的研究,为解决新型发动机薄壁机匣的焊接制造开拓了一个新的途径。伴随着钨极氩弧焊技术的发展,研发了不同类型的自动化系统与装置,如弧长调节器、脉冲电源、晶闸管多功能电源及其控制系统和发动机火焰筒气膜段弯曲焊接的自动化专用装备。

与诸多氩弧焊接专用设备用于薄壁构件的制造相适应,焊接变形控制技术也得到发展,如:焊后用窄滚轮滚压焊缝消除变形、减小残余应力和预变形技术用于机匣上安装座,圆形封闭焊缝的预变形焊接技术等。从被动的焊后矫形,发展到积极地在焊接过程中控制变形,取消焊后矫形工序。这一技术创新的进步,体现在解决了航天运载火箭研制中焊接变形难题,技术经济效益显著。

在90年代初,为航空发动机制造厂家技术改造,提供了成套自动氩弧焊设备、带变形控制的纵缝夹具、环缝转台、预变形装置及控制系统,为改变薄壁机匣焊接生产的落后面貌,建立了用先进技术装备的新生产线。随着钛合金焊接结构的扩大应用,自动化的氩弧焊技术与装备为航空航天技术的发展做出了贡献。

Ⅲ 钎焊与过渡液相连接

在20世纪60年代,钎焊专业是以航空用金属软管的成形、钎焊与专用设备的研制为起点，蜂窝结构与封严环的钎焊以及航空不锈钢、铝合金散热器的钎焊技术（含卧式和半连续真空钎焊设备）一直是60—70年代中期的主攻产品目标。高温钎焊料的研制与应用为国内钎焊料的发展和标准制定及产品的系列化、商品化起到了有力的推动作用，高性能推进系统加力油泵钛合金叶轮的真空钎焊在80年代标志着高精度钎焊技术的进步。

发动机蜂窝封严环钎焊制造技术的配套发展为航空发动机提高效能做出了贡献，这套技术包括：①大小格子的蜂窝芯子成形与激光点焊拼接设备与工艺，满足了先进发动机各型号封严环的技术要求；②蜂窝芯子与环件装配后的高温真空钎焊技术；③钎焊完成后对蜂窝封严环的整体精加工。

90年代开展了空心阴极真空电弧钎焊与焊接的设备与工艺技术研究，为发动机叶片钎焊耐磨镶片和修复提供了手段，并向工程化应用迈开了步子。

随着先进推进系统的发展，异种金属材料、陶瓷与金属、金属间化合物、定向凝固、单晶叶片、气膜冷却复杂结构高温部件的制造越来越依赖于特种钎焊技术与过渡液相（TLP）连接技术的创新发展，这是进入21世纪以来技术进步的大趋势。把握这一方向，推进特种钎焊技术与过渡液相连接技术的快速进步，势在必得。

Ⅳ 电阻焊（接触焊）

在早期的喷气发动机和飞机结构上，电阻焊（接触焊）是制造耐热钢钣金结构和铝合金舱盖结构的工艺方法之一。因此，在20世纪60年代，仿制和自行研制的机种上，多沿用了苏联机种上的电阻焊技术。例如：电阻点焊技术应用于发动机压气机定子叶片与机匣的焊接制造；为适应沉淀硬化不锈钢等材料对点焊热循环过程的特殊工艺要求，研究开发了相应的点焊控制技术及质量反馈控制系统。对铝合金的点焊工艺则侧重于对铝合金表面氧化膜的去除，提高焊点质量的方法与控制技术的应用。铝合金结构件的胶接点焊也曾是一个重要的发展方向。电容储能点焊机的研制对国内这一技术领域的发展起到引领作用。

在电阻缝焊（滚焊）方面，初期主要针对金属软管的制造需求，开发了不锈钢瓦面金属软管缝焊设备与工艺。此后，80年代在面向国民经济转型方面具有代表性的项目如，研制开发了用于食品罐头筒体大批量生产的缝焊大罐罐身自动线。

鉴于电阻焊接头主要为搭接形式，相对于熔焊对接接头而言，在结构承受疲劳振动载荷时，其应力集中系数较大，影响飞行器结构的安全与寿命，因此在80年代以后设计的先进飞行器上很少再采用电阻焊搭接接头，而大多采用熔焊对接接头取而代之。在航空特种焊接技术体系中电阻焊所占比例日趋缩小，图1所示是在15年前所作的一个宏观预测，这与当前的发展大趋势是相符的。

V 高能束流焊接与材料加工

"高能束流"这个术语是在20世纪70年代国际上形成的一个共识，把电子束、激光束这类高能量密度的束流（High Energy Density Beam），用于焊接和材料加工的前沿交叉学科发展的新领域。电子束用于焊接是20世纪50年代的发明；大功率的工业激光器出现在20世纪70年代，这促进了激光焊接与材料加工的工程化应用雨后春笋般地蓬勃发展。当我们在20世纪80年代中期建议创建国家级"高能束流加工技术"重点实验室时，把等离子体与离子束加工技术也涵盖在内。

当前，已正式批准运行了15年的"高能束流加工技术"国防科技重点实验室（National Key Laboratory of Science and Technology on Power Beam Processes），在电子束、激光束、等离子与离子束用于焊接/连接和材料加工方面的主要研究方向概括为：

（1）新型材料及难加工材料的高能束流加工性及工艺优化；

（2）武器装备新结构的电子束、激光束、等离子与离子束的新加工方法与关键装备；

（3）提高高能束流束源性能及加工过程控制与质量监控技术研究。

高能束流以电子、光量子、等离子等为能量载体的束流热源在材料加工领域可以实现：①焊接 ②切割 ③制孔 ④快速成形制造 ⑤表面改性 ⑥涂层制备 ⑦表层毛化 ⑧物理气相沉积与功能梯度材料的制备 ⑨离子注入 ⑩复合热源（与电弧等形成复合热源）的材料加工 ⑪复合成形（与超塑性成形技术的复合技术）制造新型结构等。

重点实验室曾于 2004 年在云南、2007 年在北京先后召开系列国际学术会议，第 3 届国际学术会议（The 3rd International Conference on Power Beam Processing Technologies—ICPBPT2010）于 2010 年 10 月在北京召开。通过国际学术交流、派出去、请进来等方式，为重点实验室的发展不断注入活力，这是自主创新、开放式发展的必由之路。

V–1　电子束

德国的 K. Steigerwald 博士于 20 世纪 50 年代初发明了真空电子束焊接，解决了当时核工业的钼、钽、铌及燃料棒元件焊接的迫切需求，因为这些材料只有在真空条件下焊接才能获得良好的接头质量。航空特种材料的焊接也是电子束焊接在 20 世纪 50 年代开始工程化应用的一个重要领域。60 年代中期，为了适应航空工业发展的需求，与上海电焊机厂共同研发了动枪式小型电子束焊机。有了工具和手段，于 70 年代到 80 年代针对高强钢重要承力结构件和钛合金重要承力结构件开展了深入的电子束焊接工艺研究。研制大型真空室和装配有高压型电子枪的装备，历年来一直是电子束焊接专业的主要方向，因为工艺技术只有与其载体（装备、焊机）配套，才能形成新机种研制和批量生产中的生产力。多种型号的电子束通用和专用设备多以"交钥匙工程"的形式转化为工程实际应用的生产力，诸如：GDH-15型高压电子束焊机，ZD-08台式电子束焊机，WZ-8功率轴电子束焊机，齿轮专用电子束焊机，ZD150-15A大型真空室高压电子束焊机等。除真空室、数控工作台外，焊机的高压电源和控制系统的设计与改进和更新换代也基本满足了自主研发的需求，与此相适应的电子束扫描与轨迹跟踪系统的研制也为工艺水平的提高做出了贡献。为了能自行设计和制造高压型电子枪，在20世纪80年代中期，我们曾邀请德国K. Steigerwald博士来所指导，并完成了一型高压电子枪的设计、制造与应用。

90年代的主攻方向是新型发动机钛合金风扇转子部件的电子束焊接技术方案、高精度压气机鼓筒轴的电子束焊接工艺、中介机匣钛合金变截面电子束焊接技术、异种材料的电子束焊接、××号工程钛合金带筋壁板焊接工艺、中推发动机压气机盘鼓及燃烧室部件的焊接等。从俄罗斯引进中压型动枪式电子束焊机为开展多功能电子束加工技术和集成工艺（如电子束钎焊）创造了条件。为了××号工程的需要，开展了大厚度材料的电子束焊接工艺研究，用于承力框钛合金结构的焊接制造，并为××起落架电子束焊接完成了"交钥匙工程"（ZD150-30A焊机）。

"高能束流材料加工中的超常热物理问题研究"是国家自然科学基金资助的重点课题项目，在研究中培养了"高能束流"重点实验室急需的基础研究人才。在随后若干年间，对电子束焊接温度场、局部热处理、超细强韧化热处理以及深熔焊接机理、小孔效应与缺陷的形成等工艺方面的研究与数值模拟计算、仿真也取得了进展。

90年代，从乌克兰巴顿焊接研究所引进电子束物理气相沉积（EB-PVD）设备，为开展涡轮叶片的EB-PVD涂层制备打下了技术基础。在此基础上研究开发了梯度热障涂层，进行了性能测试与改善，同时开展了特种气膜冷却叶片结构的创新研究与功能梯度材料的研制等。

在与英国焊接研究所（TWI）的合作中，发展了电子束毛化技术。利用特制的高速电子束偏摆与扫描系统,在钛合金表面形成钉形毛刺,为增加钛合金安装座与复合材料结合面上的抗剪强度提供了一种崭新的方案,并已在先进发动机的薄壁复合材料机匣壳体的制造中应用。

从 21 世纪初,开始探索电子束快速成形制造的可行性,并与激光快速成形制造相比较;在国际交流中,进一步吸取国外经验。针对新机研究中的关键钛合金部件的快速制造需求,在动枪式真空室内开发了熔丝式电子束真空快速成形制造技术,并已于 2010 年 8 月完成了 400 余千克重的大型钛合金结构件的熔丝电子束快速成形制造。这是一个重要的技术创新和突破性进展,其熔敷效率达 $5\sim15kg/h$,远高于激光送粉在氩气保护中快速成形方法。

为了满足新一代飞机的研制需求,为大型钛合金承力结构件的制造厂家(成飞)完成了一台大型高压真空电子束焊机及配套工艺技术的交钥匙工程。真空室容积 $65m^3$,尺寸:$8.2m\times4m\times2.1m$,数控工作台、控制系统及高压电源均为自主设计制造的整套装备技术,德国高压电子枪:150kV,200mA。2010 年已经研制成功的大型真空电子束焊机的真空室容积为 $85m^3$,为当前国内最大的高压真空电子束焊机。

目前,在工业与信息化部主管的"高档数控机床与基础制造装备"重大科技专项(04 专项)中已立项,并正在研制新型真空电子束焊接设备。

V-2 激光束

激光加工技术是在 20 世纪 70 年代末开发的,当时主要用于发动机喷嘴的打孔和钛合金薄板的切割。80 年代,高推重比发动机气冷叶片的制孔开始采用微机控制的自动化技术和五坐标数控 YAG 激光加工设备,这为提高孔腔表面质量做出了贡献。但孔表的再铸层仍然是影响气冷叶片疲劳寿命的关键难题,围绕这一难题开展了一系列的研究:工艺参数优化、激光束品质的提高,以及先进的激光器与控制系统的改进。

在 90 年代中期，开展了提高叶片的抗疲劳性能的激光冲击强化、激光快速成形的研究工作和大功率 CO_2 激光用于焊接的技术开发。针对激光深熔焊接过程中等离子云对焊接质量的影响，开发了相应的检测技术，研究了其生成机理与熔透控制技术，这一基础性研究工作也曾是国家自然科学基金重点项目研究内容之一。

进入 21 世纪，新机型号的研制对激光加工技术显示出强劲的需求，采用机器人的大功率激光（YAG，CO_2）焊接的工程化应用开发已成为主导方向：如大型钛合金壁板类结构的自动化激光焊接、××飞机的腹鳍和新一代飞机的后机身壁板都是将超塑成形/扩散连接制成的大部件焊接成整体结构。双点激光焊接技术、激光与电弧复合热源用于航空构件的焊接制造正显现出良好的前景。在现今，发动机单晶叶片上的激光制孔技术已用于导向器叶片的制造，激光冲击强化已用于叶盘等复杂结构上，提高叶片的抗疲劳寿命研究也取得了长足进步。

目前，在工业与信息化部主管的"高档数控机床与基础制造装备"重大科技专项（04 专项）中已经立项，并正在研制适用于飞机大型带筋壁板结构自动化机器人激光焊接的大型装备。

V-3 等离子体与离子束

国内等离子喷涂技术与设备的研制工作，最先是于 20 世纪 60 年代中期在 625 所开始的。随后，很快推广应用于全国各工业部门，主要对象是耐磨涂层的制备与表面磨损的修复，而在航空构件上则适用于耐热高温涂层，如开发了镍包铝粉用于喷涂发动机热端部件。在等离子喷涂设备的研发方面，也走在全国的前列，系列产品（如 GDP 型、ZDP 型、GP 型）已为诸多企业提供了设备与工艺配套的技术。在 80 年代，为适应工业发展以及飞机复合材料构件表面喷铝的需求，研制开发了火焰喷涂技术与电弧喷涂技术及设备（如 HP 型设备）。等离子喷涂（也含火焰和电弧喷涂技术）的关键核心技术在于喷枪结构性能的提高和送粉系统的可靠性结构完善。适应不同类型的喷涂工艺需求，研制了系列化产品。对涂层材料的研究包括有：氧化锆、氧化铬、碳化钨、陶瓷封严涂层、氧化锆/钴铬铝铱封严涂层，以及高温封严、热障涂层等。对涂层质量性能（如：高温热疲劳性能、涂层剥落）的检测方法，标准制订是不可或缺的配套技术。低压真空等离子机器人喷涂的设备研制，与层流等离子喷枪与工艺特性的研究为改善和提高涂层性能提供了新的手段。

等离子电弧焊接工艺与设备的开发研制，无论是大电流或微束等离子技术，在70—80年代都取得了成效并应用于航空和其他制造领域（石油钻杆）。在90年代中期，为了克服等离子弧在焊接过程中的"双弧"现象与工艺不稳定性，进行了焊缝成形与弧光传感小孔效应以及添加活性剂焊接的基础研究工作，并将等离子弧焊技术应用于发动机壳体部件制造。同一时期，在离子注入表面改性技术研究领域，开拓了全方位等离子源离子注入表面改性研究与其技术载体——设备的研制，开发了大功率、窄脉冲"保形"离子注入与沉积技术以及动态混合离子注入沉积技术等，均已在各工业领域中应用。

VI 固相焊（固态焊）

固相焊（固态焊）亦称固相连接，与熔化焊接方法（如电弧焊或高能束流焊）最本质的区别是焊接接头的形成无须经过由于加热而产生的焊缝金属熔化和凝固过程。焊接接头是在金属材料仍处于固相（固态）的高温条件下，待连接的界面在相应的压力作用下，产生界面上材料原子间的相互扩散，经过一定的保温时间，形成了固相焊接接头。例如：① 实现扩散焊（自扩散）的三要素就是：加热温度、压力与保温时间；② 钛合金钣金结构件（如夹层壁板）的超塑性成形/扩散连接制造的原理是材料处于超塑性状态的温度（Ti-6Al-4V为925℃），也正是材料的最佳扩散连接温度，因此成形/连接两个工序合二为一，在同一个加热—压力—保温的热循环中完成结构件的制造；③ 摩擦焊之所以能实现固相连接，其热源是两个工件界面之间在压力作用下相对运动产生的机械摩擦热。惯性摩擦焊是连续驱动旋转摩擦焊的一种，其旋转运动和顶锻压力依靠飞轮所储存的惯性能量；线性摩擦焊是依靠一个工件相对于另一个工件的线性往复运动与界面上所加的压力产生摩擦热，在最后顶锻时实现两工件界面的固相焊接接头；搅拌摩擦焊是实现板件对接固相焊接的一种新技术，不是靠待焊两工件之间的相对运动摩擦，而是在两板对接缝之间插入高速旋转的第三者工具（搅拌头），该工具的高速旋转并向前运动，在压力下，工具与金属材料的摩擦产生热能，对接接头处升温至材料的可锻温度，搅拌头的运动将局部高温金属在接头区由前向后、从上而下地搅拌，实现板件对接焊缝的固相焊。

VI-1 扩散焊（扩散连接）

扩散焊最早是由苏联人发明的，在 20 世纪 60 年代末，我国将苏联出版的扩散焊的书翻译成中文。1970 年，我们在实验室，首次在国内完成了扩散焊接试验：根据扩散焊的三要素，将 45 号钢的圆棒对接面抛光，置于电阻点焊机上，加压、通电加热、保温，同时接头处用氩气罩保护高温金属，防止氧化。这是第一例在国内实现的自扩散连接接头。

70 年代末，为研制斯贝发动机点火器的铝合金隔热板，开发了铝合金的滚轧扩散连接制造技术，这项技术在 80 年代初又推广应用于吹胀式太阳能集热器和家用电冰箱蒸发器的管板结构制造。铝合金滚轧扩散连接原理是先将两块铝板的待扩散连接面上用丝网漏印上止焊剂图形，经加热后在滚轧机上铝板受碾压延伸变形，同时也破除了界面上的氧化膜。在大变形条件下，无止焊剂的界面实现固相扩散焊，最后在界面上通入相当压力的气体使有止焊剂的通道吹胀为管形的管板结构，形成热交换器。

喷气发动机气膜冷却结构（叶片或多孔层板结构）制造的最佳工艺方案就

是采用扩散焊,可以是自扩散,也可以是添加中间层的过渡液相扩散焊(TLP,Transient Liquid Phase),或称钎焊扩散连接技术。TLP焊接已成功地应用于异种金属材料、金属间化合物、单晶叶片、陶瓷或金属基复合材料等发动机热端部件的制造,为新型先进发动机的设计与制造提供了技术支撑。尤其在高推重比发动机部件的结构设计—材料—制造三位一体的发展模式中,在新型结构设计构思时,就应优先选用先进的扩散焊与过渡液相连接技术,制造多孔层板气膜冷却结构,或采用TLP技术研制新型的单晶叶片气冷结构。

Ⅵ-2 超塑成形/扩散连接

超塑性成形技术在国内的研究始于20世纪70年代后期。把超塑性成形与扩散连接组合在一起,形成一个崭新的成形制造领域,只是在钛合金应用于飞机壁板结构及其他飞行器轻量化结构设计与制造的技术进步中,才显现出巨大的优越性,因为钛合金具备了超塑性温度与扩散连接温度相一致的绝妙匹配。在625所,超塑成形/扩散连接(SPF/DB,Super Plastic Forming / Diffusion Bonding)组合工艺技术的起点是在1980年,完成了"Ti-6Al-4V合金的超塑成形/扩散连接组合工艺研究",从此开启了飞机新型钛合金结构设计/制造的创新之路。在80年代,研制了典型构件并在歼8飞机上应用。与此同时开展了SPF/DB的一些基础研究项目,模具与设备及其控制系统的研制均为随后该技术的扩大应用和在飞机上钛合金用量的扩大奠定了良好的基础。

从90年代开始,钛合金的SPF/DB结构件尤其是承力构件的设计与制造日臻成熟。多层(三层、四层)钛合金夹芯壁板结构和空心叶片或导流支板的SPF/DB制造引导了结构的轻量化、整体化的设计方向。除在飞机、发动机上的应用外,在航空航天导弹壳体、弹翼结构的设计制造中,同样也取得了突出的技术经济效益。在新一代飞机的钛合金后机身大型钛合金壁板的设计制造中,SPF/DB与激光焊接的结合,更显示了这种低成本制造技术方案的良好前景。

当前，为了满足高推比重发动机压气机叶盘的设计制造要求，采用 SPF/DB 研制钛合金宽弦叶片已是当务之急。在整体化、低成本制造中，SPF/DB 与线性摩擦焊技术组合研制先进发动机叶盘结构，是值得称道的技术发展方向。

对一些新型工程材料、金属间化合物、金属基复合材料、异种材料等的 SPF/DB 基础研究，以及对铝合金、铝锂合金的 SPF/DB 可行性探索研究，均期望能取得突破性进展。

Ⅵ–3 摩擦焊

作为固相焊接方法中的一个重要分支，摩擦焊在航空制造业中是一种典型的具有特需和关键色彩的特种焊接/连接方法。例如：①惯性摩擦焊用于先进发动机压气机转子整体化制造；②线性摩擦焊用于高推重比发动机的风扇和压气机叶盘的制造；③搅拌摩擦焊用于飞机铝合金带筋壁板及挤压型材宽幅壁板等主承力结构的制造。惯性与线性摩擦焊接这些特种焊接技术对于其他工业制造领域并非是特需的和关键的技术，而对于航空先进发动机的设计与制造则充分显现出其特需性和关键性。

搅拌摩擦焊用于铝合金航空结构的制造，则根除了熔化焊（主要是氩弧焊）方法可能导致的焊缝缺陷：气孔、夹渣、裂纹以及大热输入引发的接头热影响区性能的下降等。这一固相焊接技术为铝合金大用户的航空工业和航天工业带来一次重大的焊接技术跨越式发展。当然，这一固相焊接技术在国内各铝合金结构应用量大的工业部门迅速的扩大应用，更显示出航空特种焊接/连接技术体系的发展是与国民经济快速发展的需求牵引息息相关。同时，也在更大的范围内显示了技术进步的巨大推动作用和科技创新的驱动力。

Ⅵ-3-1　惯性摩擦焊

惯性摩擦焊是连续驱动旋转摩擦焊的一种，由于飞轮的旋转惯量可以精确地对焊接接头的摩擦压力和顶锻力进行定量控制，从而使焊接质量稳定，这是有别于通常连续驱动旋转摩擦焊的优点所在。

在20世纪80年代末，我们研制先进发动机的压气机整体转子鼓筒轴，可以有两种技术方案选择，其一是用电子束焊接，这在国外的专业化发动机公司中也已是常规技术；其二是美国GE公司的方案，采用惯性摩擦焊接。虽然我们当时已实现了第一种方案，用电子束焊接制造鼓筒轴有了技术储备，并已实际应用；但当研制太行发动机时，设计部门决定采用惯性摩擦焊接方案，于是购买昂贵的专用惯性摩擦焊设备就是最终选择。作为航空工艺研究所，又不得不把转子部件的惯性摩擦焊工艺研究提上日程。在中型惯性摩擦焊机上完成了太行发动机压气机转子鼓筒轴的制造工序全过程的研究，完成了模拟件焊接，并对高温合金、钛合金压气机转子部件惯性摩擦焊接工艺评定及结构完整性进行了评估。全套工艺指导文件为黎明发动机公司从美国引进大吨位的惯性摩擦焊设备与工艺装备的设计、焊机的调试与投产、提供了技术先导与支撑。

Ⅵ-3-2　线性摩擦焊

线性摩擦焊是20世纪60—70年代由英国焊接研究所开发的一项通用性制造技术，最初多用于汽车塑料件的对接焊。由于新型喷气发动机叶盘类部件设计/制造的特需要求，线性摩擦焊技术的应用变为提高喷气发动机推重比的一项关键技术，这也是一项创新性的技术发展。英国焊接研究所将这项专利技术转让给德国的 MTU 及美国的专业化设备制造厂家。在研制推重比大于 10 以上的先进发动机时，用线性摩擦焊接制造叶盘结构对风扇和压气机减重是非常显著的。

而在我国研制高性能推进系统时，寄希望于购买外国的关键设备注定会成为泡影。为不再受制于人，我们于 90 年代末开始启动线性摩擦焊技术方案的探索，并在"十五"期间自行设计、研制了 20 吨位级的实验室用焊机，针对新型发动机研制的需求，对各类模拟件和不同材料的线性摩擦焊开展了系统的工艺研究与参数测试以及接头性能与规范参数优化的试验分析。然而，由于新型发动机研制的研保条件不到位，延误了更大吨位的原型机的设计、制造的投入。2009 年，大吨位级的线性摩擦焊机的原型机设计定型后，系统配套的复杂性与技术难点使制造周期与调试周期滞后，但自主创新技术开发是必由之路。

Ⅵ-3-3 搅拌摩擦焊

搅拌摩擦焊（FSW，Friction Stir Welding）是英国焊接研究所（TWI，The Welding Institute）于 1992 年发明的一项专利技术，1995 年开始受中国专利法的保护。在 20 世纪 90 年代中期，TWI 将该项技术的专利使用权转让给瑞典 ESAB 公司，为美国波音公司研制 Delta 型运载火箭提供了新的技术支撑，用搅拌摩擦焊取代了传统的氩弧焊技术。

我们在 90 年代中期对这项技术开展了前期的探索研究，当确认 FSW 用于铝合金结构制造的可行性后，一方面上书国防科工委争取经费支持开展基础与工程应用研究；另一方面，尊重 TWI 的知识产权，开展了持续谈判，争取购买在中国的 FSW 专利使用权。

2002 年与 TWI 合作，建立了"中国搅拌摩擦焊中心"；同年，又成立了中国首家专业化搅拌摩擦焊公司（赛福斯特技术公司）；2006 年 4 月在 625 所内又设立了专业化的搅拌摩擦焊研究室（107 室）。625 所是国内独家专业化从事搅拌摩擦焊技术研究与装备开发的研究机构。8 年来，已为航天 149 厂、航天 211

厂、湖北洪阳厂提供了重大 FSW 装备用于研发新型运载火箭，导弹的铝合金燃料储箱及弹体，同时也为海军的舰艇制造提供了装备与型材挤压 FSW 拼焊的大型带筋壁板，并为大型军用运输机成功地制造了承载货运地板的挤压型材 FSW 焊接壁板大型结构。正在为新一代民用干线飞机带筋壁板焊接结构件的设计制造开展相关的技术基础研究。完成了大厚度（70mm）铝板结构 FSW 焊接设备与工艺的交钥匙工程，为能源、电力、兵器等部门研发了专用设备与产品工艺，为高等院校的科研提供了多台 FSW 设备。目前，正在为把 FSW 应用于轨道交通的列车制造，着力开发大型 FSW 装备与配套的工艺技术研究。在完成国家基础研究项目和 973 课题中，通过基础研究，制定标准，提升研发能力与技术水平。

后 记

2010年10月28日下午，当在电脑键盘上敲完长篇报告文学《生命之光》的最后一行字时，几个月来的压力，突然一下子轻松了许多。

2010年初，我们接受了这部书稿的撰写任务，虽然对关桥院士这个人以及对这类题材，我们并不陌生，但仍然感到非常的惶恐，因为能够撰写业内如此德高望重的科学家的生平及业绩，是荣幸，也是压力——尽管落笔每一个字都秉持一种非常严肃的态度，但还是唯恐写不到位。

我们以为，写好这本书，不仅仅是一个承诺，而且还有一份责任。

于是，我们开始了案头准备工作，把凡是与关桥院士有关的资料、报道都收集起来，想从这些繁杂而又琐碎的信息中，去找寻关桥院士成长的足迹。根据采访需要，我们以作者、读者的双重身份，草拟了三份采访提纲，对关桥院士、家人以及单位领导和同事，问了许多个为什么，通过电子邮件发给了关桥院士。

去年夏天的一个上午，在北京航空制造工程研究所（625所）宾馆二楼一间会议室里，我们集中采访了关桥院士。握着关桥院士厚实而宽大的手，感觉有一股力量，还有一份沉甸甸的信任与重托。

窗外，太阳肆虐。屋内，一片清凉。

关桥院士就坐在我们对面，他的桌前，放有老花镜、名片盒、手绢，很整齐、很严谨地排成一排。会议桌右角，堆有许多文件夹，按历史发展的沿革，很有序地一本挨一本。他的严谨细致，可见一斑。

关桥院士花费了很大的精力，他整理了若干年来的原始资料、照片、剪报；

重新梳理了曾经发生过的历史事件、重要活动、主要科研发明等线索；甚至详细写出了书的结构大纲，重要节点，重要内容。这为我们撰写这部书提供了很大的帮助。

我们准备好了录音笔，开始聆听关桥院士讲述一个科学家成长、奋斗与奉献的故事。

在采访的日子里，每天至少8小时，中午、晚上吃饭的时间我们都抓紧时间采访。关桥院士从童年的往事说起，讲颠沛流离的求学，讲留学苏联的感想；讲科学大会的激情；讲建立"低应力无变形焊接"理论的艰辛；讲走向世界焊接舞台的兴奋；讲与妻子相濡以沫的温馨；讲625所的昨天、今天、明天……

我们走进了关桥院士位于中关村的家，见到了陈丽芳阿姨，听她回忆了与关桥院士相识、相知、相恋的往事；听她讲述了与关桥一同走过的风风雨雨而又幸福温馨的点点滴滴。

在我们的要求下，陈阿姨唱起了她与关桥相恋时喜爱的苏联歌曲《远处的篝火闪着光》：

远处的篝火闪着光，月牙儿映在河面上，小伙子和他心上人，依恋地分手在路旁……

陈阿姨轻轻地吟唱，关桥院士在一旁随着节拍也唱了起来，越唱声音越大。那时，我们被夫妻俩的默契与真情深深地感动了！

我们走进了关桥院士丰富而多彩的世界。每当他娓娓道来一个个发明创造的故事时，我们就看到了一个坚强的、执著的关桥，形象而生动地站在了世界焊接的舞台上；我们也看到过关桥院士潸然泪下的情景，那是他叙述父母在"文化大革命"中惨遭迫害时触及了伤痛；那是他对父母感恩与依恋情怀的真实流露。

我们走进了关桥院士所在的单位625所，采访了所长张军，党委书记王小平，副所长李志强、修德亮；采访了原625所所长吴复兴、郭恩明；采访了许多与关桥院士一同工作过的老领导、老同事以及关桥院士的学生；深入到了生产现场，去感知、还原一个个科研发明创造的过程与艰辛。

后 记

我们努力地去把握关桥院士从事航空特种焊接技术的学术思想和科研成果形成的过程；努力地去思考关桥院士人生观、世界观、价值观形成的原因；分析人物的命运与团队、与625所、与社会、与时代偶然与必然的联系；谋划书的结构，提炼书的主题，找寻叙述的角度与表达的方式。

于是，一个真实的、立体的关桥走进了我们的心里。他的事迹时时在感染着我们，激励着我们，鞭策着我们。我们进入了不吐不快的创作冲动之中。我们迫不及待地想用笔、用心把在采访的日子里，听一个76岁高龄的老人，讲述了他40多年从事科研的故事记录下来，告知社会，曾经有这样一位科学家，有过这样的一番人生经历，有这样的一种报国情怀，他是怎样与祖国同行，与时代同行……

在625所期间，我们的采访工作得到了所党委、行政部门的大力支持。所长张军、党委书记王小平对这部书的主题，提出了很好的意见和建议；副所长修德亮自始至终为我们的顺利采访提供帮助和服务；宣传部长刘娜，干事骆建利、刘毅杰等同志为我们安排好每天的采访，做了大量工作。在此，我们表示真诚的谢意！

由于关桥院士研究领域的特殊性及人生经历的复杂性，在写作过程中，我们也参阅、借鉴了相关的资料，在书中没有一一注明，请见谅。对此，我们也一并表示致谢。

姚 远　刘凡君
2011年2月22日

生命之光
——记国际著名焊接专家、中国工程院院士关桥

作者简介：

姚远，陕西富平人，副编审，陕西省作家协会会员，国防科技工业军工文化首席专家。大学毕业进入西安飞机工业（集团）有限责任公司宣传文化部工作，曾任《企业文化纵横》杂志副主编，现任全国公开发行的大型专业期刊《军工文化》主编。在全国各类报刊媒体发表多种体裁文章约120多万字，著有散文、小说集《草根流年》，企业专访、报告文学集《天之舞——中国航空工业高端访谈录》。

刘凡君，重庆人，本名刘凡军，笔名樊君。中国电视艺术家协会会员、重庆电视艺术家协会会员；重庆作家协会会员，市作协全委会委员；巴南区文联副主席、作家协会主席、评论家协会副主席，《报告文学》杂志特聘作家。曾在某三线军工企业任子弟中学教师、校长，厂宣传部长、厂长助理。企业搬迁后，任重庆某大型军工企业厂、公司办公室主任，党委宣传部部长。著有散文集《永远的贺卡》、中短篇小说集《河西街的夏天》、报告文学集《走向天使之路》。